安徽师范大学科研培育基金学术著作项目

黎泽潮 郭丽 王玉洁/编著

当代广告学系列丛书

DANGDAI GUANGGAOXUE XILIE CONGSHU

丛书主编 黎泽潮

广

广告也经典

告

合肥工業大學出版社

图书在版编目(CIP)数据

广告也经典/黎泽潮等编著.—合肥:合肥工业大学出版社,2011.4

ISBN 978-7-5650-0415-5

Ⅰ.①广… Ⅱ.①黎… Ⅲ.①广告—案例 Ⅳ.①F713.8

中国版本图书馆 CIP 数据核字(2011)第 042442 号

广告也经典

黎泽潮 郭 丽 王玉洁 编著 责任编辑 朱移山 郭娟娟 霍俊檀

出 版	合肥工业大学出版社	版 次	2011年4月第1版
地 址	合肥市屯溪路193号	印 次	2011年5月第1次印刷
邮 编	230009	开 本	710毫米×1000毫米 1/16
电 话	总编室:0551-2903038	印 张	25.25
	发行部:0551-2903198	字 数	410千字
网 址	www.hfutpress.com.cn	印 刷	合肥现代印务有限公司
E-mail	press@hfutpress.com.cn	发 行	全国新华书店

ISBN 978-7-5650-0415-5 定价:35.00元

总　序

黎泽潮

当这套丛书最终定稿、交付出版之际,我一声长叹,难以用语言描述此刻的心情,既为编写者们的辛勤工作而感动,也为我国广告教育事业的艰难历程而慨叹。

广告事业的发展与国家经济的稳定与发展是密不可分的。新中国成立之后的30年间,尤其是在"文革"时期,广告被视为"资产阶级的附庸",始终得不到社会与大众的认可,广告事业长期处于停滞甚至倒退的困境。改革开放之后,当我们重新树立了正确的广告观念,展望世界,却发现,我国的广告事业已经落后太多太多。中国的广告学者不断学习、不断求进、不断创新,在"一穷二白"的广告环境中逐渐探索符合自己国情的发展之路。

1983年5月,厦门大学创办第一个广告专业并于次年9月招生,时至今日,我国新时期的广告教育已经走过26个春秋。不可否认,这20多年,广告教育的发展成果是喜人的,全国已有300多家本、专科广告学高等教育专业教学点,为国家培养、输送了大量的广告人才,我国广告总体水平的提高乃至社会经济的高速发展,其中也凝聚着广告学者们的心血。然而,"量"的飞跃往往并不能代表"质"的提升,相对于传统学科而言、且与发达国家相比,我国的广告事业仍然显得那么落后、那么不成熟:广告学科的理论构架尚欠完善,高素质的广告专业人才仍然欠缺,社会对广告的认可度依然不高……我们要走的路还很长很长。

2008年5月的广告教育年会,张金海先生就中国广告学科的发展问题提出了令人深省的见解:是并入总体的营销传播流程,还是在坚持广告学专业核心内涵的基础上扩大外延、走持续的独立发展之路。我们认为,广告学科无论是从其理论内涵上,还是从其现实需求上,都是我国不可或缺的重要学科构建。广告具有的意义,不仅在于其经济层面的推动作用,还包括其社会价值,而后者的发挥即要求广告应具有艺术性、要有人看、喜欢看，只有这样，才能具备产生经济效益的前提。

科学与艺术之争的硝烟似乎已经散去，但其影响是深远的，“广告是科学与艺术的结合”这一观点已被学界、业界广为认可。广告的科学性，主要体现在广告调研的必要性、广告经营的效益性、广告策划的合理性等方面；而广告的艺术性，则主要体现在广告创意的新颖性、广告表现的独特性、广告传达的形象性等方面。广告与艺术的结合，要求广告既能实现效益的最大化、亦能给人带来美的享受，在体现其经济价值的同时，担负起社会教化、美育人性的重任。因此，广告学科的构建、广告专业教材的编写亦应从这两个方面着手。

广告学科是一门独立学科，但始终受到多种学科的影响，如心理学、美学、传播学、营销学等，广告学对相关学科的借鉴并在此基础上的创新，是构建与完善广告学科的必由之路。现有的广告专业教材，侧重点仍然在经济功效层面，即强调的是广告的经济功能，而学生对广告的艺术功能、社会价值的认识仍然不够。我们对学生的教育，重点不能只停留在营销、策划、制作等领域的所谓“安身立命”之本的思想上，也要注重对学生的美学、文学、艺术鉴赏等领域的熏陶，以完善学生的理论框架、培育全面发展的人格。这也是我们编写这套丛书的出发点和最终目的。

这套丛书的编写整合了国内多家广告教育单位的师资，凝聚了中国广告教育界众多学者的心血，并积极倾听学生的意见。我们在写作过程中多次对框架推翻重建、几易其稿，目的只有一个，即使这套丛书真正成为切合中国现有国情、切合用人单位需求、切合学生需要之作。

在经济上，安徽省是相对落后的省份，与发达省份相比，安徽广告教育水平也亟须进一步的发展。目前，全省已有多家高校开办广告本、专科教学点，是省内广告事业发展的摇篮与支柱。但是，教学水平与师资力量却明显参差不齐，严重阻碍了省内广告人才的培养。在编写本丛书的过程中，我们结合省内国情、整合省内广告专业的知名学者、积极征询广告专业教师的意见，符合省内广告教育需求、服务省内广告事业发展，亦是本丛书编写的目的与特色之一。

十年磨一剑。这套丛书的编写者多是在广告教育第一线奋战多年的教师，也不乏后起之秀，其中所体现的不仅是他们长年积累的教育、研究成果，亦体现其呕心沥血、精益求精的专业精神。

关于这套丛书的问世，我们不敢企望其成为中国广告教研领域的经典，但愿能够为中国广告教育事业贡献自己的力量，使我国广告的教育与研究工作能够在前辈的基础上更进一步，足可聊以自慰。

我们是编写者、是老师，在广告界的众多学者面前也是学生。关于自己对丛书的评价，岂敢轻言“完美”之说，只是尽心、尽力而为，难免偏颇、遗漏之处，敬请前辈、同仁指正，让我们一同为中国广告事业的发展与繁荣精诚团结、进献进策。希望在不久的将来，我国的广告事业可以被人尊重、借鉴与学习，这也是本丛书编写者的共同心愿。

丛书在撰写中得到了我校领导及同仁的支持和合肥工业大学出版社编辑朱移山博士的大力帮助，在此表示衷心感谢。本系列丛书在撰写过程中参考了大量学者的研究成果，及上百种报刊和书籍上的文章和观点，引文在书中已作了注释，在此向刊物作者表示敬意与感谢。当然也有疏漏之处，还请作者谅解！

2008 年 8 月于芜湖赭山

（黎泽潮，安徽师范大学传播学院副院长、教授、博士、传播学硕士点负责人，中国广告协会学术委员会委员）

目录 ▶MULU

第 1 章　抹不去的经典

一、焦点链接：钻石的见证

“钻石恒久远，一颗永流传”（A diamond is forever），戴比尔斯钻戒流传至今的这句广告口号，可以说改变了钻石的命运，也见证了广告在岁月流转中依旧保存的经典。

15 世纪，钻石作为一种受保护的奢侈品，被镶嵌在王冠和权杖上以象征权利。在早期，钻石更多的被赋予了政治意义而并非作为爱情的见证。

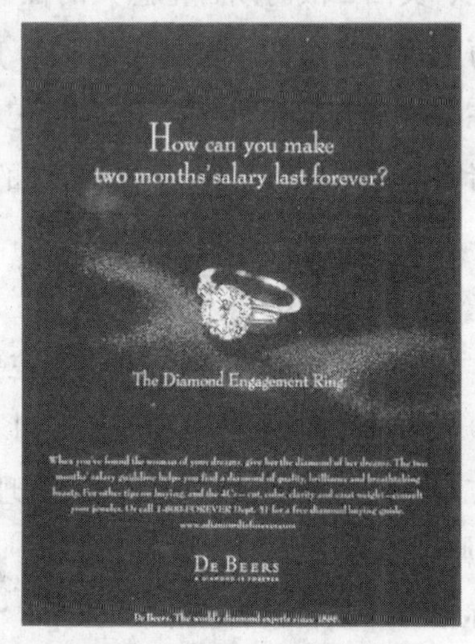

图 1－1　戴比尔斯早期平面广告

一战之后，钻石逐渐走下神坛，但是此时的市场前景却不容乐观。首先，钻石尚未摆脱政治形象，无法象征永恒的爱情，通常汽车、手表、时装等才会和爱情画上等号。其次，随着世界范围内的钻石储藏地被发现并开采，钻石开始变得不再那么稀有。这时，钻石产品想要争取自己的市场，就必须寻找更深刻的意义。

1938 年，戴比尔斯开采公司找到了当时在广告界颇负盛名的 N. W. 艾耶父子公司，希望能够通过他们的帮助改变钻石尴尬的销售现状。

经过一系列缜密有序的市场调查，艾耶父子公司制订出对消费者有针对性的广告策略：第一，要在广告上标明钻石确切的价格；第二，最大限度地赋予产品艺术的价值。这种广告策略的设计主要是为了先打动女人，然后再通过这些被产品打动的女人说服男人购买。为了能更好地把钻石戒指与罗曼蒂克的情调联系起来，前面那句旷世的广告口号应运而生了。

1947 年 4 月，艾耶公司的女性撰稿人弗朗西斯·格瑞特在撰写钻石广告文案时，得到了来自“上帝的暗示”写出了“钻石恒久远，一颗永流传”的佳句。

正是这样一句来自上帝的暗示，在戴比尔斯的号召下，钻戒成为人们纪念他们永恒爱情的不渝见证。

二、理论探究

纵观古今，广告一直流连于我们的生活。无论是北宋刘家功夫针铺白兔儿印记、美国二战时期香艳惹火的征兵女郎招贴，还是 1979 年 1 月 28 日 15：30 上海电视台播出的“参桂养容酒”广告——新中国第一条影视广告，广告无处不在。本章着重介绍存在于 20 世纪的广告案例和广告理论，在案例欣赏之前，笔者将与您共同分享跨越一个世纪的广告理论及经典案例。

20 世纪的广告理论

广告理论的发展在 20 世纪主要经历了两个时期。

第一个时期是 20 世纪上半叶，市场经历了由买方市场转向卖方市场再到买方市场的过程。这一时期的广告理论主要有三大流派——硬性推销派（或称之为“原因追究法派”）、软性推销派（或称之为“情感氛围派”）、科学推销派（或称之为“独特销售主张”Unique Selling Proposition，简称 USP）。

活跃在 20 世纪头 20 年里的“硬性推销派”，以约翰·肯尼迪、克劳德·霍普金斯、阿尔伯特·拉斯克尔为代表。

约翰·肯尼迪于1904年到芝加哥进入美国当时极有影响的洛德暨托马斯广告公司正式开始其广告生涯。约翰·肯尼迪最早提出一个著名的广告概念："广告是印在纸上的推销术。""他认为，广告应像一个挨门挨户进行推销的推销员，广告所说的应该像推销员对消费者口头所讲的东西，广告不一定非要十分漂亮和非常悦目，一般的图片、上口的诗歌都不重要，重要的是讲清楚为什么值得花钱买某种产品，一则好的广告应该是合情合理而不必多加修饰的销售工具。"[①] 在约翰·肯尼迪的带领下，撰写朴素而销售力强的广告一时成为风尚。以下是他在1903年为舒普博士的康复剂所创作的一则邮购广告：

我的书免费，
我的治疗也免费——如果无效的话，
要是它有疗效——要是它成功了，
要是您又恢复了健康，
我请您付费——5.50美元……

我下一步会寄给您附近的药品商的名字，他会让您取去6瓶我处方的药品，药用一个月。如果有效，才花费您5.50美元，如果无效，药品商就把账算在我身上。[②]

克劳德·霍普金斯原为一名独立广告撰稿人，1908年被洛德暨托马斯公司高薪聘用，任职18年。作为一名极有天赋的广告撰稿人，克劳德·霍普金斯继承了约翰·肯尼迪的"推销术"观念并发扬光大。他认为，"要采用科学的广告，你必须认识到广告就是推销员，你必须从推销员的角度，一个一个的比较广告，并使它们和成本和结果相对应。""广告的唯一目的是实现销售。广告是否赢利，取决于广告引起的实际销售。"[③] 在克劳德·霍普金斯所撰写的《我的广告生涯·科学的广告》一书中，他还提出了许多至今仍然广泛使用的原则，广告的"预先占用权"是其中最重要的一条。他认为，如果有谁首先提出一个可能

① 张金海．20世纪广告传播理论研究［M］．武汉大学出版社2002年版，第26页。

② 朱丽安·西沃卡著．周向民，田力男译．肥皂剧、性和香烟［M］．光明日报出版社1999年版，第151页。

③ 克劳德·霍普金斯著．邱凯生译．我的广告生涯·科学的广告［M］．新华出版社1998年版，第148、149、180页。

在同一行业中非常普遍的产品特征或产品质量，并声称拥有它，那么谁就占有了它；一个广告只能围绕唯一的销售要点来创作，这就是预先占用权。克劳德·霍普金斯为喜力滋啤酒创作的广告就集中体现了预先占有权原则——“我们的瓶子是真用蒸汽清洗!”至今仍被奉为经典之作。

阿尔伯特·拉斯克尔在18岁的时候就进入了洛德暨托马斯公司，他从1904年开始购买该公司的股份，直至1912年成为该公司的董事长。阿尔伯特·拉斯克尔深受约翰·肯尼迪的影响。在《拉斯克尔的广告历程》一书中，他认为如果一家广告公司写出的文案可以卖出商品，那么就不再需要任何东西了。他曾经一度非常抵触“美术设计指导”，后来只是因为需要扩大销量，才改变主意。

“硬性推销派”或称“原因追究法派”，强调说明销售理由和购买原因。约翰·肯尼迪、克劳德·霍普金斯和阿尔伯特·拉斯克尔一致主张广告必须要有一个让消费者明白值得花钱购买广告宣传商品的强有力的销售理由，这是“硬性推销派”理论的精髓所在。

“软性销售派”几乎与“硬性推销派”同时并存，又称为“情感氛围派”。这一派的代表性人物有西奥多·麦克马纳斯和雷蒙·罗必凯。

关于西奥多·麦克马纳斯的生平事迹人们所知不多，但是他笔下的杰出广告文案却使他名留青史。他为凯迪拉克汽车所作广告《对领导者的惩罚》（另译《出人头地的代价》）如下：

在人类进步的每个领域，处于领先地位的人，必定永远生活在公众注目的焦点处。不论是一个人还是一种商品，一旦他出人头地，模仿、赶超和嫉妒总会接踵而至。

在艺术界、文学界、音乐界和工业界，酬劳和惩罚总是相同的。酬劳就是得到公认，而惩罚就是遭到反对和疯狂的诋毁。当一个人的工作得到世人的一致公认时，他同时也成了个别嫉妒者攻击的目标。

假如他的工作很平庸，就没有什么人会去理他；

假如他有了杰作，那就会有人喋喋不休的议论他；

嫉妒不会伸出带叉的舌头去诽谤一个只有平庸之才的画家。

无论是写作、画画，还是演戏、唱歌或者从事营造业，只要你的作品没有打上杰作的印记，就不会有人力图赶超你、诽谤你。在一项重大成果或一部佳作已完成后的很长一段时间里，失望和嫉妒的人仍会继续喊叫：“那是不可能的。”

外界人早已将惠勒斯称颂为最伟大的艺术大师之后，艺术领域中仍然流言纷纷，将艺术大师说成江湖骗子。

当人们成群结队到音乐殿堂向瓦格纳顶礼膜拜时，而一小撮被他废黜或顶替的人却气势汹汹的叫嚷，“他根本就不是音乐家”；

当众人涌向河边观看轮船行驶之时，少数人仍坚持说富尔顿绝不可能造成轮船。

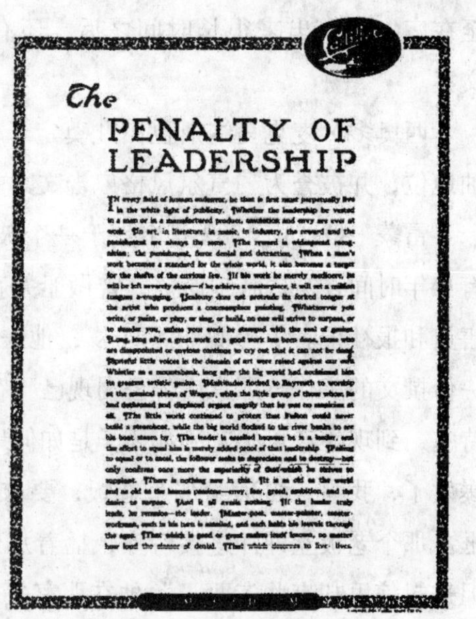

图1-2 1915年西奥多·麦克马纳斯《对领导者的惩罚》，以情感氛围派风格为凯迪拉克汽车树立了良好的声誉并经久不衰

杰出人物遭到非议，就是因为他是杰出者，你要是力图赶上或超过他，只能再次证明他是出色的；由于未能赶上或超过他，那些人就设法贬低和损害他——但只能有一次证实他所努力想取代的事物的优越性。

这一切都没有什么新鲜，如同世界和人类的感情——嫉妒、恐惧、贪婪、野心以及赶超的欲望一样，历来就是如此，一切都是徒劳无益。如果杰出人物确实有其过人之处，他终究是一个杰出者。杰出的诗人、著名的画家、优秀工作者，每个人都会遭到攻击，但每个人最终也都会拥有荣誉。

不论反对的声音如何喧嚣，美好的或是伟大的总会流传于世，该存在的总是存在。

——西奥多·麦克马纳斯

这篇优美的文案，没有从科学或理性的角度去展示凯迪拉克汽车的品质或性能的优良，而是用反语的方式强调了凯迪拉克在世界汽车领域内的领导者地位，从而给购买商品的消费者带来一种高度的精神上的优越感。这是“感性推销派”广告理论的极好脚注。

由于行文的优美，《对领导者的惩罚》这一广告文案受到很多人的喜爱，甚至在广告刊登出来很长时间之后，还有人在四处寻找并收藏这则著名的广告文案。

西奥多·麦克马纳斯也由此奠定了他作为“软性销售”这一广告流派的领袖地位，并被誉为“气氛风格广告文案中的克劳德·霍普金斯”。

雷蒙·罗必凯1892年出生于一个破落的大户人家。他15岁时就离开学校，有9年时间在全国各地游荡，曾做船务雇员、饭店招待、牛仔、放映师、汽车销售员和报社记者等等职业。24岁，他去费城的瓦利斯·阿姆斯壮广告公司应征一份撰文的工作，那家广告公司现已不存在了。他后来回忆说：“我坐的那个接待室，到现在还可感觉到那椅子是如何地坚硬，可一直不被接见，到第9天，我爆发了，我写一封信给那个老板，要求立即接见我，否则就要揍青几个人的眼眶。那个老板立即冲进接待室，摇着那封信对我说：‘你写的广告并不太高明，但这封信里却有些东西。’”他在那家公司做了3年，但不是很喜欢它。

1919年雷蒙·罗必凯转到当时全美国最大的广告公司——艾耶父子广告公司工作。在那里，他写了不少的广告作品。1923年，雷蒙·罗必凯和约翰·奥尔·杨合作创办扬·罗必凯公司。当时他们的资本只有美金5000元，而他们的第一个客户是一家鞋带公司。今天，扬·罗必凯公司已经是世界上最著名的大公司之一。

后来，雷蒙·罗必凯还创立了研究机构、信托基金、分红制和奖金，被认为是“广告业的政治家”。

罗必凯的广告风格追求高雅、轻松、浪漫的风格，典型的代表了“感性推销”的基本特征。罗必凯经常说：“要卖出东西的方法都是让人先读广告。”他对好广告的定义是：“它不仅是具有强力销售力，它必须让一般大众和广告主可以长久记得那是一件值得称赞的作品。”就比如他为斯坦因威钢琴写下“不朽的乐器”这一著名广告语。

“软性销售派”主张从广告的情感和氛围的角度去感染、打动消费者。围绕商品特性，展开与商品有关的联想和暗示，营造提升商品品质和声望的浪漫氛围，着重突出购买、拥有商品所带来的精神上的愉悦和心理上的满足。“软性销售派”理论开创了世界广告史上“艺术派”广告的先河。在这一理论的指引下，很多广告人从艺术角度去思考、开拓广告的表现手法，并获得了巨大的成功，也使得“理性诉求”与“感性诉求”成为后来广告界的两大基本诉求方式。

随着两大流派主要代表人物的隐退，“硬性销售派”和“软性销售派”的理论与实务所造成的影响力也慢慢消退了。

进入20世纪40年代，“科学推销派”罗瑟·瑞夫斯崛起。罗瑟·瑞夫斯的广告生涯开始于20世纪30年代，1940年他进入达彼思广告公司，同时也进入了广告生涯的辉煌年代。罗瑟·瑞夫斯在达彼思创作期间，提出沿用至今的广告观念——“独特销售主张”Unique Selling Proposition，简称USP。其内涵主要包括：其一，这则广告是否向消费者确切地说明了一个消费主张；其二，这一主张是否独特或者其他同类产品不曾提出或表现过的；其三，这一主张是否能够打动消费者引起购买行为。

在这一广告观念的指导下，罗瑟·瑞夫斯和他的伙伴们创作出了许多极富销售力的广告：总督牌香烟——总督牌香烟有两万颗细小的过滤凝气瓣，比其他品牌多两倍；棕榄牌香皂——棕榄牌香皂使皮肤更为娇嫩；高露洁牙膏——高露洁牙膏在清刷牙齿的同时净化您的口气；以及M&M巧克力家喻户晓的经典广告——只溶在口，不溶在手。

从20世纪初至50年代，广告理论和实务的演变发展都是围绕“推销”这一核心概念展开，产品推销是这一时期广告理论和实务共同的目标。

20世纪下半叶是第二个时期。二战之后，全球经济尤其是西方资本主义世界的经济得到了迅速恢复和提高。另外，随着报业的发展，以及广播电视等新媒体的出现和普及，广告代理机构也如雨后春笋般成倍出现。以产品推销为目标的广告理论和实务已经受到了诸多限制——“85%的广告是没人看到的”。因此，广告方式迫切需要由单纯诉说产品走向全面的创意。

20世纪60年代，被称为品牌形象至上的时代。以大卫·奥格威的“神灯法则”、威廉·伯恩巴克的“ROI理论”和李奥·贝纳的“与生俱来的戏剧性”为代表的三大创意理论和大卫·奥格威的品牌形象理论以一种全新的姿态展现在世人的面前。

大卫·奥格威，一位充满传奇色彩的广告大师和广告经营管理者。奥格威就读牛津大学却没拿到学位就辍学，在巴黎的美琪大饭店当过厨师学徒，推销过厨具，担任过外交官，在宾夕法尼亚种过烟草。这样一个男人在他 38 岁时创办了奥美广告公司。凭借独创的理念、敏锐的洞察力、勤谨的作风，大卫·奥格威引领公司一步步壮大，奥美——广告界这块神话般的招牌，被他稳稳地摆放在纽约麦迪逊大道的沿街橱窗里。

大卫·奥格威主张“广告是科学而不是艺术”。他的创意哲学的核心观点是，创意必须服从科学的规定性，必须来自科学的调查研究，而不是个人的主见和想当然，必须遵守一定的法则，所要解决的核心问题是广告诉求内容的科学确立，而不是广告内容的表现。在这一创意理论的基础之上，大卫·奥格威创作了一系列经典的广告创意：劳斯莱斯——在时速 60 英里时，这辆劳斯莱斯车内最大的噪声来自它的电子钟；多芬香皂——含四分之一清洗乳霜，多芬可以在沐浴时滋润你的皮肤；哈萨威衬衫——戴眼罩的男人。

大卫·奥格威曾亲自为奥美公司的广告创作制定出一系列被称为“戒律”的法则，要求员工必须严格遵守，并把这些法则自称为“神灯”。“我的‘神灯’建立于调查研究的基础之上”，“神灯”的魔力主要来自五个方面进行调查汇总起来的数据和信息：邮购公司的广告经验、百货商店成功的技巧、调查公司的调查数据、对电视广告的调查、别人智慧的成果。

大卫·奥格威的“神灯”法则：

一、广告的内容比表现内容的方法更重要

二、若是你的广告的基础不是上乘的创意，它必遭失败

三、讲事实

四、令人厌烦的广告是不能促使人买东西的

五、举止彬彬有礼，但不装模作样

六、使你的广告具有现代意识

七、委员会可以批评广告，但却不会写广告

八、若是你运气好，创作了一则很好的广告，就不妨重复使用它，直到它号召力减退

九、千万不要写那种你不愿让你的家人看的广告

十、形象和品牌

十一、不要当文抄公①

收录“神灯”法则的畅销广告人自传《一个广告人的自白》被广告界奉为经典之作。

威廉·伯恩巴克，美国纽约人，从小生长在这座世界闻名的大都市，接受过良好的文化熏陶。上大学时，伯恩巴克学的是文学，并在写作上开始显露才华，同时他也保持着对艺术的浓厚兴趣。大学毕业后，伯恩巴克经过一番磨炼，逐渐以其文才引起了各方面的注意，凭借着手中的一支笔杀入了广告界，他先在葛瑞等其他广告公司工作了七八年，之后和他人合伙成立了自己的广告公司。

1947年，DDB广告公司正式在纽约挂牌营业。DDB公司的名称，源于三位合伙人多伊尔、戴恩和伯恩巴克的姓氏的第一个英文字母。虽然伯恩巴克被排在最后一位，但是他对此毫不在意，因为在他看来，这只是不足挂齿的小事，关键是他终于有了可以一展身手的、属于自己的舞台。

事实上，从DDB公司创立之日起，伯恩巴克便是总经理，并且直接创作了大量的在广告界引起轰动的优秀广告作品，使公司的业务蒸蒸日上，迅速跻身于美国最大广告公司之列。可以说，没有伯恩巴克便没有DDB广告公司。但是，他却从未提出改换公司名称，将自己的位置放到前面，这种大度对于公司的稳定和发展有着十分重要的作用。

相对于大卫·奥格威，威廉·伯恩巴克认为“广告是艺术而非科学”。伯恩巴克认为调查研究是广告创作的障碍，他认为，“用调查研究及用命令来精确地做每一件事的缺点之一，就是过一会儿之后每个人都会有同样的做法。因为你走出去所找到的是同样的东西——如果你与许多人采取同一态度，那一旦你找出了该说什么，你的任务就完成了。其后你所要说的就和每位说这件事的人所说的一样，那时，你就完全失掉了你的冲击力。”② 也就是说，同样的调查研究数据会导致千篇一律的广告创意。广告是说服，是说服的艺术，这是威廉·伯恩巴克关于广告的基本观念。

令人惊喜的是，威廉·伯恩巴克还将他的ROI理论带到了这个创意的革命时

---

① 大卫·奥格威. 林桦译. 一个广告人的自白［M］. 中国物价出版社2003年版，第107–118页。

② 丹·海金司. 刘毅志译. 广告写作艺术［M］. 中国友谊出版公司1991年版，第4页。

代。他认为，优秀的广告必须具备三个基本特征，即：关联性（Relevance）、原创性（Originality）、震撼力（Impact）。广告与商品没有关联性，就失去了意义；广告本身没有原创性，就欠缺吸引力和生命力；广告没有震撼性，就不会给消费者留下深刻印象。

同时实现“关联”、“创新”和“震撼”是个高要求。针对消费者需要的“关联”并不难，有关联但点子新奇也容易办到。真正难的是，既要“关联”，又要“创新”和“震撼”。

达到 ROI 必须具体明确地解决以下五个问题：

（1）广告的目的是什么？

（2）广告做给谁看？

（3）有什么竞争利益点可以做广告承诺？有什么支持点？

（4）品牌有什么独特的个性？

（5）选择什么媒体是合适的？受众的突破口或切入口在哪里？

伯恩巴克一贯认为，广告上最重要的东西就是要有独创性和新奇性。因为世界上形形色色的广告之中，有 85% 根本没有人去注意，真正能够进入人们心智的只有区区 15% 。正是根据这一无情的数字比例，伯恩巴克才坚持把独创性和新奇性作为广告生存发展的首要条件。也正是在这一信念指引之下，伯恩巴克在美国同时代的广告大师之中，能够另辟蹊径，自成一家，常常拿出令人拍案叫绝的作品。诞生在他笔下的经典之作有：艾维斯出租车行——艾维斯在出租车行业只是第二位，那为何与我们同行；纽约奥尔巴克百货公司——我寻出了琼的底细；宝利来相机——就是这么简单；莱维斯燕麦面包——喜欢莱维斯燕麦面包，你不必非得是犹太人；以及我们将会在后面的案例欣赏中与您分享的威廉·伯恩巴克为大众汽车创作的一系列广告创意，这里不再赘述。

在本章中将要最后一个提到的广告大师，就是芝加哥广告学派的李奥·贝纳。

李奥·贝纳生于 1891 年 10 月 21 日，很小就在父亲的干货店里打杂，在一家印刷厂当过小工，教过书，后进入密芝安大学学习新闻。获得学士学位后，在 Peorla 新闻报当了一年记者。

1915 年 24 岁的李奥·贝纳进入卡凯迪拉克汽车公司任公司内部刊物编辑。与当时“软性推销派”的代表人物西奥多·麦克马纳斯（他为卡凯迪拉克设计

《对领导者的惩罚》曾轰动一时）一起工作。

为了深入了解广告，李奥·贝纳每天剪下大大小小的报纸广告及有关广告的讨论议题。这段日子成了李奥·贝纳后来进入广告业的转折点。

李奥·贝纳任职的第一家广告公司是 Homer McKee。他在那家公司连续干了10年，任资深创意总监，但是此时他还没有在美国广告界出名。后来进入纽约 Erwin Wasey 广告公司，被派往芝加哥5年，任创意副总裁。但是，他与 Erwin Wasey 广告公司的理念却越来越远，终于，他无法忍受"就像洗碗水一样乏味"的广告创意。他变卖所有财产，筹组自己的李奥贝纳广告公司。公司成立之初只有一家客户。经过70多年的艰苦奋斗，李奥贝纳广告公司已成为美国排名第一的广告公司，在全球80多个国家设有将近100个办事处，拥有1万多名员工。李奥贝纳的客户包括全球25个最有价值品牌当中的7个——麦当劳、可口可乐、迪斯尼、万宝路、Kellogg、Tampax 和 Nintendo。

李奥贝纳（亚太）集团公司——"2001年度亚太地区最佳广告公司"。李奥贝纳于1979年进入中国市场，业务网络包括香港、广州、上海和北京，2000年营业额达1.2亿美元，在国内国际性广告公司中排名第三。李奥贝纳在中国的客户包括麦当劳、菲亚特、惠氏、箭牌、美标和中国电信等。

与广告科学派和广告艺术派理论的泾渭分明不同，自称为芝加哥广告学派的李奥·贝纳，在广告创意上突出强调了产品本身"与生俱来的戏剧性"，他认为"每一件商品，都有戏剧性的一面。我们的当务之急，就是要替商品发掘出以上的特点，然后令商品戏剧化的成为广告里的英雄。"他强调：广告人"最重要的任务是把它（戏剧性）发掘出来加以利用"，"找出商品能够使人们发生兴趣的魔力"，这种努力"代表着芝加哥广告学派"。

李奥·贝纳一生谨守自己的创意哲学，创作出一个个传世的广告杰作：万宝路香烟——万宝路男人；绿巨人豌豆——月光下的收成；凯洛格食品公司——老虎托尼；美国肉类研究所芝加哥总部——"你能不能听到它们在锅里滋滋的响?"

本章的理论探究到此告一段落。整个20世纪的广告理论发展在众多书目中都有各自的模式，这里通过分享广告理论发展中重要人物的经历以及广告观念，更加清晰地将整个广告理论脉络展现在读者面前。也正是由于本章理论介绍的模式不同，所涉及的理论发展与其他书目也有所出入，对于一些没有代表性人物的复杂理论本章节并没有过多涉及。

另外，广告理论的发展并不是简单的渐变而是不断地累积叠加。一种新的广告理论的问世并不意味着旧的广告理论就一定会淘汰。我们所处的这个社会几乎容纳了发展至今的所有广告理论所涉及的实务。只是此消彼长的关系，任何一种广告理论都不会完全消失。也许在将来的某一天人们厌倦了品牌形象的虚无缥缈，硬性推销派唯理至上的广告创意又会辉煌起来。

三、案例欣赏

案例 1：转性？转型！——万宝路

广告大师奥格威在 20 世纪 50 年代提出品牌形象论，指出“每一广告都是对品牌形象的长期投资”。他开创了广告创意策略理论的一个重要流派，其杰出的思想为无数企业所推崇并自觉不自觉地应用到实践中，其中最具戏剧效果的例子就是万宝路。

1924 年，美国菲利普·莫里斯公司生产了一种牌号为“万宝路”的香烟，专供女士享用。广告口号也尽力突出其味道“像五月的天气一样柔和”。然而，产品投放市场后，境况十分糟糕，销售业绩始终不佳。

为改善产品的销售状况，菲利普·莫里斯公司曾做过多方努力，甚至为消除吸烟妇女唇膏沾上白色烟纸不雅的抱怨而将烟嘴部分改为红色。即便如此，万宝路香烟的销售仍然每况愈下，到 40 年代初，公司不得不停止这一牌号香烟的生产，被迫退出市场。

第二次世界大战结束，美国经济有了新的发展，烟草消费量激增，过滤嘴香烟问世。对万宝路情缘未了的菲利普·莫里斯公司抓住这一烟草生产的有利时机，将万宝路配上过滤嘴，再次投放女子香烟市场，依然未能打开销路，挽救颓势。

于是，菲利普·莫里斯公司求助于李奥·贝纳。

当时的美国市场，竞争异常激烈而残酷。新产品投放市场，成功率往往只有

3%～5%，何况要使一个倒了牌子的商品东山再起，再造辉煌，简直比下台总统重返白宫还要困难。李奥·贝纳勇敢地接受了这一挑战。经过周密的市场调查和精心策划，他提出了一个“颠倒阴阳”的大胆构想：去掉万宝路原有的浓厚脂粉气，重塑一个具有男子汉气概的全新形象。李奥·贝纳的这一构想，得到当时颇具眼光与胆识的菲利普·莫里斯公司总经理卡尔曼的认可与赞赏。于是，一个新的方案便大体确立了：保持原有配方，改用菲利普·莫里斯公司首创的平开式盒盖包装，选用最具美国风格、在美国被公认为最具男子汉气概的西部牛仔充当万宝路的广告形象。

1954年，全新的万宝路香烟广告正式推出。粗犷、彪悍、豪爽的牛仔形象在不同的广告画面上以不同的姿态出现，或在旷野中追捕牛犊，或在夕阳的余晖中沉思，或在傍晚落日后悠闲晚饮……（图1－3、1－4、1－5、1－6万宝路早期牛仔形象平面广告）尤其是万宝路的电视广告，以其“人马纵横，尽情奔放，这里是万宝路的世界：——欢迎您加入万宝路的世界”的广告语，激荡人心的音乐节奏，牛仔策马飞奔、驰骋旷原的画面，一下子征服了无数美国人的心，大家纷纷加入万宝路的世界。短短一年同，万宝路的销售量整整提高了3倍，一跃成为全美10种畅销香烟之·。

往后的日子里，万宝路香烟在万宝路牛仔形象的促动和万宝路世界的感召下，销量逐年攀升，到1968年，万宝路已成为美国的主要香烟品牌，占有美国香烟市场总销售量的13%、仅次于云丝顿而位居第二。

图1－3

图 1－4

图 1－5

图 1－6

20 世纪 70 年代，万宝路又借美国政府全面禁止在广播电视中发布香烟广告的良机，凭着具有鲜明个性特征的品牌形象，终于在 1975 年将稳坐美国烟草销售头把交椅几十年之久的云丝顿香烟赶下宝座取而代之，万宝路的销量占全美卷烟总销售量的 1/4，也就是说，在美国市场每销售 4 包香烟中，就有一包是万宝路。

也是从 70 年代开始，万宝路全面进入国际市场。如今，万宝路已成为世界最著名、销售量最大的香烟品牌，年销售量超过 3000 亿支。菲利普・莫里斯公司仅在这一项产品上的盈利，就超过 30 亿美元。

万宝路的成功之处，正在于它以富有典型特征的"视觉符号"——粗犷、剽悍的西部牛仔，一群充满阳刚之气的男子，为万宝路香烟塑造出一个具有男子汉气概的全新形象，赋予其鲜明的个性，给烟民以心理上的吸引和感觉上的支持。这个形象让万宝路一炮而红，几十年不懈的诉求也成功地让人们将男子气概与万宝路联系在一起，这充分说明了品牌之形象的巨大魅力。

案例 2：小的奇迹——大众甲壳虫

甲壳虫汽车是德国大众汽车公司（Vokswagen）生产的一款小型车，它因卵圆的外表很像一只甲壳虫而得名。由于当时的美国消费者习惯于消费豪华气派的大型车，而且二战的伤痕深深地刻进了美国人的心里，因此马力小、形状古怪的甲壳虫 10 年都未能打开美国市场。甲壳虫的美国之路，由此看来注定是一场噩梦。

然而，威廉·伯恩巴克出现，奇迹和命运交织在一起，一切都不同了。1959年，他接下了这项广告业务，带领创意和业务人员一起前往德国的大众汽车工厂实地考察，了解甲壳虫汽车的优点——高品质、高效率、制作工艺严谨无比。

图1-7 想想小的好

在工厂的3周里，伯恩巴克亲眼目睹了"小"的好处。考察结束后，大众甲壳虫汽车的奇迹——广告史上不可不谈的经典之作——诞生了。画面上只在左上方有一辆呆头呆脑的甲壳虫汽车。简朴、平常的文字——标题："想想小的好"；正文："我们的小车并不标新立异。许多从学院出来的家伙并不屑于屈身于它；加油站的小伙子也不会问它的油箱在哪里；没有人注意它，甚至没人看它一眼。其实，驾驶过它的人并不这样认为。因为它耗油低，不需要防冻剂，能够用一套轮胎跑完40000英里的路。这就是为什么你一旦用上我们的产品就对它爱不释手的原因。当你挤进一个狭小的停车场时，当你更换你那笔少量的保险金时，当你支付那一小笔修理账单时，或者当你用你的旧大众换得一辆新大众时，请想想小的好处。"

图1-8 柠檬（Lemon）

我们再来看看另一则甲壳虫的广告。

画面仍然是那辆毫不起眼的小车。标题："柠檬"（Lemon，英俚语，指不合格被剔除的产品）；正文："这部车子没有赶上装船，因为某个零件需要更换。

你可能不会发现那个零件的问题，但是我们的品质管理人员却能检查出来。在工厂里有3389人只负责做一件事，就是在甲壳虫汽车生产的每一道过程严格检验。每天生产线上有3000个员工，而我们的品质管理人员却超过了生产人员。任何避震器都要测试，任何雨刷都要检查……最后的检验更是慎重严格。每部车经过189个检查点，在刹车检查中就有一辆不合格。因此，我们剔除‘柠檬’，而你得到好车。”

甲壳虫的另一则电视广告同样经典。

画面是一行黑色的送葬车队，里面坐着所有为富翁送葬的亲朋好友。

画外音：“我——麦克斯韦尔·斯内弗尔，趁清醒时发布以下遗嘱：给我那花钱如流水的太太罗丝留下100美元和1本日历；我的儿子罗德内和维克多把我的每一枚5分币都花在车和放荡女人身上，我给他们留下50美元的5分币；我的生意合伙人朵尔斯的座右铭是‘花、花、花’，我什么也‘不给、不给、不给’；我其他的朋友和亲属从来未理解1美元的价值，我留给他们1美元；最后是我的侄子哈罗德，他常说‘省一分钱等于挣一分钱’，还说‘哇，麦克斯韦尔叔叔，买一辆甲壳虫车肯定很划算’。我呀，决定把我所有的1000亿美元财产都留给他！”

图1-9　送葬车队

这一系列的甲壳虫广告在20世纪60年代初期推出之后，立即引起了巨大轰动，大众公司的小型轿车也因此在美国市场迅速提高了知名度，并长盛不衰。

今天，威廉·伯恩巴克为甲壳虫设计的“小”核心创意依然活跃在它的广告作品中，不同的可能是广告的色彩已经变得绚丽多姿。以下是大众汽车的“灿烂”系列平面广告作品。

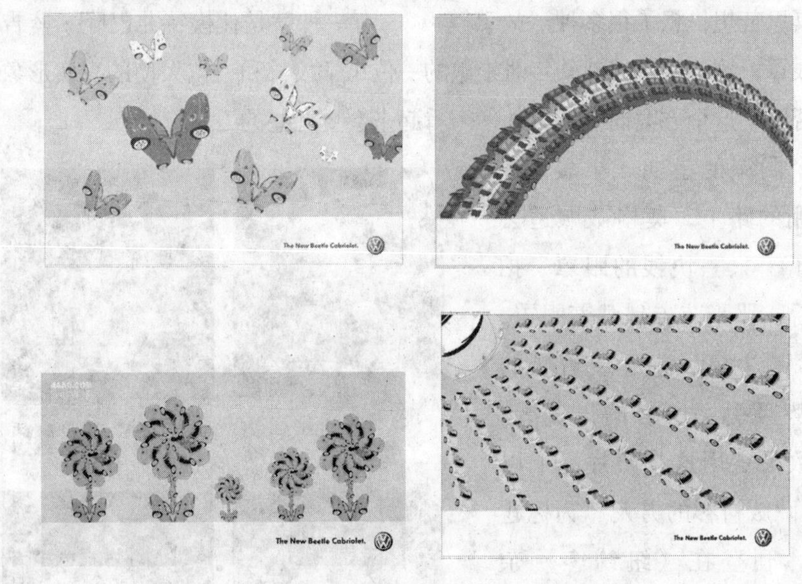

图1-10　大众“灿烂”系列广告

案例3：戴眼罩的男人——哈萨威衬衫

大卫·奥格威本身就是广告界的奇迹，而在他手中诞生的哈萨威衬衫经典广告是奇迹中的奇迹。

1951年，缅因哈萨威衬衫厂的老板埃勒顿·杰蒂找到刚开业3年的奥美广告公司创意总监大卫·奥格威，他对奥格威说：“我们准备做广告了。我们的广告预算每年还不到3万元。但我可以向你保证，如果你肯接受，我决不改动你的广告文案一个字。”奥格威接受了这个动人的建议。那个老板在他的财务部长掏出笔准备当着奥格威的面修改广告时曾大声怒吼：“把你的钢笔放回口袋去！”面对如此理解广告公司的客户，奥格威使尽了浑身解数。他决心要为哈萨威衬衫做一套比扬·罗必凯的箭牌衬衫更好的广告，尽管他知道扬·罗必凯广告预算200万但他手头只有3万。

他需要一个奇迹。

奥格威想起自己在盖洛普博士手下工作时，曾见过一个调查报告表明：能吸引读者的是那些能引起读者好奇心并促使他们探究的东西，哈罗德·鲁道夫把这种东西称之为“故事诉求”。奥格威决心用故事诉求做好这个只有6000元利润的广告。

奥格威冥思苦想，想了很多种“故事模板”，有一种就是让模特儿巴隆·蓝吉尔戴上一只眼罩，这源自奥格威幼年时崇敬的一位小学校长和一位大使的真实形象。最初奥美否决了这个方案而赞成另外一个看起来会更好些的方案。

某个阴湿的星期二早晨，在去摄影棚的路上，奥格威顺道去药店买了一只一块钱的眼罩。拍出照片后，那张蓝吉尔戴着眼罩，穿着哈萨威衬衫，左手支着腰的独特姿势吸引了所有的奥美人。他们一致决定用这张照片配上以“穿着哈萨威衬衫的男人”为标题的文案，刊登在《纽约客》杂志上。

图 1－11　戴眼罩的男人

这则戴眼罩男人的广告使哈萨威衬衫一炮走红。世界各地的报纸都刊登谈论这则广告的文章。几十个厂家把同样的创意用于他们的广告，奥格威说仅在丹麦就看见过 5 种不同的版本。

接着，奥美又将蓝吉尔用于不同场景的系列广告中：在卡内基音乐厅指挥纽约爱乐乐团、演奏双簧管、开拖拉机、击剑、驾驶游艇、购买雷诺阿的画等等。为了克服巴隆·蓝吉尔在摄影机前的摆动习惯，他们甚至用铁管帮他固定住。

这则广告是如此成功，当埃勒顿·杰蒂将哈萨威公司卖给波士顿一个金融家仅 6 个月后，这个金融家转手卖给别人，获利数百万元，这是第一批成功的品牌形象之一。奥格威回忆说：“迄今为止，以这样快的速度、这样低的广告预算建立起一个全国性的品牌这是仅有的一例。……那是我事业的第一个转折点。”

第2章　酒意·写意

一、焦点链接：冰吧

零下8度的至酷温度，周围成吨冰块砌成的墙壁，一杯酷爽的伏特加在手，没有什么比这更享受了。2007年6月，著名酒类品牌绝对伏特加（Absolut）与瑞典的Icehotel携手把原创冰吧——绝对伏特加冰吧带到了上海。

图2-1　绝对伏特加冰吧登陆上海

上海的绝对伏特加冰吧，坐落于上海市中心淮海路上的无限度休闲广场地下一楼的北极光北欧餐厅酒吧内。这是迄今为止亚洲最大的绝对伏特加冰吧，占地100平方米的空间内最多可一次性容纳60位客人。为确保完美品质，冰吧内所有冰块均从位于瑞典北部北极圈以北200公里的Torne河千里迢迢运到上海。在那里，快速的水流、清澈的水源和极度寒冷的气候环境，使河水得以凝结出晶莹剔透的冰块。而成吨的冰块被运抵上海后，则将经过设计师们的精心设计、雕琢，制作成各式艺术品：冰椅、冰桌、冰墙和冰酒杯……这就是你能够看到的绝对伏特加，绝对的冰吧。

以下是位于全球各地的创意冰吧：

图 2-2 冰吧的冰制吧台

巴黎冰吧——地址：巴黎 18 区火车北站附近；消费：每位客人 38 欧元（自备抗寒棉衣或大衣）；酒吧温度：零下 5 摄氏度 20 吨冰块被砌成墙壁，各色装饰彩灯不停闪烁。三五知己穿着大棉袄欣赏着寒冰营造的世界。冰吧内的服务生实行短期轮换制，不能在冰吧内停留过长时间。顾客更是只可在冰吧“小坐”，最长不能超过 30 分钟。冰吧内的饮料没有什么选择余地，只有伏特加。巴黎冰吧选择法国伏特加“Grey Goose”为合作伙伴。“Grey Goose”产于法国西南部干邑地区，用博斯的小麦和夏朗德的泉水酿制而成。

西伦敦星期六——英国伦敦；地址：Heddon 街 29-33 号；消费：每位客人 22 美元（包括一杯酒和抗寒衣物租借费）；酒吧温度：零下 8 摄氏度到零下 5 摄氏度；需要订位。

英国的“冰吧”开在伦敦市中心，冰吧只容纳 60 名顾客，提供伏特加鸡尾酒。穿上特制的银色披风，在冰吧里谈笑风生，客人只允许在那里逗留 45 分钟。冰吧用的冰都是从瑞典北部的托恩河运来的，一尘不染的水让冰吧“完全透明”。酒吧从墙到杯子每一处都是用冰来打造的，不过它每隔半年左右就要重新设计和建造一次。

C Lounge——城市：加拿大多伦多；地址：Wellington 街 456 号；不需要订位。这是北美第一间冰吧，也是全世界最大的一间，占地居然有 2000 平方英尺。当然也少不了圣诞节日冰雕。酒吧投资商说，光建造酒吧本身就花费 20 万加元，更不要提大约斥资 45 万加元的各式冰雕展品。酒吧采用了特殊的造冰技术，尤其是 90 B. T. U.（英制热量单位）的冷却技术，使得整个酒吧被冰封起来，和外界隔绝，因此并不会受气温影响而融化。进入酒吧，服务生会给顾客准备好一件保暖的皮大衣和一副手套。这里的特色是吧内有各种美轮美奂的冰雕展示，主题包括恐龙、电影情景及人物。

东京绝对冰吧——城市：日本东京；地址：港区西麻布4-2-4TheWall一楼；消费：每位客人30美元（包括一杯酒和抗寒衣物租借费）；酒吧温度：零下5度；需要订位。

同样是瑞典托尔河运来的水，凝结成东京繁华都市里最晶莹剔透的冰吧。和别的冰吧不同，这里有两道钢铁重门保持温度。连帽大衣及手套很有日本服装的风格。各种鸡尾酒是这里的特色，装在透明冰杯中的鸡尾酒特别好看。酒吧规定一次入场不能超过45分钟。值得提醒的是，在这里还有个明文规定：若酒喝得太多，喝到连冰杯都化了，就需要再付800日元。

古往今来，酒一直在人类的生活中扮演着特殊的角色，它流注在物质生活和精神生活的各个领域，也构成了广告中独特的风景线。本章主要探讨世界的酒文化和酒广告，让我们一起分享醉过的快意。

二、理论探究

1. 酒意中国与酒文化

酒是一种特殊的商品，它的价值不仅在于它的物理功能，也是一种文化上的需要，对酒的消费是在文化的支配下发生的，酒也满足了人们精神层次的需求。于是酒成为了能带给人们精神享受和文化享受的“感性商品”。

酒文化是指围绕着酒这个中心所产生的一系列物质的、技艺的、精神的、习俗的、心理的、行为的现象的总和。有关酒的起源、生产、流通和消费，特别是它的社会文化功能以及它所带来的社会问题等一切现象，都属于酒文化及其相关范畴。从人生哲学的角度来看，饮酒者在追求的是一种境界，一种感觉，一种精神的消费。“杯小乾坤大，壶中日月长”，不同的需求者在同一种物质中得到各自所寻求的不同意境，寻找到各自满意的答案，这就是酒。酒作为一种独特的文化，极为微妙地反映出林林总总的人生形态和方方面面的人生情愫。“酒文化”也就是酒与传统文化和现代文化相结合的产物，所以它具有鲜明的民族性和时代感，具有对社会生活各个方面发生影响、与其他文化现象紧密结合并发挥作用的强烈渗透性。

中国酒文化就是在中国酒与中国传统以及现代文化的紧密联系中产生和发展的。[①] 中国酒文化更是一种礼文化，代表了关于酒事的文化精神。“中和”理念是酒礼中的最高境界。《礼记》对于“中和”的释义：喜怒哀乐之未发谓之“中”，发而皆中节谓之“和”。[②] 进一步把“中和”理念表述成“味”、“度”、“节”、“范”四字。味，就是“和五味以调口”。五味指酸甜苦辣咸，五味调和要适度，不能突出任何一种口味，排斥其他口味。酒味要求平和，不主张张扬和刺激。度，就是适度以养生。适度，就是要求以醉为度，醉而不乱。“度”的关键在于宾主之间把握三爵尽礼，宾主尽情，双方就可以醉酒饱德而归。节，就是节饮以制欲。中国礼文化普遍承认：人之大欲存焉，但从不主张任其放纵自流。范，包括规范和风范。规范，就是酒礼的道德、行为规范。风范，表现为饮者的风格、风采。

2. 酒文化的诗词表现

自古以来，就有“何以解忧，唯有杜康”的经典名句，而以后的诗圣、诗仙们也有许多关于酒的诗歌，连著名女词人李清照也有关于酒的诗词。及至《水浒传》，写到的关于饮酒，可谓是淋漓尽致，也把人物形象如武松、鲁智深等更凸显纸上。事实上，酒与诗歌、书画、歌舞、音乐等艺术都存在着紧密的联系，古时的达官贵族们边饮酒边欣赏歌舞，文人墨客边作诗边饮酒，常常能借酒助兴而做出上乘文章。借酒以表情，借诗以抒怀，白居易、苏东坡、陆游，历代文人佳作中的墨香几乎都伴随着酒香。酒的激情使人亢奋，酒的张扬让人幻想，酒可以使严谨得近乎刻板的理性者进入诗人般感性的世界。

3. 酒的分类

中国制酒源远流长，品种繁多，名酒荟萃，享誉中外。中国的传统酒类只有

---

① 转引：中国酒文化 http：//baike. baidu. com/view/30398. htm。

② 余明阳. 世界顶级品牌［M］. 安徽人民出版社 2004 年版，第 65 页。

两种：黄酒和白酒。黄酒是世界上最古老的酒类之一，约在三千多年前，商周时代，中国人独创酒曲复式发酵法，开始大量酿制黄酒。约一千年前的宋代，中国人发明了蒸馏法，从此，白酒成为中国人饮用的主要酒类，[①] 酒也不断渗透于中华民族五千年的文明史中。

黄酒：回眸一笑百媚生。黄酒是我国最古老的酒种，黄酒酿造技术堪称一绝，是祖国宝贵的科学文化遗产。作为中国最古老的独有酒种，黄酒被誉“国粹”，而儒家文化是中国最具特色的民族文化，可称之“文化精髓”。两者源远流长，博大精深。黄酒生性温和、风格雅致，酒文化古朴厚重，传承人间真善之美、忠孝之德；儒家内涵讲究中庸之道，主张清淡无为，宣扬仁、义、礼、智、信等人伦道德。细细体味，黄酒与儒家文化可谓一脉相承，有着异曲同工之妙。[②]

图2-3 黄酒经典绍兴花雕

绍兴黄酒是我国的黄酒之最，被誉为中国八大名酒之一。品种有“加饭”、“善酿”、“香雪”、“元红”等，将加饭酒盛在陶器内，外饰各种图案的彩画，称为“花雕”。“陈年花雕”是素享盛名的酒中的珍品。绍兴“花雕酒”又名“女儿酒”。民间有一种说法，就是从女儿生下的第一天把一坛新酿的黄酒埋在地下，直到女儿出嫁的那天再取出请宾客共饮，此谓女儿红。

白酒：铿锵巾帼胜须眉。白酒是用粮食或其他含有淀粉的农作物为原料，以酒曲为糖化发酵剂，经发酵蒸馏而成。白酒的特点是无色透明，质地纯净，醇香浓郁，味感丰富，酒度在30度以上，刺激性较强。白酒又叫烧酒，是在酿造酒的基础上产生和发展起来的一种蒸馏酒，是世界上只有我国独有的一种传统饮料酒。它以特殊的色、香、味和完美的风格，广为国内外消费者所喜爱和赞美。

白酒根据其原料和生产工艺的不同，形成了不同的香型与风格，白酒的香型有以下五种：

---

① 转引：中国酒文化 http：//baike. baidu. com/view/30398. htm。

② 转引：http：//www. wine999. net/news_ view. asp？newsid=852. htm。

清香型——清香型的特点是酒气清香芬芳，醇厚绵软，甘润爽口，酒味纯净。以山西杏花村的汾酒为代表，故又有汾香型之称。

浓香型——浓香型的特点是饮时芳香浓郁，甘绵适口，饮后尤香，回味悠长，可概括为“香、甜、浓、净”四个字。以四川泸州老窖特曲为代表，故又有泸香型之称。

酱香型——酱香型的特点是香而不艳，低而不淡，香气幽雅，回味绵长，杯空香气犹存。以贵州茅台酒为代表，故又有茅台香型之称。

图 2-4　白酒经典贵州茅台酒

米香型——米香型的特点是蜜香清柔，幽雅纯净，入口绵甜，回味怡畅。以桂林的三花酒和全州的湘山酒为代表。

复香型——兼有两种以上主体香型的白酒为复香型，也称兼香型或混香型。这种酒的闻香、回香和回味香各有不同，具有一酒多香的特点。贵州董酒是复香型的代表，还有湖南的白沙液，辽宁的凌川白酒等。

白酒中生产得最多的是浓香型白酒，清香型白酒次之，酱香型、米香型、复香型等较少。

如果给酒定义一种姿态，则需要我们小心斟酌。若说白酒是驰骋战场的巾帼英姿，那么黄酒就是江南雨巷中回眸的清丽身影。杯酒入喉，期盼总会涌上心头。像是男欢女爱，酸甜苦辣尝尽百态。酒，就像女子，或是热烈，或是安详，千万种容颜，对应了酒的千万种姿态。

下面我们再一起探讨国外酒的分类与酒文化，看国门之外的酒意是否也生机盎然。另外，需要注意的是，本章主要涉及欧美地区的酒文化，对于亚洲其他国家不加赘述。这些地区基本上是根据生产方法的不同，将酒分成蒸馏酒和酿造酒两大类。

蒸馏酒是将经过发酵的原料加以蒸馏提纯，从而获得有较高酒精含量的液体。常见的蒸馏酒有以下几种：

威士忌酒（Whisky）——率真的阳光女孩。威士忌是最率直的女孩，纯粹、自然，丝毫不会扭捏作态，像阳光一样洒下微笑。

威士忌是以大麦、黑麦、玉米等为原料，经过发酵蒸馏后放入木制的酒桶中陈化而酿成的一种最具代表性的蒸馏酒。市场的销售量很大。威士忌酒的产地很广，制造方法也不完全相同，主要品种有：

苏格兰威士忌（Scotch Whiskey）。苏格兰名牌产品，用经过干燥、泥炭熏焙产生的独特香味的大麦芽作酿造原料制成。此酒的陈化时间最少是8年，通常是10年或更长的时间。其具有独特的风格，色泽棕黄带红，清澈透亮，气味焦香，带有浓烈的烟熏味。著名的苏格兰威士忌品牌有：黑方（Johnnie walker black label），芝华士（Chivas Regal），金铃（Bell's），特级（Something Special）。

爱尔兰威士忌（Irish whiskey）。其以大麦、燕麦及其他谷物为原料酿造，经三次蒸馏并在木桶中陈化8~15年。风格与苏格兰威士忌接近，最明显的区别是没有烟熏的焦味，口味绵柔，适合做混合酒的其他饮料混合饮用。较为人熟知的爱尔兰威士忌品牌有：吉姆逊父子（John Jameson & son），波威士（Power's），吐拉摩（Tullamore dew）。

图2-5 威士忌清澈透亮，口味独特

加拿大威士忌（Canadian whiskey）。加拿大开始生产威士忌是在18世纪中叶，那时只生产稞麦威士忌，酒性强烈。19世纪以后，开始生产由玉米制成的威士忌，口味比较清淡。它是在加拿大政府管理下蒸酿、贮藏、混合和装瓶的。在木桶中陈化的时间是4~10年。主要的名牌有：加拿大俱乐部（Canadian Club），西格兰姆斯（Seagram's），王冠（Crown Royal）。

美国威士忌（American Whiskey）。尽管美国只有200多年的历史，但因为其移民多数来自欧洲，因此也带去了酿酒的技术。波本威士忌是美国威士忌的代表。波本是美国肯塔基州的一个地名，在波本生产的威士忌被称作波本威士忌（Bourbon Whiskey）。波本威士忌的主要原料是玉米和大麦，经发酵蒸馏后陈化2~4年，最多不超过8年。美国威士忌中的名牌有：四玫瑰（Four roses），老爷爷（Odl granddad），吉姆·宾（Jim beam），野火鸡（Wild Turkey），杰克丹尼（Jack Dadel）。

金酒，美艳动人的都市丽影，从你身边走过你也丝毫感受不到她身上的都市喧嚣，留下一丝若有若无的缠绵把你牢牢捆住动弹不得。

金酒也称杜松子酒，可分为荷兰式金酒和英国式金酒两类。

荷兰式金酒，采用大麦、麦芽、玉米、稞麦等为原料，经糖化发酵后蒸馏，在蒸馏时加入杜松子果和其他香草类，经过两次蒸馏而成。荷兰式金酒色泽透明清亮，香味突出，风格独特，适宜于单饮。其名牌有：波尔斯（Bols），波马（Bokma），汉斯（Henkes）。

图2-6 金酒又名杜松子酒

英国式金酒，采用稞麦、玉米等为原料，经过糖化发酵后，放入连续式蒸馏酒器中，蒸馏出酒精度很高的酒液后，加入杜松子和其他香料，再次放入单式蒸馏酒器中蒸馏而成。英国金国酒即可以单饮，也可用于调酒。英国金酒也称为干金酒，酒液无色透明，气味奇异清香，口感醇美爽适。较流行的名牌有：哥顿金酒（Gordon's），将军金酒（Beefeater），布多斯金酒（Booth's），坦卡里金酒（Tanqueray）。

伏特加酒（Vodka）——刚烈的贵族少妇。小酌一杯入喉，瞬间冰凉的酒液化作燃烧的火花，令人如同深陷情网的贵族少妇般激情沸腾。

伏特加语源于俄文“生命之水”一词当中“水”的发音，约14世纪开始成为俄罗斯传统饮用的蒸馏酒。伏特加酒以谷物或马铃薯为原料，经过蒸馏制成高达95°的酒精，再用蒸馏水淡化至40°~60°，并经过活性炭过滤，使酒质更加晶莹澄澈，无色且清淡爽口，使人感到不甜、不苦、不涩，只有烈焰般的刺激，形成伏特加酒独具一格的特色。因此，在各种调制鸡尾酒的基酒之中，伏特加酒是最具有灵活性、适应性和变通性的一种酒。

俄罗斯是生产伏特加酒的主要国家，但在德国、芬兰、波兰、美国、日本等国也都能酿制优质的伏特加酒。特别是在第二次世界大战开始时，由于俄罗斯制造伏特加酒的技术传到了美国，使美国也一跃成为生产伏特加酒的大国之一。伏特加流行的牌子有：斯莫诺夫（Smirnoff），红牌（Stolichnaya），维波罗瓦（Wyborowa），芬兰（Finlandia），绝对（Absolut）。

图2-7 伏特加性情浓烈

朗姆酒（Rum）——爽朗火爆的港湾女郎。裙摆一系，跳上案桌，就是一段火辣热烈的舞步，你永远不知道如何取悦她的芳心，也许下一次眨眼间你就已经爱上她，可以为她而死。

朗姆酒是制糖业的一种副产品，以甘蔗提炼而成，大多数产于热带地区。朗姆酒的生产工艺与大多数蒸馏酒相似，经过原料处理，酒精发酵，蒸馏取酒之后，必须再陈化1~3年，以便酒液染上橡木的色香味。

朗姆酒又称火酒，它的绰号又叫“海盗之酒”，因为过去横行在加勒比海地区的海盗都喜欢喝朗姆酒。

朗姆酒的产地是西半球的西印度群岛，以及美国、墨西哥、古巴、牙买加、海地、多米尼亚、特立尼达和多巴哥、圭亚那、巴西等国家。朗姆酒的著名品牌有：混血姑娘（Mulata），郎立可莱姆（ronrico），拉姆斯（lambs），可库斯巴（cockspum），波多黎各（Puerto Rico Rum）。

特吉拉酒（Tequila）——热辣惹火的哈维拉姑娘。看见她了吗？不要妄想逃脱，在哈维拉的裙摆下你只有俯首称臣。

特吉拉酒产于墨西哥，是用一种叫龙舌兰的仙人掌类植物为原料制成的烈性酒。龙舌兰的成长期为8~10年，酿酒时用其球状仙人掌类，先劈开放入蒸馏器中蒸馏，取出的龙舌兰放入滚转机压碎，浇上温水，放入酒母发酵，再次蒸馏，用木桶陈化。特吉拉酒呈琥珀色，香气奇异，口味凶烈。常见的特吉拉酒品牌有：特吉拉安乔（Tequila Anejo），欧雷（Ole），玛丽亚西（Mariachi），索查（Sauza）。

白兰地（Brandy）——成熟的性感女人。如同经得起岁月沧桑的女人一般，愈是久远，愈是令人心醉神、浮想联翩。

白兰地是英文Brandy译音，意思是“生命之水”，通常被人称为“葡萄酒的灵魂”。它以水果为原料，经发酵、蒸馏制成的酒。通常，我们所称的Brandy（白兰地）专指以葡萄为原料，通过发酵再蒸馏制成的酒。

图2-8 白兰地，葡萄酒的灵魂

白兰地这属于术语，最初是从荷兰文Brandewijn而来。它的意思是“可燃烧的酒”，相当于中国的“烧酒”。从狭义上讲，是指葡萄发酵后经蒸馏而得到的高度酒精，再经橡木桶贮存而成的酒。白兰地是一种蒸馏酒，以水果为原料，经过发酵、蒸馏、贮藏后酿造而成。以葡萄为原料的蒸馏酒叫葡萄白兰地，常讲的白兰地，都是指葡萄白兰地而言。以其他水果原料酿成的白兰地，应加上水果的名称，苹果白兰地、樱桃白兰地等，但它们的知名度远不如前者大。

世界上生产白兰地的国家很多，但以法国出品的白兰地最为驰名。而在法国产的白兰地中，尤以干邑地区生产的最为优美，其次为雅文邑（亚曼涅克）地区所产。除了法国白兰地以外，其他盛产葡萄酒的国家，如西班牙、意大利、葡萄牙、美国、秘鲁、德国、南非、希腊等国家，也都有生产一定数量风格各异的白兰地。独联体国家生产的白兰地，质量也很优异。

法国白兰地用字母或星印来表示酒贮存时间的长短，贮存时间越久越好。

“V. S. O.”为12~20年陈的白兰地酒；

“V. S. O. P.”为20~30陈的白兰地酒；

“X. O”一般指40年陈的白兰地酒；

“X”一般指70年的特陈白兰酒。

“V”是Very的缩写，是非常的意思；“S”是Superior、Special的缩写，是特级的、特殊的意思；“O”是Old的缩写，是陈年、陈酿的意思；“P”是Pale的缩写，有清澈的意思；“X”是Extra的缩写，是格外的意思。

用星印来表示贮存时间：一星表示3年陈，二星表示4年陈，三星表示5年陈。目前世界上最有名的白兰地有：柯罗维锡（Courvdisies），轩尼诗（hennessy），

T. F. 马爹利（T. F. Martell），人头马（Remy Martin），开麦士（Camus）。

葡萄酒——妖娆妩媚的拉丁女郎。她有迷人的色彩和醇香的滋味，在杯中轻轻摇曳，如同红裙缭绕中的拉丁女郎，妩媚众生。

酿造酒也可以称为原汁酒，葡萄酒是酿造酒中最大的一类。葡萄酒按其含糖量的多少，可分为干型、半干型、半甜型和甜型4种口味。按照国际上的分类方法，葡萄酒可以分成佐餐葡萄酒（无气葡萄酒）、含气葡萄酒、强化葡萄酒和加味葡萄酒等四类。

其中佐餐葡萄酒包括红葡萄酒、白葡萄酒和玫瑰红葡萄酒，由天然葡萄发酵而成，酒度在15度以下。在温度20℃的条件下，瓶内气压低于一个大气压的都是无气葡萄酒。

红葡萄酒。该酒是用紫皮葡萄连皮连种子一起压榨取汁，经自然发酵酿制而成。由于葡萄皮中的色素溶进酒液中，使酒液呈红色。红葡萄酒一般贮存时间4~10年的，其味道正好。通常都在室温下饮用，18℃为最佳饮用温度。

白葡萄酒。该酒是用白葡萄去掉皮和种子后，压榨取汁发酵制成的。贮存时间较短，一般2~5年即可饮用。具有怡爽清香、健胃去腥的特点。饮用前需降温处理，一般在10~12℃饮用最为合适。

玫瑰红葡萄酒。该酒在酿造过程中采用了一些特殊的方法，如用紫葡萄和白葡萄混合榨汁，有的在白葡萄酒中浸入紫葡萄皮，使酒液呈现出玫瑰红色。贮存期较短，一般2~3年即可饮用。饮用温度为12~14℃，即稍微冷却一下饮用。

佐餐葡萄酒的生产国很多，法国是红、白葡萄酒的著名产地，生产出上百种名牌葡萄酒。除此之外，意大利、德国、西班牙、美国等，都是葡萄酒的主要生产国。

香槟（Champagne）——雍容高贵的胜利女神。细长的酒杯贴近掌心，看杯中淡金色的液体里晃眼的泡沫缓缓上升，像女神的耳语一般轻盈神秘。

香槟酒是法国香槟地区生产的含气葡萄酒，其制作工艺讲究，酒味独特。法国政府以法律形式规定，只有在香槟地区生产的汽酒才可称为香槟酒，其他地区生产的只能称为葡萄汽酒。

香槟酒是用去皮和种子的紫葡萄和白葡萄酿制而成的，由于葡萄汁在发酵过程中产生大量的气体，酒液中的二氧化碳气体是天然形成的，所以独具一格。酒度是11度左右。饮用温度以4～8℃为宜。酿造香槟酒一般需要3年时间，以6～8年的陈酿最受人欢迎。香槟酒一般以生产者命名，较著名的有：莫埃武当（Most Chandon），宝林歇（Bollinger），佩里埃·汝爱（Perrier Jouet），查理·海德西克（Charles Heldsieck）。

啤酒——亲切的邻家小妹。无论是街边小店，还是露天广场，抑或时尚酒吧，都能看见她随意的身影，清新扑鼻。

图2－9 香槟

啤酒以麦芽（包括特种麦芽）为主要原料，以大米或其他谷物为辅助原料，经麦芽汁的制备，加酒花煮沸，并经酵母发酵配制而成的，含有二氧化碳、起泡的、低酒精度的各类熟鲜啤酒。啤酒是世界上产量最大的酒。

啤酒根据色泽分类主要有：

淡色啤酒——色度在5-14EBC之间。淡色啤酒为啤酒产量最大的一种。浅色啤酒又分为浅黄色啤酒、金黄色啤酒。浅黄色啤酒口味淡爽，酒花香味突出。金黄色啤酒口味清爽而醇和，酒花香味也突出。

浓色啤酒——色泽呈红棕色或红褐色，色度在14-40EBC之间。浓色啤酒麦芽香味突出、口味醇厚、酒花苦味较清。

黑色啤酒——色泽呈深红褐色乃至黑褐色，产量较低。黑色啤酒麦芽香味突出、口味浓醇、泡沫细腻，苦味根据产品类型而有较大差异。

德国是世界上啤酒消费量最大的国家之一，尤以该国最著名的啤酒之乡巴伐利亚为甚。喝啤酒是德国人"最爱好的休闲运动"。

美国是世界上最大的啤酒生产和消费国，年产量达2500万吨。美国两家啤酒商，Miller公司和A-B，分别占有了世界产量的58%和10%，并已经控制了本国70%的市场。

世界知名的啤酒品牌有：喜力（Heineken），嘉士伯（Carlsberg），百威（Budweiser）和贝克（Beck）等。

图2-10　啤酒知名品牌——喜力

三、案例欣赏

案例1：马背上的啤酒之王——百威

百威啤酒被誉为世界“啤酒之王”，几十年来，一直雄踞美国及世界最畅销的啤酒业霸主之位。百威啤酒由Anheuser-Bush（习惯称作A-B）公司生产，该公司是全球产量最大的啤酒生产商（年产115亿升）。即使在60年代激烈的啤酒市场竞争中，百威也能高居首位。几十年来，在美国啤酒市场上，百威的品牌价值定位有过几次调整和变迁，这种变化反映在广告营销策略上就是百威不断创新的广告宣传风格，这也造就了百威的品牌传奇。

1. 马背上的王者

1996年DDB恒美环球为百威制作了一条时长1分钟的电视广告片“克拉斯代重挽马”获得了戛纳国际广告节金狮奖。它表现的是克拉斯代马赢得一场橄榄球赛的故事：

镜头一：厚重云团、远处嶙峋的山脉、近处的草原，在美国西部壮美风光下，两队马群分别从画面两端飞奔而来，在夕阳金色光芒的照射下疾驰的克拉斯代马显得更加威武健壮。

镜头二：两队马逐渐奔近，在中间立定对峙。一匹最威武克拉斯代嘶吼一声，比赛开始。

镜头三：比赛场面紧张激烈，终于一匹高大的克拉斯代控制了球，另一匹冲将过来，一脚将球踢向球门（草场边的电线杆）球在空中飞行，划出一条美丽的弧线，球进了。克拉斯代欢呼庆祝。

镜头四：在一边观看的一个牛仔转过头问他的同伴：“它们经常这么干吗?”另一个牛仔手里握着一瓶百威，倚在栅栏上：“就在这里，你只要过来看就好了。”

镜头五：群山下，克拉斯代聚拢起来，画面中央出现百威的品牌标记：上面的圆环里是A-B公司的企业标志，一只展翅飞翔的鹰，下面是百威的英文标准字Budweiser，标准字下方一行是百威的口号，啤酒之王。

2. 从王者到平民

通过对一些可爱动物形象的运用，在百威的一系列广告中还塑造了亲和的平民形象。这些动物包括有：

《百威冰啤篇》：广告中，两个男子龟缩在屋里，不敢为大声砸门的人开门。为表示友好，他们甚至从门缝塞出一瓶百威冰啤，这时候他们才发现敲门的只是一只个头矮小、脾气暴躁的企鹅；

《百威淡啤篇》：一个在荒漠中迷失的男子，样子沮丧，唯一的安慰是身边的6瓶装百威淡啤。而正在此时，一只秃鹰从空中扑了下来，抢走了啤酒。

《百威青蛙篇》：在暴风雨来临之前一群青蛙欢快地在唱着“Bud-wei-ser”，毫不理会即将来临的暴雨。

继“百威青蛙”播出之后，A-B公司又再推出了“百威青蛙二”、“驾船”、“杰米”等，这些广告片的主角不再是高贵狂野的克拉斯代马，而是招人喜爱的青蛙和鳄鱼。这正是百威从王者向平民形象转变的一个征兆。

《百威蜥蜴篇》：两只小心眼的蜥蜴路易和弗兰克充满嫉妒地谈论着风光的“青蛙三重唱小组”（DDB 恒美环球为 A-B 公司制作的“百威青蛙”系列广告之一）并不时做出滑稽的鬼脸，但最后它们不得不承认“青蛙们干得不赖”。其后的“百威蜥蜴”第二部广告片沿用了第一部的风格，广告中，路易不怀好意地继续揭青蛙的短。

《百威龙虾篇》：一只龙虾即将被厨师投入沸水中，它在惊恐万分的情况下抢到了路过侍者托盘中的一瓶百威啤酒，并将它作为人质胁持，最终逃之夭夭。

《百威达尔马提亚狗篇》：一条达尔马提亚狗被新来的同伴驱逐出了消防队。两年后，当骑在由克拉斯代马牵引着的 A-B 公司啤酒货车上的它再次看到旧日的同伴时露出了胜利的笑。

《百威木栅栏篇》：这是获得第 29 届美国莫比广告奖获奖作品。一辆满载百威啤酒的货车行驶在林间，突然，车前方倒下一棵大树挡住去路，继而大树一棵接一棵地倒下，在货车周围形成了一道栅栏。这时，司机从栅栏的缝隙中向外望去，只见一只海狸从树桩后面走了出来，并大模大样地偷走了百威啤酒。

《百威蚂蚁篇》：一群蚂蚁企图打劫百威送货员的啤酒，于是它们在路面上放置了一块石头，骑着自行车的百威送货员碾中了石头，一瓶百威啤酒因为震动掉落下来。

《百威贺岁篇》：成群结队的小蚂蚁扛着一箱箱百威啤酒，井然有序地穿越中国的大江南北，翻过长城，爬过雪山、穿过田野、跨过黄河，最终登上了中国第一高的上海金茂大厦。在那里，蚂蚁们用百威啤酒堆起一座高塔，然后在塔顶齐心协力地推落翘板一头的石头，翘板另一头的一罐百威啤酒弹起，撞向象征喜庆的中国大鼓。锣鼓声响彻神州，中国人民举杯同庆，迎接新的一年的到来。广告语“百尺竿头更进步，威风八面又一年”。

一系列动物形象的使用，在幽默风趣中拉近了百威和消费者的距离。除此之外，在这个时期，百威的《上路篇》、《再上路篇》和百威《“Whassup”篇》也让我们在忍俊不禁间记住了百威。

《百威上路篇》：

镜头一：一个穿着百威制服的司机，正驾驶着百威送货卡车，忽然从路旁冲出一头牛，司机赶紧扭转方向躲开了牛。

镜头二：接着他又发现路旁的两个男子朝他大喊索要啤酒，司机有送货责任在身没有理会他们。

镜头三：一辆坐着三个姑娘的敞篷车从后面超了上来。一个姑娘热情地打招呼："你好，百威人。"司机有些受宠若惊地和她们挥手，一个姑娘又说："跟我们来。"司机有些迟疑。"跟紧点！"姑娘又说。终于司机跟了上去驶入了一条岔道。这时候，挡风玻璃上出现了醒目的字样"失败"，而驾驶室里则响起了警报、亮起了红灯。

镜头四：画面出现了拿着测试单、一直坐在副驾驶位上的百威考官，他不住摇头："太糟糕了！"司机懊悔不已。

镜头五：画面拉大，出现了另一幅场景：一架巨大的液压模拟卡车正在复位，这时，屏幕上打出字幕"这是百威给你的"。

镜头六：一脸沮丧的司机从模拟卡车里走出，另一个测试人员取笑他："敞篷车是吗？""是的。"司机更加沮丧。

《百威再上路篇》：又一个司机遇到了和前一个司机一样的考验，那几个姑娘又一次超车上来，但这次的司机断然拒绝了她们，他得意地向旁边的考官炫耀：还想让我受这老把戏的骗?！考官没有答话，只是用手指向前方提醒司机小心驾驶，可是已经来不及了，卡车已经驶到了悬崖边缘，在司机刹车之前卡车冲过警示栏径直栽下悬崖。于是考官又说："太糟了！"就像上次一样。司机从模拟驾驶室里出来的时候，又碰到了上次的那个测试人员，这次他对司机说："一共四个路障？"司机无奈地苦笑。

《百威"Whassup"篇》：2000年，DDB恒美环球为A-B公司设计制作了开拓中美洲市场的广告片"Whassup"，该广告不仅赢得了纽约克里奥国际广告节的格兰特·克里奥金奖，而且又一次在戛纳国际广告节上摘取了金狮奖。该广告表现了在不同地点，几个青年一边喝百威一边通过电话大喊"Whassup"问候，而接电话的大多也是在一边喝百威一边看比赛。其中有一名青年和女友在一起在日本料理店里观看花样滑冰比赛。这位男青年把"Whassup"叫成了"哇塞比"（音，日语为寿司调料"芥末"），他不断地叫"哇塞比"，芥末也就不断地送上来，女友为此大发脾气。

3. 王者归来

在平民化路线之后，百威又在广告中重塑了自己的高贵形象，典型的广告是《王者归来篇》：在A-B公司总部的大厅里，正举行着一次正式的舞会，一名穿着晚礼服的男子从大厅里冲了出来。在夜色中，他奔向农场，及时赶到了一匹临产母马的身边，并帮助她顺利产下一匹克拉斯代小马驹。然后他走出马厩，向小马驹的父亲表示祝贺，这时候，烟花在空中飞舞起来。这则广告呼应了百威最初的DDB制作的电视广告，强调百威最初“马背上的王者”的定位。

百威从动物形象的规范运用到平民化的广告策略在创新中保持了既有的风格，也使其稳坐了世界啤酒销量第一位的宝座。

案例2：绝对的力量——绝对伏特加

提起伏特加，人们就会把这种烈性酒与俄罗斯联系在一起，就像提起电影就会想到好莱坞，提起音乐会想起维也纳，提起广告会让人想起麦迪逊大道一样。然而，“绝对伏特加”的出现却打破了俄国人对于伏特加的垄断。

绝对伏特加（Absolutvodka）诞生于瑞典，但它的成长却是从走出国门开始的，这是一条相当艰难的路。因为伏特加是一种地缘概念极强的产品，在人们的印象中只有俄罗斯生产的伏特加才是正宗的，产于瑞典的绝对伏特加要想走向国际，首先要克服人们对伏特加的固有看法，而这往往是件吃力不讨好的事情。

但绝对伏特加走了出去，而且非常成功。在美国的进口伏特加酒中有40%印着“绝对”商标，每年超过1亿瓶绝对伏特加被运往全球的130多个国家。而它的玻璃酒瓶也成为20世纪最受认同的视觉符号之一。在2002年的《福布斯》杂志奢侈品牌排行榜上，绝对伏特加独占鳌头。

绝对伏特加的源头可以追溯到1879年。当年，一位名叫Lars Olsson Smith的瑞典人酿制了一种全新的伏特加，叫做“绝对纯净的伏特加酒”（Absolute Rent Branvin），使用全新的工艺进行加工。1979年，在“绝对纯净的伏特加酒”100周年华诞之际，继承祖业的Linmark决定出口一种新的伏特加酒Absolute PureVodka，这就是后来闻名世界的绝对伏特加。

经过一段时间的考察，Linmark决定让Carillon公司代理绝对伏特加在美国的销售。后者专门投资6.5万美元在美国进行了一项关于绝对伏特加市场前景的调查，结果却令人大失所望：绝对失败。

当时美国人消费伏特加占全球伏特加总销量的60%，而其中超过80%出自美国本土制酒厂。市场上通行的观念是：既然所有伏特加喝起来都是一个味儿的，那当然是越便宜越好。而且对于绝对伏特加的酒瓶，美国人也看不惯。绝对伏特加的酒瓶设计独特，酒瓶上没有纸质标签，字体和图案直接刻印在玻璃瓶身上，整体都是透明的，酒吧侍者抱怨说，顾客根本就看不见酒柜上的绝对伏特加；再加上酒瓶设计也打破了常规，瓶颈极短，这极大区别于一般伏特加的设计让很多人无法适应。

图2-11 绝对伏特加（"绝对系列"平面1）

面对现状，Carillon公司认为要想在利润率日渐下跌的伏特加市场中站稳脚跟，必须用高端的品牌形象与美国市场上的低价酒拉开差距，并据此名正言顺地抬高价格。该公司总裁MichelRoux觉得绝对伏特加与众不同的酒瓶设计则成为其区别于一般伏特加的特色，所以尽管市场调查不尽如人意，他还是坚定使用绝对伏特加的酒瓶，并决定用强劲的广告赋予其品牌个性。

1. 绝对降临

Carillon公司将绝对伏特加的推广交给了TBWA广告公司。"品牌创建知名度和流行度的方法是建立在产品的瑞典传统文化上，广告创意着重对在热水澡桶以及类似布置中的瑞典人作描绘。"最初的时候，TBWA的创意总监GeoffHayes这样设想。

但在后来，GeoffHayes还是放弃了这种打算，因为这样做和美国其他酒广告一样，没有冲击力。反复思考后，一个全新的创意从GeoffHayes脑海里跳出。GeoffHayes回忆道："我一边坐着看电视，一边在纸上画瓶子。记得我在瓶子顶端画了个光环，并添了一行字'这是绝对的完美'。第二天早晨，我把画好的东西给文案搭档看。他说，不用多解释，只需'绝对完美'。我们在五分钟之内想出了十个创意，形成了系列广告。"

图2－12、13、14　绝对伏特加（“绝对系列”平面2、3、4）

2. 绝对广告

绝对伏特加推出了近2000幅平面广告。其中绝大多数都以绝对伏特加酒瓶的轮廓特写为中心，但酒瓶里装着什么则千变万化。酒瓶下方写着2至3个英文单词：第一个总是“绝对”，后面接着的单词展现了广告创意人员天马行空的想像力——其中有的是带有特殊含义的数字，有的是妇孺皆知的单词，有的则是只可意会不可言传的生造概念。

图2－15　“绝对系列”平面5

这种广告概念凸显了与当时市场上其他品牌的差异，清晰反映了产品的独特个性，“绝对”的巧妙处理则让消费者深深记住了这个名字，而且广告措辞的天马行空激发了人们丰富的想象力和好奇心。

在美国，烈酒广告主不能使用电视或电台媒介，为了让平面广告获得与电视广告同样震撼的效果，绝对伏特加聘请高水平的摄影师对广告的主角——独特的酒瓶作完美的摄影。有时为达到理想的宣传效果，公司甚至可以不惜血本，广告制作者曾在美国肯塔基州一块15公顷的土地上种上不同品种的庄稼，最后拼贴出绝对伏特加酒瓶的图案，庄稼成熟后由摄影师从飞机上进行航拍。

绝对伏特加传播模式也极具个性化。首先，建立一种创意人员与媒介人员有效合作关系。即先由媒介人员制定出媒体计划、媒介选择，然后由创意人员根据特定的媒介、特定的广告目标制作特定的广告创意。第二，在同一时间、针对不同的媒介，分别采用不同的创意素材。比如美国城市系列广告中 Absolut Manhattan，创意取材于纽约的中央公园的空照图，将其做成一个绝对伏特加酒瓶形状，以尽显绝对伏特加的时尚性。

经过几年发展，绝对伏特加在同类产品中以每年平均高达20% ~30%的增长率，领先于所有伏特加酒品牌成为美国市场上占有率第一的伏特加品牌。而一句“绝对完美”的广告语伴随伏特加酒的不断壮大，成为美国市场家喻户晓的广告经典。

作为一个历史超过百年的品牌，绝对伏特加本可以在这方面大做文章，但他们不这样做，只是偶尔提及历史。他们认为历史感觉只是该品牌文化中值得一提的一部分，但并不具有决定性，历史只能唤醒记忆，不一定能够影响当代生活。而影响当代生活才是塑造成功品牌的关键。

有这样一个故事，1983 年，Carillon 公司 CEO 继任者米歇尔·卢（Michel-Rovx）碰到了波普艺术大师安迪·沃霍（Andy Warhol）。“我十分喜爱你们的酒瓶，只可惜我并不喜欢喝酒。但我十分愿意将其视作香水。我能为你画一幅画吗?”安迪·沃霍说。卢听后，十分高兴地答应邀请安迪·沃霍尔为绝对伏特加画一幅油画。

图2-16 “绝对系列”平面6

后来，这幅艺术作品被绝对伏特加当做广告刊登在杂志上，令米歇尔·卢意外的是广告一发布，销售骤然上升，仅用 2 年时间绝对伏特加酒的销售量就超过 Stolichnaya 酒，成为美国市场第一伏特加酒品牌。米歇尔·卢看到了艺术价值与酒文化价值的互动效应，便将绝对伏特加酒的传播切入点定义为：艺术家、社会名流等，加快绝对伏特加品牌的个性化、价值化传播进程。

绝对伏特加开始在全世界举办绝对主题的艺术展览，发掘培养有潜力的艺术家。

1995年，绝对伏特加资助了一项名为“绝对原创”的艺术运动，旨在打破不同艺术领域之间的界限，让思想和创意的表达不受形式的束缚，所有参与运动的艺术家作品目前仍在全世界巡回展出，这些艺术活动扩展了绝对伏特加的社会影响力。

图2-17 “绝对系列”平面7

据了解，自绝对伏特加于1979年进入美国市场之后，他们吸引到了超过300位画家参与设计，来自雕刻、玻璃设计、音乐、时装等各个方面的艺术家也加入了绝对伏特加的大军。通过与艺术的联姻，大大提升了绝对伏特加在消费者心中的地位，因为它不再仅仅是酒，而是一种有品位的生活方式。[①]

案例3：出售快乐——喜力

喜力（Heineken）（我国台湾地区译为“海尼根”），是一家荷兰酿酒公司，于1863年由谢拉特·艾迪恩·海尼根于阿姆斯特丹创立。2006年，喜力在世界65个国家拥有超过130家酿酒厂，聘请约64000人，行销170多个国家。共酿制超过170种顶级、地区性及特制啤酒。在世界品牌实验室（World Brand Lab）编制的2006年度《世界品牌500强》排行榜中，喜力名列第125位。喜力现在已不单是世界产量排名第二的啤酒酿造公司，更重要的是它是世界最大的啤酒出口商，当之无愧的最具国际化的第一品牌。

营销大师菲利普·科特勒和米尔顿·科特勒都曾表达过这样的观点：“一个成功的品牌，应该在品牌和消费者之间创造一种‘爱’，设计一个持续、一致并具有情感价值的故事是最重要的，而不少啤酒的品牌建设相对都缺乏感情和爱。”而这正是喜力要传达的理念，喜力要带给人们的是快乐的情感。正如把喜力引向国际化，并因此在半个世纪的时间里影响了全球啤酒格局的海尼根家族第二代掌

① 转引：http：//manage.org.cn/。

门人弗雷迪·海尼根经常说的一句话“我不卖啤酒，我卖的是快乐。”

1. 快乐体验式营销

喜力有一个收藏自己啤酒历史的地方——喜力啤酒博物馆（Heineken Museum）。博物馆大门口的欢迎词就是“喜力体验”，它用“探索世界最迷人的酿酒厂”的广告词招揽、吸引、打动着年轻人，也让这里成为荷兰著名的旅游景观。坐落在阿姆斯特丹荷兰传统工业区的喜力啤酒博物馆曾经是喜力啤酒厂的旧址，主体建筑的完成跨越了两个世纪，分别完工于1867年和1930年，直到1988年以前这里还在生产着喜力啤酒。在这里，让人们无限量地畅饮啤酒，亲身感受喜力啤酒历史的点点滴滴，了解啤酒酿造过程，以及喜力啤酒千变万化的世界风情，才是喜力的初衷。新奇刺激与正统历史，怀旧情绪与现代科技，正是喜力向体验者提供的梦想中的快乐。①

除了体验上的快乐，在品牌视觉识别上，喜力也注重产品包装对于“快乐理念”的展现，喜力的第三代掌门人艾佛·亨瑞·海尼根富有创意地将喜力啤酒瓶的颜色都统一为绿色，把品牌标志中的三个英文字母“e”巧妙地设计为微笑的嘴巴。这两项识别要素对喜力品牌个性的塑造和传播起了非常重要的作用。喜力包装形状独特，质感均匀，晶莹剔透，整个产品系列采用独有的近似草绿色的基调，给人以清新感。这使得喜力很容易在超市的货架上被区分出来，给人留下良好的第一印象。

正如当时喜力的国际营销经理弗雷泽汤姆森所说：“消费者看了电视广告后蜂拥而去，购买产品的时代已不复存在。他们希望得到关于产品背后的公司的详细资料，我们要给顾客带来享受和更加难忘的体验。”②

2. 快乐体验的延伸与传递

从喜力第三代掌门人弗雷迪·海尼根开始，喜力就与体育赛事以及其他文化活动比如音乐节或电影节结缘。当那些闪耀全球的体育明星和时髦艺人出现在公众面前时，伴随他们的还有喜力啤酒。

喜力让消费者相信，也许人们可能永远无法拥有像自己偶像那样的魅力与财

① 康路．喜力：在全球售卖快乐［J］．商学院，2006年第5期，第54-56页。

② 子云．喜力啤酒的“三把斧头”［J］．中国食品工业，2003年第6期，第15-16页。

富，但至少可以和他喝同样的啤酒，享受同样的快乐。而喜力还希望能创造更新的体验与快乐。还记得《黑客帝国》吗？没错，这部新世纪的电影已经被奉为电子圣经了。那还记得影片开头自屏幕上方不断流下、逐渐加速的绿色数据流吗？这些绿色的电子数据流逐渐变成在空中画出完美弧线的未来子弹，这可是喜力的创意。实际上这些绿色的数据流正体现了喜力啤酒畅快淋漓的感官享受，而喜力也为此专门制作了以“黑客帝国”为主题的广告。

别惊奇，喜力目前已经在全球范围内参与多部影片的制作和宣传，年轻的黑客需要喜力，老牌的英国间谍007也少不了喜力的支持。“好莱坞报告者网上版”的专栏作家甚至说：“如果一个片中人物在喝一瓶没有商标的啤酒，不如让他喝一瓶‘喜力’更真实些。”

而喜力的另一个传统是对音乐节的关注，迄今为止，在全球范围内，喜力参加的音乐节多达30个。传统的喜力“十月音乐节”是全世界啤酒爱好者最熟悉的主要音乐节之一。在瑞士，喜力是蒙特鲁爵士音乐节的主要赞助商之一；在波多黎各，喜力赞助具有浓郁加勒比风格的波多黎各爵士音乐节；在日本，喜力参与了在日本颇受欢迎的富士山音乐节，吸引着不同口味的音乐爱好者前往欣赏东、西方的音乐精华。①

在中国——这个喜力越来越重视的市场上——音乐节也是必不可少的“传统节目”。最先是1999年北京“喜力节拍夏季音乐节”。在音乐节开始之前，喜力大造声势，瞄准了有活力、求新、求变的青年人做宣传，就是100元1张的门票也人潮涌动。音乐会举办地点及表演嘉宾的选择也要符合喜力追求的品牌形象。喜力想通过音乐会上的表演，向人们展示世界音乐潮流，营造热烈奔放的气氛，传达和强化喜力的品牌理念。

由于目标群体主要是高薪人士，所以喜力对网球这一贵族运动情有独钟。如1998年创办了上海网球公开赛，这是中国首次举办的国际级网球锦标赛。比赛过后，喜力的销量增加了30%。②

3. 快乐广告

在抒情的英文歌声中，一名男子的视线突然被一位漂亮的女士深深吸引，女

① 康路. 喜力：在全球售卖快乐［J］. 商学院，2006年第5期，第54-56页。
② 子云. 喜力啤酒的“三把斧头”［J］. 中国食品工业，2003年第6期，第15-16页。

士正踮着脚试图拿下购物架最上层的啤酒，男子走了过去，帮她取下了仅剩的两瓶啤酒，女士露出感激的微笑，但故事还没结束，当男士发现是喜力啤酒后，一扫先前的绅士风度，迅速地将啤酒放到自己的怀里，急忙地逃掉了，留下不得其解的女士。（如图 2－18）

图 2－18　喜力影视广告《超市篇》

这则电视广告所表现的幽默方式在喜力广告中并不少见，并且极具戏剧性和代表性。常见的生活场景，美女配帅哥的人物安排，看似俗套的故事情节，在最后一转折，让人措手不及，却又会令我们会心一笑。喜力，谁不想占为己有呢？

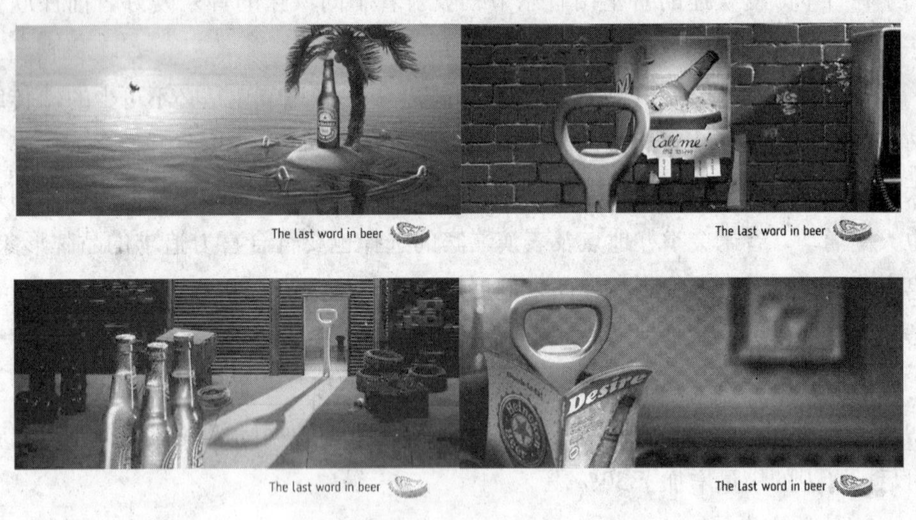

图 2－19　开瓶器篇

这一系列平面广告展现给我们一组拟人化的开瓶器和充满诱惑的喜力啤酒。黄昏下的孤岛，四个开瓶器像一群鲨鱼围攻起一瓶喜力啤酒，喜力的诱惑难以抵挡；一个开瓶器竟然惊讶地看着墙上的喜力啤酒的海报，故事的下一步也可想而知；一个开瓶器破门而入，阴森恐怖地站在门口，三瓶喜力啤酒显得孤立无援，这又会是怎样的一个故事；一个开瓶器聚精会神地看着一本喜力啤酒杂志，原来他也是喜力狂热的“粉丝”。别看平时的一个个开瓶器金属外观显得毫无生气，但在这组平面情景里个个人模人样，似乎他们的表情都可以想象。这就是喜力的幽默方式。

图2-20 沮丧篇

哪个产品不是展现他光鲜亮丽的一面，喜力出其不意，试想一下，当喜力啤酒不小心打翻或打碎在地时人们沮丧的表情。一瓶倾倒或破碎的喜力啤酒酒瓶，一滩无法收回的新鲜啤酒，倒影的是两张沮丧、懊恼、后悔的表情。最后大家又是会心一笑，领悟到喜力啤酒广告所传达出的快乐。

图 2-21 黑暗人物篇

这组系列广告要归属于恐怖诉求吧，但又一点都不恐怖，6 个高低胖瘦不同的人对着便池小便，为什么呢？背影却又如此熟悉。哦，原来是木乃伊、死神、吸血鬼、狼人……再看，他们手中清一色拿着喜力啤酒，原来刚才他们是因为喝了喜力集体在厕所方便呢！喜力的世界里，严肃的不再严肃，恐怖的也不再恐怖。

案例 4：分享和体验——芝华士人生

享誉世界的芝华士（Chivas）威士忌是最具声望的苏格兰高级威士忌，芝华士公司 1801 年成立于苏格兰阿柏丁。创始人詹姆斯·芝华士和约翰·芝华士兄弟开调配艺术风气之先，树立了芝华士这一代表了醇和、独特、出众的威士忌品牌，它是全世界最早生产调和威士忌并将其推向市场的威士忌生产商，同时也是威士忌三重调和的创造者。

芝华士位列世界品牌实验室（World Brand Lab）2005 年《世界顶级奢侈品 100 品牌排行榜》第 10 名，当选“2006 中国千万富翁品牌倾向调查”中的“最青睐的威士忌品牌”。芝华士在世界品牌实验室（World Brand Lab）编制的 2006 年度《世界品牌 500 强》排行榜中名列第 427 位。

由芝华士首席调酒师 Colin Scott 缔造的芝华士 18 年苏格兰威士忌被认为融合了所有芝华士的精髓——醇和细腻，风格独特，卓然出众。首席调酒师亲自甄选出多种苏格兰品质最出色的 18 年威士忌调配而成的这一款芝华士佳酿，以尊贵的品质赋予人们纯粹而奢华的威士忌享受。为了彰显其非凡品质，每一瓶芝华士 18 年苏格兰威士忌上都拥有缔造者 Colin Scott 的金色署名，见证了这一款至为醇厚、尊贵而典雅的苏格兰威士忌。谈及芝华士 18 年苏格兰威士忌，缔造者 Colin Scott 的自豪之情溢于言表，“每一种用于调配的威士忌都经过千斟万选的芝华士 18 年，体现了芝华士和我本人对于醇厚完美的苏格兰威士忌的执著和梦想，因此我在为每一瓶芝华士 18 年署名见证时都深感荣幸和骄傲。”

图 2-22　芝华士人生冰钓篇

1. 奢侈生活态度

" We could be together, Everyday together, the moon has fully risen and shines above the sea. As you glide in my vision, the time is standing still. " 无瑕的冰山，纯净幽远的天空，远游的旅者气定神闲地手握钓竿享受别样人生，阿拉斯加雪钓世界里不能缺少的是杯陪伴美好时光的芝华士威士忌。

这则 2005 年颇为成功的广告里，我们几乎没有看到“多年收藏”、“家族传统”，也没有看到“苏格兰风格”，这些传统奢侈品品牌带来的联想都被“享受人生，享受芝华士人生”的核心信息取代了。它隐藏了传统奢侈品品牌宫廷、高贵等特定的联想，而在这之上建立起一层自己的生活方式，并把这种生活方式演绎成符合高端消费者的新奢侈。

“那么究竟什么样的人生是芝华士人生？两个关键词是：分享（sharing）和体验（experience），到阿拉斯加去钓鱼、到灯塔野餐、在中国体验全球顶尖音乐的现场表演，这出乎意料的体验对我们消费者们而言就是‘奢侈’。不论这些体验是否可能在现实中成行，我们都希望传达这样的生活态度——和朋友一起经历不同寻常的休闲时光。”芝华士广告代理商李岱艾上海的 Stacey Wang 这样说。①

2. 芝华士人生哲学

芝华士的另外一组平面也在向人们讲述人生哲学。黑白灰色调的广告主题画面，年轻、激情、时尚的橙色和成熟、低调、神秘的深琥珀色的 logo 和瓶身，广告文案都很简单：“不得不承认，人生实在不公平”、“造物主一定是个男人”、“有些狗还不如叫做猫”、“五份工作，三辆车，两个妻子，狗只有一个”、“如果女人如此简单就好了”。统一的广告语是“心领神会”，看来不必多说，看看画面，自己慢慢咀嚼和解读这些广告的哲学意味吧。

图 2-23 心领神会篇

① 郑颖，万芝嘉．芝华士：享受人生［J］．现代广告，2006 年第 5 期，第 40 页。

第3章 张扬的女性主义

一、焦点链接：携手Dior尽情绽放女人花

题记——女人如花，绽放最美。

羞答答的玫瑰静悄悄地开是上个世纪的青涩思想，尽情绽放才是这个世纪的完美主张。

图3-1

《诗经》道："桃之夭夭，灼灼其华"，崔护云："人面桃花相映红"，诗仙李白也咏叹："美人如花隔云端"……古往今来，人们都爱把女人比作花，于是，许多年以后，有了这个名字——女人花。

2007年9月28日，中国民生银行携手国际知名奢侈品牌Dior（迪奥）正式推出民生女人花信用卡，该卡的发行标志着中国首张异型女性主题信用卡的诞生。来自中国金融业和影视界等众多知名人士共同见证了此次"携手Dior尽情绽放女人花"盛典。①

① 中国网www.china.com.cn 2007年9月29日评论。

世贸天阶，舞台中央升起绿色的光柱直冲天幕，繁茂的枝叶从天幕的四处涌出，迅速伸展。绿叶丛中，鲜艳的牡丹玫瑰尽情绽放。花样的信用卡，从花心中朵朵开出。舞台上三个堆满鲜花的托盘同时升起，可爱的小花仙在绕花翩翩飞舞。民生女人花信用卡在鲜花的衬托下惊艳面世，此时舞台上花瓣雨从天而降，舞台顿时成为花的海洋。精彩的新产品亮相，让人们对民生女人花信用卡的未来充满无限期待。

为推出一张真正适合中国女性的主题信用卡，民生女人花信用卡从产品构思、立项到诞生，历时一年。从数家广告公司公开招标、设计近百版卡样、经过近千份市场调查，终于甄选出牡丹、玫瑰、花仙子为载体的信用卡版面（如图3－2）。

图3－2

牡丹花卡面设计寓意——长久以来，牡丹端丽妩媚，国色天香，雍容华贵，兼有色、香、韵三者之美，让人倾倒，被视为富贵吉祥的象征；

玫瑰花卡面设计寓意——玫瑰富有浓郁的芳香，娇丽的花色，是美丽、高贵的象征，更代表爱情永恒的誓言；

花仙子卡面设计寓意——花仙子的创意则贯穿中西文化内涵，融会中西绘画精髓，将中国古代敦煌壁画中翩翩起舞的飞天和西方油画中的芊芊精灵形象巧妙融合，于是一个轻盈起舞的花之仙子诞生。花仙子代表智慧与高贵，是清纯唯美的象征，她飞舞于牡丹、玫瑰之上，寓意丽质天生但需格外呵护。

民生女人花信用卡以优雅、时尚为主要设计理念，卡面从女性的偏好及市场定位出发，以横、竖两版异型卡为主打的市场卖点，满足了女性追求美好事物的特点；针对不同的女性人群推出了普卡、金卡和白金卡三种级别信用卡；VISA、万事达及银联三个国际品牌的卡种也为客户提供了多样化选择，除提供国内外中高端品牌特惠商户折扣以外，还首次与国际知名奢侈品牌Dior（迪奥）展开新卡招募促销活动合作，以借助国际知名品牌在女性客户中的高认知度，最大限度刺激女性客户申办信用卡，使产品获得轰动性市场效应，高效拓展品牌影响力。

“中国女性对彩妆化妆品牌十分挑剔，我们要给她们带来前所未有的真正实惠，让她们尽享国际顶级品牌的品质、时尚与高雅。”中国民生银行信用卡中心总裁杨科说。

民生银行一向以创新引领中国银行业，在国内信用卡免年费政策似乎已成惯例的情况下，民生信用卡拟开女性信用卡市场之先河向客户收取年费。“有价值的，才是最值得享有的。”杨科说。在客户成功申办民生女人花信用卡，缴纳首年年费并于核卡后两个月内刷卡一笔（不限金额）的情况下，按卡片级别不同，民生银行将向客户赠送超出客户缴纳首年年费价值两倍以上的Dior（迪奥）化妆品。相比于Dior（迪奥）作为国际顶级化妆品从不打折的市场姿态，相信本次活动将引起强烈的市场反响，使民生女人花信用卡一经推出即走在同业前列。“缴纳首年年费赠送Dior炫礼”的促销思路将大大提升民生女人花信用卡的活跃率及卡均交易额，相比于同业40%左右的活跃率，预计通过此活动而推广的民生“女人花”信用卡活跃率可达90%左右。

民生银行从女性的角度突破创新，定位高端，细分女性市场，打造出自己的个性品牌。这一举措同时也表现出女性在社会地位和形象上的微妙变化，反映了这一特殊而广阔的市场群体逐步受到关注。一句话，在今天的广告中，女性形象无处不在。

二、理论探究

1. 女性与女性的社会地位

随着社会生产力的不断发展，男女分工不同，女性在社会中的角色也发生着巨大的变化，集中表现在社会分工基础上女性社会地位的变迁。

首先是女性母亲角色的获得。在原始社会母系氏族时期，女性和男性在生活资料的生产上并没有明显的分化，只存在着自然分工的不同，男性狩猎捕鱼，受自然情况的影响较大，因而收获有限；女性由于手指灵活，往往采集果实，制作衣食，有相对稳定的收获，成为生存的主要来源。生存的需要使得女性地位极其重要。而另一方面，女性在人类自身的生产中占据着独特的优势。氏族最初只能是由同一个女祖先的若干代女系子孙组成的血缘集团。在与自然搏斗中需要着多多益善的劳动力，生殖的优势为女性成为历史的主宰者开辟了关键的通道。

随着生产力进一步的发展，女性逐渐有了另一个身份——妻子角色。随着社会的发展，劳动技术的提高，一些笨重的劳动工具出现了，劳动的强度大大提高，于是男性的优势逐渐展现。身强体壮的男性成为社会生产的主力，而妇女在物质资料生产方面的优势也就丧失了，女性逐渐沦丧为“花盆”和“容器”。

当生产有了剩余，男子就要将自己的财产以继承的方式固定下来，就需要确定自己的后代，婚姻形式应运而生，无论是一夫一妻还是一夫多妻，妻子的最初意义是为了人丁兴旺，而丈夫对妻子的占有和奴役成了最初的阶级对立。

在私有制经济下，妇女成了私人占有物，逐渐被排斥在社会生产之外，在社会生活中，女性逐渐被定格为家庭主妇角色。随着经济的发展，男性的经济优势战胜了女性的生育优势，妇女地位的丧失和生育工具角色使得女性被完全排除在公共生活之外。而男性在获得自然优势时人为的强调了男性性别的优势，于是他们在各个方面都享有了特权，从而性别角色被加上了压迫的性质，社会分工开始按照男性的旨意而定，主内主外，家务和公众开始有了划分。

2. 女权主义与女性意识的觉醒

女权主义（Feminism），源自西方，译文将其理解成一个主要以女性经验为来源与动机的社会理论与政治运动。女权主义 Feminism 一词，最早出现在法国，意味着妇女解放，后传到英美，逐渐流行起来。在西方，追求男女平等首先是争取选举权。20 世纪 20—30 年代，西方国家的妇女，基本上都已争取到平等的政治权利，但在社会生活与人们的观念中，男女仍不平等。女权主义者开始认识到，这其中有一个性别关系、性别权力的问题，所以女权运动就开始强调性别分析变为分析男女为何不平等及男女的权力架构。

西方女权主义运动可分三个阶段：

第一代西方女权主义——从 19 世纪下半叶至 20 世纪初，和欧洲工业革命同步，代表人物是英国的 Harriet Tyler Mill。最初的诉求是妇女在受教育和立法上、经济上与男性平等。她们主要是从经济方面诉求妇女的解放，对以后的女权主义运动，特别是社会主义女权运动有很大影响。

第二代西方女权主义——从20世纪初到20世纪60年代，世界上经历了两次世界大战，殖民制度瓦解，各种矛盾重新排队，女权主义在这个大动荡的时期也风起云涌。这个时期的女权主义以“社会主义女权主义”和“自由主义女权主义”（也称激进女权主义）为代表。社会主义女权主义主要是从经济和阶级斗争方面要求妇女和男性的平等，要求妇女的在物质上的地位。而自由女权主义却是在“性”方面诉求女性的解放，她们挑战的是整个男性社会。美国的凯特米丽特在她的《性政治学》（1970年）一书中第一次引入“父权制”（Patriarchy）的概念，她认为妇女受压迫的根源是“父权制”，自由主义女权者们将女性和男性完全对立起来。

第三代西方女权主义——开始于上个世纪60—80年代，其产生和两个因素有关：一是由于60年代的“性解放”和将男女对立起来的女权思想，带来了无数的家庭破裂，单亲母亲、问题儿童和艾滋病流行，于是人们反思：社会值不值得为性解放和女权主义付出那么大的代价？另一个因素是，80年代以后越来越多的女人占据了政府、企业、学校、传媒的领导地位，当了老板，于是，后现代的女权应运而生。如果说第二代的女权主义重实践，则第三代的“后现代女权主义”更重视超出女性范围的哲学思考，社会主义和性自由的色彩更浓厚，这一时期比较有代表性的是“结构女性主义”和“地位期望理论”。

结构女性主义，女性主义思想泰斗波伏娃把它概括为“第二性”，即女性在全世界范围内是一个受压迫、受歧视的等级。那么，这样的歧视是天生的吗？其实，这样一种情况在当代仍然存在是有着深刻的社会根源的。从传播的角度看，我们可以通过网络理论和地位期望理论来解释女性在当代仍然受歧视的原因。

地位期望理论则从群体的目标动力阐释了男女地位差距进一步拉大的原因。这一理论认为，男女两性在进入性别混合的目标动力群体时，由于群体对男性的期望值高于女性，就降低了女性在群体互动中的自信心、威望和权力。如果某位女性想反潮流而动，群体内的两性都会反对她，敌视她。在这种情况下，性别期望模式得到了巩固。由此可见，女性的地位沦陷很大程度上是后天的人际传播导致的。

社会总在不断发展，女权主义正步入一个新的发展阶段。女性们充分地彰显自身的特质、天赋和才干，从而使女性自身获得相应的平等自由和解放。从发展的角度讲，西方女权主义运动从追求平等、应有的地位，到现在女权主义成为全球和平、生态运动的中心。当代的女权主义思潮开始进行理性的思考，对社会的知识基础、话语体系、价值体系等都提出了全面的质疑。随着人类社会的发展，女权主义思潮必将从争取两性的和谐发展，到性别的模糊化，使女性群体和男性群体一样，走上社会政治、经济和文化的大舞台。

3. 广告中的女性形象

自上世纪60年代的妇女解放运动以来，妇女的经济政治地位不断提升，西方社会广告中的女性形象也有了巨大的变化。从纵向的角度看，广告中的女性形象经历了这样的发展过程[①]：

性对象（60年代）：这个时候的广告中理想的女性“集性对象、妻子和母亲于一身”。社会学家分析：“根据传统的各种文化陈规，妇女被表现得非常女人气，是性对象，是家庭妇女、母亲、操持家务者，男人则处于权威的和支配妇女的地位上。”

幼稚的女性（70年代）：这个时候广告中的女性整天关心的是她们的唯一“资本”——外貌，以此来吸引男人的注视。而广告中的中年妇女总是表现以消磨时间或者做家务照顾小孩子。

养尊处优的女性（80年代）：这个时候的女性容光焕发的出现在美体和美容产品广告中，或者衣着光鲜的在豪华商场购物。表面上看是对女性的尊重和女性处境的提升，实际上却是广告者对女性形象有意识地歪曲和损毁。

驯服的职业女性（90年代）：虽然响应了女权运动的发展，广告中的女性以职业女性角色出现，但却与其肢体语言不吻合：女性总是处在被领导的地位，在男上司或男同事面前，女性总是以劣势的、被保护的角色出现。

“新女性”（21世纪）：新女性典型的形象是“性”和“时尚”，她们苗条美丽，做着自己的事情。有人说，正如橱窗里的模特一样，她们只是这个物欲时代的点缀品。

在广告中，我们所接触到的女性形象大概包括三个方面：一是男性附属下的女性；一是作为陪衬的女性；还有就是与物等同的女性。事实上，广告中的女性

---

① 刘兰珍，饶德江．广告传播中女性形象的贬损分析［J］．武汉大学学报，2005年第58卷第3期。

形象也经历了一个复杂的演变过程。

广告中女性刻板印象模式——"美的角色"。众多化妆品广告、洗发水广告、香皂产品广告等所推销的产品几乎全部运用美女形象，并向受众暗示：作为女性，其价值就在于美丽、年轻。在媒介影响下，女性形象被模式化了：性感、被动。实质上强化出了女性被观赏性和易操纵性的刻板印象——"贤妻良母"。在电视广告中还有一类被安排到家庭、厨房、卫生间的女性形象："汰渍"洗衣粉广告中清一色的家庭主妇向受众介绍其强效洗涤功能；金龙鱼色拉油广告中安排厨房中出现一个漂亮的主妇为代言人；"太太"牌抽油烟机"没有油烟味，只有女人味"。这些都暗示着女性在家里自然或理所应当是家务料理者。

另一种情况是女性在广告中作为性工具或商品。广告有时利用女性的身体作为商业促销手段。例如在内衣广告中，模特为展示内衣效果，非常暧昧的用双手在身上凹凸部位慢慢抚摩以展示其收身效果，非常具有性倾向。这种带有性暗示的广告在强化女性的行为特征的同时，严重削弱了女性丰富的内在特质。很多人对广告中女性形象的负面影响感到厌恶，但这并没有影响广告商对女性形象的追捧，反而有愈演愈烈的趋势。

广告中女性形象定位的原因——女性形象广告定位的根本原因是经济利益的驱动。广告首先是一种商业行为，这种行为注定了广告的目的就是为了推销商品。女性形象之所以被扭曲，原因在于广告是媒体的重要组成部分，是广告商的筹码，是生产商销售的生命线。媒体、广告商、生产商这三者的最终目的都是经济利润。广告为了吸引消费者的眼光，一味地迎合大众口味，而忽略了作为文化传播的社会责任感，甚至在一定程度上出现了媚俗化倾向，而在看似现代时尚的广告形象下却隐藏着陈旧的思想观念，女性由于身为弱势群体更容易被社会所利用，广告商们就把砝码押在了女性形象的塑造上，他们认为在这条利益链中，只要大家都能够获得利润，扭曲一下女性形象又未尝不可，至于对社会文化和受众思想意识造成怎样的影响，他们毫不关心。

当然，女性形象广告定位也有其深层次的社会原因。人类文明发展至今，封建礼教所维护的是男人的权力和需要，男性在两性关系中一直处于主宰地位，并以双重的价值标准去束缚女性：一方面，阻碍女性进入社会领域，限定女性除扮演好家庭角色外，别无选择；另一方面，与"男主外，女主内"的性别分工模式相对应，实现“男主女从”家庭控制模式，使她们处于绝对从属地位。在这种时代背景下，女性没有属于自己的尊严，更无法把握自己的命运。她像一道美丽的风景，只有靠男人的“评鉴”才能具有形形色色的价值。不可否认，这种“评鉴”有时候是公允的、富有良知的，但更多的时候则充满性别的歧视、傲慢和偏见。美国历史学家琼·斯科特认为，社会性别是“基于可见的性别差异之上的社会关系的构成要素，是表示权力关系的一种基本方式”。广告主角的阴盛阳衰，恰恰是阳盛阴衰的社会文化观念的反映。

将女性作为商业广告的宠儿是有其客观原因的。在广告创意中，有一项比较流行的黄金法则“3B”原则，所谓“3B”，是美女（Beauty）、婴儿（Baby）、动物（Beast）。女性的魅力最易觉察是外部形态美。18世纪著名美学家荷迦兹曾指出，“蛇形线是最美的线条。”而女性的形体轮廓又恰恰由许多蛇形线组成。一贯崇尚女权主义的波伏娃也说：“女性比男性可爱。”可见女性所具有的外在形式美，是女性形象在广告中大量应用的客观原因。

4. 广告中女性形象的突破

社会发展、女权主义运动的兴起，不仅仅使广告中女性形象得到变化，也使得广告中的主体更加多元化。广告中的男性形象开始变得多彩，而其他一些的形象，如婴儿、动物等形象也成为广告创意制胜的法宝。

社会中，决定两性是否平等的关键因素，主要集中在在智力和才干上。但是现代社会中的才干和智能已经被深深地打上了雄性、刚化的印记，女人在社会中，一旦表现出较高的智能和才干，就难以摆脱自身被雄性化的倾向，于是越来越多的中性形象呈现在社会面前，尽管有人说女性的雄性化将会带来巨大的家庭和社会的不和谐、不稳定问题，但这并不是广告人关注的重点。

从社会发展来看，对男女平等应建立在男女双方无性别化的基础上这一说法还不能过分强调。应当弱化的只是关于以男权观念意识来规范、评判、衡量及其所要求的男女两性的那些人为不合理的东西。就天性而言，男女本无太大差异，有的只是各自独具的特质。阴柔与阳刚的互补、共存、互动将是人类社会乃至宇宙运动发展永恒的主旋律。由于西方女权主义运动的巨大影响，广告商们不得不在使用女性形象时保持高度敏感。为了适合女权主义者的口味，广告商们创造了一个又一个与男性竞争的超级女性形象，她们都是争强好胜、独立自信的，无论在工作还是家庭方面都是全能的，绝不表现出哪怕是一点点对男性的依赖。我们经常可以在广告中看到，一位妇女一手拿着公文包，一手拉着孩子，面带微笑，充满自信，给人一种可以轻松自如地独立应付生活中的一切事务的感觉。这就是女权主义运动在广告中所取得的一个成果，也是广告为女权主义运动塑造的一个神话：女人是万能的，没有男人照样会生活得很好，甚至更好。

另一方面更有许多广告商转而开始采用更为安全的男性形象做广告，男性形象的使用在某种程度上为广告商开拓出了一个更加广阔的创意空间，并曾经产生过非常杰出的创意。比如，有一则电视广告使用了美国著名的棒球男星乔·纳米斯作模特。镜头一开始对准一双优美的、穿着长筒女丝袜的腿，一个柔和的女性画外音告诉观众："下面这个广告将向美国妇女证明美特牌丝袜将会使任何形状的腿都变得非常美丽。"然后镜头沿着腿部曲线慢慢上移，最后镜头前穿这双丝袜的竟是他们所熟悉的男明星，这时纳米斯微笑着说道："我当然不穿长筒女袜，但如果美特牌女丝袜能使我的腿变得如此美好，我想它也一定能使你的腿变得更加漂亮。"

与广告中的女性形象相反，男性的价值不在容貌，不在年龄，不在体形，而在于智慧，在于成功的事业，这是对男性的角色定型。主流文化所赞同的进取精神、理性思维和领导才能一般归为男性的特征，而被动、缺乏理性等消极特征被归为女性所有。男性在广告中多被描写成科技的权威、世界的主宰，是"跨越千里，勇往直前"（西装店广告）的开拓者，是"仪表出众、处事果断、以事业为第一生命"（领带广告）的英雄。总体而言，广告中的男性形象主要有以下三种：

"成功人士"——男性的社会形象。"成功人士"的社会角色定位是广告对理想男性认定的第一步。广告所展现的男性形象，几乎无一例外地从事社会性和竞争开拓性的工作，其职业多为科学家、大学教授、医生、工程师、企业家。他们不仅以技术和专业操纵着现代世界，而且以智者、导师、权威的身份给异性以多种"启蒙"。相反女性却似乎以家庭服务或从事服务性职业为天职，其行为被束缚限制在被动、从属的范围内。广告中这种男女社会性别的差异，可以从两个维度进行考察，从汽车到高科技产品均为男性的专利，广告所安排的这种角色与产品的关系，代表的是传统的职业刻板印象与社会生活中男性的主导者地位。男性们忙于事业、渴望挑战，追求地位和成功。广告中运筹帷幄、展望未来的是清一色的男性；谈判签约的双方也均为男性。在证言式广告中，男性们更是以专业人士或权威人士的身份，向消费者推荐各种高技术含量的产品。而且这类广告即使画面不出人物形象，那些含有提点、指导及宣告性质的旁述也是非男性莫属。的确，广告中的男性几乎无一例外地都成功了，作为成功的标志就是拥有名牌服装、名表、名车、花园别墅等，因此，男性又稳稳占据着这些产品广告的主人公地位。成功人士与广告商品在这里互为印证，互为专利。

"英雄本色"——男性的性格形象。品牌人格化是品牌发展的一大趋势，广告总是赋予各种品牌以人的个性，从而激发人们的认同心理。以男性为主人公的广告，不仅常以事业、荣誉、地位等要素对男性进行着社会性的诠释，而且从性格、气质、秉赋等方面塑造着一个男人所应具有的"英雄本色"。万宝路广告中那个"跃马纵横、尽情奔放"，粗犷、勇敢、富有冒险性格的西部牛仔，激起了几代人对偶像男性的追求和崇拜。中国广告中的男性形象也有典型的"万宝路"情结，他们群体的强悍与女性形象群体的柔弱形成鲜明的对照。

享受生活——男性的家庭形象。"男主外，女主内"，使中国人把男人的家庭角色定位于享受者、被侍奉者，而"事业第一，家庭第二"，又使中国人对男人为事业不顾家庭一直持称赞的态度。虽然在现实生活中，男性、女性的生存已处在同一起跑线上，即面对的是完全相同的社会问题和生存问题，而且作为职业女性，不仅要有自己的事业，还必须操持家务，社会对多重角色的女性的要求显得比男性更加苛刻。然而，值得注意的是女性再累，也被理所当然地视为"贤妻良母"责任所致，而男性的累却受到了格外的关注和厚爱。"其实男人更需要关怀"（丽珠得乐），广告对男性倾注的极大关爱最集中地体现在对男性家庭形象的塑造上。

三、案例欣赏

案例1："被看"与"观看"——女性主义的张扬

下图3-3、3-4是19世纪法国著名画家，印象派领袖马奈的两幅作品。马奈以其明快的色彩吸引了莫奈等画家兴起印象派运动，被称为印象派的先驱。

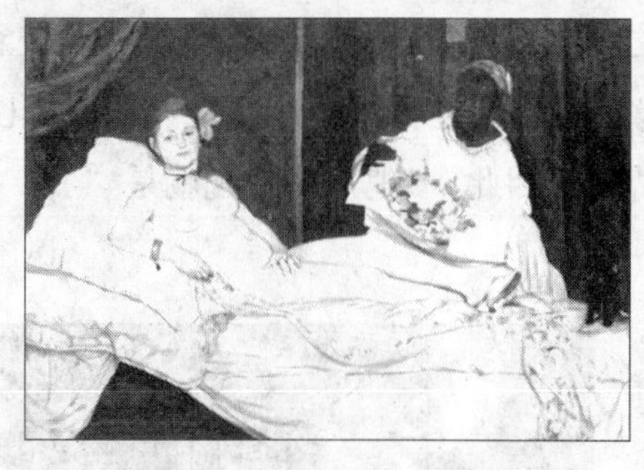

图3-3

图3-4　草地上的午餐

1863年落选者沙龙中展出的《草地上的午餐》，不论是题材还是表现方法都与当时占统治地位的学院派原则相悖。这幅画被拿破仑三世和一些“卫道者”攻击为“不道德”，画上两个衣装整齐的绅士和一个全裸的妇女，坐在草地上野餐，远处还有一个只穿睡衣的女人俯身站在水里。这是一种精心安排的“野餐”，是被禁止的“美”的大胆的“亮相”。画法上对传统绘画进行大胆的革新，摆脱了传统绘画中精细的笔触和大量的棕褐色调，代之以鲜艳明亮、对比强烈、近乎平涂的概括的色块，这一切都使得学院派不能忍受。马奈之所以要画这幅画，就是要揭掉“古典”的幌子，把那些“女神”变成现代人给大家看看。而且他画的形象，比那些冠以“女神”美名的学院艺术，更要率真自然一些，马奈本人也由此成了反传统的斗士。

其另一件作品《奥林匹亚》同样以其离经叛道的艺术形式掀起了一场轩然大波，遭到了评论界和新闻界的猛烈攻击，被咒骂为“无耻到了极点”。然而以左拉为首的进步作家和青年画家们则为马奈喝彩。左拉说：“马奈将在卢浮宫占一席地位。”这场争论使得马奈名声大振，一批年轻画家聚集在他周围，他们受马奈新颖画风影响，努力探求新的艺术风格与手法，被当时人讽刺为“马奈帮”，这就是后来著名的印象派，马奈无形中成为这些印象派画家的领袖。马奈以其强烈的绘画敏感性和其典范性的作品，使他所处时代的绘画发生了天翻地覆的变化。

文艺复兴，思想大解放，艺术家们逐渐认识到理想美的形式只能体现在女人体中，于是女人成为画家们阐释人体美的模特，成为被观看的美。而马奈的这两幅作品表现的也许仅仅是一种纯粹的艺术美，但却遭到了女权主义者的强烈抨击。在她们眼里看与被看却是一种权力之争。男权社会中，男人看，女人被看。这是极不公正的，是对女人的权利的肆意侵犯。通过看，“他”把“我”物化为一个对象，剥夺了“我”作为一个人的尊严。因此，“他”的目光就是“我”作为一个人的地狱。

YSL于1998年推出的一组广告片，作品模仿了《草地上的午餐》。这一系列作品中，那些在名画中的女性们，被YSL富于中性气息的女装包裹起来，而视线被转移到那些男模身上。（如图3－5）

图3－5 YSL服装广告

在《草地上的午餐》绘画中，女性是被男性观看的对象，女人的身体被男性的目光物化；而在照片上则颠覆了男性观看、女性被看的观念，反其道而行之，男性搬上被看的舞台。是摄影师略施的小小诡计，让观者重新审视男性观看、女性被看的传统观念。当然，也许YSL的印刷广告所呈现出的多重含义并非作者本意，但在后现代主义艺术创作繁荣的今天，商业性的时装照片也必然被它的思想浸淫而做出反应。可以说追求新奇、变化是时尚永恒不变的游戏规则，这组广告追随后现代主义的潮流，足可见时尚业内人士对社会思潮的密切关注。

图3－6

再来看其他几则广告（如图3－6所示）：画面中的男性形象十分渺小，被当做鱼缸里的鱼和杯子里的物品被女人玩弄。广告的表现方式过于极端。在表现挣脱男权统治的樊篱、摆脱男性霸权，揭露并批判其危害和不合理的同时或多或少带有女性解放运动中存在的那些褊狭、极端的、非理性的女性主义因素。

案例2：达芙妮——做“足”神话

1. 月桂树下的爱情神话

我是达芙妮，一个自然坦率自主的女生，是河神的女儿，因为爱好打猎，时常在森林穿梭。

有一天，我在森林里打猎，太阳神阿波罗出现，因为爱神戏弄，太阳神阿波罗深深地爱上了我，闯入了我的世界，而我坚信着永远纯真完美，即使阿波罗的俊美和美妙的笛声都不为所动，我并不爱阿波罗，而我只能逃。于是一场追逐游戏就开始了。

眼看着自己快被阿波罗追上时，我逃到河边，大声向父亲河神求救，河神于是把我变成了一株月桂树。

阿波罗追上的时候，我已成了河岸旁姿影婉约的月桂树，阿波罗轻拥着月桂树道歉并伤心对我说着：我美丽的可人啊！你将成为我的树，以后我的胜利将成为你的专利，我将用你的枝叶编织成胜利的花冠，用你的树枝做竖琴，用你的花朵装饰弓箭，让你永远青春永驻，不必担心衰老。将你和那些胜利的人们归属在一起！于是，月桂树便成为奥林匹克运动会上胜利的象征。月桂树属于常绿乔木，希腊人相信这是因为受到阿波罗的金口御封。

图3-7

月桂冠是由爱情编织而成，象征达芙妮正一如太阳追逐着黎明，对爱亘古不变的追逐。

2. 达芙妮的美丽演绎

达芙妮品牌女鞋来自于香港永恩国际集团。达芙妮从开始就蕴涵了神话的元素，它的LOGO在设计中运用了很多希腊元素，以Daphne的D作为基本元件，将编织、河流、桂冠（树）、弓箭、竖琴等一一融合在一起，象征着对爱亘古不变的追逐。神秘浪漫的希腊女神Daphne与太阳神阿波罗的爱情神话成为达芙妮空间设计的主题，“爱情、编织、桂冠”是达芙妮所蕴含的独特故事。两者的巧妙结合给消费者传达了一种置身于童话中的感觉，买鞋不仅是为了穿得漂亮，也更是一种心理享受，以爱的传说挑动女性追求浪漫的心理，暗示了达芙妮谱写美丽神话的决心。

早期达芙妮走的是时尚女鞋道路，市场定位于中高档女性，产品诉求于“美”，其广告语“美丽不打折，漂亮一百分”在广大爱美的女性消费者中掀起了不小的波澜。而后达芙妮开始转型为生产中低档女鞋，“提供女孩流行鞋品”。既保留了它的传统特色——“流行、时尚”，同时价格的降低又让更多爱美女性有能力购买，进一步扩大了目标市场。

图 3-8

3. 喜欢自己　表现到底

2005 年永恩将“达芙妮”专卖店分为青春系列 D18 店和经典成熟系列 D28 店，由此达芙妮品牌定位更明确。其中，D18 店专营商品为达芙妮 Young 系列和 Cool 系列的产品。集中面向 18～25 岁的女生，鞋的设计也精致可爱，时尚流行，符合青春少女的形象。为吸引女孩子的眼球，达芙妮专门邀请台湾当红歌星 SHE 做代言，广告语“爱上 SHE，爱上达芙妮”将 SHE 的青春活力和 D18 系列鞋渲染的活泼、可爱的主题巧妙结合，俘虏了大批少女的芳心。而另一系列 D28 店专营商品为达芙妮 Ladies 系列和 Soft 系列的女鞋，主要针对 25～45 岁的成熟、独立与期望有魅力的职业女性消费者，代言人选择知性明星刘若英。其广告语“昨日女孩，今日女人”将这一年龄段女人的成熟、妩媚、智慧、典雅、端庄与充满灵性传达得淋漓尽致，令广大职业女性为之动心。而不同类的专卖店也突现出不同的主题色，在 D18 店是靓丽的白色，D28 店则用了浪漫的紫色。

图 3-9

永恩集团通过D18与D28细分消费市场的营销策略，使不同年龄段的女性消费者在达芙妮的专卖店里都能找到自己最满意的鞋子。消费者满意了，厂家的业绩才会令人满意，于是达芙妮的“神话乐曲”开始奏响。

文案一：

小时候我老爱偷穿妈妈的高跟鞋

他们送了一双红色的小公主鞋给我

爱死它了

每天看着它

一直可以发呆好久好久

女人跟鞋子的关系真的很微妙

一双鞋加一双鞋

于是女孩就要变成女人

我是女人　美丽的女人

昨日女孩今日女人（图3－10）

图3－10　达芙妮D28电视广告

“喜欢自己，表现到底”。一句简单明了的广告语，从达芙妮D28代言人刘若英开始，就已成为其专卖店传达的主题。　双鞋，勾画出了女人对美丽的追求。

达芙妮针对的是年轻女性消费者，这部分人往往感性、追求浪漫、注重形象，希望表达自己的个性和独特风格。如D28这样一个面向成熟女性的品牌，选择的代言人刘若英成熟、典雅、知性的气质与D28系列的内在特质很吻合。“每个女人都应该有一双好鞋”，漂亮的鞋子和衣服对爱美的女人总是充满了诱惑，而擅长从细微处着手、洞察女性消费者心理的达芙妮，其诱惑力自然不可阻挡。广告画面中，孩提时的刘若英对成熟的向往，在得到小公主鞋时的爱不释手，到穿着华丽的小礼服踏着高跟鞋在镜子前不停旋转，和坐在墙角不断挑选在身边一字排开的各色鞋款时，满足和喜悦之情溢于言表。由此将女人和鞋子的微妙关系，表现得淋漓尽致。尤其是她在墙角试鞋和用手抚摸自己脚上的鞋子时，最能体现她也是所有女人对自己所选择的鞋子的喜爱和挑剔。这也能从另一个方面说明达芙妮能够满足她的需要。

这则广告不仅依靠了刘若英的名气，更抒写了女性对美的挑剔和追求的心理，成就了成熟女人的韵味。因此广告的播出，使得达芙妮的知名度大幅度上升也就不足为奇了。

案例3：Levi's——不仅仅是牛仔裤

“没有牛仔裤的人请举手！”

“没有 Levi's 牛仔裤的人请举手！”

“没有听说过 Levi's 牛仔裤的人请举手！

1. 世界上第一条牛仔裤（图3－11）

第一个发明牛仔裤的人，创立了著名品牌“Levi's”，他就是李维·施特劳斯。

1855年，施特劳斯放弃帆布，改用一种结实耐磨的靛蓝色粗斜纹布制作工装裤，并用铜钉加固裤袋和缝口。这种坚固美观的长裤迅速受到市场的青睐，大批订货纷至沓来。施特劳斯用自己的名字 Levi's 作为产品品牌，并在旧金山开了第一家店。

1873年，施特劳斯用撞钉固定缝口的裤子获得注册专利。1890年，Levi's 首次将牛仔裤编码，举世闻名的501就是它的第一个牛仔裤型号。1936年起，Levi's 开始把有“LEVI' S”字样的红色小旗标缝在后裤袋上，这成了它日后的品牌标记。1954年，Levi's 牛仔裤皮标停产，开始使用纸标。1974年，公司开始生产水洗系列牛仔裤，1986年又推出预先磨破穿洞的牛仔裤。

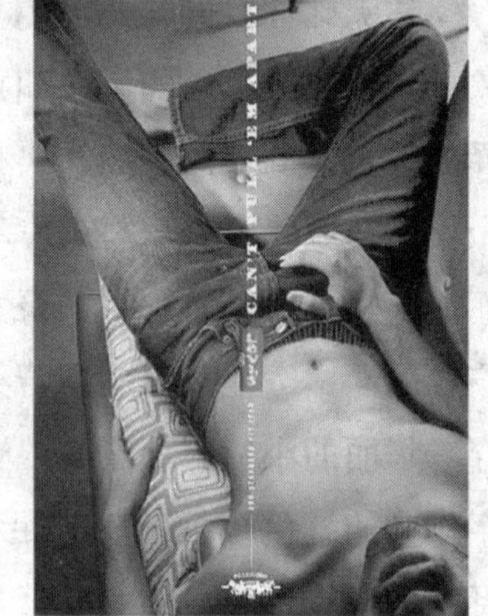

图3－11

Levi's 牛仔裤制作相当精良，它的纽扣绝对不会生锈，针脚十分密实。早在1886年，Levi's 就曾把一条牛仔裤的两条裤管分别绑在两匹马上，将马朝相反方向赶，以证明这种裤子经得起力道极强的撕扯。从1937年开始，Levi's 每年都有新品推出。在保留经典版型和 Levi's 标志性的红色旗标、裤后皮（纸）牌、后裤袋双行弧形缝线以及铜制撞钉等细节的同时，牛仔裤的水洗效果每年都会随潮流而改变。

Levi's 作为牛仔裤的“鼻祖”，象征着美国西部拓荒精神。在经历了150多年的风雨，从美国走向世界，成为全球各地男女老少都流行的时装，活跃于世界舞台。2001年，Levi's 进入中国大陆，在上海开设了首家店面。

2. 经典150年

Levi's的精神就是不断创新与突破!

20世纪60年代算得上Levi's最值得怀念的黄金时代：反战示威、反叛家庭、摇滚，牛仔裤在这应接不暇的风潮之中，别无选择地成了彼时美国青少年最恰当的身体表情，它被狂热地迷恋和追逐，而无需为任何人去改变什么。

1986年变成另一个标志。Levi's断然抛却百年老牌的亲切形象，推出被称作“冷漠风暴”的洗旧系列。那些在摆上柜台之前就被穿洞和做烂的牛仔裤看起来触目惊心，父辈级的老Levi's迷们退避三舍，孩子们却欣喜若狂。这是Levi's首次主动颠覆自己的牛仔裤经典概念，开始努力应和新一代的立场。美国有3000多万12～19岁的青少年人群，他们每年会把超过1/3的钱用在买衣服上，Levi's需要他们。2000年3D立体剪裁Engineered Jeans是Levi's又一次里程碑式的创新，低年龄段的消费群趋之若鹜，每年至少可以销售8万到9万条。2003年我们看到的最新Type Jeans则像是一把流行时尚的放大镜，把Levi's的五个经典细节都放大到极致——铆钉，红标，皮牌，铜扣，双弧线……统统都被加粗加大数倍，街头少年的服饰元素成为Levi's不敢不用的表情。

图3-12

从以上的李维斯经典150年系列中不仅看到了服饰的变化，更能发现李维斯的牛仔精神随着时代也在逐步更新。淘金潮让美国成为冒险者的乐园，也造就了美国经济的腾飞，营造出进取和率性自由的文化氛围，这与当时讲究精致与华丽的“贵族血统”的欧洲文化截然不同。而Levi's为粗犷不羁的淘金工人设计的牛仔裤，恰恰成为了渴望自由、独立、理想的新生活态度最直接的表现方式。因此，

图3-13

从某一个角度看，Levi's 牛仔裤一出现，就成了一种生活态度的象征，进而成为美式风格和欧洲大陆文化的分水岭。

3. Levi's 现代表情之性感

在经典和潮流之间，广告可以称得上是 Levi's 寻找到的最佳表情方式。Levi's 的广告历来在众多名牌中因诉求最具创意和品质而被津津乐道。而男女一直是 Levi's 的广告表现的主题。在个性张扬，大胆的主题表现下，Levi's 演绎着现代生活的两性话题。

Levi's 的创意往往独到，该系列的广告（如图 3－14）画面简单，表意通俗易懂，仅凭线条勾勒出现代男女的生活表情，却含意深刻，韵味深远。

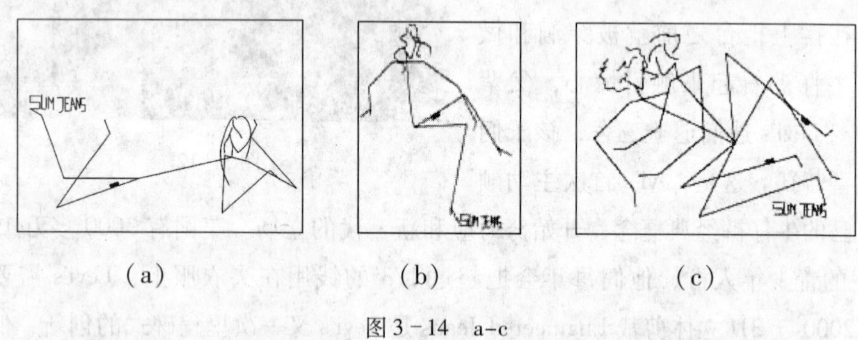

（a）　（b）　（c）

图 3－14　a–c

再看欣赏另一类广告（如图 3－15）：

简单，大胆，性感。这是这一系列广告画面给我们的感觉。

（a）　（b）

图 3－15　a–b

在诉求方式上，理性与感性情感相结合的方式，通过对品牌精神的塑造，使得人们印象中的是个性张扬的 Levi's。男女同体共衣想象奇特，但极形象地表现出牛仔裤的贴身不分性别，舒适中却透出浓郁的性感与不可抵挡的诱惑。性别倒错的趋势在这个消费与欲望的时代越演越烈，从服饰上就可以窥见一斑。男女的界限似乎也在日渐模糊，那么这则创意是否也在向人暗示着雌雄同体的可能性呢？

Levi's 与美国精神一同在熔炉中历练，在经历了 150 年的文化积淀中，逐步发展出自己的个性，展现给人们的已不仅仅是条牛仔裤。

第4章 广告的奢华演绎

一、焦点链接：奢侈拥抱长城

2007年10月19日日落时分，意大利奢侈品牌Fendi（芬迪）在北京居庸关长城举行了一场特别的时装秀，这也是首个在中国万里长城上举办时尚展示的高级品牌。Fendi设计师Karl Largefeld（卡尔·拉格菲尔德）和Silvia Fendi以及Fendi主席兼行政总裁Michael Burke，偕同来自世界各地近600位嘉宾在中国独具象征意义、同时也是世界七大奇迹之一的万里长城之上见证了这一非凡的时尚文化盛事。出席的嘉宾包括章子怡、中田英寿及《超人——强战回归》女主角Kate Bosworth等。表演结束当晚，Fendi还在北京三里屯举办盛大晚宴Party，给足前来助兴的明星们亮相的机会。

北京西北、距市区50公里远的居庸关长城，88位模特们以专业的步伐拾阶而下，其曼妙的身影、优美的步伐铭刻在历史之中。(如图4-1)

Fendi主席兼首席执行官Michael Burke表示：这次活动非常独特，没有其他任何一家精品公司曾在长城的斜坡之上展示其产品。这次活动充分展示出Fendi公司对创新、品质和完美的执著追求与承诺，同时也展现了中西文化的完美结合。无独有偶，国际二线品牌皮尔卡丹移师敦煌，也开始了他的“鸣沙山下的皮尔卡丹秀”，品牌形象直线上升。

图4-1 芬迪北京居庸关时装秀

事实上，这些活动的背后是一个强烈的市场信号：随着中国经济的快速发展，城市人口的增长以及中国消费观念的日益更新，中国已成为世界第三大奢侈品消费国，同时也是全球奢侈品产业的主要增长区域。国际知名的市场研究公司TNS数据调查研究显示，到2010年，中国将有2.5亿消费者有能力购买奢侈品，这将占全球奢侈品消费总需求的四分之一。到2015年，中国将登上全球奢侈品消费市场的巅峰。到2020年中国市场顶级奢侈品消费额有望达到5000亿元。[①]于是，学习和研究奢侈品以及奢侈品广告，显得尤为有价值了。

二、理论探究

1. 奢侈的概念

高端是一种生活向往，是真正需求满足之后才产生的需求，奢侈就是“总有地方放我的钥匙”，奢侈就是“在欧洲的单程飞行途中你的座位两边都没有人”。奢侈是什么？“A thing that is expensive and enjoyable but not essential”，牛津高级字典

① 《中国奢侈品报告》www. luxuries. com。

这样解释。《汉语大字典》解释为：非生活所必需的高级消费品。[①] 沃尔冈·拉茨勒在畅销书《奢侈带来富足》定义奢侈为："奢侈是一种整体或部分地被各自的社会认为是奢华的生活方式，大多由产品或服务决定。"休谟（Hume）则提出了奢侈是"满足感官享受的极大精致"著名论断。总体上来说，各个领域的专家对奢侈的定义是不同的。

经济学家的定义是：奢侈，价值与品质最高的产品。奢侈是无形价值与有形价值比值最高产品。

商品学家定义是：价格高并不意味着就是"奢侈"，"奢侈"的高价性也绝非是生产与使用过高过多的物质成本的积累与堆砌，而是在其背后有一个完美体系支撑和百年文化传承。

美学家的定义是："奢侈"是一种生活被艺术化的符号，是一种把生活追求变为美学的外在标志，"奢侈"是一种艺术美学的直接代表，它已被赋予了更多的文化、历史、艺术和哲学涵义。

社会学家的定义是："奢侈"早已超越了"腐败、浪费、颓废、不公平"的意味。它以非同寻常的物质符号来塑造自我主张的个性风格，奢侈品及其消费已经成为社会进步和经济发展的推动力；

商家的定义更直接：即用买10头牛的钱，买不用半张皮就可以制成的皮包，还要再等上一整年甚至更久，这就是"奢侈"。

现在，奢侈在国际上的概念是：一种超出人们生存与发展需要范围的，具有独特、稀缺、珍奇等特点的消费品，又称为非生活必需品。

奢侈的意义何在？

从经济意义上看，奢侈品实质是一种高档消费行为，本身并无褒贬之分。从社会意义上看，却是一种个人品位和生活品质地提升。早在1720年曼德维尔就在出版的《蜜蜂宣言》中小心翼翼而又坚定的提出了奢侈的积极看法：（1）追求舒适的物质生活无可厚非；（2）富裕不是罪过，富裕的社会往往比贫穷的社会更强大；（3）富裕也不是依靠节省得到的，财富依赖于贸易和科技的进步等。他甚至说，奢侈，贵族的罪恶却是无数穷人谋生的技能，决定了工业的发展，推

① 张家平．奢侈孕育品牌［M］．学林出版社2007年版，第3页。

动了商业和文明的进步。孟德斯鸠在《波斯人的信札》中也提出，如果一个国家没有享乐和幻想，就会变成世界上最痛苦的国家。他在《论法的精神》中也提出“奢侈绝对必要”。伏尔泰也认同“奢华之物不可少”。詹姆斯·斯图尔特也认为奢侈是“一种产业，让那些供应富人所需的人挣得饭钱的原理”。

不管怎样，奢侈是一个综合概念，是功能与审美的完美统一，我们的生活中不缺少它。

2. 奢侈的发展与分类

奢侈，从封建社会王公贵族的心头好到现在平民百姓的追捧对象已走过几百年的历程。奢侈品无一不是从手工作坊起家的，但都毫无例外的冠上了皇室御用的头衔。因为在那时百姓的心中只要是皇室使用的就是顶级的。Van Cleef & Arpels珠宝就是法国皇室的御用珠宝制造商，而Chaumet则因为维多利亚女王的热爱在英国站稳了脚跟。英国国王爱德华七世曾赞catier（卡地亚）为“皇帝的珠宝商，珠宝商的皇帝”，并于1904年登基后委任卡地亚为英国王室的皇家珠宝供应商，这一举动为日后奢侈品帝国的建立打下了根基，如今，catier的专门店遍布世界各地。不仅珠宝业如此，制表业也是这样，虽然手表不像珠宝那样历史悠久，但从世界第一块constant手表问世到如今各大服装品牌的涉足已有200多年历史。像patek philippe，longines，piaget这些顶级品牌，他们都是从瑞士乡间的小作坊发展起来的。

随着时间的推移，科技的进步，第一次工业革命后的人们目睹了汽车的出现，奢侈品领域又添一员。Mercedes-benz和Bentley这些汽车品牌为人们创造了一种新的生活方式，让人们认识到驾车也是一种享受。这些品牌经过百年时间的洗礼，却仍旧历久弥新、熠熠生辉。那个展翅飞翔的“B”和跃跃欲试的马成为了它们最强劲、永不妥协的标志，它们所呈现给世人的永远是动力、尊贵、典雅、舒适与精工细作的完美结合。

社会在进步，人们的观念也在进步，女性的社会地位逐步提高，如何满足这一消费群体的需求成为当时众商家们关注的问题。在这样的背景下，Channel（香奈儿）诞生了。发迹于时尚之都的Channel，正如独立而自信的巴黎女子，带着神秘又难以抗拒的魅力。曾经担任法语文化部长的Andre Malraux就说：“20世纪的法国，将会留给世人三个名字：Charles de Gaulle、Picasso 和 Coco Channel”、“代表的是一种风格、一种历久弥新的独特风格”，Channel 女士如此形容自己的设计，不是不断思索接下来要做什么，而是自问要以何种方式表现，这么一来鼓动将永不停止。自信热情的 Channel 女士将这股精神融入她的每一件设计，使 Channel 成为相当具个人风格的品牌。不像其他设计师要求别人配合他们的设计，Channel 提供了具有解放意义的自由和选择，将服装设计从男性观点为主的潮流转变成表现女性美感的自主舞台。抛弃了紧身束腰、鲸骨裙箍与长发，提倡肩背式皮包与织品套装，Coco Channel 一手主导了 20 世纪前半叶女人的风格、姿态和生活方式，一种简单舒适的奢华新哲学，正如她生前所说：“华丽的反面不是贫穷，而是庸俗。”

第二次世界大战后，Christian Dior 将传统服装带入现代功能主义，是当时极为重要的设计师之一。1947 年二次世界大战后，Christian Dior 举办了第一次的服装秀，因为所设计的服装，大胆地凸显女性身段的婀娜多姿，不但运用精巧的肩线，凸显丰润的胸型，也因为紧缩腰部线条、并在臀部加垫，使得充满女性魅力的身体线条，毫无保留地在世人面前展现出优雅华贵的风貌。这项跃进的创举让当时的保守人士颇为诟病，然而，却一改战后萧条、颓丧的氛围，带来民生上、精神上愉悦的华丽风格，对当时的服装界更是带来革命性的震撼，巨大的影响力至今仍未消退。随着这些服装品牌的做大做强，它们渐渐涉足于其他与女性相关的产业：化妆品，香水，饰品等等。

综上所述，就是这些产业构建了当代奢侈品王国的版图，成为了世人朝圣的对象。超出需求的范畴，变成一种身份、地位、财富和品位的象征。当今世界上的奢侈品主要分为三大板块，分别是欧洲板块、美洲板块和亚洲板块。欧洲板块主要有法国、意大利和瑞士等国，主要奢侈品牌有：香奈儿、迪奥、路易威登、爱马仕、轩尼诗、古奇、范思哲、芬迪、阿玛尼、卡地亚、登喜路和劳力士等；美洲板块主要是美国，主要的奢侈品牌有蒂凡尼、CK、安娜苏等；亚洲板块主要是日本，日本的奢侈品牌有三宅一生、高田贤三等。（如图 4－2）

现有的奢侈品多以集团跨行业经营为主，这些行业又主要集中在服装、香水、箱包、珠宝首饰手表、汽车和工艺品等领域。①

① 余明阳．世界顶级品牌［M］．安徽人民出版社 2004 年版，第 97 页。

图4-2 部分奢侈品标志

3. 新奢侈主义——生活方式的奢侈

早期，人们把家庭里作为较高生活水平而消费的物品理解为奢侈，也称为基础奢侈。之后沃尔冈·拉茨勒又提出了“身份奢侈”，这是新贵们的典型行为。另一种类似的被称为“炫耀奢侈”，突出的表现是拥有者主要想炫耀物品的价格。此外还有“迷恋奢侈”，即迷恋某一种奢侈品，狂热购买或使用。

与这些奢侈类型不同，当中国广大白领阶层们还在为LV的皮包或是一块百达翡丽的手表节衣缩食时候，我们的欧洲朋友早就开始享受着新奢侈主义的乐趣了。所谓新奢侈主义并非是更高阶层的奢侈，而是一种生活态度，是生活方式的奢侈。一身名牌，珠光宝气当然奢侈，但炫耀的成分多过享受。而把同样的金钱消费在一次旅游，一场音乐会，一次迪拜的饕餮盛宴或者一次让身心放松的SPA上，这种投资才算得上是新奢侈主义。“只有花掉的钱才是真正属于自己的钱”，懂得奢侈消费的人们显然都懂得这个道理，奢侈品已经不单单是顶级品牌的代名词，它已经渐渐成为一种生活方式，一种崇尚奢侈理念的人们的生活哲学。就连当代设计大师Valentino本人都说道：“今日的奢侈，是过适合自己的生活，被所爱的人包围，享受你想要的舒适，拥有一个值的珍爱的家……”

新奢侈主义者们认为，“奢侈意味着对癖好的无条件纵容”，很多时候，能够“无条件”的坚持一件事，在这本身就是奢侈。当然这里的无条件也是有限的。一般认为新奢侈消费的人群需要具备三个条件：金钱、自信和个性。享受，让生命更有价值而不是让别人羡慕你。

现在国内越来越多的消费者对新奢侈主义也由理解到亲身体验，如近来沪上举办的一次奢侈交换体验活动就表明了国人对新奢侈主义的身体力行。参加这次活动的多为年轻白领，所交换的物品多为私人收藏，颇为值得一提的是，最受欢迎的交换并非是奢侈品的实物，而是一些奢侈体验，例如某位女生用自己两个小时的法语课程换回了一张音乐会的门票。还有人交换着自己多年的收藏品，其实也许只是不再发行的黑胶唱片，但对于喜欢它们的人来说，这就是奢侈品。这场活动虽然只是个开始，却让我们感觉到奢侈的另外一层含义。

作家兼新闻工作者汉斯·恩森贝格在德国《明镜》周刊上对新奢侈有较多论述，他认为未来奢侈品将告别非生活必需品，而逐渐成为必需品。紧俏、稀有、昂贵的将不是高速汽车、金表等，未来的奢侈应该是时间、注意力、空间、闲暇、环境和安全。①

4. 奢侈品市场的中国影响力

目前，奢侈品市场份额在全球的分布如下：日本41%，美国17%，欧洲各国16%，中国12%，其他国家14%。对于处于寒冬期的全球奢侈品行业来说，中国这个“大蛋糕”具有相当大的诱惑力。于是，许多国际顶级品牌进入中国，如Armani、Gucci、Hermes等，欲在中国市场这个大蛋糕上分得一块。

中国的奢侈品消费群体有着自身的特点。最近在针对中国市场奢侈品消费进行的一次调研中发现，奢侈品牌在中国主要有三类消费者，前两类为显性人群，“在社会转型期抓住机会迅速致富的富豪与暴发户”为奢侈品消费的核心人群；“受过良好教育，从事需要专业技能的事业或居于管理层，主要靠自食其力在社会中立足的中产阶级”为外围人群；第三类为隐性的“依附于富豪阶层的、以

① 张家平．奢侈孕育品牌［M］．学林出版社2007年版，第14页。

女性居多”的人群，该人群依附于核心人群，同时接触外围人群。

中国的奢侈品市场仍处于初级阶段，属于“商品驱动型消费”，即通过对品牌的拥有间接获得品牌价值所“指代”的一种身份。强调商品对外的展示功能与符号化的象征意义。

首先，对于富豪人群来说，从表面上看奢侈品就是成功的物质表现，及炫耀的“道具”，用来显示他们的身份和成功，并成为他们生活的“标配”。然而我们往深层次的心理层面上看，就能发现事情的另一面。对于绝大多数富豪们来说，“不安全感”普遍存在：虽然暴富，也怕被人瞧不起，希望得到安慰和自信，同时这种财富的暂时性造成了及时行乐的生活态度，因此对这群人来说奢侈品的功能是：

(1) 作为外在炫耀的工具，其本质是对内在信心的“武装”。

(2) 奢侈品作为生活标配的一部分，其本质是享受生活的“玩物”。

其次，对富豪的依附者来说，她们并没有靠自己脚踏实地的劳动获取物质，在经济上无独立自主性。未来诸多的不确定和自己无法控制的方面造成了她们普遍的无安全感。她们“非主流”的经济来源与生活方式无法得到社会的认同。生活中某些方面物质的过剩与另一些方面精神、情感的缺失造成普遍存在的失衡现象。在她们的潜意识中往往期望从奢侈品的消费中，买到尊重，得到重视和安慰，也有的用物质来补偿，来代替生活中缺失的那部分内容，因而在奢侈品的消费中饮鸩止渴，欲罢不能。所以奢侈品在这部分人群心理上扮演的角色：

(1) 出于面对主流社会评判的心理劣势，将奢侈品作为武装自己的工具，至少人前光鲜亮丽，让自己感觉良好些。

(2) 用来补偿精神、情感世界遗憾的“替代物”。

最后，对自食其力的“中等收入阶层”（又称中产阶层）来说，与前两类人群相比，“中产阶级”无法随心所欲地消费奢侈品牌。对于这部分人来说，虽然不是刻意为之，但是在整个社会大环境下，他们还是“潜移默化”的受到了暴发户消费行为的影响。他们普遍默认奢侈品可以作为物质标准，用来衡量一个人的价值，是对实力的一种“视觉”认证。奢侈品对他们具有心理暗示的作用，直观的代表了自我价值的实现。

在中国市场，众多国际奢侈品表现出了亲民的姿态，焦点链接中的 Fendi 就是一例。如果细细评点的话，几乎每个在中国热销的奢侈品牌都有自己的亲民路线。LV从中国民工的蛇皮袋中得到灵感设计出了一款模仿度相当高的旅行袋，刻意讨好中国消费者。Dior也不甘落后，推出了一款富有中国风格马鞍包，就连其秋冬大秀的开场模特也是中国面孔——裴蓓，包括国际名模杜鹃的迅速走红也是借了这股东风。在中国市场，LV、Gucci、Dior等几个欧洲奢侈品牌风光无限，而比他们更高级别的奢侈品牌，例如Bottega Veneta以及Jean Paul Gaultier等一线品牌却门可罗雀。中国的消费者们心甘情愿一次拿出几个月的积蓄为LV这些品牌前仆后继，原因就在于这些品牌懂得中国奢侈品消费的心理。

5. 奢侈品的未来趋势

奢侈的下一站是互联网。互联网的诞生无疑给奢侈品行业注入了一支兴奋剂，许多有远见的掌门人嗅到了网络这块大馅饼散发出的诱人气息，开始了古典与现代的结合之路。特别是2007年夏天迪奥与腾讯“奢华水护养动力之旅”活动的空前成功，验证了互联网对于奢侈品营销的巨大价值，也暗示奢侈品营销将进入网络时代。这些奢侈品帝国的掌舵人深知，谁占领了网上的市场，谁就赢得了广大潜在消费者的心，因为经常在互联网上出现的消费者多是白领和大学生这一类人群，他们正是奢侈品消费的后备军。

以新浪网这个全球华人第一网络平台为例，其为了锁定奢侈品用户，推出了一系列手段。

（1）视频冲击。在线以视频的方式向网友介绍奢侈品牌的产品，文化及活动事件。以视频广告的形式进行推广，其传播覆盖面更广，也更容易形成病毒式推广。

（2）电子杂志。像“Vogue”、“时尚娇点”这类电子杂志，融合了平面杂志、电视、电台等传统媒体及网络新兴媒体的多种优势为一体，为品牌、媒体的市场推广及拓展提供了强有力的支持。从万宝龙、Dior、Lancome在新浪网的投放来看，奢侈品在接受传统的文化、形象与产品展示时都采用了新浪推荐的线上互动形式。网络调查是三家品牌共同采取的方法，反映了奢侈品牌对消费感受的高度关注。

可以说，奢侈品和网络是命中注定的邂逅，网络离开了奢侈品那是遗憾，奢侈品离开了网络，那叫浪费。

奢侈也在“与时俱进”。美国美林公司和法国凯捷咨询公司公布的2006年《世界财富报告》显示，全球范围内资产超过百万美元的“高净资产个人”约有950万，他们2006年的总资产达到37.2万亿美元，而大约10年前，“高净资产个人”的总资产为16.6万亿美元。

所谓“高净资产个人”指的是排除主要私人房产、个人艺术品收藏等以外，现金、债券、股票以及基金价值总额超过100万美元的富翁。

如此巨大的奢侈品市场，令爱玛仕、阿玛尼、古奇、蒂凡尼、普拉达等奢侈品生产商趋之若鹜。从20世纪90年代中期开始，几大奢侈品牌集团急速扩张。那些品牌即使仅想维护“高高在上”的奢侈品牌地位，也必须通过增加销量谋求发展。过去数年间，奢侈品产业以每年8%的速度增长，快于零售业发展。

秉持这一思路，奢侈品逐渐走向大众化。在美国等西方国家，消费者随处可以买到顶级设计师的作品。大型商场、机场和主要街道的沿街商店会出售依萨克·米兹拉希或是卡尔·拉格菲尔德这一级别的设计师的作品。任何人都可以通过网络定购意大利佛罗伦萨修女手工制作的化妆品。即便是卢浮宫这件庞大的“奢侈品”，也正在阿拉伯联合酋长国首都阿布扎比建立分馆。如今这个时代，还有什么是真正独一无二的奢侈品呢？

新一代奢侈品消费者已经厌倦了普通意义上的奢侈品，他们不再渴望LV的新款皮包或者一款定制的宾利车，也不愿意争相订购巴黎宝石商的最新作品，也无所谓一场摇滚明星演出的邀请。他们追求的不是一闪而逝的璀璨夺目，而是周到、别致、意外、幽默乃至秘密。富豪们在花高价购买优质服务的同时，越来越多地要求快捷、便利。一些网站便投其所好，趁机出售譬如售价2.25万美元的装饰灯、800美元的手工制作的旅行枕头等等。

总部在美国纽约的富豪调研公司曾公布一份报告，美国98%的富豪通过网络购买奢侈品或奢侈服务；一半以上的调查对象表示，他们经常这样做。除了网络，富豪们还可以通过电话购买自己喜欢的产品。而一些服饰商和珠宝商，譬如克里斯汀·迪奥和香奈儿，更是想客户所想，经常为寥寥数名客户举办小型时装和珠宝秀。“如果客户不来，我们就上门去。”迪奥发言人伯纳德·丹尼朗说。

"人们正变得越来越富，想得到专门服务"，迪奥高级女装部负责人凯瑟琳·里维埃说，"家庭秀是一种适宜的服务，它是这一行业真正的改革"，它让客户感觉自己是这一品牌唯一看中的。得益于这场改革，Dior 2007 年春夏季时装的销售量比去年翻了一番。

奢侈品最初吸引顾客，是因为它们如此与众不同。Gucci 集团旗下的 Bottega Veneta（博泰加·贝妮塔）是近年来成长最快的奢侈品品牌之一。该品牌的皮包、鞋、衣服、珠宝等产品从不添加商标和广告语，"它们本身就是商标"。

博泰加·贝妮塔是流行服饰的经典品牌之一，很好地诠释了奢侈品的概念。富豪调研公司首席执行官米尔顿·佩德拉萨评价说，"它不巧妙，却很朴素。不受商标本身所束缚。"博泰加·贝妮塔并非一直如此低调和成功。该品牌于 1966 年创立于意大利北部城市维琴察，在上世纪 70 年代成为最炙手可热的皮包品牌之一。上世纪 90 年代，博泰加·贝妮塔推出皮带扣和鞋类，也涉足生产黑白格貂皮短上衣和皮泳衣，并将商标用于每件产品，博泰加·贝妮塔的商标便随处可见。

2001 年，Gucci 集团收购博泰加·贝妮塔，并任命德国出生的托马斯·迈尔担任该品牌的新管理者。迈尔将奢侈定义为"低调的个人主义"，卸下品牌商标，恢复博泰加·贝妮塔最初那种低调的吸引力。这种理念很适用于高端市场，博泰加·贝妮塔成为 Gucci 旗下、继"Gucci"之后的第二大"赚钱机器"。2006 年，博泰加·贝妮塔在全世界有 97 家旗舰店，获利 2. 67 亿欧元（约合 3. 68 亿美元），其中半数以上来自亚太地区。与此同时，博泰加·贝妮塔的产品愈加多样化，已涉足女装、男装、童鞋以及宠物编制背心等。

迈尔的哲学很简单："我们向美丽事物带来的快乐和工匠的出色手艺投降。"富豪们不仅追求个性化的奢侈商品，更要求个性化的奢侈服务。旅途中的人，常希望享受到居家的静谧和舒适。英国伦敦一家名为"精髓"的企业正着手开办连锁会员制宾馆，计划于 2008 年开业。会员无须办理入住手续，用门卡进入宾馆时，服务员便会亲切地致以问候，并将行李送至会员常住的房间。

如今的奢侈旅行中，低调是新定律。赠送一瓶威士忌或房间内配备等离子电视，这类已稀松平常的服务在某些中等价位的宾馆就能享受。而经常旅行的富豪希望有更创意、意想不到的个性化服务，譬如在离开时发现汽车后座上有一束鲜花，结账时发现最喜欢的菜品从账单上抹去，还获赠烹饪“秘方”等。

“相对于‘拥有’而言，（个性化服务）更多地体现‘存在’，”顶级酒店、法国庄园及城堡式酒店集团首席执行官雅克·奥利维耶·肖万说。对于那些试图尝试每一样新鲜事物的富豪而言，一本定制的自传也许是一件新事物。几名阿根廷人数年前创办一家名为“我的特别书籍”的出版企业，为客户撰写、设计、出版传记。精致的图书中，图片、个人书信等纪念物艺术化地呈现出传记主人公的一生。作者还采访主人公的朋友们，透露主人公的趣闻轶事。

不过，此类书籍出版费用不菲，需要10万美元。这类奢侈品因其附加的情感价值而更显贵重。富豪调研公司首席执行官佩德拉萨举例说，一名亿万富翁近日就从妻子那里收到这样一份生日礼物，感动得热泪盈眶。“这是你的人生故事，由爱你的人所讲述。”你能想象更个性化的东西吗？这才是真正的奢侈品。

三、案例欣赏

案例1：路易威登，穿越时空的旅行哲学

图4-3　来源于路易威登官网

1. 生命本身就是一场旅行

Louis Vuitton（路易威登）于2008年1月28日宣布制作首支电视及电影广告《Where Will Life Take You?》，标志着路易威登品牌形象宣传推广的新里程。

这是一段长90秒的广告。2008年3月7日全球电影院、电视传媒及网络频道同步完整呈现了这则广告。（如图4-4）

图4-4 摘自《生命的路程》电视广告

Where will life take you?（以下为翻译内容）

何为旅行？旅行不是一次出行，也不只是一次假期

旅行是过程，是探索和发现，是一种自我探索的过程

真正的旅行让我们直面自我，跟自己的心灵对话

旅行不仅让我们看到世界

更让我们看到自己在其中的位置

究竟，是我们看见世界？

还是旅行造就了我们？

生命本身就是一场旅行……

生命将引领你去向何方？

这是拥有154年历史的Louis Vuitton的第一支电视广告。90秒以“生命之旅”为主轴的唯美梦幻画面，在奥斯卡《断背山》电影配乐大师——Gustavo Santaolalla幽然的吉他配乐中，我们深切地体会了LV资讯主管Antoine Arnault的话——懂得享受时间，就等于掌握人生终极奢华的真谛。

浓郁的视觉氛围下独自借由旅行来探索生命和全球变暖的环保议题。没有明星、没有名模，连人物的出场也只是惊鸿一瞥。该广告共有13个语言版本，不但比一般电视广告长两倍，也是历史上首支于电影院播放的奢侈品牌企业形象广告，通过一只LV旅行包的视角清晰地展示了LV的品牌核心价值。融入了大量世界各地风土人情，自然风光及城市风景，意味深长的广告词让一只镶嵌LV LOGO的旅行包承载了作为旅行用品之外的更深层次的内涵，这使得本片也成了LV系列广告中最打动人心的一支。

2. 神秘与普及的矛盾平衡

2008年3月19日，中央电视台经济频道《经济半小时》节目播放了LV的这一则电视形象广告片。作为高端奢侈品品牌的代表，过去，LV这类高端奢侈品品牌很少在电视媒体上曝光。因为他们所传递的品牌信息，并非要触及普通大众。所以，高端奢侈品的媒介投放会更针对特定人群，通过高端时尚杂志，或者用公关活动来接触他们的目标消费者。

近几年，越来越多的奢侈品开始进军电视广告领域，这则由巴黎奥美广告公司创意制作的广告片亮相中央电视台经济频道，标志着LV品牌形象宣传推广的新里程。但奢侈品与普通消费品的宣传策略不尽相同。套用一句资深广告人的话，“奢侈品广告投放，先看高度、后看广度”。即首先选择与品牌品质相契合的节目内容，其次选择黄金时段高收视的节目。LV作为奢侈品，除了投放技巧外，在推广策略上也与其他品牌有着差异。某种程度上讲，奢侈品在推广上一直处于“神秘”与“普及”的矛盾之中，既要做到使品牌有一定程度的普及，又必须保持奢侈品的“稀有”、“少而精”的特质以维持其价值，从而维持高价的定位。在这一点上，LV在品牌推广与渠道上完美的实现了两者的平衡。

此次LV电视广告用了足足90秒的长度，却并没有做太多产品或品牌本身的体现，只是传达了一种与品牌关联的感觉，片中没有任何明星面孔，也没有出现任何著名场所，画面中不断闪现各式各样的风景和不同的面孔，将观众带入一种如梦似幻的境界，画面相当唯美。同时，荧幕上出现的字幕也会将观众从开场问题“何为旅行?”引入终极问题“生活将引领你去向何方?”电视广告有效的展示LV的核心价值观，以极具艺术表现力的手法，表现了“旅行改变生活”。

3. 广告评析

路易·威登是Louis Vuitton的缩写。1888年，LV以方形图案代替原有的米、棕色条纹，并且加上注册商标。1896年又以LV字母、四瓣花形、正负钻石设计出新的图案，这就是闻名的Monogram由来。Monogram这个图案，深受19世纪时所流行的东方艺术，以及兼有装饰和实用效果的Nabis画派所影响。四瓣花形和正负钻石皆是两者的精髓融合。这个经典花纹沿用百余年，几乎是所有LV爱好者的第一件入门货品花纹系列。

150 年前，路易威登始创行李箱，由于预见到摩登时代旅游风潮的兴起，路易威登特别设计出一系列行李箱和旅行皮件，以迎合当时的崭新潮流。一百五十年来其崇尚精致、品质、舒适的“旅行哲学”，作为设计的出发基础。LV 各种旅行袋、提包、后背包、可以放各种证件的皮夹、护照夹等各种款式，约一个月就会推出新品、新款式。不论是时髦的仕女或成熟的男性，甚至是活泼的年轻人，都可以在 LV 找到符合自己的皮件用品。（如图 4-5）

图 4-5　来自 1854 年的路易威登皮具

路易威登的后人继承了他的精湛技术，建立了由 19 世纪中叶直至今日迈向第三个千禧年的路易威登王国，在这段漫长的辉煌岁月里，LV 深得顾客的追捧和爱戴。今日，LV 的一贯冒险开创精神已经伸延至国际视野的范畴上，同时更在时装界中发掘和开拓全新的领域，声名显赫的 LV，已经随着名望跃升而演变为一个社会现象。

人生如旅途，尤其用以形容当年摩登时代的旅游风潮更为贴切。流动性、好奇心、无所不在和速度感是当时男女忙于享受品味生活的四个推动力，这个源于 19 世纪中叶的现象，成为了基本的社会改革。路易威登与以他名字命名的公司，迅速在如此的背景下作出一项划时代的创举。当感觉转变，新观念便会涌现，所以旅游亦应运而生。行李箱是每个旅行者不可或缺的必需品，有时候一个小巧的行李箱可以令想象力驰骋，而无穷的幻想往往是前往他方旅游的重要因素。路易威登王国的 150 年发展，以简单而能唤起回忆的设计，打破梦想的隔阂，鼓动了无边界的幻想，路易威登的两个魅力元素就是质量与传统的技术。

关于 LV 的传奇很多，其中最经典的有两个。一个是电影《泰坦尼克号》没有拍摄到的片段，是在 1911 年，英国豪华邮轮泰坦尼克号沉没海底，一件从海底打捞上岸的 LV 硬型皮箱，竟然没有渗进半滴海水，LV 因此声名大噪。另外一个是多年前的传闻，传闻有个 LV 的顾客家中失火，衣物大多付之一炬，唯独一只 LV 的包，外表被熏黑变形了，内里物品却完整无缺。防水耐火历久弥新，LV 的防水、耐火传说，真实程度难以追究，但它不用皮革或其他普通皮料，而是采用一种油画用的帆布物料，外加一层防水的 PVC，的确让它的皮包历久弥新，不易磨损。

除了"耐用"之外，有 150 年历史的 LV，一开始就专攻皇室及贵族市场，也是令这个名牌屹立不倒的原因。路易威登原本是拿破仑爱妻的御用捆工。每次拿破仑东征西讨时，皇后就召用他设计最优异的皮箱装备，以备旅行之需。1854 年，路易威登在巴黎自立门户，其顾客都是名噪一时的皇室贵族，例如香奈儿夫人、印度皇后和法国总统。而且路易威登帮他们设计的，都是以大型行李箱为主，行李件数可多达 50 件。这种贵族意识后来逐渐延伸至好莱坞与娱乐圈。饰演公主的奥黛丽·赫本在电影《罗马假日》也是拿着一个 LV 旅行箱出走。

LV 深深懂得以各种策略，来保持它传奇、经典、高贵的价值感。其中，价格策略是一个关键。LV 的皮具是永远不减价的，从来不会在任何百货公司促销时刻打折，即使熟客想要跟店员说说情、讲讲价钱，也不可能。这个死硬的销售策略，让忠实顾客可以安心死忠地跟定 LV 的脚步。

LV 高度尊重和珍视自己的品牌。品牌不仅以其创始人路易威登的名字命名，也继承了他追求品质、精益求精的态度。从路易威登的第二代传人乔治·威登开始，其后继者都不断地为品牌增加新的内涵。第二代为品牌添加了国际视野和触觉。第三代卡斯顿·威登又为品牌带来了热爱艺术、注重创意和创新的特色。至今，已有六代路易威登家族的后人为品牌工作。同时 LV 对任何一个顾客也都抱着最尊重的心情。到LV购物还要排队，是因为LV希望每一个顾客在店里都能享受到最礼遇的服务，不希望店内像菜市场般挤满人潮，而采取控制顾客数量的措施。而每一款包包都以手工缝制的LV，生产的速度有限，因此LV也会限制顾客买货品的数量。同一款包包，每个客人只能买一个，以避免被个别客人搜刮一空。

案例2：巴黎的天空不能没有“爱马仕”

图4-6　爱马仕皮具与带蝴蝶丝巾的女人

1. 视觉的盛宴

2007年9月8日至10月7日，爱马仕在上海美术馆演绎一场时尚秀——“锦绣梦想”丝巾展，这个规模宏大的东西方丝绸文化交流盛会，是爱马仕进入中国的十周年庆典的重要活动之一。视觉，是爱马仕呈现给世人关于奢侈的一大惊喜。

光鲜饱满的色彩、丰富多变的配色一直是爱马仕丝巾经久不衰的原因之一，这与爱马仕惊人复杂而又考究的印染工艺密不可分：比如一款丝巾上有26种颜色，就要印染26遍。来自法国里昂爱马仕色彩厨房的染料桶中的各色染料被逐一倒在丝网上，在每一个颜色的印刷版上通过均匀地扫色，斑斓无比的色彩和图案在丝巾上逐渐完美融合，继而逐层体现出来。

经过着色的丝绸摇身一变，宛若生机勃勃的艺术品，绽放着宝石般的光芒，让人不禁想亲身感受她轻拂过肌肤的瞬间。据说，即使把爱马仕的丝巾放在海水里泡上一年，依然色彩分明，这份品质与质地不禁令人怦然心动。爱马仕精心挑选了两方具有代表意义的丝巾——“先生与夫人”和“钥匙”——进行此次印制演示，通过她们，我们仿佛也感受到了这份传承了70多年的感动。对于爱马仕来说类似的经典很多，比如以下几幅：(如图4－7)

图4－7　爱马仕丝巾广告

印第安酋长——这款丝巾涵盖了印第安人生活的各个侧面，包括狩猎、精神生活、充满生命力，平和与智慧却无法抵制白人对北美洲的侵占。

马背上的幻想曲——“马背上的幻想曲”丝巾描绘的是爱马仕品牌的一幅著名图画，画面来自埃米尔·爱马仕博物馆。整个丝巾只有一张照片，内容是一幅奇妙的景象：爱马仕的缔造者骑着一匹木马。马一直是其品牌精神内涵的象征，这幅图画表现出了爱马仕大胆幻想的精神世界，尽管他的表情很严肃，双边框的设计加强了这幅图片给人运动和平衡的印象。

二重奏——这是一幅在半空中停止的画面，抑或是一场疯狂舞蹈的中间休息。在“二重奏”这款方巾上，艺术描绘的是一个普通的小物件：有东方舞蹈色彩的艺术体操所用的绸带，绸带在飘舞的空中舞出了一波波优雅漂亮的漩涡，仿佛具有了自主的生命。

类似的作品还有2008年爱马仕的春夏丝巾新品广告。广告以印度和印度文化为主题展开。

图 4－8　爱马仕 2008 印度主题广告

2. 广告评析

1837 年，一个叫蒂埃里·爱马仕的人以自己的名字创建了“爱马仕马具作坊”，专为马车制作各种精致的配件。及至 1879 年，子承父业的埃梅查理·爱马仕把爱马仕总店搬往巴黎著名的福宝大道 24 号，从而成功地扩展了家族企业，让品牌逐渐被巴黎以外的国际领域了解和认可。

这个以马具制造起家的集团，在历经五代传承和百余年辉煌之后，至今仍旧保持着经典和高品质，成为时尚人士推崇的高级皮具。爱马仕凭借其完美品质，正在走进欧洲、美洲、亚洲各国的时尚领地，矢志成为不朽的珍品。并凭借其一贯秉持的传统精神，在奢侈品消费王国里屹立不倒。

爱马仕之所以奢侈的“居高临下”，不仅仅在于它生产了世界上第一个皮具，更在其内涵——100 多年来，其产品中融汇的历史、艺术、文化、精神以及原创。这种内涵，使得爱马仕不仅全力以赴地投身于发展手工艺术的事业，更努力确保爱马仕的手工艺能代表未来的专业水平。爱马仕也得以朝气蓬勃地进驻全球每一角落，将其生活品位及创作理念不断升华，在不同文化国度中激起交流的火花。

作为当代最有魅力的法国高档品牌，爱马仕的成功在于其勇于创新的精神。正是这种精神的鞭策，其各种描写马类活动的设计，在向自己起源致敬的同时，也为爱马仕塑造了一种既具创意又永恒的风格。

在中国，很多人可能并不知道爱马仕是何方神圣。这个历经了将近两个世纪的风雨，作为法国文化符号之一的爱马仕，已经从法国流行到全世界，并成为世界各地男女老少都乐意接受的时尚品牌。

带着对历史的尊重与对未来的热情，爱马仕以精湛的工艺、对艺术的不懈追求，与时间结盟，创造了许多的时尚经典。20 世纪 80 年代，时尚界一度宠幸装饰之风，爱马仕更是凭借因摩纳哥王妃 Grace Kelly 得名的爱马仕“Kelly 包”获得迅速发展。在这一时期，爱马仕其他色彩明快的皮革制品、手感舒适的开丝米披巾、耀眼的珠宝首饰和丝质芭蕾式拖鞋等也都受到女士们的青睐。在男士用品方面，爱马仕则推出了有精致内衬的皮夹克、斜纹呢便装、充满活力的运动外套、图案花哨的真丝领带等。

在爱马仕所有产品中，最著名、最畅销的当属精美绝伦的丝巾。自 1937 年为纪念 100 周年店庆推出第一款丝巾以来，爱马仕丝巾一直是许多上流社会男士馈赠女士礼物的首选。爱马仕丝巾质地华美，有细细的直纹。英国邮票上伊丽莎白女王所系的丝巾，就是爱马仕的杰作。作为在国际上享有卓越声誉的奢侈品牌，爱马仕以其独特的品牌风格以及悠久的历史，成为为数不多的世界家族品牌中的珍品。追溯其百年的品牌成长历程，我们似乎从中能够探寻到爱马仕品牌生命力的精髓所在。

第5章 与奥运同行

一、焦点链接：诠释

图5-1 一起2008，没有不可能

阿迪达斯的奥运诠释

篇名：一起2008（平面获奖）

代理：上海李岱艾广告公司

客户：阿迪达斯

2007年11月30日，北京奥运会合作伙伴阿迪达斯（Adidas）推出了以“一起2008，没有不可能”为题的全新广告（如图5-1）。在广告片里汇聚各路巨星，一向是阿迪达斯的拿手好戏，这一次也不例外，我们可以看到郑智、隋菲菲、胡佳等中国体坛骄子出现在广告画面中，只不过这次阿迪达斯在广告中也同时凸显了运动员背后，支持他们拼搏获胜的精神动力——千万普通人。

可以说，留给观众印象最深，最令人感动的也正是众志成城的画面。阿迪达斯的这支广告创意体现了该品牌对于奥运中国与中国民众之含义的理解。通过多方位的调查研究，阿迪达斯发现，许多中国人都希望自己能参与奥运，成为奥运的一部分，对这份心声的敏锐捕捉和提炼，成就了这支广告。可以说，“一起2008”这支广告中震撼人心的力量，在很大程度上是通过背景中的千万普通人和他们的手臂传达出来的。

全体民众的鼎力支持将激励中国运动员们在赛场上奋勇拼搏、创造佳绩，这样的精神同样也会鼓舞普通人，在现实生活中挑战自我，完成自己没有不可能的故事。阿迪达斯大中华区董事总经理柏文康说：“我们希望向大家传达的是，当13亿人团结在一起的时候，没有不可能。”在制作上，为了使画面富有感染力，阿迪达斯不惜重金，整个广告片耗时4个月，仅后期制作团队就有65人，还动用了有群组模拟功能的Massive程序，该程序曾在《指环王》系列片中大显身手，此次共为阿迪达斯制作了5万个虚拟人物。

另外，为了表现运动的真实性，电视广告的整个拍摄过程也充满挑战：为拍摄郑智跃起头球的镜头，郑智需要吊钢索起跳；为了创造隋菲菲在人群中运球的效果，摄制组搭建起一条巨型的跑道；为了拍摄重现胡佳雅典奥运会10米跳台制胜一跃的场面，摄制组动用了3台机器外加一台水底摄影机以确保拍摄达到最佳效果。

参与了广告拍摄的中国女排队员冯坤对这一创意赞赏有加：“作为运动员，

谁都希望能拿冠军，但是体育的魅力并不在于最后胜利的那一瞬间，而是投入其中、为之付出的过程。在这一过程中能始终获得大家的支持，这对运动员来说是莫大的鼓舞和动力。”

“一起2008，没有不可能”是一个整合的市场计划，阿迪达斯将通过电视广告、户外、平面、公关、互联网、零售等渠道向中国消费者传递这一独特的品牌理念，鼓励所有中国人参与奥运，共享激情。

二、理论探究

传统意义上的奥运会仅是一种单纯的体育运动，而今天，它更多的将体育精神和一个国家或城市的经济契机结合起来，这是对于奥运发展空间的拓展。1984年以前，奥运经费主要靠政府拨款。1984年的洛杉矶奥运会一改过去的做法，通过出售电视转播权、收取广告费、出售纪念币和门票等将商业操作引入奥运运营。从此之后，奥运会由体育运动转变成为社会各界广泛参加的大型社会经济活动。这样的举措，不仅使奥运精神更加深入人心，而且也为企业和品牌竞争提供了更具挑战力的平台，从而使奥运赞助成为品牌竞争的热点，形成独具特色的体育营销和体育经济。

1. 体育营销

一般认为，“体育营销”（Sport Marketing）的概念最早出现在1978年美国的《广告时代》杂志，它是“以一种体育活动为营销手段的营销方式，通常采用赞助、冠名等手段，通过所赞助的体育活动、组织及个人等媒介来推广自己的品牌”。体育营销实际上包含两方面的含义，除了企业通过体育活动来进行市场营销外，还有一层含义就是把体育活动作为商品销售，销售体育的卖方主要是选手和球队及其他体育团体。

体育营销是在体育产业快速发展的大背景下应运而生的。利用体育营销可以使一个企业扬名全球，“一夜成名”。世界上很多著名企业就是在赞助体育事业的过程中树立其全球品牌形象的，比如可口可乐公司，有人笑言：“可口可乐就是体育的形象代言人，哪里有体育运动，哪里就有可口可乐。”体育营销使可口可乐大获丰收。有资料显示，1988年奥运会上，可口可乐公司在参与体育营销中的宣传活动费耗资约6亿美元，但在此期间，可口可乐的销量则上升了18%。这是有形的收益，至于品牌形象等无形收益则是无法估计和衡量的。

现在的市场竞争发展到了品牌构筑阶段，一些跨国企业进行全球性质的营销时，由于世界各地的文化、语言、习惯等差异很大，导致营销活动推进缓慢，如果能找到一种世界共通的、公认的有价值的事物作为媒体，就可以有效实现全球营销的目的。而奥运会、世界杯等大型体育赛事正是符合这种要求的媒体。所以说体育营销与传统营销相比是更为有效的营销方式。(如表5-1所示)

表5-1　体育营销与传统营销的比较

	体育营销	传统营销
产业态势	竞争与合作并存	消灭竞争者
消费者的专业知识	消费者认为自己是专家	依赖专家信息与帮助
消费者需求	消费者需求波动很大	波动较少，较稳定
产品特性1	产品无形、主观、高度经历性	产品具体、有形、可见可感觉
产品特性2	即产即销，无存货	有存货，有放置周期
产品特性3	产品质量不可预期，不一致	质量一致是基本要求
产品特性4	具有全球性	不具有全球性
消费方式	公众消费	个人消费

2. 体育营销的发展现状及发展趋势

体育营销的发展经历了三个阶段：

第一个形态是运动还是少数人的专业和小圈子行为时，运动类产品厂商意识到销售运动类产品有非常人的障碍，只有使运动具有像吃饭一样的价值，才能使运动产品的需求量和销量直线上升，所以必须使运动具有特别流行的价值、这个基本的理念滋生出早期的体育营销。

随着运动的逐渐推广和为人们所接受，一些具有某种高端运动特点的相关产品，比如汽车，为了得到更多人的喜欢，开始在一定的程度上和大众运动的概念结合，以增加产品的包容性与成长空间，为这类产品更加大众化提供前提，这是体育营销的第二种形态。

体育营销的第三种形态，是由于运动已经成为大众的价值观，很多商品借助运动的概念营销来吸引人们的注意力，或者标榜自己与人们时下价值观的切近性。比如：世界杯足球赛期间，某种地板提出了运动概念；地产方面出现的奥林匹克花园的项目；在这方面比较成功的还有广告受到法规限制的烟草企业通过大量赞助一些汽车拉力赛来进行营销。

3. 体育营销与体育广告

体育广告是体育营销的一种手段，是体育营销的主要表现形式和实现的途径。体育营销的过程主要是企业、商家把要传播的商业信息以和体育密切相关的媒体（体育媒介）为载体以体育广告的形式向大众传播，从而达到宣传产品或劳务信息，提高企业知名度，美化企业形象等目的。

另一方面，体育营销是体育广告的目的，体育营销本身也是一种特殊的广告形式，同时具有沟通对象量大、传播面广和针对性强等特点。作为一种新兴的营销手段，体育营销已被可口可乐、百事可乐、耐克、通用汽车、现代汽车（如图5-2）等不少国际知名企业运用，跨国企业的体育营销已经是一种成熟的经营模式，借助体育事业来进行商业活动已经不再是单纯的公关行为，将体育与营销有机结合已成为公司进行市场推广和树立企业形象的主要战略之一。

图5-2 奥林匹克全球合作伙伴

三、案例欣赏

案例 1：耐克的品牌神话

Nike 原意为“古希腊的胜利女神”，在 60 年代创建之初，它还是一家规模甚小，随时都有可能倒闭的企业。公司的两个创始人都身兼数职，公司没有自己的办公楼和完整的经营机构。直至 1978 年才正式命名并逐渐超过了曾雄居市场领导品牌的阿迪达斯、彪马、锐步。在这个品牌超越的神话中，耐克的体育营销有很多可圈可点的表现。

1. 真心沟通

耐克公司的早期广告作品主要侧重于宣传产品的技术优势，品牌定位在竞技体育选手市场上。后来也是沿用宣传产品技术性能和优势的惯常手法，一直采用杂志作为主要广告媒体，向竞技选手们传递产品的信息。在 80 年代以前，华尔街许多投资商和分析家一直不看好耐克公司，声称：“耐克没有多少发展的基础和前景。”

但是成功的机遇就在前方不远处！一则成功的广告宣传改变了人们的看法。1986 年一则宣传耐克充气鞋垫的广告，实现了耐克历史上真正的突破。广告片中耐克公司采用一个崭新的创意：由代表和象征嬉皮士的披头士乐队演奏著名歌曲《革命》，在反叛图新的旋律中，一群穿戴耐克产品的美国人正如痴如醉地进行健身锻炼……这则广告准确地迎合了刚刚出现的健身运动的变革之风和时代潮流，给人以耳目一新的感觉。[①] 此后，电视广告成为耐克的主要“发言人”，这一举措使得耐克广告更能适应其产品市场的新发展。

同时，针对消费者主要为青少年群体这一特征，耐克公司架起“明星攻势”的法宝，相继与一些大名鼎鼎、受人喜爱的体育明星签约，如乔丹、巴克利、阿加西、坎通纳等等，他们成为耐克广告片中光彩照人的沟通“主角”。如：一则

---

① 何佳讯．现代广告案例——个案与理论［M］．复旦大学出版社 1998 年版，第 17 页。

广告开始的镜头是兔子本尼正在地洞中呼呼大睡，突然地面上传来强烈的振动，把本尼弄醒了，它爬出洞一看，原来是四个家伙在玩篮球，本尼抱怨了几句，却受到那些人的攻击，他们把本尼像球一样在空中抛来抛去，本尼大叫："这是与我为敌!"这时，飞人乔丹出现了，一场篮球大战随即开始……

在这则电视广告片画面上，几乎没有耐克产品的影子，没有像其他广告那样大肆张扬产品"卖点"，只是用受人注目的飞人乔丹和兔子本尼上演了一场游戏或者说是一段故事。正是这种自我意识的模仿，引发了观众的想象力，让他们感觉到这仅仅是一则电视广告。耐克代理商维登·肯尼迪的企划主任曾说："当你将耐克和锐步的广告展示给十四五岁的儿童看时，他们对于锐步广告会这么说，'这个公司正打我的主意，他们用体育运动和健康来卖广告。'而对于耐克他们会说，'你瞧，耐克那帮家伙又在挥霍钱财啦！真弄不明白他们是怎样打理自己广告经费的。'这里有一层含蓄的意义，耐克本可以做传统的、营销导向的广告。"①

图5-3 乔丹与耐克的平面广告

① 何佳讯．现代广告案例——个案与理论［M］．复旦大学出版社1998年版，第22页。

耐克的广告只是广告而已，因为观众感觉到这种广告的目的仅仅是沟通，看不出强行推销的企图。然而，实际上这种方式更具销售力。其中的道理大概就叫做“欲擒故纵”。

耐克的“真正沟通”，除了它把“广告只当做广告”外，还在于它把握正直的沟通调性。在广告中与消费者进行心与心的对话，耐克广告的沟通也因此获得能让消费者产生强烈共鸣的优良效果。这又与传统的广告方式不同。

传统的广告方式总是强调一种产品或服务的正面因素，而忽视或缩小其负面因素的影响。然而，耐克认为极力宣扬一位运动员更有趣或更好的方面，比不上展露他真实的情况——因为这很容易被有经验的消费者识破。那就会有破坏彼此真诚关系的危险。此外，90年代耐克公司还专门设计推广了一种电脑游戏，让参与者可在游戏中与球王乔丹一起打篮球。

毫无疑问，耐克公司针对青少年市场的一系列广告达到了目的，受到青少年顾客的认同，而他们正是是这一市场争夺战最具权威的裁判员。

耐克公司在女性市场上的广告更是匠心独运、魅力无穷。耐克公司进入女性市场时曾投放过一则平面广告，广告作品采用对比强烈的黑白画面，背景之上凸现的是一个个交织在一起的“不”字，广告文案富有情意，意味深长，语气柔和但充满一种令人感动的关怀与希望：

在你一生中，有人总认为你不能干这不能干那。

在你的一生中，有人总说你不够优秀不够强健不够天赋，他们还说你身高不行体重不行体质不行，不会有所作为。他们总说你不行。

在你一生中，他们会成千上万次迅速、坚定地说你不行，除非你自己证明你行。

广告是登载在妇女喜爱的生活时尚杂志上，体现出耐克广告的真实特征：沟通，而非刺激。如同其他耐克广告，这则广告获得巨大成功，广告刊发后，引起许多女性顾客心灵和情感上的共鸣。许多女性顾客打电话来倾诉说，“耐克广告改变了我的一生……”、“我从今以后只买耐克，因你们理解我。”这些结果也反映在销售业绩上，耐克女性市场的同期销售增长率明显高于其男性市场。

耐克的这一转变相当成功，其长期竞争对手锐步公司也不得不跟着效仿，像耐克一样强调沟通风格而不仅仅是产品性能——尤其通过使用明星效应。锐步公司改用 Chiat Day 公司作为广告代理商，后者曾在 80 年代中期当过耐克的代理商，以图重振昔日雄风。然而这一切均无济于事，抢先一步的耐克公司其产品风格和优点已在消费者心中占据了不可动摇的地位。

柏林耐克城开放到午夜的宣传广告中，将黑夜里的月亮当做足球、棒球和高尔夫球，一方面结合了耐克的体育产品风格，另一方面更为主要的诠释了耐克始终倡导的运动精神，运动无处不在。黑白的画面极具视觉冲击力，在月色下人物的剪影也是格外富有动感（如图 5－4）。耐克的广告开创了一片新天地，使其能利用娱乐的力量产生与观众的联系。与绝大多数的美国广告相比，耐克的广告被看做是一种漂亮时髦的沟通，而不仅仅是一种促销手段。那些代表核心目标市场的年轻人购买耐克产品，是因为他们认为，这是体育偶像穿戴的品牌，广告强化了品牌作为时尚领导者的形象。

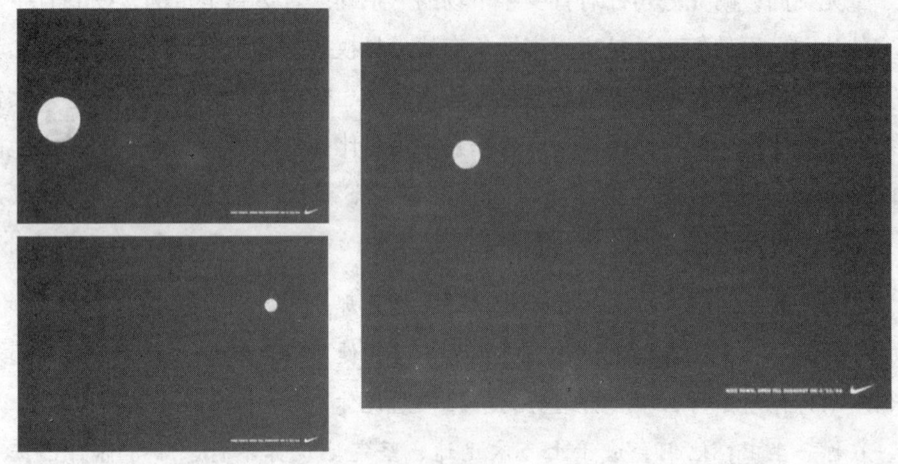

图 5－4　柏林耐克城开放到午夜的宣传广告

2. 后乔丹时期的耐克

20 世纪 90 年代中期，耐克和耐克的广告都发展到了登峰造极的境地。在 1994 年戛纳国际广告节上，耐克公司总裁菲尔·耐特被授予年度最佳广告主的称号，1996 年耐克荣获美国《广告时代》最佳营销专家，销售更是连攀高峰，股价节节攀升。但此后耐克也面临各种危机：

一是锐步、阿迪达斯等老对手相继模仿耐克，一时间，电视广告浪潮声声，竞争日趋白热化。在 1997 年的调查中，2000 名 12～19 岁的受访者（青少年）

中有 52% 熟悉耐克这一品牌，但到 1998 年这一比例下降到了 38%。

二是在 1998 年耐克引入了全新的广告运动，推出全新的口号“I Can ”试图替代“Just do it”，就被业界视为错误的一步。1998 年 11 月份，耐克运动鞋全球销量减少了 14%，运动服饰减少了 9%，当年耐克裁员 1600 人，营销预算缩减 1/3。

三是飞人乔丹的再度隐退更使耐克雪上加霜，使耐克失去了最具传奇色彩和感召力的一位广告代言人。①

从 1999 年起，耐克开始调整策略：首先发动了“美丽”攻势。接着推出全新系列广告，改变媒介策略。2000 年，一系列“Just do it”为主题广告在全美乃至国际性广告大赛中获奖：2000 年克利奥广告盛会上，《清晨以后》获银奖，《美丽》、《循环》、《直升机》、《半卡路里》分获铜奖……同时在电视和网络上推出精彩广告，添加了更多的娱乐、黄金时段节目。2000 年 6 月，“气垫快船”运动鞋的发布再次展现耐克时尚魅力，85 美元的运动鞋被抢购一空。这年 10 月，耐克不惜花费巨额资金，与高尔夫巨星泰格·伍兹签约，5 年约 1 亿美元的合约，这一数字超过了乔丹，成为体育史上最为昂贵的广告合约。在相同策略下，在乔丹的鼎盛时期，耐克占据了篮球队市场的绝对地位，现在的泰格·伍兹，使得耐克在高尔夫市场正成为最热门高点。

接着，耐克把重点放在了个性表达上，耐克品牌总监戴夫·拉森说：“我们走出去问孩子们：你们最想做谁？我们以为会听到他们说‘我想成为乔丹’，可是我们听到的却是‘我想做自己’。”②

在耐克的老虎伍兹时代，篮球更具有个性的张力。新一代的气垫鞋 AirForce25 挑选了 NBA 中 6 位篮球新一代明星作为代言，耐克的官方解释，新六人组的个性含义是：科比·布莱恩特的坚韧、詹姆斯·勒布朗的王者风范、拉希德·华莱士的传统核心、斯塔德迈尔的力量、帕克的法国式酷感和卡特的特立独行（如图 5－5）。

---

① 柏生．多维广告战——108 个成功策划及经典案例［M］．2004 年 1 月第一版，第 218 页。

② 刘鹤翔．后乔丹时代的耐克攻略［J］．中国品牌，2007 年第 7 期。

图5-5 耐克“新六人”宣传广告

这个精彩的广告文案在竭力表达耐克的篮球文化。25 年后，“新六人”向“老六人”致敬，1982 年，当第一双 Air Force 被生产出来的时候，耐克邀请了当年率领费城76 人队夺得 NBA 总冠军的摩西·马龙等6 位 NBA 球员，作为这款新鞋的代言人。Air Force 一开始就被人格化了，“它几乎囊括了篮球场上所有人性力量的要素，它的核心价值，是一种舍我其谁的力量展现。”耐克是从篮球场发家的，没有了乔丹那样的“完人”，新一代的耐克篮球鞋推出了新的六人组的个性组合。

3. 站在事件营销的制高点

众所周知，耐克是国际著名的专业运动品牌，并以“Just do it”精神激发所有热爱体育运动的年轻人。而刘翔则是耐克赞助的最成功的中国运动员，在希腊奥运会田径赛场上，当刘翔成为110 米跨栏冠军时，耐克立即向市场投放了预先制作的新广告。电视上是这样的画面：起跑线上、准备动作、亚洲肤色的小腿……随着一连串起跑动作，字幕打出：

定律1：亚洲人肌肉爆发力不够？

定律2：亚洲人成不了世界短跑飞人？

定律3：亚洲人缺乏必胜的气势？

然后镜头拉开，刘翔一路领先，把对手抛在后面。字幕打出：定律是用来被打破的。

这个广告立刻取得了成功。2007年7月12日，北京时间凌晨3时许，瑞士洛桑，刘翔终于以12秒88打破了沉睡了13年的男子110米栏的世界纪录，这是一个令所有中国人都热血沸腾的大新闻。当时就守候在现场的耐克体育市场部的员工迅速将这一喜讯报告给了耐克公司。商业神经极其敏感的耐克公司立刻意识到这将是一个极其重要的商业机会，所有相关部门都严阵以待，因为耐克必须以最快的速度，在最广泛的大众媒体上进行一轮媒体投放，和所有以刘翔为骄傲的中国人一起，在第一时间内共同为刘翔所创造的新的世界纪录——12秒88喝彩（如图5-6）。

图5-6　耐克12秒88广告

《广告时代》——这个国际知名的媒介专业媒体，于7月20日即以“耐克创纪录地庆祝刘翔胜利”（Nike makes tracks to celebrate Liu triumph）为题报道耐克此次广告执行。

《中国经营报》——专门报道了另外4家与刘翔签约的广告主——可口可乐、VISA、EMS和伊利各自特别为刘翔创纪录制作的广告和市场活动，然而“伴随着刘翔新的世界纪录，只有耐克的12.88注定成为经典案例”。

客户对此次广告活动的评价是：“非常高兴拥有一支不只是普通客户—公司关系的团队，我们现在正要在这里干一些大事了”——Carol Chen，耐克中国区

市场总监

“12.88 是一个很好的例子来证明一个极棒的团体的努力，而且也证明了每个人在工作上所发挥的完美作用”——EdElworthy，耐克中国区品牌沟通总监。

耐克自己也承认这是他们最快的一次——从北京时间 12 日凌晨 3 时刘翔刷新百米跨栏世界纪录，到 12 日下午 5 点网络播出广告，从遥远的瑞士洛桑到中国北京，耐克只用了 14 个小时。[①]

案例 2：李宁——一切皆有可能

十余年来，李宁公司由最初单一的运动服装发展到拥有运动服、运动鞋、运动器材等多种产品的专业体育用品公司，目前，其产品结构日趋完善，在中国体育用品行业中已位居领先地位。好的广告效果取决于恰当的广告传播策略，“李宁”传奇般的成功显然离不开广告传播的作用，通过对“李宁”广告策略的研究，期望为同类产品制定适合自身的广告策略提供借鉴。

1. 信息融合策略

体育运动除了有着内在的健康、积极的元素，还具有时尚、优美、挑战的延伸元素，这些元素也恰恰是李宁产品的品质特征，是其多年来企业文化的精神所在。其产品与体育运动两者的相关信息加以融合，来突出产品的卖点、打造品牌显得极其重要。

2. 挖掘与生俱来的明星效应

在品牌和体育明星的融合中，李宁牌具有先天的优势，因为这个品牌的创始人就是国际体坛巨星、中国体操王子——李宁。在李宁 18 年的体操生涯中，获全国比赛冠军 92 次，世界冠军 14 次，金牌总数 106 枚。1986 年 2 月 28 日，李宁被国际奥委会任命为运动委员会代表，标志着李宁已成为国际体坛巨星。李宁在汉城奥运会后退役，先后成为健力宝集团总经理特别助理，健力宝运动服装公司总经理，并在 1990 年亚运会圣火收集仪式上身穿白色李宁牌体操服为自己的品牌做了第一次广告。李宁牌与生俱来的名牌效应，是其他企业无法复制的。首

① 刘鹤翔 . 2006 年中国广告案例年度大奖耐克 12 秒 88 与刘翔同步［J］. 中国广告，2007 年第 5 期。

先，李宁是国际体坛巨星，是中国人心中的体操王子。依靠他的明星效应，迅速扩大了服装品牌的影响力；其次，李宁是第一个站出来大声说话的中国专业的体育服装品牌。占据着“第一”的天然优势，为品牌的迅速崛起提供了可能性。

李宁作为自己公司的形象代言人到了上世纪 90 年代后期已经不适宜了，代言人的角色逐渐由其他一些明星来代替。除了国内当红的体育明星李小鹏、刘亚男、张劲松、李铁、孔令辉和 NBA 明星沙克·奥尼尔、达蒙·琼斯等出任“李宁”形象大使外，还有娱乐明星瞿颖、邵兵等人。

不断更换形象代言人的行为，一度遭到关心“李宁”的人的质疑，认为：代言人的职业混杂导致李宁品牌传达信息不统一、不连续，塑造的品牌形象不一致，使消费者对“李宁”的印象凌乱。《华尔街日报》甚至直接批评“李宁摇摆在运动和休闲之间”。而反观中国的体育产品市场不难发现，人们的体育用品消费水平整体上较低，多数消费者的价值观念还不是很“专业”。同时，在 2000 年之前李宁产品科技含量并不是很高，产品发展的方向也在摸索之中。因此，“李宁”产品先走多元化道路，并试探性的开发市场是符合市场需求和自身客观实际的。

3. 赞助营销显身手

李宁公司先后赞助了中国的 5 支金牌运动队，后来赞助了 4 支有潜力的运动队。从 1992 年巴塞罗那奥运会一直到 2000 年悉尼奥运会，中国运动员在奥运会上领奖牌时都是穿着李宁牌领奖服。正是通过赞助奥运，与世界级的运动赛事相联系，李宁品牌才将品牌与民族荣誉紧密联系在一起。

从 2000 年赞助法国体操队之后，李宁公司全面启动自己的国际化进程。就赞助中国的运动队来看，李宁公司在表达对中国体育的感情和民族情结的同时，也是在追求广告效应的最大化。而开拓国际市场的过程中，李宁则把主要精力投入到了拥有更多球迷的篮球运动上，并选准了颇具发展潜力的西班牙篮球队，收到了很好的效果。特别是在 2006 年男篮世锦赛上，身披李宁战袍的西班牙队首次杀入决赛，并一举夺得世界冠军，“李宁给西班牙带来好运”的同时，也为自己带来了好运。显然这“一笔有眼光且非常划算的买卖”为李宁品牌国际化进程打下了一个良好的基础。

李宁公司为了“推动中国体育事业，让运动改变我们的生活”，十余年来花费了约1.5亿元进行各种各样赛事的赞助，但影响最大的要数2004年赞助举办的大学生“3+1”篮球赛。此项赛事的战火燃遍北京、上海、广州等全国9大城市，转战120所高校，共有2536支参赛队伍、万余名大学生，进行了超过5300场的较量。这种赞助活动，回报了社会，也建立了企业和消费者之间的直接沟通。李宁“3+1”的比赛过程中先安排8分钟半场的3对3团队作战，剩下2分钟每队选出最强的人进行1对1的单挑，该赛制特点既提倡团队配合的重要性，也满足了学生那种张扬自我、强调个性的英雄主义心理，备受青年学生青睐，在李宁产品的品牌塑造上也初步摆脱了“缺乏鲜明的个性”的困境。

4. 李宁的主题语沟通策略

据专家调查，读者阅读标题的概率是文案的5倍。可见，一句好的广告语可以成为企业的形象代言，同样，一句好的广告语更有可能成为一个企业的经营理念。李宁服装公司创建不久，恰逢亚运会在北京举办。亚运会的成功举办极大地提升了国人的荣耀感和自豪感，“中国新一代的希望”成为第一个广告主题语，不仅表达了“李宁”对中国发展壮大的美好祝愿，也暗含着对自身企业发展的希望。2000年悉尼奥运会之前，选用有“李家军第五代传人”之称的李小鹏作为“奥运形象使者”，并配以广告语“出色源自本色”。该广告语除了朗朗上口，易于流传外，还有深远的寓意：对于一个运动员来讲，优异的成绩源自刻苦训练和优秀的品质；对于“李宁”来讲，卓越的品牌源自内涵的不断挖掘和自我超越；对于国家和民族来讲，美好的形象源自自强不息，勇往直前……因此，无论从哪个角度来讲都是一个座右铭。2001年，公司开发了尖端产品——高尔夫产品，并由法国女子体操队演绎了“运动之美世界共享”的高尚境界。

2006年，李宁“弓”系列篮球鞋广告面世（如图5-7），李宁“弓减震”系统的设计灵感就来源于中国赵州桥，广告创意来源自中国古代人物手中的弓，这则轻松幽默的广告刚一面世，就在引来一片叫好声。“李宁——一切皆有可能”广告语，体现了“李宁”的自信。

2006年李宁的“水墨篇”电视广告凭借出色的创意和丰富的中国元素，一举夺得中国元素国际创意最高的“全场大奖”。广告以中国国画中水墨丹青的表现手法，利用动画制作出一派田园风光，荷塘春色间，弱柳扶风，脚穿李宁天羽的男女主人公在其间慢跑犹如蜻蜓点水，踏水无痕，只惊动了荷叶底的小鱼，完

图5-7　李宁“弓”系列广告

全表现出天羽的“超轻”卖点。而整个广告的画风淡雅、恬静、细腻，将中国古典气韵之美与现代科技完美结合，更是给消费者留下了极为深刻的印象。

另外，其世界杯、飞甲篮球鞋、NBA皮影戏、李宁弓等电视广告还获得了第十三届中国广告节长城奖的四项大奖。

素净的大面积空白，用笔墨重染的商周青铜器纹样夔龙纹，由上至下呈二方连续的带状，由轻至重慢慢晕染扩散，一名一身黑色篮球装的运动员，脚穿黑色运动鞋，用具有东方武术招式的太极动作正在练习转玩篮球；一名街球高手人球合一，将篮球技巧与中国武术动作相结合，快慢镜头的切换让其动作显得刚劲有力。张弛之间，最富中国文化神韵的墨点激荡而出，最后雨点般洒下，勾画出球场的轮廓。这是李宁公司在成功签约NBA球员达蒙·琼斯之后在全国正式推出的第一款踏上NBA赛场的中国品牌篮球鞋——李宁飞甲篮球鞋的电视广告（如图5-8）。

或雄浑大气，或温婉流畅，李宁带有强烈中国风格的广告，不但给受众唯美的感观享受，得到了中国消费者广泛的认同，也推进了自己的差异化营销的策略——凭借自身的技术优势和管理优势，生产出在性能上、设计上优于市场现有水平的产品，以及通过富有特色的广告宣传，在消费者心中树立起良好的品牌形象。

图5-8　李宁飞甲篮球鞋广告

从李宁公司使用的广告语来看，做到了言简意赅，容易记忆并且客观实在地从企业文化内涵的深度挖掘产品的价值，提高了产品的品位，让消费者消费得更加踏实。

很难想象，在看到“一切皆有可能”的广告后，会有人不为所动。因为所有生活在都市里的孩子，小时候都有过那种似曾相识运动片断，李宁在短短十几秒的广告里，没有绚丽的画面，没有夸张的修饰，而是用最真实的画面，再现了那段年少时美好的回忆，传达出体育无处不在的理念，从而引出“一切皆有可能”的体育精神。这是李宁公司的一次突破，并不是赞美它的广告多么有创意，而在于通过品牌定位，重新使自己的品牌成为一种被高度认知的价值承诺，李宁提供的绝不仅仅是体育用品，而是在传递一种人生信念、生活品质和思想境界。

第6章　享受生命的色彩

一、焦点链接：秀我本色

在竞争的市场中，色彩正在成为一种看得见、摸得到的营销力。色彩营销力源自设计师的色彩理念、市场专家对市场需求的前瞻性研究，而后把色彩作为一种文化、一种时尚、一种体验、一种服务来推广。奇瑞QQ利用这一趋势在色彩上大做文章。（如图6-1）

图6-1是QQ最近的一系列新广告，以“秀我本色”为主题，画面上的色彩清新，活泼，生意盎然，充分运用了色彩的力量去抓人的眼球，很符合年轻人的口味，而且将车的形象与人们熟悉的日常生活中的形象相结合，这一方式使QQ更便于人们记忆。奇瑞QQ在色彩运用中引领时尚个性化的色彩，它用颜色表达个性，把全世界最亮丽的色彩运用到车上，使汽车的世界变得丰富多彩。这则广告符合了QQ本身的靓丽动感充满活力的外观设计与准确的定位，使用张扬的主题，挑逗的话语，迎合了年轻人彰显自我本色的心理。QQ也凭借着适中的价格以及一系列的广告宣传和促销活动，很快获得消费者的青睐。

奇瑞是中国目前成长较快的自主品牌，奇瑞汽车旗下拥有产品中“QQ”最令人刮目相看。在外资轿车占据主导的汽车行业内，QQ是个少有的“另类”，它是国内第一款推广成功的个性车。奇瑞QQ上市非常成功，它是2003年中国汽车市场上最引人注意的车型之一，2009 年全年销售 17 万辆，品牌累计销售过 170 万辆。

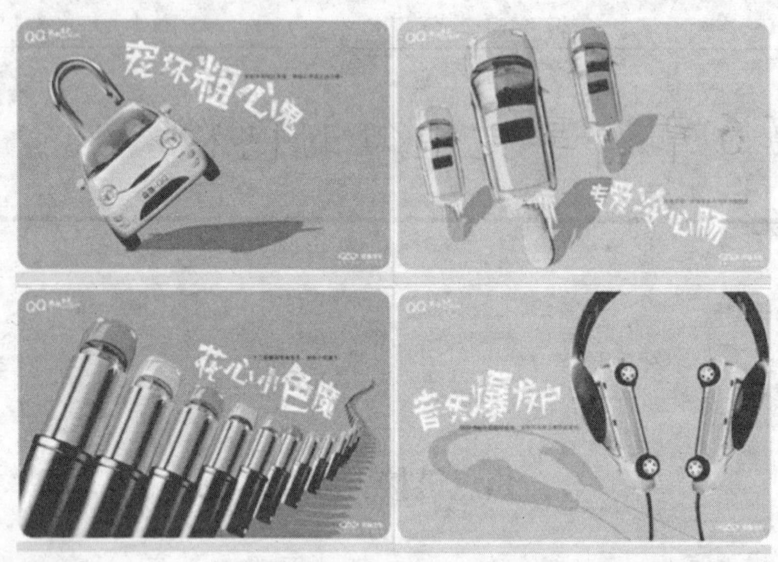

图 6-1　QQ 秀我本色

正确的定位，是 QQ 取得销售成绩的关键所在，简单地来讲就是三个字——新概念！奇瑞 QQ 是国内第一款为年轻人打造的新型轿车，主要以“快乐”为其设计理念，它定位于“年轻人的第一辆车”，在公开的宣传中，奇瑞称“QQ”是“世界上最酷的小车”，并将其定位为可爱、时髦，颜色鲜艳，以此来吸引年轻消费者的注意力。QQ 整车造型时尚、灵巧、动感，线条简洁，广角前挡风玻璃与发动机盖浑然一体，形成独特而动感的曲线；巧妙的车身腰线、精致的车顶弧线配合流线的整体造型，明显宣示它的多功能用途。它乖巧的外形，深得年轻女孩的喜爱，它丰富的车身色彩更是让不少男人也爱不释手。与个性十足，动感快乐的外观一样，QQ 精巧的内饰设计同样是以愉悦和舒适为主要风格，精致淡雅的坐椅面料，体贴周到的设置构思，无一不体现出轻松和快乐。这是 QQ 在设计方面的创新，人性化的车型、人性化的设计，突出个性的自我！

QQ 的营销可谓是一种以突出个性为特点的营销，它在各个方面都突出自己与其他汽车的不同之处，包括外形、颜色、定位，这对于 QQ 的成功起了很大的作用。而色彩的理论回归所折射的恰恰是我们不可回避的“视觉”话题。

二、理论探究

1. 广告的图像化转向

在现代社会里，广告已经渗透到每一个角落，深刻地影响着每个人的消费观、审美观、甚至是价值观。一件好的广告作品要能够吸引消费者的眼球，激起消费欲望，因此在广告的设计过程中，广告的设计者力求迎合消费者的心理需求，以具有冲击力的图像、具有吸引力的文字来宣传产品，并最终取得消费者的认同，达到实现购买行为的目的。视觉传达已经成为广告传播的主要表现手段之一，成为实现广告与观众进行交流和沟通的基础。

图像的冲击力相较于广告传播的其他元素而言，能够更直接的作用于受众，它试图在瞬间吸引人的注意力，突出产品。因此，广告的视觉效果成为衡量广告作品水平的重要标准，广告设计者也越来越注重广告设计的视觉传达和创意表现。广告界流行这样一句话：让人注意到你的广告，就等于你的产品推销出去了一半。由此可见，作为广告设计者，在广告设计中合理运用视觉刺激，已经成为一种必然的趋势。

视觉是人们探索和理解世界的主要的途径，人们对世界的理解 1% 来自味觉，5% 来自嗅觉与触觉，11% 来自听觉，83% 来自视觉，从信息获取比例上，可以清晰地看到视觉信息的重要性。所以尽管每一种感官对于认知世界都非常重要，但我们仍然倾向于认为“看不到”是世间最让人难以接受的一件事。如果让人选择只能保留一种感觉功能，多半人都会选择视觉。这些事实告诉我们，视觉正在影响着消费者的决策，随着产品同质化程度增加，消费者选择时所运用的理性越来越少，如何让广告抢占眼球，让品牌看上去与众不同，促进消费者感性消费，是现在广告主和广告人所需要考虑的问题。视觉体验是高明的营销术，是增强品牌力量格外有效的工具。因为它能智取理性的头脑，直接诉诸人们的感性世界，使得广告从意境上和消费者在视觉感观上产生一种共鸣。

视觉帮助广告从传播信息跨越到愉悦受众，使传播的持久性和渗透力强过其他任何传播手段。经典的万宝路也充分地利用视觉传达作为其“变性”手术的强大后盾：首先是包装，采用当时首创的平开式翻盖，使之作为特别的诱惑，有压倒之势；包装上的条纹换为标志勇敢、杰出的红色；Marlboro 用较大的字号，字母尖角化，显得像山峰一样突兀，富有男性的刚强；另外，广告模特也选用普遍公认的最有大丈夫气息、最具美国意识象征的形象——西部牛仔。在实现这一系列的变革一年后，奇迹出现了：万宝路销量比原来提高了 3 倍，在美国香烟中居第 10 位。万宝路也由女士香烟变成了典型的男士香烟。1975 年，万宝路登上了美国香烟排名第一的宝座。[①]

2. 广告视觉语言的构成要素

文字——几乎所有的广告设计都离不开文字的使用，文字是记录语言传达思想的符号，也是广告视觉设计的主要构成要素。在广告传播设计中，不仅要注意版面编排的形式和阅读视线的流向规律，也要重视文字作为语言符号而拥有的语义传达作用。不同的字体会表现出不同的格调、风格或是情感，所以广告中的文字要清晰合理的编排，注重语义及字体的传达作用。

形象——设计中除了用文字进行思想交流、信息传递之外，还可以以形象作用于人的视觉，以此引起人的心理反应来实现广告传播，因为一个符号或是一个 Logo，商品可能一文不名，也可能价值连城……由此可见，符号引发销售，形象创造价值。相比较而言，使用视觉形象更鲜明生动，富于情感上的联想，因此更具感染力。与文字相比，图像本身具有直观形象性，它通过视觉刺激来传达思想，说明事实。视觉形象的直观性使得视觉艺术语言较之其他语言形式更为直接，更为接近现实，因而就更加易于被接受。视觉形象可以通过对真实人或物的模拟来引发人们的情感，并且可以在所宣传的商品与其他形象之间建立一种联系。

今天的消费者已经习惯根据自身对品牌的印象来进行消费。广告中出现的品牌标志，能够让人产生很强的视觉联想。譬如奔驰的 logo 如一个方向盘，宝马的 logo 则像一个轮胎……一看到这些标志，很多人都会情不自禁地联想到品牌信

---

① 江绍雄. 创意撩人. http：//www. china-ff. com/show_ news. asp？newsid=197。

息。总之，引导消费者这种由此及彼的联想就是广告的方向。

色彩——对色彩的喜爱是一种普遍存在的现象，色彩对消费者的消费选择有着直接的影响。色彩作为一种视觉语言的作用主要有：传达意念，影响情绪，增强识别记忆，使画面具有真实感，增强画面的感染力。这些作用使得色彩在广告传播中具有不可替代的作用。色彩能够给受众强烈的视觉刺激，不管平面广告还是电视广告，甚至网络广告中，色彩都是不可缺少的视觉要素。彩色广告往往比单色广告更具有吸引力，彩色画面比黑白画面更具有真实感，富有诗情画意，广告色彩对商品的象征作用更易辨识和产生亲和力，广告色彩悦目，装饰性强，使人更长时间的注目，被人收藏和欣赏。①

人的视觉对色彩有很强的辨别能力，能够识别上百万种的色彩，因此色彩就具有了丰富的表现力。在人类的发展历程中，有目的性的造型活动的开始是对色彩运用和研究的开始，色彩孕育了人类的审美文化，人们也对色彩赋予了人性化的情感特征。广告中的色彩充分运用了情感特征来吸引人打动人，这种运用有时近于夸张，也因此使得告中的色彩远比绘画中的色彩更加明确和具有目的性，符合了商业化社会发展对色彩表现的要求，也创造出了流行与时尚。许多艺术家发现了广告色彩及形式中的强大视觉表现力和良好的视觉沟通力，POP 艺术因此诞生并对现代艺术的发展产生了重要的影响。

美国营销界总结出了“7 秒定律”——消费者会在 7 秒内决定其购买意向。而在这短短 7 秒之中，色彩占 67% 的决定因素。“色彩营销”帮助企业给消费者留下最深刻的印象，为品牌带来全方位的超强效果。色彩作为第一视觉语言，它的视觉作用先于形象，它通过视觉冲击，影响人的感官，直接左右我们的感情和行动。色彩可以影响人们的心理，唤起人们的感情。色彩是一把打开消费者心灵的钥匙。好的色彩运用不仅可以向消费者传达商品的信息，而且能吸引消费者的目光，但是色彩极具视觉冲击力的同时，又容易因使用不当而引起消费者情感上的厌恶。因此对色彩的准确应用是广告设计表现成功与否的关键因素，这就要求广告设计者要具有科学准确的色彩运用技巧，具有丰富的色彩理论知识和对色彩细致敏锐的洞察力，以及把握广告在发展过程中形成的与色彩之间的内在联系和

① 朱健强．广告视觉语言［M］．厦门大学出版社 2000 年版，第 18 页。

规律。因此，要想使自己的广告先于其他广告而进入消费者的视域，在广告设计中必须考虑到消费者最初接触到广告时的色彩感觉，使用适合的色彩牢牢地抓住他们的眼光，从而抢占产品销售先机。

空间——空间在设计中是一个复杂的问题，它有正有负，有虚有实，此外，空间还存在着平面性或幻觉性、暧昧性和矛盾性。但在设计中影响流程和视觉传达的最主要的是空间的正负关系，即对画面中虚空间的利用。从美学角度上看，空间中空白的安排与文字、图形有同等重要的意义。广告进行合理的空间安排和运用就显得很重要了。

如联想于2003年发布的以“只要你想”为主题的广告。（图6－2）

该广告充分利用了空间上的嫁接作用，在广告的左右两个空间选用不同的主体作为广告的表现对象，在画面左边的总是稍显稚嫩与微弱的，而在画面的右边则是成熟与强大的，图形的变化陡然增强了广告的阅读趣味。这则广告运用左右不同物体的对比与色彩的搭配，突出左右两空间的的对比，具有较强的视觉冲击力，直观的表现了联想“只要你想”的广告主题。

联想选择“神舟五号”载人航天飞行之际推出“只要你想”的品牌新口号，属于一个典型的事件营销，联想将其广告创意置于公共事件上，带有一定的公益色彩。在这次“神舟五号”载人航天飞船升天事件的背后有广泛的受众关注和媒体高频率的播放，极大地提升了联想广告的影响力。“神舟五号”是中国人追求梦想、敢于创新的结果，也是由中国人自主研发，这恰好与联想的品牌内涵一致，反映联想对时机的把握的迅速和准确。“没想法，就无法飞向未来，如果没有想法带来的创新，航天飞机就不会展翅冲天，想法推动人类进步，只要你想”，

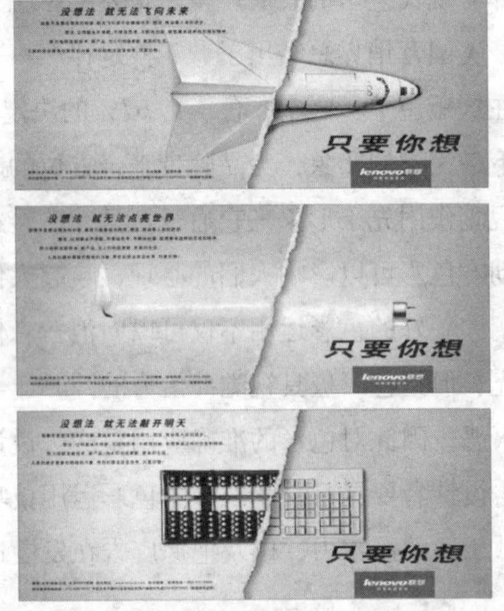

图6－2 联想“只要你想”系列广告

这则广告创意是无须质疑的，杰出的视觉传达也使其成为2003年的一大亮点。

3. 视觉与品牌

我们现在这个时代可以称为：读图年代、图霸年代、信图年代，综合来讲，就是视觉年代。因为视觉不仅是一种国家资源、城市资源，更是品牌资本、个人资本。美好的视觉表现可以让城市变得更有吸引力，可以让产品畅销，可以让人魅力无限。视觉行销已成为视觉年代的行销趋势——创造品牌的视觉，让品牌看上去就与众不同。

"视觉符号"传递的信息往往比"语言符号"更加丰富、更加形象。视觉是品牌最好的朋友，增强品牌的广告记忆强度，它始终贯穿在产品的广告活动之中，不断地为消费者带来惊喜。"进入眼睛，才能占领心灵"。视觉从来就不缺乏致命的吸引力，在生活中如此，在品牌塑造中也是这样。

在绝对的买方市场，借视觉体验为品牌增加新的内涵，让消费者从不同的接触点来体验品牌，让他们一见钟情，再见倾心，就能够与消费者缔结一种更深层次的持久的联系。现在的营销，已经不单纯是买卖，将视觉体验与各个环节结合在一起，精心营造一个个引人入胜的、个性化的邂逅，把品牌与消费者的每次接触变成一种有趣的体验，让消费者陶醉在品牌带来的全方位感受之中，以高度连贯性的视觉体验提升自己的品牌形象。人为梦想中的美景活着，因此，在品牌的塑造过程中，要借用视觉为消费者创造他们梦想中的美景。①

4. 创造视觉偶像

所谓视觉偶像（Character），就是一个被大众所熟知的虚拟形象，比如变形金刚、Hello Kitty、奥特曼、蜡笔小新、忍者神龟、喜羊羊与灰太狼……在消费者的眼中，他们并不仅仅是卡通形象，他们有自己的生命力、号召力和创造力。这"三力"是支撑他们从一个普通的卡通形象变身为视觉偶像的重要推手。生命力是指他们具有人的特征，会思考，他们一方面像人类的投影，一方面又拥有人类所不具备的能力。号召力是指他们一定不是孤军作战的，他们一

① 江绍雄. 创意撩人. http://www.china-ff.com/show_news.asp?newsid=197。

定有自己的朋友或者敌人。创造力是指他们往往不像现实那么逻辑，他们可以自由的发展意想不到的剧情。

视觉偶像具有复杂的特质、特性，并不是随便画出的图形就可以称为视觉偶像，还必须给它生命，赋予它某些人类的性格，创作它的故事、背景……这样才能产生视觉偶像的魅力，吸引消费者的支持，帮助本品牌与其他品牌形成差异，丰富本品牌个性。

视觉偶像与明星很相似，但是明星会变老、变丑，会发生各种不可控的事件，所以把握起来较为困难，运用的范围受局限；视觉偶像虽是虚拟人物，却有着无限的想象空间，并且它会永远完美。我们可以人为地赋予它一些讨人喜欢的、富有个性的特质，将其与品牌内涵结合起来，通过对视觉偶像的好感带动品牌美誉度的提升。视觉偶像史努比、流氓兔、轮胎人必比登、麦当劳、酷儿、QQ 等已成为品牌代言的最佳形象，在消费者和产品或服务之间建立了最有效的沟通桥梁，它总是让人在头脑中、心中形成最美好的视觉化形象，在精神的领域得到无限的享受。

视觉偶像开辟了惊人的新市场、新商机，为各行业带来丰厚的收益。以米其林为例，轮胎人“必比登”诞生于 1898 年。一个多世纪以来，这位由 26 个白色轮胎组成的可爱轮胎人形象早已深入人心，它笑容可掬而又充满活力，成为全球知名度最高的品牌标志。自问世以来，“必比登”创造了无数奇迹。因为丰富多变的造型和创意无限的想象空间，“必比登”拥有“广告界的太阳神”之称。2000 年，《金融时报》与《商业报导》联合将“本世纪最佳标志”的称谓授予它。不可否认，这一视觉偶像对于米其林的成功起了巨大的推动作用。

5. 影响视觉的其他因素

广告执行对广告的视觉传达也有影响。只有完美的执行，才能带来震撼的视觉冲击，广告执行的成败决定了一个好的创意能否达到预期的效果，它不仅仅单纯看视觉表现的技术性，更要看在广告执行中能否传达产品需要传达的信息。

另外，广告最宝贵的是要有原创的想法，即符合品牌概念的想法。用什么方式吸引消费者观看广告，是广告创作中需要认真考虑的命题，这个过程之中，广告人需要能够把握消费者的心理，了解目标受众希望广告传达什么样的信息，像广告这种创意活动，要在消费者能够接受的范围内进行，不能完全把这个界限破坏。如果创意不符合消费者的认知心理，甚至引起消费者的反感，那视觉表现越好，消费者对品牌的印象就越差。对于一件广告作品来说，总体创意还是很重要的，视觉传达是锦上添花还是雪上加霜，最终还是取决于消费者对广告创意的态度。

三、案例欣赏

在广告事业日趋成熟的今天，在世界经济一体化和文化一体化的大趋势下，广告已不是一种纯经济或纯商业行为，而是一种与人们的生活、行为、思想紧密联系在一起的社会文化现象。而视觉因素在广告中的应用，使得广告在一定程度上成了一门艺术。真正能打动消费者的广告也绝不是纯商业性质的广告，事实表明那些具有较强的观赏性、较高的艺术性的广告，更具有说服力和感染力。在诸多广告作品中，嘉士伯的广告可谓集观赏性、艺术性于一体，而立邦漆则将色彩这一正逐渐形成的营销力发挥得淋漓尽致。

案例 1：嘉士伯啤酒 Probably the best lager in the world

1. 可能是世界上最好的 Lager 啤酒

在一项由英国萨奇广告（Saatchi's）持续运作长达 25 年的英国广告运动中，嘉士伯将自己描述为“可能是世界上最好的 Lager 啤酒”（Probably the best lager in the world）。

在英国成功运作后，嘉士伯将这句口号推向了全世界，直到今天仍在沿用。嘉士伯在它的全球风情广告招贴中，选取各地极富特色的风情画面，例如威尼斯的建筑与河流、法兰西 St. Michel 山上的古堡、印度黄土高原上的城镇、印尼肥美的水稻田、丹麦属大西洋法罗群岛的旖旎风光等等，加之绿色的嘉士伯货车或是货船，组成一幅幅风景怡人的广告作品。绿色的嘉士伯货车、货船融入了当地的风景暗示着嘉士伯的品牌也已融入了当地的社会与文化之中。这一组嘉士伯平面广告，看着舒服，其实暗藏野心。绿色嘉士伯品牌包装的卡车、快艇、飞机，无所不至，暗示嘉士伯的无所不在。田园、山涧、水田、大片薰衣草的尽头，层叠低矮的云下，美丽的风景让人迷醉，然而画面的最下方却是那一句看似回旋实则野心勃勃的广告语："Probably the best lager in the world" 毫不含糊的把广告的主题充分表现了出来。时下的广告太过杂乱，不能给消费者一点空间，个个都是大摆产品与买点。而这组广告在纷乱中为消费者提供了一些空间，一些美感，广告不再是视觉污染，也无形中提升了消费者对嘉士伯的好感度，不失时机的提升了品牌形象。(图6-3、图6-4、图6-5)。

图6-3　嘉士伯系列广告1

嘉士伯的这一系列广告基本上形式未作重大变化，都是各地的代表性的风景和绿色的嘉士伯货车或是货船的组合。这跟绝对伏特加有相似之处，从不变之中求变化。从视觉心理来说，人们厌弃单调划一的形式，追求多样变化。然而，广告中风景的变化给这未变的形式增添了很大的观赏性，使人们于"同"中间感受到"异"，于统一中求变化，形式既多样又统一，既对比又和谐的艺术效果，加强了艺术感染力。其实嘉士伯啤酒的这组广告在创意方面也并无特别出彩之处，它最成功的地方就是用各个地方的美景对消费者形成了一种视觉冲击力。广告画面本身有生动的直观形象，多次反复的不断积累，能加深消费者对产品的印象，获得好的宣传效果。它利用了人类对自然美景的爱好，抓住了人的审美心理。这些广告并不是很能吸引人的眼球，但人们一旦注意到它们，就会忍不住仔细看看，并且广告中的美景也使这些广告异常耐看，甚至很多人会把它当成风景画来欣赏。它所有的画面均采用同一格式，形成了嘉士伯的一种特定的风格，也便于消费者识别，更加有利于吸引消费者的注意力。

图6-4 嘉士伯系列广告2

这些风景广告展现出了嘉士伯品牌的国际化与文化内涵，而它优美典雅的特征则是通过对酒瓶、酒液、酒杯的拟人化表现展露出来的。在一则平面广告作品中，盛满啤酒的酒杯扭动的如同女士柔媚的腰身，广告文案的写道：“你从来没见过啤酒吗?”在另一则平面作品中，两杯并排摆放的嘉士伯啤酒看上去像是美女的纤纤秀腿，文案写道：“我只跟你说，你觉得我像是修道院里出来的吗?”广告文案充满诱惑，广告中啤酒鲜亮的金黄色、嘉士伯啤酒的标准色——绿色，以及古典风格的标志，三者交相辉映，广告尺度把握恰到好处。(图6-6)

图 6-5　嘉士伯系列广告 3

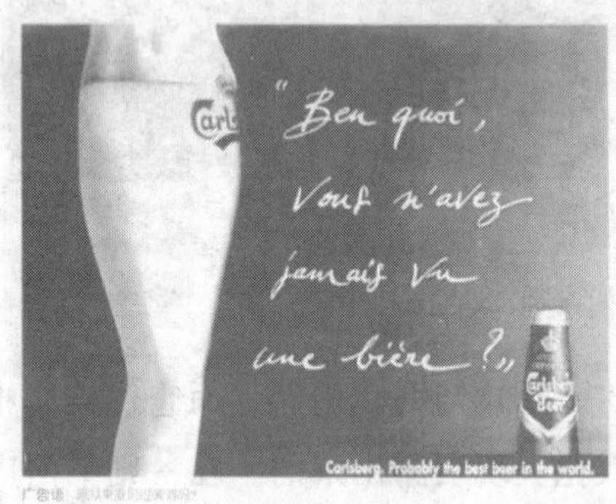

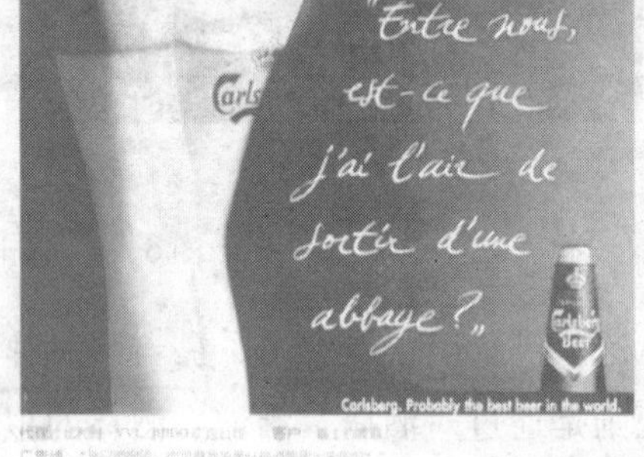

图 6-6

嘉士伯还有些广告是通过营造一种温馨的生活氛围，来引起消费者的好感。人生最开心莫过于和好友欢聚，透过交流和分享，大家形成一种奇妙的默契和归属感。作为可能是世界上最好的啤酒，嘉士伯在当中起了催化的作用，把最美好的时光升华。在这里，嘉士伯强调最好的啤酒酿造美好时光，这是一种很能打动人的感性诉求。

为配合在不同国家销售所发起的广告运动，嘉士伯往往会根据该国家的特点制作、发布广告。在俄罗斯的广告中，嘉士伯的酒瓶瓶颈不见了，因为它顶出了天；在意大利的广告中，嘉士伯酒瓶被彻底倒了过来；列支敦士登的广告中，嘉士伯酒瓶小得出奇……细分的目标市场存在着特有的人文特色，广告就以各个国家的人文特色与消费者沟通。俄罗斯以生产成人玩具而驰名世界、意大利有著名的比萨斜塔、列支敦士登是世界著名的袖珍国家。这些广告都以酒瓶作为画面的主体形象，但却摆成不同的样式，独具匠心，广告风格洗练而干净，将嘉士伯独有的品牌形象展露于世人的眼前。

2. 嘉士伯的历史

丹麦是安徒生的故乡，他的童话丰富了世界文学宝库，为亿万儿童和成人所熟知。如今，丹麦的一些企业也在自身成长和走向世界的过程中，创造着一个又一个童话般的奇迹。与穆勒、诺和、丹佛斯集团等齐名的嘉士伯，就是这些足以令丹麦人自豪的巨型企业之一。

著名酿酒师和慈善家 J·C·雅各布森于 1847 年在丹麦哥本哈根创立了嘉士伯公司，公司名称是以他 5 岁的大儿子“Carl”的名字和丹麦语“山（berg）”联合而成的。与其他啤酒厂不同，嘉士伯的创始人并不是企业家，而是科学家。

雅各布森建立企业的原动力是追求一种完美的生活，无论是在科学技术，文化艺术还是社会活动方面都力图尽善尽美。他的目标是为丹麦人生产一种全新的产品：发酵的、依循德国巴伐利亚传统酿制的 Lager 啤酒。而此时，丹麦只生产上发酵啤酒。经过努力，他终于能够在自己建立的新酿酒厂里生产下发酵啤酒。品牌嘉士伯啤酒一经投放市场，立即取得了成功，连续数年产量直线增长，这也使得嘉士伯工厂进行了数次必要的扩张。1970 年，丹麦两家最大的两家啤酒酿造公司——嘉士伯和 Tuborg（图伯）合并为“联合啤酒酿造有限公司”，即现在“CarlsbergA/S”。

作为一家国际著名企业，嘉士伯已在全球 150 多个国家和地区建立了庞大的业务网络，在五大洲拥有 100 多个生产基地，年产啤酒 80 多亿升，相当于每天生产 7400 万瓶 330 毫升装的啤酒，为世界第五大啤酒制造商，并被喜爱啤酒的人们誉为“可能是世界上最好的啤酒”。嘉士伯和中国的结缘可以追溯到 20 世纪初期，在丹麦博物馆收藏的嘉士伯海报里就有记载，可以说嘉士伯是最早进入中国的啤酒，距今已有100多年的历史。

3. 嘉士伯的成功经验

嘉士伯成功的经验之一是不失时机地占领市场。嘉士伯80%的销售来自海外市场，在它150年的历史中，就有125年在国际市场拼搏的经历，1970年，与Tuborg（图伯）的合并使它跨入了世界五大啤酒企业的行列。

近年来，嘉士伯把它的市场逐步转向了亚洲，在日本、韩国、马来西亚、新加坡、香港、泰国、越南和中国先后建厂。1979年以来，它为北京、上海、广州、大连、吉林、江苏、广西等地的啤酒厂提供了全套综合装置。与北京啤酒厂和牡丹江啤酒厂进行了技术合作。在惠州建立了大型啤酒酿造公司，生产“嘉士伯”牌啤酒。

嘉士伯的成功经验之二是它科学酿酒的态度。嘉士伯啤酒行销世界，质量达到了“炉火纯青”的地步，质地透明，口味纯正，保鲜期长。它的成功秘诀就是依靠科学。为保证质量、改进工艺和开发新产品，早在1875年，嘉士伯就设立了研究室。1976年，研究室扩建为能容纳150名员工的研究中心，主要从事广泛的科学和生物技术基础研究以及与啤酒相关领域的应用研究。嘉士伯是世界上唯一一家拥有研究中心的啤酒厂。嘉士伯“尽最大努力将啤酒酿造发展成完美的艺术，使各分厂及其产品永远立于模范地位”的宗旨，加之其精湛的传统酿酒技术和不凡的发展业绩使人们对嘉士伯的啤酒文化、有了更直观的认识。有理由相信嘉士伯一定会在新的历史条件下继续辉煌。

嘉士伯已经不仅仅是一家啤酒厂，它的企业文化也已经融入丹麦社会的各个方面，成为不可或缺的一部分。丹麦是世界上人均啤酒消费量最高的国家之一，平均每人每年约105升。嘉士伯品牌在丹麦市场占有统治地位，每5杯啤酒中就有4杯来自嘉士伯。另外，由雅各布森设立于1876年的嘉士伯基金会，对丹麦科学的进步、公益事业的开展和文化遗产的继承，都做出了重要贡献。在丹麦，人们提起嘉士伯就有一种骄傲和自豪感。因为，嘉士伯已不仅仅是一家啤酒厂，它的企业文化已融入了丹麦社会，成为不可分割的一部分，对科学的进步，社会的发展，文化遗产的继承发挥着重要的作用。①

① 引自嘉士伯．不断续写辉煌．http：//www.topys.cn/www/2007-03-25/1174806259d2747.html。

另外，嘉士伯十分重视产品的质量。嘉士伯啤酒的口感属于典型的欧洲式 Larger 啤酒，酒质澄清甘醇，打出的口号——“Probably the best lager in the world”相当的深入人心。而雅各布森的理念，则凝聚在他的金科玉律中，永远铭刻在哥本哈根嘉士伯酿酒厂的著名石像大门之上——要将啤酒酿制艺术发展到十全十美的境界，使嘉士伯啤酒厂及其他产品保持在一个永远受人推崇的高超水准。

嘉士伯的成功经验之三是它正确的目标市场定位。嘉士伯采取的是一种差别性广告目标市场定位。差别性市场是企业把产品的整体市场化分为若干细分市场，从中选择两个以上乃至全部细分市场作为目标市场，每个子市场各具特点。差别性广告目标市场定位针对细分市场的不同特点，采用不同特点特色的广告形式，以不同的媒介进行广告信息传播，实行针对各类消费者的广告诉求。

差别性广告目标市场定位具有很大的优越性。首先，这种广告策略大大降低了广告的风险系数。由于采用不同的媒体，选用不同的形式来宣传产品，使不同类型的消费者都能接受到广告信息，使广告效果明显，避免广告费用的无效使用。其次，这种广告策略大大提升行业的竞争能力，争取了市场上大部分的广告受众，提高了产品的市场知名度。

作为大型国际化酿酒公司，嘉士伯拥有适应各种市场、各种档次的啤酒品牌和软饮料品牌，包括当地性的、区域性的与世界性的品牌。嘉士伯酿酒公司努力加强它在北欧、东欧、西欧与亚洲众多市场的位置，并培养新兴市场，以此确保持续的增长。这点在嘉士伯的广告中有明确的体现。同样的产品面向几个细分市场，嘉士伯分别针对各个子市场的不同特点，采取不同的广告宣传，争取更多的消费者，这正是差别性市场广告策略的具体表现。

嘉士伯的成功经验之四是它的体育营销策略。它是英超的长期合作伙伴，与利物浦足球俱乐部的全球合作伙伴关系至今已有 12 年之久，并赞助欧洲及亚洲职业高尔夫协会巡回赛的赛事，其因体育创造的利润、价值、声誉等按嘉士伯公司总部发言人 Jens peter Skaarup 说：已远远超出当初的设想。嘉士伯在世界杯期间，就专门研发推出了“冰纯世界杯”这款啤酒，为其“休育营销”增添了一抹亮色。从 1996 年开始，嘉士伯啤酒创办了“嘉士伯国际酒吧锦标赛”（Carlsberg International Pub Cup），与官方赞助商百威对抗。现在，嘉士伯杯锦标赛已经吸引了全球12个国家的队伍参赛，具有一定的影响力。它通过各种人文与运动活动，包括对音乐、球赛等活动的赞助，树立了良好的品牌形象，扩大了品牌影响力。嘉士伯啤酒在啤酒业中可算是世界级的一颗明星，它的目标市场伸入到世界大部分国家与地区，与世界各地区的消费者结下了一生的情缘。

案例2：处处放光彩——立邦漆

立邦涂料公司是世界著名涂料制造商。到今天，立邦漆已经拥有了120多年的历史，百多年来，立邦漆不断积累经验，顽强进步。目前立邦漆制造厂已遍及亚洲、欧洲以及美洲十几个国家及地区，在近几年的全球涂料厂家排名统计中显示，立邦漆产量及销售额在亚太地区稳居首位，在全球名列前茅。

1. 色彩，立邦永远的话题

立邦漆让人印象最深的莫过于那些温馨自然的电视画面，还有许多城市里耀眼夺目的广告牌中可爱宝宝的小屁股。立邦漆的代言人是一群光屁股的婴儿，寓意为健康、可爱，配合“处处放光彩”的宣传口号。（图6-7）

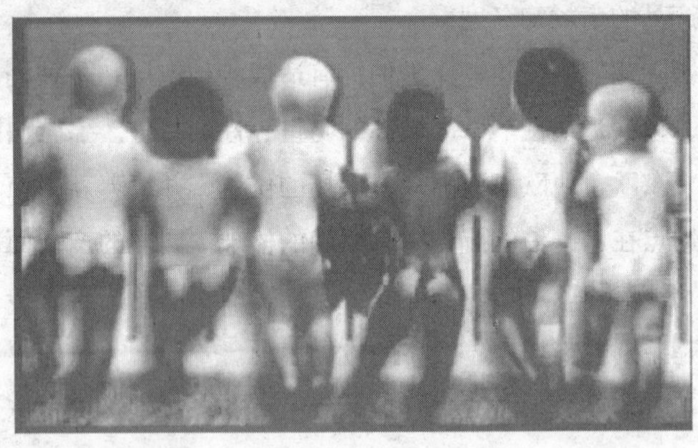

图6-7 立邦漆 小屁股篇

在立邦漆广告“新疆”篇中，一个田野中的村庄，一群追逐马车的孩童，一幢正在粉刷的农舍和它的主人，展现了一幅无比优美的田园生活画卷。广告自始至终只有充满田园情调的背景音乐，没有一句语言。如果最后不出现“立邦漆，处处放光彩”的广告语，就是一部鲜活的田园风光短片。

除去防水隔潮、保护墙体等基本物理功能以外，消费者还希望它带来一种快乐的生活色彩，让自己置身在美妙的生活里。立邦漆的广告恰恰做到了这一点，它渲染的那种田园式的生活色彩与牧歌式的生活情调，正是时下都市人所向往的。

色彩无处不在，在立邦漆的广告中，它用色彩来传达一种现代人的新的生活方式：环保，自然。立邦的广告很多是渲染一种田园式生活的，提倡回归自然，回归色彩。如《小鸟篇》：一座被绿意包围的房屋，主人正在粉刷房子，小鸟也用立邦漆装饰自己的窝巢，充满一种人与自然和谐相处的情趣，环保，干净，贴近生活。

图 6－8　立邦漆　我的灵感篇

立邦漆光彩背后，有着立邦人人性化、艺术化的广告，深厚的多元色彩文化底蕴，品牌概念和产品概念的完美结合，产品的高度细分和潜力市场比如农村市场的深度挖掘，正是这些让立邦漆“处处放光彩”。

2. 立邦漆广告策略

从立邦 1995 年第一个《蒙古小屋篇》品牌广告，到《小屁股篇》品牌广告，再到现在的《我的灵感篇》品牌广告，同样是品牌广告，同样是色彩体现，但表现的内容明显有了质的飞跃。

《蒙古小屋篇》广告体现的是：立邦是墙面粉刷材料商，能够给你带来意想不到的色彩体验。主要目的是告诉人们，如果要装修的话，请选择立邦，将给你的家居带来意想不到的惊喜。

《我的灵感篇》品牌广告所表达的战略意图值得认真体会：色彩是一种生活方式，是一种个性体现，能够给人带来灵感，成就自然、自由、激情、纯洁、时尚的人生梦想。作为家居色彩提供商的立邦，同时也满足了人对色彩的追求。这则广告表现出选择立邦，是选择一种生活方式。而作出这种个性、张扬、自信、有品位选择的，正是“80 后”一族。品牌定位与麦当劳的“我就喜欢”，中国移动的“我能”一样，锁定有消费欲望和能力的年青白领一族。相应的，立邦的企业定位就从一家装饰材料商跃升为一家提供不同生活方式的服务商。这与 IBM“全球最大的信息技术和业务解决方案公司”的企业定位有异曲同工之处，这使立邦谋求企业转型，打造全球最大涂料企业的野心昭然若揭。①

品类和品牌概念结合是比较投机的方法，比如说“可口可乐”，可乐原本是这个产品的品牌，我们现在一说到可乐，我们已经把它和碳酸饮料有机的联系起来了，可口可乐的品牌让人们联想到这个产品甚至整个行业。现在我们看到的“立邦漆”“处处放光彩”的广告，由于“立邦”在推广的初期把产品和漆联系起来，让人一想到漆就会想到“立邦”这个品牌，这就是品牌概念和产品利益概念的完美结合，也是立邦漆广告策略的细腻和高明之处。

让我们再来看看立邦漆广告与促销的“天地”互动。美丽的草原、多彩的民居，还有动听的音乐；天真的儿童、迷彩的体肤，还有幽默的动画……这些被公众熟知的立邦广告，我们常见于各类媒体。然而，在立邦每一次大的广告投入的背后，常常伴以地面系统、迅速的促销配合，以此“天地”呼应，获得更多品牌与销售的双增益。

2000 年奥运会期间，当时立邦独家巨资赞助 CCTV“奥运金牌榜”栏目，为了配合这样的“热点”，市场一线也同时开展了为期一个月的“猜金牌，赢金牌”的有奖竞争猜、产品促销活动；各类围绕“奥运”、围绕“金牌”的主题演

① 龚文．立邦借“我的色彩”篇广告寻求战略转变．http：//www. globrand. com/2007/66748. shtml。

出也在各地社区高频率举行。对于区域促销活动的策划、组织，立邦销售系统中的各分支机构有很大的当地化决策的权力，这也使得分支结构能够根据具体的销售状况和消费喜好，迅速制定出适合当地的促销方案，而不强求“全国一枝花”；从另一方面，也能加速每个办事处和服务中心市场运作能力的自我提高。当然，促销申请、费用计划、效果评估都有系统的流程来监控管理，利用连贯上下的网上促销模块，各地服务中心可以很方便地申请方案，管理者也能及时审批和跟踪实际运行状态，所有人也都可以共享来自其他地区的促销案例。[①]

对于立邦，它在涂料领域以“保持世界色彩文化旗手实力”为使命，其实更多的希望自己的产品造就的是一个“多彩的世界”。消费者可以看到，立邦产品的很多市场卖点都是围绕“更多色彩、更多选择”、“随心所欲，创造心中流行色”等等这一“多元色彩文化”的中心，背后做的也是尽可能地把这种多元的、个性的色彩文化概念融入到企业研发、制造、分销、服务的全过程。

案例3：生活的奇思妙想——意大利 EsseLunga 超市

EsseLunga（埃塞隆加）是意大利一家成立于1957年的百货公司，现如今它是意大利第五人食品零售商。

以下是 EsseLunga 两组创意非凡广告。第一组广告将蔬菜和水果巧妙地进行比拟：猕猴桃成了逃跑的兔子，椰子壳变成了瞪着眼睛的卡通老鼠，长长细细、弯弯曲曲的辣椒不加修饰地成了海马，西兰花是参天的大树，洋葱是飞翔的热气球，橙子是网球，荷兰豆是舞蹈中的绿蜻蜓等。这些画面不仅能打动孩子，连大人们也会自然而然地欣赏起来，心生欢喜。第二组广告中，创意人员给水果戴上帽子，穿上了衣服，它们一一变成了歌剧里，音乐剧中，电影里，漫画中的人物，有的甚至成为了明星。香蕉穿个袍子成了蝴蝶夫人，面包一经修饰成了古埃及法老，色拉米香肠戴个皇冠成了所罗门王，甜瓜戴个假发变成音乐家贝多芬先生，椰子打扮成文森特·凡·高，切片面包戴上神气的领结成了威风的特工007，葡萄酒搭配阿拉伯头饰转而成为孩子心目中的能人阿拉丁……广告大师李

---

① 光彩背后的故事——立邦漆成功本土化营销策略一览．http：//www.365u.com.cn/WenZhang/Detail/Article_107212.html。

奥·贝纳曾经说每个商品都有其内在的戏剧性，EsseLunga 超市的系列广告就是最好的注解，同时也说明人的想象力是无限的。这些广告创意的主题以蔬菜、水果等商品为主体，以出人意料的形象激发起大众的想象力。（图 6－9、图 6－10、图 6－11）①

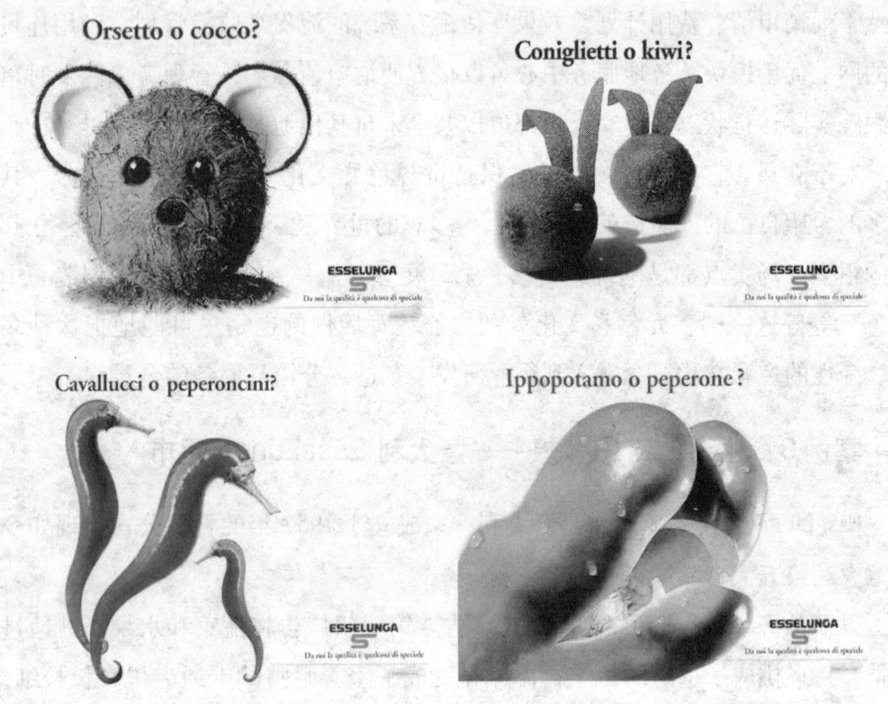

图 6－9

意大利人的艺术细胞果然是超一流的，文艺复兴时期可以创造辉煌，现在，当然也可以。EsseLunga 公司的广告一直很棒，很符合它高档商品连锁超市的形象。它历来的广告都遵循了一种俏皮、诙谐又智慧的风格，使人看到不禁会心一笑。第二组广告中不但模仿了那些名人的形象，天才的意大利人竟还能将原材料蔬果本身的名字神奇地嵌入其中，与想表现的人物名称形成了一种字面上的神似，可谓神形具备，这才是它们真正的绝妙之处啊！这些广告可谓是将食物升华为艺术，令人回味无穷。

① 赵洁．广告创意与表现［M］．武汉大学出版社 2007 年版，第 128 页。

Ballerina o carote?
ESSELUNGA

Bosco o broccoli?
ESSELUNGA

Palle da tennis o pompelmi?
ESSELUNGA

Mongolfiere o cipolle?
ESSELUNGA

图6－10

ESSELUNGA
Banana Butterfly

ESSELUNGA
TutanPanem

ESSELUNGA
Van Melonen

ESSELUNGA
Vincent Van Coc

图6－11

由于文化的差异，这些人物很多我们并不熟悉，但这并不妨碍去欣赏和感悟其中蕴涵的无限创意，也并不妨碍我们展开和放飞自己无穷的想象力。这里看到的创意元素在西方文化中都是赫赫有名的。从这个过程中能够感受到意大利Esselunga超市系列创意海报中蕴涵着深厚的文化基础。可以说，没有文化支撑的事物，是很难长久存在的。

科威特果汁饮料 Almarai fresh juice 在广告上也与意大利超市 EsseLunga 有异曲同工之妙。将水果或蔬菜打扮成人的形象其实也有很多先例，只是这些水果的形象是科威特本土的特定装扮，地域性特征很强，富有民族风情，因而也能对人产生很强的吸引力。(图 6－12)

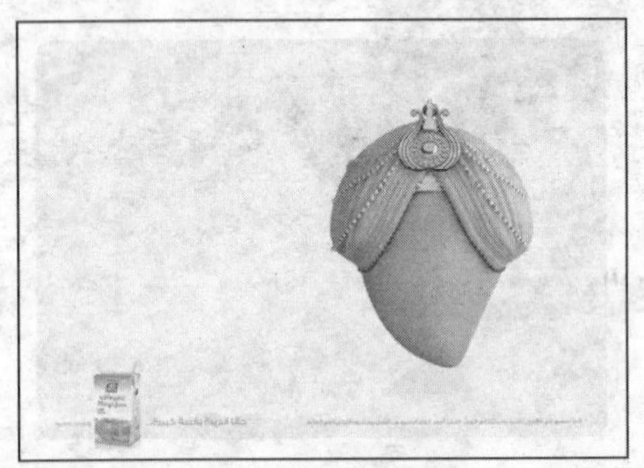

图 6－12

其他广告欣赏：

1. NIKE

NIKE 这组广告用色对比比较强烈，灰暗中带有鲜艳，复古中带有时尚，契合了复古鞋的主题。图片设计模仿涂鸦风格，有种年轻人喜欢的不羁，很好地结合了时下的极限运动，色彩恰到好处地体现了运动鞋的个性风格。(图 6－13)

2. iPod

绚烂的纯色背景打底，姿态各异的黑色的人形戴着长长白色耳机线在忘我地舞蹈，充满活力与动感。这些人物有一个共同的特点，手里都拿着一个 iPod 播放器……这些广告用非常强烈的色彩对比，加上鲜艳的背景颜色，突出了其中的白色小盒子——iPod。广告充分表现了人物在使用 iPod 的陶醉的状态，对广告主题把握得很好。(图 6－14)

PARE
30
CORRIMÃO
SÓ PODERIA SE TRATAR
DE UMA SÉRIE LIMITADA

图 6－13

iPod
fansart.com
fansart.com

iKino
fansart.com

fansart.com

图 6－14

第7章 小处着眼 大处落笔

一、焦点链接：小别针的大智慧

一枚别针成为1996戛纳国际广告艺术节的夺魁之作。这就是沃尔沃汽车广告，一副形状像沃尔沃车的安全别针的图像。美国评委 Goldsmith 给予评价说："它是一幅仅有一句文案（A car you can believe in 一辆你可以信赖的车）的广告——纯粹的视觉化创意。我认为我们所看到过的一些最好的东西，都是传递信息快，并且到位无须费神去思考或阅读。"（如图7-1）

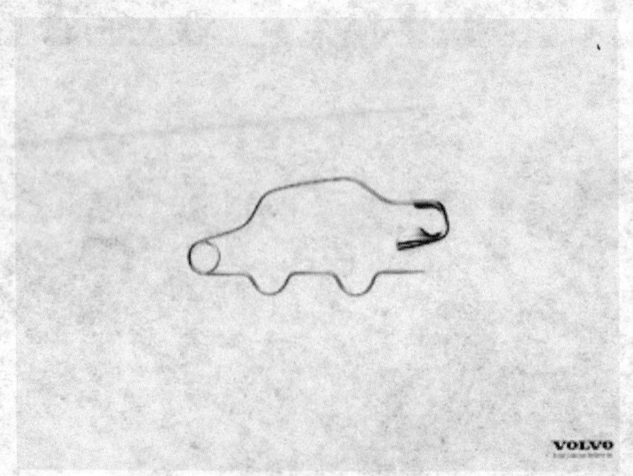

图7-1 沃尔沃汽车广告别针篇

——别针在欧洲国家是安全针的意思，所以用它来诉求安全沃尔沃品牌的精髓是安全、可靠和环保。从 1924 年沃尔沃品牌创建伊始，其创始人 Assar Gabrielsson 和 Gustaf Larson 就宣称："汽车是由人来驾驶的，因此，我们制造车的基本原则是——安全必须永远至上。"80 多年来，富豪品牌因其产品定位为最安全的汽车而享誉全世界，VOLVO 也已经成为安全的象征，打造了"世界上最安全的轿车"的形象，也正是基于安全可靠的卖点，富豪建立了自己在全球汽车竞争市场上独一无二的品牌识别，在其品牌的推广和创意传播方面，也始终围绕这一核心要素。

这则由日本创作的沃尔沃"安全别针"海报简洁、明快，与我们经常看到的具有民族风格的日本广告完全不同，大片白底中间，摆着一个用钢线绕成的非常别致的沃尔沃车型别针，直观形象地表达了广告所要诉求的内容：一部性能安全、生活中不可缺少的 VOLVO 汽车。事实上，你永远都无法找到与安全性无关的沃尔沃广告，那样的广告设计师一定会下岗。在瑞典，沃尔沃的广告词是"像你恨它一样驾驶它"，这句恶趣味的广告词将沃尔沃的安全性和耐用性淋漓尽致地体现了出来。

这可能是最简单不过的汽车广告了，当然，也是最富有创意的汽车广告之一。令人拍案叫绝之处是将生活中毫不起眼，但用处很广的别针用来体现沃尔沃汽车的安全性能。两者之间无论从体积、形态、价格和用途方面有着"天壤之别"，一大一小、一重一轻、一贱一贵，强烈的反差和对比，使得我们无法想象别针和汽车之间会有什么样的联系。但是，创意的神来之笔就将沃尔沃汽车品牌的灵魂和别针融为一体，它打动人的不仅仅是是视觉的审美，也是这种用一枚平常的别针来表现汽车安全性能的大气，从汽车制造的每一个细节关注驾驶者安全的考虑。这种手法重新演绎了沃尔沃诞生以来对人生命的认识和审视，升华了沃尔沃汽车的安全承诺。沃尔沃品牌的核心价值都体现在每一个细节之处，这就是所谓的小处着眼，大处落笔。

二、理论探究

1. 小与大的概念

小处着眼、大处落笔这一创作技法更早用于文学写作上，在文学方面它指作者用小题目作大文章。这是杂文创作艺术手法之一。有些文章的题材并不重大，但在构思时却要着力开掘其所蕴含的深意，提炼出积极的哲理，所谓见微知著是也。

“小处着眼、大处落笔”中的“小”指日常生活中身边所发生的一些小事，“鸡、毛、蒜、皮”、芥豆之微，只要有价值又具有典型意义，用起来不会失当都可以信手拈来入文；“大”，是指关系到世界风云，社会人生，党和国家的方针、政策等全局性的重大课题。然而，“大”与“小”之间绝不是孤立的，而是互相联系的具有一定哲理的有机体。

简言之就是我们通常所说的以小见大，见微知著。在广告设计中，所谓“小处着眼，大处落笔”就是在广告创意的过程中，善于捕捉一些具有说服力的事实根据、真实事件等具体的细节，通过对这个具体细节的利用来突显某品牌产品或服务的独特优势及企业的形象、理念等，给人以“一风则太华千寻，一勺则江湖万里”的艺术感染力。这种对于具体细节的利用往往更能加深消费者对品牌的印象。

如农夫山泉的PH试纸广告就充分利用了一个人人可以信赖的科学依据作为说服的根本，即对人体最为健康的水应该是呈弱碱性的水，也就是PH值略微高于7的水质才是真正健康的水，与此同时，其广告则用精确的数字：7.3证明了农夫山泉的健康性，由此大大加强了人们对农夫山泉水质的信赖和深刻的记忆。这则广告就通过一个小小的细节有效增强了消费者对农夫山泉独到优势的联想。

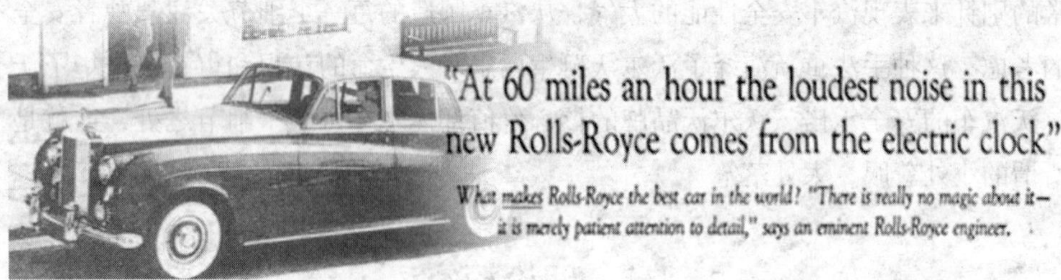

图7-2　大卫·奥格威代表作——劳斯莱斯的汽车广告

从另一个案例中（如图7-2）我们也可以看出利用细节突出表达品牌优势的有效力量。当年大卫·奥威格为劳斯莱斯汽车所做的广告标题是这样的："At

60 miles an hour the loudest noise in this new Rolls-Royce comes from the electric clock"（“这部新型的劳斯莱斯汽车以每小时60英里的速度行驶时，最大声响来自它的电子钟”），从一个细节我们就可以对 Rolls-Royce 的高品质有所推断，并且这种利用细节令消费者管中窥豹的手法更加增强了广告语的说服力，并有效增强了潜在消费者对 Rolls-Royce 汽车的产品品质的信赖，从而加固了消费者对其产品属性特征的积极联想。

以小见大也就是在广告设计中对形象进行强调、取舍、浓缩，以独到的想象抓住一点或一个局部加以集中描写或延伸放大，以更充分地表达主题思想。这种艺术处理以一点观全面，从不全到全的表现手法，给设计者带来了很大的灵活性和无限的表现力，同时为接受者提供了广阔的想象空间，获得生动的情趣和丰富的联想。

以小见大中的“小”，是广告画面描写的焦点和视觉兴趣中心，它既是广告创意的浓缩和生发，也是设计者匠心独具的安排，因而它已不是一般意义的“小”，而是小中寓大，以小胜大的高度提炼的产物，是简洁的刻意追求。

2. 小与大的思维方式

小处着眼、大处落笔这种创作手法，从某种意义上来说也是一种逆向的思维方式。

逆向思维是创造性思维的一种典型形式，集中体现了创造性思维的独特性、批判性和反常规性。从事物矛盾的双方的关联性来讲，它是指从一种现象的正面想到它的反面或者按相反的方向行事，找准事物的对立面并以此为基点展开构思的方法。从思维运动方向上是指思维反向运动，采取与通常思考问题的相反的方式，把对事物的思考顺序反过来，突破常规的进行思考，从似乎无道理中寻找有道理。广告大师A·赖斯在《广告攻心战略——品牌定位》一书中说：“寻求空隙，你一定要有反其道而想之的能力，如果每个人都往东走，想一下，往西走能不能找到你所要的空隙，哥伦布所使用的策略有效，对你也能发生作用。”①

逆向思维从另一个角度把那些我们感到“极其简单和熟悉而被隐藏起来”

① 鲁道夫·阿恩汤姆．艺术心理学［M］．光明日报出版社1987年版，第37页。

（路·维特根斯坦）的事物发现出来并进行表达，从全新的角度去进行思考，将思考推向深层，把头脑中的创意观念挖掘出来。它的目的正是把人的思路引向不引人注意的隐藏的方面，提醒人注意那些表面上不合理的事物中所蕴含的合理因素，从而抓住有创造性的因素。格式塔心理学认为："任何形，都是知觉进行了积极组织或建构的结果或功能，而不是客体本身就有的。"

在现代广告中，逆向思维是策划师所钟爱的方法，如果我们在进行策划时，让思路打破常规、标新立异、与众不同，有意识地摒弃常规和常理，让自己的思路采取和正常思维相悖的方式，往往更容易引起新的思考，取得一种意外的、戏剧性的效果，正是这种逆向反常表现，却能策划出让人过目不忘的作品，加深受众印象，取得意想不到的效果。

"每一个伟大的艺术家所创造的都是一个全新的世界，在这个世界里，一切原来为人们所熟悉的事物都具有一种人们从未见过的外表，这个新奇的外表并没有歪曲或背叛事物的本质，而是以一种扣人心弦的新奇性和具有启发作用的方式，重新解释了那些古老的真理。"逆向思维在广告中的运用主要有以下两个特征：

一是反向选择。反向选择，就是从事物的另一方向思考，从而形成新的视觉认同并创造出新的意识。当事物与它周围的东西不相似时，往往会引起人们的注意。法国大文豪莫泊桑说："应该时时刻刻躲避那走熟了的路，去另寻一条新的。"在爱心牌胸罩的广告中，深色背景下映衬出一只由浅色铁丝制成的胸罩，画面中的广告语："女人的烦心事已经更多的了，难道你还忍心让她戴上这硬邦邦的胸罩吗？"① 由坚硬的铁丝反衬出胸罩的柔软的质感，是一侧成功的反向选择广告。

二是破除常规。破除常规是针对定向思维而言的，即思维定势。定势是由先前的活动而造成的一种对活动的特殊的心理状态，或活动的倾向性。在环境不变的条件下，定势使人能够应用已掌握的方法迅速解决问题。而在情景发生变化时，它则会妨碍人采用新的方法。在人们使用定势思维不能满足眼下广告发展的创意需要时，那么我们要做的就是打破这种定势，用新思维去解决问题，并获得

① 郭有献，张丹郁．经济广告创意中的逆向思维［J］．当代经济，2002年第9期。

意外成功的效果。①

3. 逆向思维，出奇制胜

“我们只是第二”（We are No. 2）是运用逆向思维进行广告创意的经典案例，艾维斯是一家汽车租赁公司，然而成立十多年来，一直处在经营亏损中。当市场上所有的商品都在宣扬自己如何好时，艾维斯出奇制胜，推出了自己的老二宣言。

艾维斯在美国租车行业里原先与其他许多竞争者一样是处于“众小”的地位，远远落在业界巨人赫兹之后的，从1952年成立至1962年一直亏损，到1962年底亏损已达125万美元。面对愈演愈烈的态势，艾维斯开始反击了。以威廉·伯恩巴克为首的DDB接手之后，策划了一项新的商业活动，其核心就是“艾维斯在出租车业中只是第二，所以我们更加努力。”（Avis is only No. 2 in rent cars. So why go with us?）就是这项活动使得艾维斯的事业进入了一个高潮。（如图7-3）

Avis is only No.2
in rent a cars.
So why go with us?

We try harder.
(When you're not the biggest, you have to.)
We just can't afford dirty ash-trays. Or half-empty gas tanks. Or worn wipers. Or unwashed cars. Or low tires. Or anything less than seat-adjusters that adjust. Heaters that heat. Defrost-ers that defrost.
Obviously, the thing we try hardest for is just to be nice. To start you out right with a new car, like a lively, super-torque Ford, and a pleasant smile. To know, say, where you get a good pastrami sandwich in Duluth.
Why?
Because we can't afford to take you for granted.
Go with us next time.
The line at our counter is shorter.

图7-3　艾维斯“Avis is only No. 2”广告

广告文案如下：

艾维斯只是租车业的老二。为什么不试试我们？

我们试着更加卖力（当你不是老大，你必须如此）。

我们只是无法忍受肮脏的烟灰、或只有半缸满的油箱、或未清洗过的车子、或轮胎过低、甚至是座位调整走位、暖气和解冻失调。

① 余明阳，陈先红．广告创意策划学（第二版）［M］．复旦大学出版社2003年版。

很显然地，我们更卖力工作，只为了做得更好。到我们这里从全新的福特和微笑开始吧。你就会知道在都鲁思可以享受最好的熏牛肉三明治。为什么？

因为我们也不能忍受无法兑现我们的承诺。

下次试试我们吧。

在我们的柜台前无须等候。

把产品不足毫无保留地告诉顾客，需要勇气，相比把优点真实地告诉顾客，这更能显示出企业和商家一心为顾客着想的诚信精神和商业道德，这种做法更真挚，更诚恳，更能激发顾客的感动，更能拴住顾客的心。常言道，市场营销是观念的竞争，而不是产品的竞争。消费者对任何一种产品，在头脑和意识中都有一个阶梯，哪个企业居于第一位，哪个企业居第二位……对于一个不是行业领导的品牌来说，夜郎自大、不知天高地厚地吹嘘自己的实力多么强大、产品比竞争对手好多少，远不如坦诚自己的弱小但自己正在加倍努力追赶来得直接、来得有效。

艾维斯“老二”形象的推出，极大地吸引了广大消费者，艾维斯广告宣传中诚恳、自谦的精神有力地赢得了消费者的信任和赞扬。同时，公司内部全体员工的思想和行动得到了空前的统一，每一个人的工作更加努力。于是，自称“第二”，结果他真的成为了行业中的第二品牌，而且出现了直逼第一的局面。

4. 小处着眼、大处落笔的操作技巧

每个广告都要有一个主题，大多数的广告主题是罗列企业与产品的实力、功能。其实，确立广告主题最重要的原则是既要主题单纯、简洁，又能反映企业与产品特征的个性。广告上承载的信息量是有限的，我们必须在产品众多的个性特点中筛选出对消费者最有吸引力、与同类产品相比最具竞争力的信息加以说明，以增强受众的注意度和对产品的信心，因此要求广告诉求明确简单，广告越简单，消费者感受到的信息越明确，广告效果反而越好，“小处着眼、大处落笔”是广告简洁明了的有效手段。

那么如何在简单的表现中又能让消费者深刻得体会到产品的特点，如何从小处着眼、大处落笔呢？

通过简单朴实的生活与消费者产生共鸣——武功最高的侠客是没有固定的招

式的，剑术最高的剑客是不用剑，最高明的战争是不用战斗就能胜利，在艺术创作中的最高境界是达到“无技巧之技巧”。广告创意现在呈两种趋势，一是用大手笔，把人物事件描绘的轰轰烈烈，另一种是摒弃肤浅花哨的表现手段，寻求生活中最真实、最朴实的细节。一些小人物的悲欢离合、近乎白描的生活场景、信手拈来的家常话题等，以此拉近广告与消费者的距离，使产品信息与消费者的生活情境相互关联，引起强烈的共鸣。

台湾“黑松”汽水是台湾碳酸饮料中唯一可以和可口可乐、雪碧等外来品牌相抗衡的本土品牌。“黑松”汽水的成功除了产品本身的品质外，其广告定位策略和广告表现在其中的作用也功不可没。黑松汽水定位“解家中的每一口的渴”，所有创意也在这样的家中展开，三个系列平面广告文案是“不偏心，打开好气氛”，“为什么只罚我不罚弟弟”；“说抱歉，打开好气氛”，“老婆，我再忘记我就是（画了一个猪脑袋）”；“遵守家庭公约，打开好气氛”，“每次都是我拖地”。表现的父母偏心、家务分配不公、丈夫失信、家长唠叨等是家中可能发生的小事情。

用不起眼的物体来表现——在为产品选择关联体表现产品的特点时，选择大家熟悉的却很不起眼的物体，能达到出人意料的效果。当然，这个物体必须与广告物体在某些方面有着某种共同点，而且是同类产品没有做过比喻的物体。

第十三届中国广告长城奖金奖作品“辣的没谱”：用杂乱的音符“6”（la）组合，表达了“辣的没谱”的主题。所用的元素虽小，但表现出的效果却是惊人的。（如图7-4）

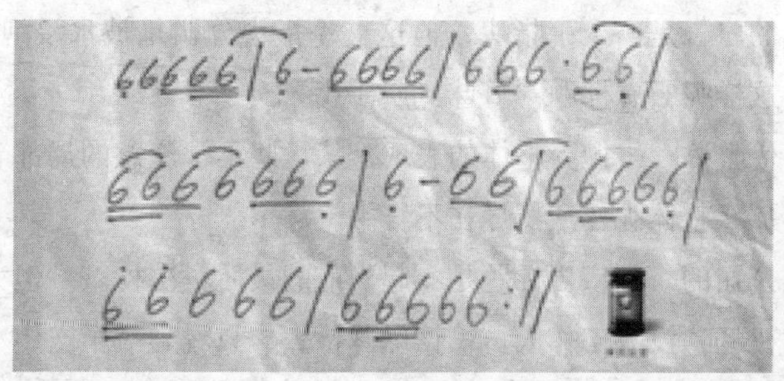

图7-4 “辣的没谱”广告

用简洁的画面来表现——飞利浦吸尘器电视广告片中，你只看到一个漂亮的硬纸盒罩着吸尘器。然后吸尘器一开动，纸盒子渐渐瘪下去了。最后，整个盒子都被吸进吸尘器里。广告没有任何语言，意思却再明白不过：静静地吸，吸得静静。表现形式上的简单，以一种更直接、更纯粹、更容易理解的角度和方法，淋漓尽致的表达广告主题。

图7-5　雀巢咖啡“猎艳”系列广告

还有雀巢咖啡的猎艳系列：五彩斑斓的蝴蝶被雀巢咖啡的香味吸引而来；浴缸里的金鱼闻到咖啡的香味也欲破缸而出。广告画面简洁，色彩鲜艳，给人以很强的视觉冲击力，很好的表现了雀巢咖啡的魅力。

用不常注意的细节来表现——即挖掘消费者经常接触，却没有注意的细节来表现。雀巢公司推出的桂圆糯米冰棒，整个招贴画面中心是两个手指举着一只冰棒的棒，妙就妙在这个棒子上面留下了许多而且明显的牙印、吮痕。与此异曲同工的是肯德基的广告是一个手指头，但这支手指头分明是被水浸泡过久的样子。手指为什么会这样呢？看标题“好味到吮手指”。

以局部替代整体——抛弃整体的表现，从一些不常注意的局部着手，如果局部都是这样，那么整体呢？一切尽在不言中。

英国航空公司的一则广告标题是：起飞前的最后一次检查。但大幅的图片却看不到飞机、机场，没有工作人员忙忙碌碌检查，只看到一个空中小姐弯下腰给一个小男孩系鞋带。已经检查到小男孩的鞋带这份儿上了，其他的检查还会少吗？还会不仔细吗？

星期天杂志的广告对比性的一边写着“每一天”，另一边是写着“星期天”，标题的下面一边是“鼠标”，另一边是“高尔夫球杆”的图片。看着有几分相似的鼠标和球杆，读者面前肯定会浮现出“每天忙忙碌碌，在电脑前手不停蹄的景象”，星期天“悠闲的在球场挥动球杆的潇洒场面”，这也是星期天杂志带给读者的生活。(如图7-6)

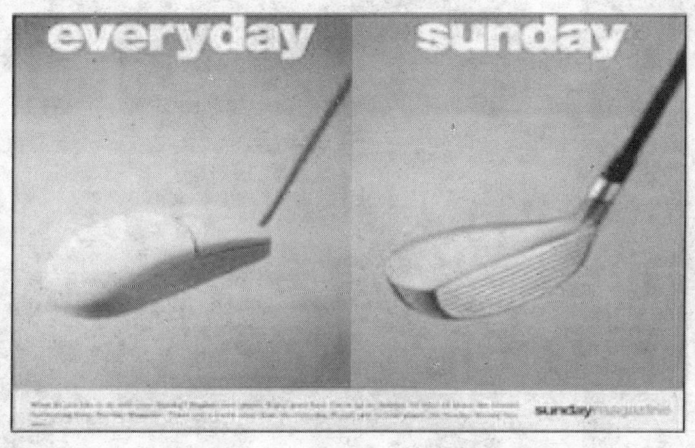

图7-6　《星期天阳光》杂志广告

二、案例欣赏

案例1：大众，中国路　大众心

1. 因为用心　所以感动

“有多少心，用多少心”，我们看到的，是珍贵的诚意。从城市普通人甜美家庭、快乐生活到挥洒的大“龙”字，再到大西北的荒漠雄鹰，伴随着我们骄傲的中国字，不变的是底下的心。还有最后一大一小的两双脚丫子，我们生命最喜悦的延续。这则广告里有我们太多的人生，也就包含了太多的感动。放肆的笑，大声地哭，穿着高跟鞋走累了，就拎在手上光着脚丫。幸福生活，就此开始……

图 7-7 “中国路 大众心”形象广告

表 7-1 “中国路，大众心”形象宣传片的单元构成

主题	主要画面	占用时间
忠	男子给情侣戴戒指；狗和车主；清朝大臣；一辆黑色的大众汽车，车上有狗	24 秒
志	几个孩子在玩飞机模型；旧资料片中的滑翔机试飞、登月第一步；白色大众汽车	19 秒
恳	足球训练场的一只滴汗的手；足球训练；足球队员跑步并跨过泥泞的路；他们身旁一辆灰白大众汽车	21 秒
态	身着黑色衣服的男子，面容沧桑，坐于一棵古树下，仰头看，下面是落叶；一辆银灰色大众汽车	14 秒
惠	一辆大众汽车开过大街	12 秒

（续表）

主题	主要画面	占用时间
想	一个男子登山峰拍摄远景；一坐于大众汽车内的女子，手持相机，若有所思	15秒
聪	女子抱一个宠物狗，经过一橱窗，橱窗内的机器狗向宠物狗示意友好；一辆红色大众，汽车内两个女子和一个小孩子其乐融融	16秒
慧	科技师及高科技设计；一辆黑色大众汽车	16秒
悠	绿色大众汽车上，一对情侣，两人向车窗外四个音乐手微笑；另一辆车上一个小女孩也朝他们微笑	14秒
感	晚上，两个女子开车兜风，面带微笑；朦胧中一个黑衣女子，陶醉的样子；银白色的大众汽车在水中驶过，并冲溅起两道浪花；夕照下，湖边一个女子荡秋千；小男孩向车外招手并微笑	21秒
恣	一红衣人在地上挥大笔写“龍”字；藏鹰在猎人手中放飞，翱翔并落到猎人手中，猎人深邃的眼睛特写；蓝色的大众汽车在山峰间穿行，并扬起尘土	25秒
惹	一个女子驾驶一辆红色敞篷大众汽车在山间、河边穿行	12秒
爱	爸爸抱小孩子；哑女含泪用哑语与男子道别；饱经风霜的一对老人，面带笑容；黑色大众汽车上一对夫妻面带幸福的笑容，丈夫用心驾驶，妻子迎风陶醉	28秒
13个字重放一次	13个字的回放	18秒
回到爱的主题	爸爸扶儿子骑自行车，然后放手让小孩子独立骑；红领巾，手牵手，上故宫的台阶；一双母亲的大脚包围着一双婴儿的小脚，西洋母亲和婴儿笑；一辆大众汽车上，妻子幸福的笑容	22秒
	有多少心，用多少心	7秒
	中国路，大众心	5秒

广告以“中国路　大众心”为主题，分别以中国汉字的“心”为中心点，随着广告中不同情节画面的切换而不断变换由“心”组合而成其他文字（如“忠”“志”“态”“爱”等）。无论是画面还是配乐，整个广告都深深地抓住了

观众的心理，“中国路　大众心”也在观众对广告的肯定中得到充分的体现。正如大众汽车自己评价到“这不仅反映大众汽车及其合资企业上海大众、一汽大众的用心态度，更反映出大众汽车与中国消费者的心心相印。”

当我们无数次重新回顾广告片时，发现这支广告依然是如此的迷人，正如一杯咖啡一样，回味起来更为香甜！而广告里面，不免也有一些十分令人难忘的镜头：

对于“忠诚”来说，人类的朋友“狗”的确是一个再适合不过的形象了，而大众，也很好地利用了狗的形象来突出大众汽车无论是从技术上或是服务上都是为客户所着想的。人生路上总是坎坷不断，但是大众却总是陪伴在自己身边，正如广告歌《I Will Come To You》中所唱到的一样：Have no fear when your tears are fallin' I will hear your spirit callin' And I swear I'll be there come what may；（如图7－8）一位坐在路旁的男子，尽管看起来年轻，却微妙中给人一种饱经风霜的成熟感。一路走来，心态的把握的确很重要；

一位年轻女子抱着自己心爱宠物从商店门口走过。当宠物与机器对视的时候，这是一种感理性与理性的融合，对比性很强的一个镜头，这也是大众汽车人性化设计的最好体现；

相信多少坐过车的人都有这样的经历，雨天的时候，我们总是习惯性的用手指在车窗上画来画去，这是多么不起眼的一个动作，却被导演发现并加进广告中来；（如图7－9）

图7－8

图7－9

当车内的人看到路边欢快表演着的外国朋友，一阵轻松的笑容从镜头中移过，虽然只有短短的几秒钟，但却让观众印象深刻。一个“悠”字表现得很好；

美丽的旗袍，美丽的中国女人，用着美丽的手语，同即将离去的爱人说着我爱你。残疾的女子面对即将离去的心上人，心中无比的悲伤却只能用手语来表达，而这也只能用心去体会；（如图7－10）

父亲正在教自己的孩子骑自行车，当父亲放开双手让儿子自己向前骑去的时候，这确实也是为人父母对子女的爱的一种体现；（如图7－11）

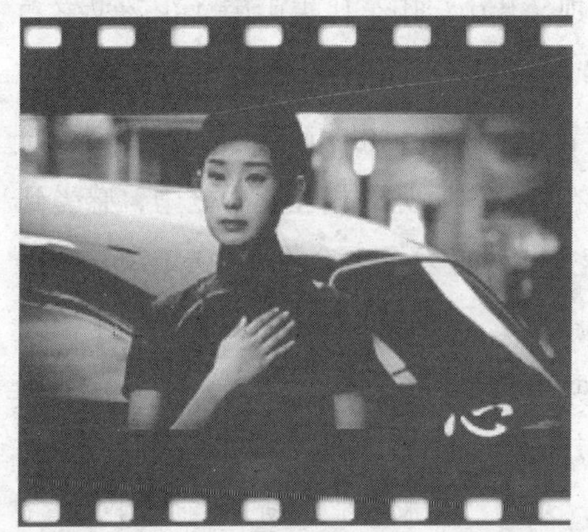

图7－10

图7－11

最后的一个镜头只是一段字幕——“有多少心　用多少心”，却是整个广告片中不可缺少的一笔。尽管只有一行字，却也同样令人难以忘怀，这也是大众汽车对客户的一种承诺。

广告中的镜头都是我们平时经常看到的、做过的小事，然而就是这些小事演绎出了太多的感动，让人们的心随着广告的前进起伏，自然的诠释的大众的精神理念，传达了大众汽车对中国、中国消费者和中国汽车工业的拳拳爱心。

2. 以小见大突显大众精神

一共58个场景、263演员、13辆汽车，拍摄而成的一支长4分49秒的广告，这就是2004年8月份大众汽车在中国投放的 则广告形象宣传片——《中国路　大众心》。这支由德国大众、一汽大众和上海大众三家联手推出的品牌形象广告是迄今为止中国市场上投资最大的广告片之一。

这不像一个广告，而像是一股力量的凝聚。将生活中再熟悉不过的画面剪接在一起，才发现这种熟悉源自同一个名字——大众。离别、团圆，雨天、阳光，天空、大地，这些都是我们生活中再寻常不过的东西，透过这些小事物我们看到的是人生，是感动。透过这个真挚感人的广告，我们所看到的，不仅仅是大众汽车“中国路　大众心”的全新品牌主张，更是一个深谙中国文化的汽车品牌所具备的真正魅力和实力。整体来讲，充分展现车的文化内涵，导演的创意心思是经典的，细节的展现也很到位。

这则广告也是中西合璧的大创意的体现。片中运用了代表中国文化的汉字和书法，以一个“心”字贯穿始终。广告片的音乐则采用了全球炙手可热的演唱组合 Hanson 的一首《I will come to you》，音乐与情景交相辉映，将中国文字和西方音乐两种极具感染力的情感符号使观者在视觉、听觉的相互交融之中，感受到大众汽车“有多少心，用多少心”的品牌文化，抒发了大众汽车 20 年来与中国汽车共同发展，与中国文化水乳交融的深厚感情。而这样一部洋溢着浓郁中国文化特色的广告力作，竟出自好莱坞导演 DanMintz 先生之手。

广告片拍摄规模浩大，广告拍摄共启用 263 名不同国籍的演员，赶赴海内外 58 个外景拍摄场地，这些演员来自中国、美国、马来西亚、新加坡等国家。年龄从婴儿到耄耋老者，其中既有专业演员，也不乏众多身份特殊的业余人物。外景拍摄场地更是天南地北，足迹遍布美国洛杉矶，中国新疆、海南、青岛和上海等地。

另外，该片摄制组邀请到好莱坞最知名的航拍飞机驾驶员，他的加盟使摄制人员在飞机上拍摄大众汽车行驶画面时，得以无限近距离地接近拍摄目标，为大众汽车拍摄史留下了难得一见的动人瞬间。

3. 广告品析

在德国，大众汽车的品牌口号是“For the love of automobiles”，中文直译的话就是“源于对汽车的爱”。DMG（大众汽车在中国的品牌广告代理公司）通过调查发现中、西方不仅在汽车消费上有着心理差异，对爱的理解亦存有文化差异。中国几千年的文化积淀，使含蓄的国人习惯将所有情感蕴藏于心，正所谓“万般情感发于心，达于心”，“爱之内涵，实则是心”。于是，“心”这一核心概念，立刻为之后的策略指明了一条宽广清晰的品牌之路。

心，在广度和深度上有很大的延展性，爱心、恒心、信心、雄心、忠心……“大众心”旨在表达大众汽车追求完美，不断创新和持之以恒的德国造车精神，以及大众汽车对广大用户的关怀。“中国路”，既是大众汽车对中国消费者为大众铺设的发展的道路，也是大众汽车及其合资企业与中国汽车工业共同走过的光辉之路。基于这样的内在考虑，才有了这个意义丰富的大众形象宣传片。

广告中出现的汉字，比如“忠”、“志”、“慧”等等都有一个“心”字底，涵义都与心有关。在中国文化中，这些带“心”字底的汉字，都可以用来表现那些非常美好的品质和精神，这就是“大众心”的体现。“大众心”不仅是大众汽车追求完美、不断创新和持之以恒的造车之心，更是大众汽车对广大中国用户的赤诚之心。在广告片结尾，大众汽车给出的承诺“有多少心，用多少心”，更传达了大众汽车始终与中国消费者心心相印，正全心倾注于为中国消费者制造更多的好车，提供更多的优质服务。

广告中出现的每一个汉字，不但涵义隽永，而且都以书法的形式来表现。这些独具中国文化深邃韵味的汉字与视觉效果强烈震撼的广告画面融合在一起，显得如此相得益彰。大众汽车以书法的美学来提升汽车文化的灵性，不得不使人对这一创意拍案叫绝。在广告中使用汉字的书法形式，不仅仅是出于对创意的追求。事实上，广告在更深层面上，是为了表达大众汽车在与中国共同发展的20年中，已经融入中国人生活的方方面面，与中国文化水乳交融。大众汽车是最早进入中国的国际汽车领导品牌，同时也是与中国消费者最贴心的汽车品牌。为了将这两个在品牌中独一无二的内涵表现出来，大众最终决定将最能代表中国文化精粹的书法运用到国际先进的广告制作之中，以“心”字贯穿始终，结合表现每一种品质和精神的画面，以带“心”的汉字构成画面的一部分。

每个汉字的出现其人物画面都有其涵义。“忠”、“志”、“慧”表现的亲人之情、奋发图强之情、友人惺惺相惜之情，结合表现每一种品质和精神的画面依次出现，也与大众旗下的不同品牌品牌定位一一对应。而在最后一组画面中以“爱”达到全片的高潮。“爱”是人类最基本、也最高尚的情感，“爱”源于心，“爱”充分体现其广告诉求。

正是中国化“心”的运用，制造了很好的记忆点，体现了“中国的大众”的品牌核心价值，捕捉到了极为微妙的广告诉求，极容易引起共鸣。

这个宣传片主要是由13个繁体的汉字：忠、志、恳、态、惠、想、聪、慧、悠、感、恣、惹、爱组合而成。他们有其特点即都是以“心”字为底，这13个汉字形成了一种组合关系，他们之间相互作用，共同完成了该宣传片的总体意义的构建。忠、志、恳、态、惠、想、聪、慧、悠、感、恣、惹、爱都是大众汽车对中国消费者在宣传片中的承诺：大众企业忠于消费者、志在进步、勤勤恳恳、久经沧桑、成熟稳健、惠及消费者、技术精良。同时可以让消费者通过拥有大众汽车可以有一种心灵体验：悠闲、质感、自由、令人艳羡。最后的主题就是：这一切都是大众对于消费者之爱。关于“爱”的部分是这个宣传片的重点，全片4分49秒，“爱”占了50秒，足见其分量。

关于“爱”的画面（如图7-12）主要由以下画面组成：爸爸抱小孩子；哑女含泪用哑语与男子道别；饱经风霜的一对老人，面带笑容；一辆黑色大众汽车上一对夫妻面带幸福的笑容，丈夫用心驾驶，妻子迎风陶醉；爸爸手扶儿子骑自行车，然后放手让小孩子自己来骑；红领巾，手牵手，上故宫的台阶；一双母亲的大脚包围着一双婴儿的小脚，西洋母亲和婴儿笑；一辆大众汽车上，妻子幸福的笑容。这些画面当然是宣传者精心挑选出来的，他们之间的关系是一种联想关系，都是基于“爱”的一种隐喻。我们可以这样理解，无论是父亲对孩子的关爱，聋哑女对恋人的甜美的爱，一对老人之间的沧桑之爱，夫妻之间的幸福之爱，同学之间的团结友助之爱还是母亲对婴儿的呵护之爱，无论是中国人还是外国人，人们都有一种共同的观念：“爱”，爱妻子、爱孩子、爱老人，爱同学、爱生活……这些爱就构成了一种神话。家庭是个温馨的地方，是爱的港湾，是家庭的爱的神话；老人之间的爱是一种饱经沧桑，他们风雨共济，携手到老，是一种神话；母亲父亲对孩子的爱是一种用心呵护，无微不至，是一种神话；同学之间互相帮助，团结进步，也是一种爱的神话……这些总起来就是爱的神话。大众汽车使用这些神话，就是试图向消费者传达一种信息：他们爱消费者，他们为消费者所做出的一切也是源于一种爱。大众汽车对消费者的“忠”，不断追求进步表现出的“态”、“志”、“恳”，给消费者的“惠”，让消费者体验到的“惹”……这些都是来自大众企业对中国消费者的爱。他们正是希望通过这种爱，来深深地打动中国消费者。

图7-12 “中国路 大众心”广告中关于“爱”的部分画面

总之，大众汽车的这个宣传片通过营造一种神话式的体验，关于爱的神话体验，让中国消费者在这种神话体验中，与大众企业的宣传产生一种共鸣，这样这个宣传片也会最终达到宣传目的：树立了大众汽车企业在中国消费者心目中的良好形象。目前，大众汽车的中国用户目前已累积超过400万，完善的售后服务网络更随着每一辆大众汽车遍布中国的每一个角落。

广告的力量，在于直击人心的来自生活的感动。坚持亲和力、创新和以顾客的需求为本的品牌主旨，从中国的传统文化中找创意，从人们日常生活的小事中找创意，洞察中国人的本性，洞察生活中能打动人们的一幕幕，一句“中国路 大众心”把生活中最为人性化的方面、真善美的方面呈现在大家面前，赋予品牌中国式的情感和个性，让观众在其中可以找到满足自己情感需求的归宿，引起了深深的共鸣。

案例2：别克——逗号的精神

1. 关于别克

图7－13 别克标志

别克（Buick），美国品牌。1903年5月19日，大卫·别克（David Buick）在布里斯科史弟的帮助下创建了别克汽车公司。1908年，比利·杜兰特（Billy Durant）从大卫·别克（David Buick）手中接管了别克汽车公司，1908年它的产量达到8820辆，居美国第一位，并以别克公司为中心成立了通用汽车公司。今天全球最大的汽车厂商美国通用汽车公司由此诞生。29年后，取之于别克汽车公司创始人大卫·邓白·别克祖籍苏格兰家族的族徽第一次被用到了别克汽车身上。那是一个盾牌的标记，盾牌的右上方是一头鹿，左下方是一个“十”字。这个标记最后演变成了代表别克汽车三个车型的三个盾牌相连的现代造型。图中那三把颜色不同（从左到右：红、白、蓝三种颜色）并依次排列在不同高度位置上的盾牌，给人一种积极进取、不断攀登的感觉；它表示别克分部采用顶级技术；也表示别克分部培养出的人才个个游刃有余，是无坚不摧、勇于登峰的勇士。

1929年，别克在上海设立了第一家销售办事处。1999年，新成立的上海通用汽车公司只被允许生产大排量产品。作为美国通用的第一款礼物，别克汽车意外地来到了中国。尽管只有短短的5年，别克品牌还是获得了超乎想象的成功。在美国，别克车一直被定义为四五十岁左右的医生、律师等专业人士的中高档出行工具。但是在中国，上海通用为其赋予了新的内涵，它属于中国年轻公商务精英人士的中高档座驾，它从单一的产品名称升格为母品牌，旗下已经积聚君威（Regal）、GL8、凯越（Excelle）和赛欧（Sail）子品牌系列汽车。

2004年初，一场别克新造牌运动正式在中国展开。1月15日这一天被上海通用命名为“别克日”。1月18日，上海通用首度在全国供应商大会上宣讲别克品牌新定义，2月初在海南的全国经销商大会上，如何体现别克品牌新精神成为新的主题。而从2004年3月起，一则将别克作为母品牌宣传的全新广告即《逗号篇》登上了电视屏幕。

上海通用汽车公司发誓要将它打造成为通用在中国的本土汽车品牌，一如欧宝（Opel）在欧洲，霍顿（Holden）在澳大利亚。

为什么上海通用要用别克这个品牌？而且还在不断强化这一品牌？

上海通用汽车公司总经理陈虹说："根据我自己的体会和从事汽车工业的经验来看，我们上海通用汽车成立的时候用了别克的品牌，实际上我们不仅是用它的名字，我们这个企业从成立到现在，从发展到壮大，实际上我们是把通用北美支撑别克品牌的核心竞争力移植过来，不是把它的名字拿过来。上海通用汽车1997年成立，那时候社会主义市场经济刚刚起步，所以我们还没有在市场经济条件下竞争。我们引用别克品牌，是把通用北美在营销网络、制造能力、供应链组成包括开发，整体引进。我们在引进过程中，学习怎么样用世界级的眼光，创造性地整合国际国内的优势资源。而且从这几年来看，合作双方都得到巨大的好处。通用在中国的业务量大大扩展，这是一种共赢的道路。所以我们认为，我们用别克这个品牌，实际上不仅是用它的名字，更是把通用世界级的优势资源整合过来。"①

当通用汽车把别克上升为母品牌时，首度以影视语言对品牌内涵进行宣传，选择了一个极其普通的标点符号——"逗号"，以极其独特的创意方式与受众沟通。

2. 逗号——锐意超越的精神符号

运动员在赛场上驰骋，即将接近终点，赢得冠军。这时，一个"逗号"逐渐显现。是的，成绩代表的只是现在，记录会不断被打破。"逗号"是一种不断进取、不断超越的精神，"逗号"激励人们不断前进。(如图7-14)

几位成功人士相聚，展示他们年轻时代的合影照片，并再次面对镜头。这时，定格的画面上出现一个"逗号"。是的，荣耀只代表现在。"逗号"是一颗种子，昨天播下的是对今天的追求，今天播下的是渴望超越的激情。(如图7-15)

① 中国汽车网 www. news. chinacars. com。

图 7－14 “记录·逗号”画面

图 7－15 “荣耀·逗号”画面

一双男人的手和一双女人的手，在婚纱的衬托下叠握。这时，一个“逗号”凝聚在手上。是的，幸福的结合只是婚姻的起点。“逗号”像一只钻戒，它代表了承诺，心手相牵，爱到永远。（如图 7－16）

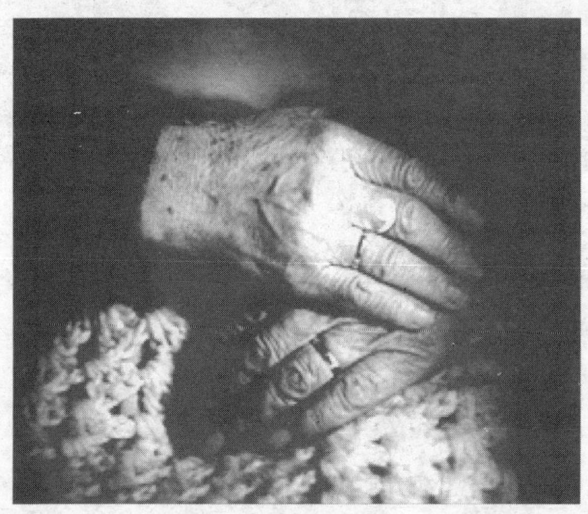

图7－16　“承诺·逗号”画面

一对夫妇依靠于成熟的田野中，金秋的落叶絮絮飘下，夫妇二人昂头望向美好的未来。“逗号”是金秋收获的种子，是黄灿灿的稻粒，今年的好收成是明年的好日子。(如图7－17)

图7－17　“收获·逗号”画面

一个婴儿呱呱坠地，人类的又一个杰作诞生了。是的，每次诞生都只是生命的开始，“逗号”告诉人们精彩还在后头，辉煌、杰作将持续不断地被演绎。(如图7－18)

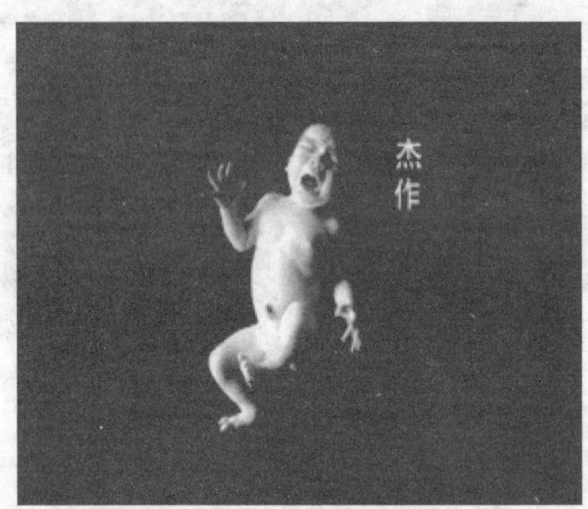

图 7－18　“杰作·逗号”画面

健儿攀上顶峰，站在雪山之巅眺望世界。这时，他的身影幻化成一个“逗号”。是的，这只是人生旅途中的一座高峰。“逗号”组成的鼓点，急急切切地响着，催我们继续出征。(如图 7－19)

图 7－19　“征服·逗号”画面

一支用黑白胶片拍摄、长达 60 秒的别克品牌形象广告，就这样呈现在我们面前。这是中国第一支没有具象汽车产品出现的汽车广告，而片中的主角竟是一个“逗号”。通过小小的逗号，我们看到了人类亘古不变的真理——永不停息，也看到了别克不断追求进步的品牌精神。

《逗号篇》用中国人最感亲切的内容，传达最具当代中国精神的成功理念，从而最能引起这个社会主流人群的共鸣。在这支母品牌广告里，尽管看不到别克家族的产品阵容，但“心静、思远、志在千里”的广告内核，会使人不由联想到别克君威“心致形随、动静合一”的品质，别克凯越“全情全力，志在进取”的个性。当上海通用汽车选择了一个极其普通的标点符号，以极其独特的创意方式与受众沟通，诠释别克品牌的精神——“心静、思远、志在千里。”

一个从来都是追求超越、追求卓越的品牌，其广告创意之新、立意之高也就是自然的了。《逗号篇》不但是别克品牌的宣言，也是写给那些与时俱进、奋斗永无止境人们的“献词”……有人说，《逗号篇》特别容易引发中国人的形象思维：“逗号”就像天边的弯月，“句号”就像一轮圆月，静静的，周而复始。别克的“逗号”，意味深长……

3. 逗号——心意与创意的完美结合

在这则名为《逗号篇》、人文气息浓厚的广告里，我们看到更多平行叙述的画面：丰收的原野，刚到世间的新生儿，破纪录冲刺的瞬间……而这一幅幅画面的最后，都是一个个“逗号”！都在揭示几千年来人类社会前行的一条哲理——成功之后不能停息。

舒适是人的一种感受，也是行车的艺术。别克一向以安静、舒适见长，为人们提供一流的乘坐享受，带给人们世界级的配备、完美、舒适与安全感。高品质的车，是可以通过时间来证明的。精益求精、至善至美的别克，凝聚着无数设计人员和工人的智慧与热情。每一辆别克都可以带您走遍千山万水，让人们从中体会别克的那种忠实可靠、品质超然的价值，因为，别克可以向每个人作出更多的许诺与保证。没有刻意渲染，没有哗众取宠，别克用世人最感亲切的内容，传达最具当代人文精神的成功理念，从而最能引起这个社会主流人群的共鸣。

别克品牌形象《逗号篇》于2004年在各大电视媒体频繁登场，伴随着悠扬的乐曲，当人们迎来人生每一阶段的成功时，似乎已经登峰造极的成功凯歌，却化为一个个永续超越的“逗号”，人生漫漫求索，征程中没有句号，这就是“心静、思远、志在千里”。

我们的生活如此，别克品牌的成长也是如此，透过画面本身，我们看到了

“别克”诞生6年以来的幕幕辉煌：第一辆别克新世纪下线，GL8陆上公务舱第一将高档MPV概念引入中国，赛欧推出了中国第一部10万元家庭休闲轿车，君威建立了中国中高档轿车新标准，凯越则一举刷新了中级车领域的新主流标准……别克创造的一个又一个丰碑为它赢得了国内汽车行业前三甲的荣誉。

其实，当别克旗下的君威、凯越、GL8陆上公务舱和赛欧不断驶过中国汽车一个又一个里程碑时，别克品牌的本地化成果应该是被看做一个个“句号”的。诸如：开创了国内中高档轿车生产新时代，刷新了中级车领域的新主流标准，成为消费者愿意溢价支付的品牌，5年时间别克系列产品销售达到45万辆，等等。但是，在汽车产品陷入同质竞争的今天，面对全球化背景下的新挑战，要想胜出，唯有不自满懈怠，奋力打造差异化的强势品牌，打造支撑品牌的具有国际水平竞争力的体系。于是，在上海通用造车人眼里，这些“句号”也是“逗号”，他们用一个又一个“逗号”承前启后，并串成了别克品牌链，成为锐意进取的精神符号。

《逗号篇》在媒体投放以来，以其清晰的信念个人性化的表现引起了大家的广泛关注，又因为全片中极少出现车的画面，使得《逗号篇》跳脱了其他汽车品牌通常惯用的手法，从精神上而非产品上让别克品牌得以升华。

经过多年的发展，在广大汽车消费者的心目中，别克车已经成为了成功人士的象征，也使人们感受到别克这个国际品牌与中国文化深深交融，与中国精英阶层一脉相通，而别克君威“心致形随、动静合一”的品质，别克凯越“全情全力、志在进取”的个性，也是中国新成功一族不变的座右铭。用户信任着上海通用，一是来自于这些年来其全情为用户服务的精神，二是来自于共同的目标与工作态度。

是的，中国的汽车工业才刚刚起步不久，上海通用虽已经取得了成功，在中国市场上创造了奇迹，而为众多同行所称道，但和众多世界百年品牌相比较，也仅仅是处于学步之年。但只要这种不断进取的“逗号”精神在，相信已经跻身中国轿车行业三甲的上海通用一定会在未来的日子里给我们更多的惊喜，再造更多辉煌。

别克以总销量第一的排名为2006年画上了一个完美的逗号，为什么说是逗号而不是句号，因为在别克的字典里永远没有句号，别克的精神就是激情进取，从服务到销售，总是以“逗号”在延续。

4. 逗号之外——水滴篇：别克带给国人信心

别克《逗号篇》是别克成为旗下四大车系（君威、凯越、陆上公务舱和赛欧）母品牌后的新宣示，无论从立意上，还是表现手法上，都能看出它是别克品牌融入东方文化和时代精神的一种传承与升华，别克也一如既往的注重细节。而回顾别克几年来的一支支经典广告，了解广告背后的底蕴，更会看到其品牌传播和品牌发展所一贯运用的从小处着眼表现宏大主题的创作手法。

1999年4月上海通用汽车正式投产三款中高档别克轿车。此前，在中国市场上只有桑塔纳和捷达两款主流车型。国人对合资产品的质量充斥着不信任。上海通用汽车在这个时期推出了《水滴篇》广告，画面中的别克穿行在雨后湿润的森林，水滴从空气中不断落下，但怎么也落不到别克优雅的车身上去。与此同时，一句“不允许有任何水分”的广告语，用最中国化的常言俗语表达了世界级的质量观念。这是一支既讲产品性能又讲企业理念的广告，别克希望通过它给消费者以信心，这也是上海通用汽车要在中国打造世界一流别克品牌的誓言的开始。

“不允许任何水分”的精神一直在延续，上海通用汽车用它来打造品牌，培育团队，建设体系。今天的上海通用汽车，是中国汽车工业首家通过QS9000认证的企业；是GM全球五大样板厂之一；引进并发展了精益生产概念，拥有世界一流的制造体系和质量管理体系；坚持“质量是制造出来的”和“不接受、不制造、不传递缺陷”的质量原则，并将质量体系向供应商和经销商两端延伸。

《荷花篇》：品牌多重契合中国人心灵

一辆君威轿车行驶在水墨画般的荷花池边，发动机的安静居然没有打扰一只挺立在尖尖小荷角上的蜻蜓。车停了，蜻蜓最终飞落在君威的车标上。在这支广告中，一句“在动静中融智慧，于无声处见君威”树立起高洁、大气的君子之风，把别克品牌的东方神韵体现得淋漓尽致。

经过几年的积淀与淬炼，以世界先进技术筑造产品筋骨，以中国文化精髓塑造品牌灵魂，越来越成为别克品牌的特质。如较早之前为配合GL8上市而推出的广告《小鹿篇》，提出“有空间就有可能”，贴合商务人士的需求，激励他们事业的发展；之后的“陆上公务舱”更是摸准中国公商务精英的脉搏，准确地将

GL8 定位成高档豪华 MPV 的典范。赛欧虽然是“10 万元家庭车”的倡导者，但它瞄准着年轻的白领，其所倡导的优质新生活理念与别克的进取精神一脉相承。更有别克君威和别克凯越，一个启悟于中国古代的仁智思想，弘扬“心致行随、动静合一”，一个顺应时代潮流，主张“全情全力、志在进取”，其品牌理念分别与这个社会成功人士、中间阶层的心理需求同频共振，其品牌 DNA 也构成了别克母品牌“大气沉稳、激情进取”的个性。在品牌文化建设上，上海通用汽车还让君威与中国书法艺术和西洋钢琴艺术结缘，让凯越在务实上进、为事业打拼的年轻人实现汽车梦的舞台剧中诞生，充分传达了别克的品牌精神。

水滴、荷花、逗号，这些我们生活中小的不能再小的事物成为别克广告中的主打元素，并被成功运用，使别克的精髓表现得淋漓尽致。逗号更是别克品牌“心静、思远、志在千里”的新宣示。它昭告世人，在别克系列产品仅用 5 年销售就达到 45 万辆的时候，在别克未经提示的品牌知名度从最初 14% 达到现在 83% 的时候，别克远没有满足，志在成为深受中国消费者认可和拥戴的优势品牌。而这需要进一步解读市场，提高国际化与本土化的创新整合能力，全面打造体系竞争力。明天的别克，将挟大气现代的设计、动态舒适的科技和“别克关怀”服务，加速驶向新的里程碑。

第 8 章　离不开的中国味

一、焦点链接：中国式美丽

2008 年 1 月，OLAY 联手中国知名导演贾樟柯为其拍摄全新形象广告片，并在中国电影博物馆隆重举行了“在世界目光中盛放——OLAY 中国式美丽全球首映”庆祝活动。（图 8－1）

从 18 年前开始，中国女性的美丽，就成了 OLAY 不变的课题。OLAY 陪伴着中国女性，历经着时代的变迁，见证着她们在新时代里，独有的美丽超越了传统与盲从，与时尚潮流完美契合，拥有了现代女性的时尚特质。

图 8－1

这样的美丽演变，被懂得并宠爱中国女性的OLAY敏锐洞察，并带来全新的品牌承诺——和中国女性一起活出中国式美丽。作为OLAY中国式美丽的“总策划人”，宝洁大中华区高档美容品、护肤品及彩妆副总裁黄文丽女士表示：因为深深了解中国女性，懂得她们深藏于心的独特美好和美丽梦想，OLAY在提出“活出中国式美丽”的邀约后，倾情提炼出象征中国式美丽的十大元素，邀请中国第六代知名导演贾樟柯，精心策划创新品牌理念性广告，一同记录中国女性独特的美丽！OLAY细细解读富于中国式美丽神韵的镜头故事，希望选取其中的美丽精华，将这部集中展示了现代中国女性多个生活侧面的广告片带到世界面前。

广告片以“中国式美丽”为主题，邀请林志玲、周迅，分别演绎东方美丽女性的不同风情。贾樟柯认为少女的温柔、母性的光芒、爱的光辉等，都是女性美的一个侧面，从平凡女性身上发现不凡的美丽，激发了他的创作灵感与动机。广告展现了中国女性独特美丽的十个侧面——创想无限、变、瓷娃娃、爱、敢、真、多、水、凤、美。正如黄文丽女士所说：“这十个美丽侧面是OLAY陪伴中国女性走过18年，对中国女性独特美丽的深刻理解与完美象征。”在画面上，广告充分运用中国元素进行表现。大红色背景，配上中国古代女子出嫁时常选用的被面图案为装饰，庄重单纯，非常富有表现力和张力。(图8-2)

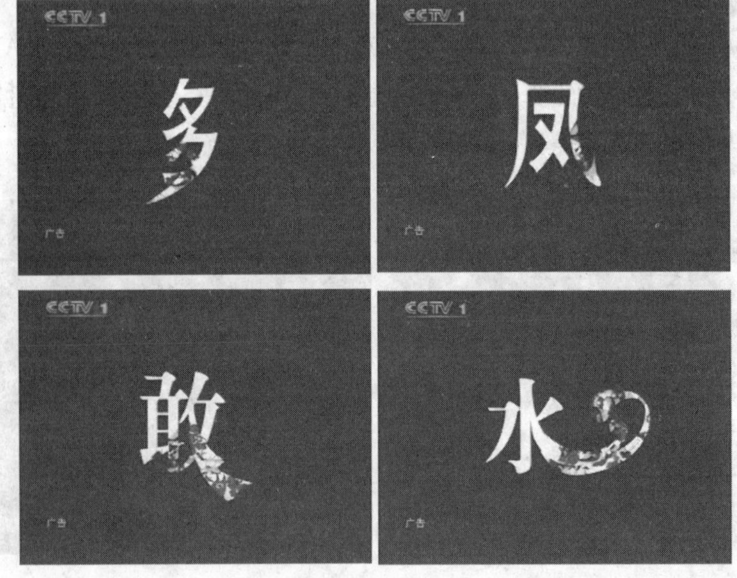

图8-2

二、理论探究

1. 民族文化与民族文化元素

波格都斯（Bogardus）1930年曾对文化做出定义："文化是一个社会过去和现在怎样动作和怎样思想的全部总和。文化是传统，代代相传的信仰、风俗或行动程序的总和。"① 我们的日常生活方式受到文化的巨大影响，或者说文化构成了我们的生活方式。

中国又以其悠久历史和文化积淀形成了文化体系中独特的风景——民族文化。"民族文化"是指中华民族共有的、以儒家思想文化为基线的、涵括其他各种不同思想文化内容的有机构成体系。中国民族文化是针对中国文化的传承而言的，它强调的是中国文化的渊源和传承下来的客观存在的文化遗产。

"民族文化元素"是指在传统文化中吸取出有代表性的东西。中国的民族文化元素有哪些？大致来说来有：

1. 中国书法；2. 篆刻印章；3. 中国结；4. 秦砖；5. 兵马俑；6. 京戏脸谱、皮影、武术；7. 桃花扇；8. 景泰蓝；9. 玉石玉器；10. 中国漆器；11. 红灯笼（宫灯、纱灯）；12. 木版水印、钟鼎文、汉代竹简、甲骨文、钟鼎文等；13. 茶与中药等；14. 文房四宝、四大发明；15. 剪纸、风筝；16. 佛、道、儒、法宝、阴阳、禅宗、观音手、孝服、纸钱等；17. 乐器（笛子、二胡、琵琶等）；18. 龙凤纹样、祥云图案、中国织绣（刺绣等）；19. 彩陶、紫砂壶、蜡染、中国瓷器；20. 古代兵器（盔甲、剑等）、青铜器（鼎）；21. 国画、敦煌壁画、太极图；22. 石狮；23. 飞天、太极；24. 对联、门神、年画、鞭炮、谜语、饺子、舞狮、中秋月饼；25. 鸟笼、盆景、五针松、毛竹、牡丹、梅、莲；26. 大熊猫、鲤鱼；27. 芭蕉扇；28. 风箱；29. 黑头发黄皮肤、丹凤眼；30. 红旗、天安门、五角星、红领巾、红太阳、长江、黄河；31. 唐装、绣花鞋、老虎头鞋、旗袍、肚

---

① 殷海光. 中国文化的展望（上）［M］. 台湾桂冠图书公司1988版。

兜、斗笠、帝王的皇冠、皇后的凤冠；32. 泥人面塑、锄头；33. 清朝大辫子、铜镜、大花轿、水烟袋；34. 华表、牌坊、长城；35. 园林、寺院、古钟、古塔、庙宇、亭、井、黄土、民宅；36. 筷子；37. 数字 8，4……；38. 唐诗、宋词、三十六计、孙子兵法、西游记、红楼梦、三国演义、水浒传、诗经等；39. 汉字；40. 金元宝、如意；41. 烛台、罗盘、八卦、司南；42. 棋子与棋盘、象棋、围棋等；42. 黄包车、鼻烟壶、鸟笼、长命锁、糖葫芦；43. 鹫、千层底、刺绣、丝绸、檐；44. 饼、油条、豆浆、小笼包……

2. 广告中的民族文化元素

传播学认为，受众对待接收到的信息有一个解码的过程。解码越接近传播者的初衷，信息发挥作用的可能性就越大。达到这样的目标，必要前提是传者与受众双方有着共通的意义空间。那么当传受双方同处一个文化氛围中，这种共通意义空间是最易实现的。由此，中国元素对广告及其发布、传播过程必然会产生深远的影响。

将中国文化融入广告中，常常称之为民族元素的运用。所谓民族元素，可以分两类：第一类是精神范畴，例如中国特色的民族美德，如忠、孝、义、智、礼、仁等经过千年沉淀而成的具有积极意义的民族道德意识；另一大类属于视觉范畴，我们可以将这些理解为符号化的中国传统文化，即带有中国特色的一切艺术形式、艺术作品、民间风俗、各种物品等等。①

博大精深的中国文化成为广告创意的源泉。中国的神话传说、民间故事、诗词歌赋等都越来越多的出现在当前的广告作品中。中国广告发展的起始阶段，广告设计作品中的表现形式基本都运用了典型的中国元素，广告设计人员运用了娴熟的中国画技法。广告的主题内容，也是中国传统的山水画、仕女或身着旗袍的中国女子。(图 8-3)

进入整合营销时代，广告走出单纯叫卖的境地，越来越与大众文化紧密联系在一起。甚至于众多国际品牌也加入到了这个行列：万宝路广告进入中国时，大量选取长城、腰鼓、红缎带等象征中国的文化符号，但所要表达的主题却未受影

① 吉乐. 广告设计作品中民族元素运用的优势［J］. 美苑，2006 年第 6 期。

响。可口可乐在中国北方农村曾大量派发“新春新意新鲜新趣，可喜可贺可口可乐”春联（1998）。

水墨、清宫、龙、长城、书法、京剧脸谱等中国元素在跨国公司的广告中可以信手拈来。2001 年，摩托罗拉请万科董事长王石做其“运动与商务”广告形象代言人，走出了国际品牌惯用港台明星和俊男靓女的窠臼。在肯德基的食品广告中，我们也看到再熟悉不过的中国文学作品中的形象——张飞、李逵和鲁智深。（图 8－4）

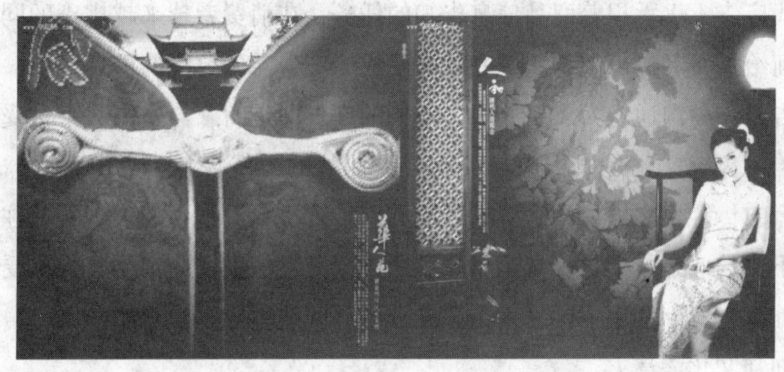

图 8－3

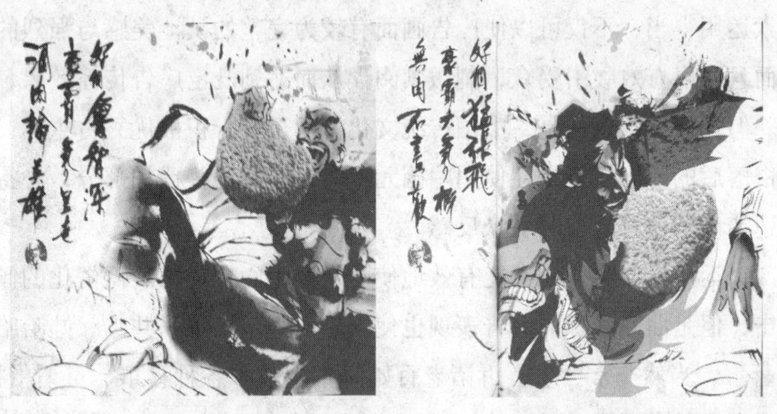

图 8－4

中国元素是广告创意的重要来源，中国博大精深的文化是广告创意源源不断的取材来源，这点不容赘述，此外，中国元素也是实现产品和服务全球化的途径。广告中运用传统文化元素往往可以体现出产品的差异化，浓郁的人文风情是赢得市场竞争的重要手段。其中地方性广告和区域性广告就完全可以通过对地方传统文化的发掘凸显出自己的产品特色。浙江卫视在其形象广告中，就运用了水墨画的形式展示了“小桥流水人家，杏花烟雨江南”的水乡形象。这既激起本省观众强烈文化认同，而且也吸引了外省观众的好奇心和关注。

3. 中国元素的优势与表现形式

现代广告不仅承担着商品信息告知的任务，在消费者越来越挑剔的同质化时代，如何给消费者提供超物质的心理满足成为广告需要解决的重大课题。

广告是一种沟通行为，投放中国市场的广告即是商家与中国数十亿受众的沟通。中国的传统文化是根植中华民族心灵深处的习俗规范，根深蒂固，不易改变。那么向传统文化借力作为诉求点或利用传统文化进行创意表现，往往能够取得意想不到的效果。于是，本土企业利用中国元素渲染民族情结，提供受众认知属性。外来企业则利用中国元素击溃受众心理防线，拉近受众心理距离，树立亲近感，加强文化渗透力。

在广告作品中运用中国元素，至少有以下三点优势：

首先，运用民族文化元素可以增强广告作品的视觉吸引力。广告设计作品中民族元素运用得当，不仅可以使广告画面有较为完整的设计美感与强烈的视觉冲击力，而且可以有效吸引受众，刺激其阅读从而达到既定广告传播效果，实现广告目的。但是值得注意的是，中国传统文化传承至今，积极优秀占主体，但是也存在庸俗落后的一面。如果在使用中国元素时，涉及这些糟粕部分，必将适得其反，传达错误的信息，引起受众反感。

其次，运用民族文化元素能有效地使受众产生心理共鸣。低俗化的倾向遭到大力抨击，但是曲高和寡的广告表现也使人望而却步，难以共鸣。娃哈哈电视广告“有喜事，当然非常可乐”诉诸老百姓日常生活中各种喜事，可谓俗极而雅。广告的受众都是普通人，广告应该力求通俗。但是通俗不是庸俗，如何雅俗共赏，选择容易与受众产生共鸣的传统文化则是不错的选择。

再次，运用民族文化元素是进行跨区域传播的有效手段。本土广告设计中运用中国民族元素，则会在准确传达信息的基础上在宏观领域中传播民族特色与民族精神。“民族的才是世界的”，在画面设计中，如果将中国民族元素与现代设计元素巧妙组合，不但可以带给本土受众在心理上的认同感与共鸣，同时也会使国际范围中不同文化背景的受众对广告作品产生全新的视觉感受。

如何将中国传统元素与广告表现融合？首先必须要了解中国元素的范畴，重视传统元素内在的精神。将传统的民族元素融入富有现代气息的时尚概念中，符合时代的要求。传统元素范畴很广，例如书法、篆刻、图腾、中国结、秦砖汉瓦、京戏脸谱、皮影、武术等。这些元素，不论在广告的表现形式上，还是在文化内涵上，都可以为现代设计提供丰富的素材和有益的启示。设计时，重新解读传统文化，结合现代思维，将元素重新组合，形成一种新的广告表现形式，产生具有中国文化韵味的现代广告设计。

纵观当今广告，使用中国元素并让受众产生共鸣是最突出的运用形式。具体来说又包括以下形态：

表现形式之一：中国元素在平面广告中直接展现。1997 年春节可口可乐曾投放了一个名为《风筝篇》的电视广告。画面中，传统中国色系的朱红色纸风筝在广袤的雪原上接引东风，穿着棉袄的孩子的东方面孔上绽放着纯真的笑容。随着民族乐器吹奏的旋律，漫天飞舞的雪花，随风摇曳的红缨穗，驾驶马车赶集的人们等熟悉的中国文化元素逐一使用。这种宛如小时候听来的遥远故事，让人既陌生却又倍感温暖，令全世界的华人陷入了乡愁想象。

将既有的传统元素重现在画面之上的优势在于，它可以将冰冷的说服带上浓浓的人情味。一则计划生育的公益宣传海报，一反“少生优生，幸福一生”的理论说教，而使用了艳丽的底色，大红的“福”字，以及古色古香、逗人喜爱的年画娃娃。这些形象让受众沉浸在温馨的意境之中，在如此温暖的情境中，受众怎能不心甘情愿的接受广告传递的信息内容呢？

民族元素的视觉美感可以在画面中发挥得淋漓尽致。除了在广告设计中采用具象抽象的传统民间图案图形之外，运用汉字为表现对象的作品也可以传达出具有中国特色的文化氛围与内涵。中国汉字结构上非常有特点，通过变形设计，使其以全新的面貌展现在人们眼前，如果切合广告传播目的，往往有出其不意的效果。

此外，中国汉字还可以进行拆分和重组，进而形成全新的文字或图形。平面广告可以利用汉字的这一特性，运用汉字偏旁部首的相似之处，巧妙而又准确地表达不同广告信息。

表现形式之二：传统元素与现代设计有机结合。这种方式是将传统的中国元素作为画面的一个表现部分，利用现代设计技术将其与广告主体有机地结合起来。将人们熟悉的中国元素以全新的视角加以融合重组而获得新的表达效果，会给受众带来强烈的视觉冲击。例如某图书馆学学术研讨会的海报，画面中沧桑古朴的原始竹简与现代软盘鼠标之间形成带有深层关联意义的联系。这是将现代技术与中国传统文化相结合比较成功的例子，通过两个时代代表元素的组合完成了广告自身要传递的各种信息。

表现形式之三：使用传统中国元素营造意境促进联想。将广告产品的具体信息加以变形，融合在既有的元素之中，从细节上看来是具体的表现广告信息，但是整体上也是中国元素营造意境的一种手段，它能够促使受众产生联想，也就是采用了隐喻的手法，将中国的文化蕴含在广告信息之中。如：佳通轮胎为表现十年来“走中国道路”的营销理念时所做的平面广告。在广告中，佳通轮胎运用中国的传统绘画技法，将轮胎留下的印记与绘画有机地结合起来，构成了中国传统文化中的“祥云”和“波浪”的意向，将中国意境与英文“on China way”巧妙结合，一方面表达出佳通轮胎在中国10年，行驶在中国的道路之上；另一方面，也隐含式“以中国的方式”这种意味。(图8－5)

图8－5

广告是一种付费的经济活动，广告主通过付费的方式对产品或服务进行宣传，归根结底，商业性是广告的本质属性。但是广告同时也是一种文化现象，是大众传播方式的一种，那么它就要受到大众的监督与评判。广告必须服从于现代社会，传播的信息需要适合社会要求。一则运用了中国元素而达到广告传播效果的成功广告，必然是符合中华民族的文化传统和审美习惯，符合中华民族的文化积淀，风俗习惯，伦理道德和价值观。如果单纯的只从视觉传达上进行表现，而忽视广告作为大众传播的特殊性，那么也许会适得其反，比如立邦漆的《盘龙滑落篇》与丰田汽车的《霸道篇》，这两则广告虽然都使用了中国的传统元素作为表现对象，但最终因为其忽视了大众的心理感受以及历史因素的影响，而引起轩然大波，一度导致品牌形象危机，所以，如果广告中准确适当地运用民族文化、民族元素，再运用典雅精致的艺术表现，准确流畅的视觉符号语言，丰富的人文内涵，则可以保证广告传播信息的质量，从而确保广告传播效果。

三、案例欣赏

案例1：中国风　奥运情

2008年8月8日，北京举办奥运会，对于中国来说，它不仅是一次体育的盛会，更是一次展示民族文化的时机，细微至会徽、吉祥物，火炬、奖牌、图标等，无一不融入了大量的中国元素，使中国数千年的传统文化成为时下最时尚的代表。

1. 中国印·舞动的北京

北京奥运会的会徽，是最早与公众见面的奥运相关设计（图8-6）。

图8-6　中国印·舞动的北京

“中国印·舞动的北京”会徽将肖形印、中国字和五环徽有机地结合起来，充满了深沉的活力。尺幅之地，凝聚着东方气韵；笔画之间，升华着奥运精神。中国印章，古时称作“玺”、“印”、“宝”、“章”、“印章”、“印信”、“记”、“朱记”、“合同”、“关防”、“图章”、“符”、“契”、

“押”、“戳子”等，其古朴、稚拙的风貌体现着不同时代的人们对于美的理解与追求，浸透着历史的深沉和神秘的美感。

“中国印·舞动的北京”的造型设计来自中国传统印章。她上面的笔画，像字非字，似画非画；融字于画，寓画于字；笔画之间，舞姿翩翩；舞韵之中，笔墨纵情；以竹简汉字笔体书写的“Beijing2008”更浸透着中华书法艺术的博大精深。这一切，既浓缩了我国古代印章由字而画的发展轨迹，也诠释了我国古代哲学力求中庸的主流观点。这些，再加上象征中国的红色印泥和巨型方印，使得“中国印·舞动的北京”积聚了大量的历史信息和富足的文化精髓，难怪1996年亚特兰大奥运会设计主任、2008年奥运会会徽参与者之一布雷德·科普兰德先生，从许多会徽设计方案中一见到“中国印·舞动的北京”便当即脱口而出：她是中国的！

“中国印·舞动的北京”蕴含着中国的信誉和沉稳。作为一届运动会的会徽，她还表现出了北京的活力和魅力。北京在舞动，在和着时代的韵律舞动；北京不仅是富有文化传统的古代名城，更是富有创新精神的现代都市——这是“中国印·舞动的北京”的又一寓意。

在中国历史的悠悠长河之中，舞蹈这种艺术形式同样源远流长。据考察，距今约5000年的青海大同县上孙寨出土的舞蹈纹彩陶盆，是迄今为止我国最古老的原始舞蹈图像。在陶盆内壁上，有3组舞者，每组5人手挽手列队舞蹈；我国古代的大夏乐舞有九段，表演时演员头戴皮帽，身着素服，风格古朴；商代的巫乐舞广泛用于各种祭祀场合；周天子有“八佾”之舞，秦汉有专门乐舞机关；魏晋南北朝时，士族阶层享乐之风很盛，轻歌曼舞，终日不绝；隋唐是舞蹈十分繁荣的时代，《霓裳羽衣舞》、《胡旋舞》是其中的精品；明清的民间歌舞也十分丰富，仅汉族就有秧歌、花鼓、采茶、花灯、打连香、跑旱船、竹马等各种名目。到了近现代，中国传统舞蹈又焕发了无限生机，产生了许多优秀作品，如《宝莲灯》、《小刀会》和《丝路花雨》等。

英国著名抽象派雕塑家莫尔说过：“一切原始艺术最突出的特点，是它们那种生气勃勃的活力”，我们从“中国印·舞动的北京”看到的正是这种活力，其中的人形图画似曾相识，这就是与舞蹈《丝路花雨》同源的敦煌壁画中的舞姿。夸张的身体比例和肢体位置，舒展的笔画和简捷的构图，充分表现了中国人的热情与开放，奔放的舞姿则充分预示着北京城的未来。我们仿佛看到，一个满怀热情和希望、富有激情和活力的舞者，正在向给予他欢呼的人欢呼。当然，他舞出的不仅仅是人们的热情，他还将奥运会“更快　更高　更强”的理念写意地“跳”了出来。

如果把“中国印·舞动的北京”看做一个汉字“京”，她便是奥运会徽史上第一次汉字字形的引入。汉字是表意文字，是象征性的符号体系。汉字中的一笔一画，充满者对生活气氛的烘托和对生命意义的隐喻。如果把“中国印·舞动的北京”当做一个“人”形画，她便是东方绘画表现手法上的一次杰出应用。和西方严格的写实方法相比，东方画在空间要求上比较灵活、概括，允许虚拟和省略。但正是这种虚拟和省略，给观者创造了真实而无限的想象空间。“中国印·舞动的北京”是一次融合中国书法、印章、舞蹈、绘画艺术和西方现代艺术观念的成功的艺术实践。她表达了人们要表达的理念，也寄托着人们将要赋予它的理想。她是中国的，也是世界的。她将当之无愧地成为奥林匹克运动视觉形象史上的一座艺术丰碑。

“中国印·舞动的北京”之一笔一划，她的每一个构成要素，承载着凝重的中华文化传统和激越的奥林匹克精神，彰显着先进的审美观念和昂扬的时代激情。她带给人们的，不仅仅是一个奥运会历史上史无前例的会徽，也将是中华文明在世界文明史上的又一次发扬光大。

2.《奥运民族风》宣传片

北京奥运会有一系列的宣传片，这些宣传片中无一例外地使用到了中国民族元素。奥运民族风的宣传片更是将中国元素运用到了极致（图8-7）。

这则广告片，与其说是一则MV，不如直接说是一则短小精悍的flash。画面完全使用中国水墨画法。色彩运用中国传统的大红大绿。广告开篇是三个不加装饰的隶书：民族风。干净明澈的字体外套上一个红圈圈，像中国棋子，端庄典雅。也为整个广告奠定了风格基调。广告画面在一幅中国山水画中展开。险峻的山岚，火红的太阳，浓郁的中国墨，立即让画面笼罩在一片浓浓的中国风情之中。整则广告，依次出现了以下民族元素：塔、门楼、四合院、梅树、梅花、水袖、仕女、鲤鱼、绢伞、走马灯、阴阳八卦图、红气球、射箭、烽火台、龙、祥云、华表、风筝、折纸、纸鹤、莲花、中国印、中国娃。这些元素，是中国民族

图 8－7

风情的典型代表。而音乐上，广告在一片萧笙夹鼓中开始，进而是世人皆知苏州小调——《茉莉花》。中国笛声将受众带到浓郁的中国风情中，从而达到了奥运会宣传的目的。

由此联想到 2008 年北京奥运会、残奥会制服包括工作人员、志愿者、技术官员服装三大类，奥运火炬接力服装及中国运动员领奖服装（图 8－8）。整个设计中，中国文化元素特征明显。北京奥运会火炬接力服装包括火炬手、护跑手和工作人员的服装。火炬手服装以白色调为主，代表着圣火的神圣与纯洁，右侧辅以中国红，核心图形为中国传统的凤纹和祥云纹样。整体上看火炬手服装形成左右不对称的图形设计和曲线分割，象征着火焰的升腾。护跑手的服装款式与火炬手一致，只不过辅助颜色由中国红变成了青花蓝。同样的服装款式不同的辅助色，使得护跑手与火炬手形成统一视觉效果，又更好地烘托了火炬手。与火炬接力服装相似，胸前翻滚的云纹，臂间琉璃黄的云条，这些特征明显的中国文化元素，也成为北京奥运会制服的亮点。奥运会制服包括奥组委工作人员、技术官员（裁判员）和志愿者的服装。三类制服在图案图形、核心元素、标志设计上是一致的，区别只在于颜色，工作人员制服为中国红，志愿者制服为青花蓝，技术官员则选取冷静的长城灰。中国传统的图形以曲线为主，祥云的图案像是中国传统功夫太极，它表现出了和谐、完满，却具有内在张力。红色是中国的象征，蓝色是运动的表现，灰色是公正的体现。传统古老的纹样、现代科技的表达，融会成奥运会制服，它也代表着北京这座具有深厚文化底蕴的古都积极、开放、进取的新面貌。

图 8 - 8

3. 中国元素推广——中国元素国际创意大赛

正如上文所说，奥运不仅是体育的盛会，更是一场历史文化积淀的喷发。东京奥运会和汉城奥运会有力地将“日本元素”及“韩国元素”融入世界，相信在 2008 奥运会后，“中国元素”更能影响世界。而这种影响力，广告人也较早感知到了，于是，旨在推广中国元素的国际创意大赛应运而生了。

中国元素国际创意大赛，是由中国广告协会主办，中国元素国际创意大赛组委会直接领导及组织的一项全新的国际创意赛事，创办于 2006 年。比赛旨在继承、发扬中国本土文化元素的生命力与创造力，推动中国广告业形成自己独特的广告创意文化。该项比赛点燃了中国广告创意人的热情，点燃了重拾中国文化的决心，也点燃了中国创意经济的火种。

作为一项创意大赛，获奖标准自然就是创意，中国元素国际创意大赛，希望参赛者以中国五千年的深厚文化底蕴作为素材，去发现及寻找那些被隐藏或让人忽视了的却有价值的中国元素，用影像、图形、文字、物体、短片的手法表现出来。深度、价值、创意，我们可以从这些让人称绝的创意中领悟到。

以下是2007年第二届中国元素国际创意大赛的金奖作品（图8-9），名为“中国动起来”。画面中的广告形象是传统神话故事西游记中的师徒四人。画面表现则选用了中国简笔画形式，让传统神话与奥运项目互动起来，时尚元素和传统元素的完美结合。

图8-9

2008年第三届中国元素国际创意大赛主题是“和谐盛世中国红”，以“天人合一”的中国精神，与“有容乃大、和而不同”的中国智慧，挖掘和运用博大精深的中国元素，以“中国红”的创意激情开发创新出更多元的艺术形式与风格，这标志着中国元素国际创意大赛由表及里，更加深入的挖掘民族元素的潜质。

案例2：百年润发——青丝秀发，缘系百年

近年来，中国广告取得了令世人瞩目的成就，在数不胜数的广告中，“百年润发”电视广告品牌形象的独特定位、商业性和文化气质的完美结合，堪称是具有中国特色的经典之作。

图 8－10

1. 百年好合，百年润发

“百年润发”是重庆奥妮系列产品中的一个。在“百年润发”广告里，“文化气”和“商业气”天衣无缝地融合在一起，融汇成中国情感的、中国式词汇的民族品牌，这与国产商品“洋名风”、“霸气风”形成鲜明对比，有助于记忆度的加强，辨识率的提高。据当时一项调查显示，广告产生的所有感动几乎都来自这个情节，这支广告为企业创造了近 8 个亿的销售收入。

跨越历史和国界的国粹京剧唱腔，一板一眼认真练习技巧的小生，戏台上花旦优美的唱腔……这一切在风尘仆仆归家的男人眼里，是如此的熟悉，于是他傻傻的拍起了巴掌。虽然，周围的人看着穿着中山装的他是如此的好笑。他的笑是因为舞台上妻子的表演，也是因为心中的爱……这是 20 世纪 90 年代，重庆奥妮为其 100 年植物洗发露拍摄的《百年润发篇》广告。京剧音乐贯穿始终，构思了一个缠绵凄恻的故事。百年好合的千古佳话，历史源远流长的京剧，生动到位的京剧架势，特殊时代的中山装……仅有的对白："如果说人生的离合是一场戏，那么百年的缘分却是早有安排。青丝秀发，缘系百年。"在历史积淀中化为了消费者深刻的记忆。

此则广告由周润发出演，从每个细节都堪称完美，它的影响力极大，时至今日，依然被人津津乐道。通常明星拍广告大都是一笑之后简单的推出产品，而这则广告，堪称明星与品牌结合的经典。100年润发的一语双关，既是明星名字又是广告产品，曲折的男女情感，人生际遇的悲欢离合，京戏般的音乐，唯美的画面，再加上周润发英俊潇洒的梦中情人形象、细腻深情的演绎，使短短的广告片似乎蕴涵了一部故事片的丰厚内容，广告中温良淡然的周润发没有一句台词，时势变迁的悲欢离合，重游旧地、遥想当年的复杂情绪全靠精湛的表演，加上女演员情真、意浓、清新、毫不逊色的配合，使得爱情故事真正地溶进百年润发品牌中去，广告主题在视觉上更加完美。

最后那句"青丝秀发，缘系百年"不仅是"百发润发"的一句广告语，是一种意境、一种美好情感的凝聚，同时也将故事与产品巧妙结合起来，给人以"百年好合"爱情永恒的联想，已经远远超越了产品本身。头发在中国历史上本身就有着深沉的文化内涵，广告把中国夫妻从青丝到白发、相好百年的山盟海誓都融入了"100年润发"中。奥妮凭"百年润发"的成功，使它的销售额达到了历史上的顶峰，奥妮1997市场率提升至12.5%，仅次于飘柔，居第二位。这是奥妮历史上所取得的最好成绩。

2. 广告分析

百年润发是国产洗发水品牌优秀的品牌策划之一，它不仅注重奥妮品牌的植物一派的功能表达，还更多地注入了情感因素，将品牌定位从一般的功能性描述上升到感性高度，更为难能可贵的是，百年润发的情感传递是通过传播生活形态来完成的。影星周润发的倾情表演将百年润发的情感世界表露无遗。

百年润发是一个近乎天才的命名策划。百年，时间概念，将品牌悠远的历史表露无遗，增加了品牌的时间厚重感；润发，则将品牌的产品属性以及品类特点很好地体现出来，一语中的！百年润发联合在一起，品牌名传递的品牌信息准确而生动，后来使用周润发来充当形象代言人更是神来之笔。

对商家来说，如果名人的良好公众形象、社会地位、高度的知名度和美誉度，能巧妙地借用，这将使观众因喜爱和崇拜广告中的名人而连带喜欢广告的产品，从某种角度讲这是一条捷径，可以缩短产品的导入期，当然快速成长的同时，也很冒险。素以选片挑剔而著称的周润发，无论在生活上还是工作上，都恪守中国传统，孝敬父母、爱护妻子、敬业乐业、谦和待人。在拍片前有好几家广告商同时请他拍广告，但他始终坚持自己的原则严格挑选广告商，他要求保证制作班底和拍摄质量，同时带了两箱洗发水回港亲自体验，确信产品质量后才开拍了彰显中国人气质的《京剧篇》。

“百年润发”的品名和周润发的名字巧妙吻合，周润发的年龄和外形气质与百年润发品牌本身所散发的亲和力相吻合。洗发液一般是女人买给男人用，生活中通常也都是女人照顾男人，而在这广告里，男女进行了角色互换：周润发给妻子洗头发。这个设计，由于点破了女性内心深处的渴求，而把周润发的魅力用到极致，也把品牌与明星有机地结合在了一起。

百年润发的创意将时空的变换、浪漫的爱情、温馨的家庭生活加上一点淡淡的惆怅、淡淡的惊喜、优美的音乐……融合在一起，而线索就是洗发水这个主体产品，一系列完美创意让人击节赞叹、回味无穷，受众不但记住了品牌还对这个产品顿生好感。

广告的气质是充盈内涵的韵律和风格，是内在的气韵和格调，更是民族文化心理的承传，这种承传具有较强的历史惯性和社会渗透力。由于情感趣味以及潜意识中文化心理的趋同，消费者对广告的文化气质自然会产生喜爱和执着，会潜移默化的影响他们的行为。在保证品牌有强大竞争力的前提下，弘扬民族文化，实现广告的教化功能，这就是中国特色。

“百年润发”杰出的驾驭了这一理论，在别人已诉求的利益上，它不能再跟其后附和，而要挖掘对手所没有的特有成分，别具匠心地赋予了“百年润发”中华民族文化下的美好联想。京剧、二胡等国粹在近些年有所低迷，可广告中铿锵的锣鼓、委婉的京胡，使这一古老形式大放异彩，借古抒情，古老的形式现代化，这是大胆创新，也是民族文化的继承和发扬。只是中国美德下的夫妻间青丝白发、相好百年、永结同心的忠贞爱情与西方的爱情观不同，如果相同的话，它一定能在戛纳广告节上博得阵阵掌声。

突出文化气质，赋予产品以丰富的联想，更能增强广告作品的震撼力和感染力。今天的广告传播容量是超负荷的，同类产品的与日俱增更加剧了竞争的激烈，产品同质化现象使得产品不光要满足消费者的使用功能，更要有深刻的内涵和精神上的慰藉。巧妙地借用“百年”，洗发的浓浓深情，“青丝秀发，缘系百年”的美好境界，足以给人强烈的震撼，这股力量是直白的利益诉求广告所无法表达的。

百年润发的包装也与其品牌市场定位紧密联系。在瓶形上，百年润发采用了奥妮的端庄、严肃，追求地角方圆，天庭饱满。在字体上，奥妮与百年润发也很好地体现出品牌思想，可谓细微处见精神。

广告情节有助于消费者对品牌的记忆，广告会随时间的推移逐渐被遗忘，但人们会借助那些感人、有趣的故事情节，加深对品牌的记忆。“百年润发”的出色创意、优美的视听语言、精良的制作，使得品牌印象在重复中加深，在加深中定格，它当之无愧荣获第五届全国影视广告金奖。

案例3：艳遇中国——与广告的10000种状态

1. 解读“艳遇中国”

千年以前，汉唐盛世，中国的雍容华贵，让世界顶礼膜拜。柳面烟眉、绮罗薄纱、缎带锦履、窈窕佳人、富贵牡丹、锦绣中华灿烂了整个星河，光辉延至千年后的今天，经济复苏的中国，再次以魅惑的姿态，吸引全球时尚界的目光。

图8－11 艳遇中国平面作品

中国农村常见的编织袋，摇身一变，成为LV2007年炙手可热的新款时装包；中国传统“百家衣”被Marc Jacobs用现代艺术剪裁成时尚前沿的“百家手袋”；中国母亲的千层底布鞋，客串了Calvin Klein的艺术舞台；中国的龙纹饰品，在卡迪亚的精心包装下热卖；“中国”成为一个火热的名词，受到世人追捧。它的背后是世人对中国影响力的认可，举世的目光聚焦在潜力无限的中国。

当东方遇见西方，当古典遇见现代。中国的大花布以风流艳丽的姿态渗入西方，中国美人以绰约风姿把玩西方现代时尚。东方与西方，古典与现代，传承与发扬，交汇、融合、碰撞、燃烧绘出一场惊艳华丽的时尚光彩。

东方的婉约糅合着西方的开阔，东方的妩媚融合着西方的简洁，东方的人文加入西方的理性，东方的自然合一添加西方的坚船利炮。当东方与西方有效相遇，不再只是形式的混合体，而是精神层面的，哲学层次的和平融合。它必将引起另一场更加艳丽的时尚风暴，绘制出另外一幅时尚风向标。

于是，艳遇中国，不再是一个简单的创意。它是一种更深层次的思考，关于哲学，关于美学，关于民族灵魂。艳遇中国于是不再是一种简单的形式，它更是广告人对民族无限辉煌梦想，对历史的热爱和认同，时尚的洞察力。艳遇中国不是一种简单的形式，更多的代表了“中国文化”，代表中国文化的魅惑与惊艳。就如同法国的LV不仅是一个手袋，更是代表了法国的华贵与浪漫。这，是广告人最终的目标，也是为之奋斗的方向。

2. 何来“艳遇”？

中国元素历来为世界所惊叹。一块“牡丹红布”现在依然流行于当今人们的视野之中：婚被、餐馆内饰外饰、甚至到服务生的衣着以及张扬着中国传统性征的类群产品包装上。“牡丹红”似乎不再诠释着久远和土气。更多的是在流行横行的今天，它默默地倾诉着经典和永恒。“艳遇中国，惊艳世界”系列创意作品以“凯旋门”、“比萨斜塔”、“自由女神像”为物化承载，以中国的“牡丹红布”为精神寄托，就这样轰轰烈烈地呈现在受众面前，策略大胆而细腻，不忘动态的摹笔淋漓尽现，而且不卑不亢地活了起来，让诉求核心“秋冬新品发布会”的内蕴跃然纸上。“价值”、“收获”、“光鲜而归”等附加符号轰然诞生，这大概就是创意者试图宣泄的关联焦点。

艳遇中国在第十四届中国广告节中斩获大奖，它是江绍雄的一个设计理念。

江绍雄是华侨大学艺术系教师，中国广告协会学术委员会委员，蓝道广告公司创意总监。他致力于视觉行销力的研究，其创意作品多次获得各种奖项，他认为中国元素对华文广告具有非常强的启发性和重要性，中国广告就是需要找到中国元素的主干和价值本原，要让华语的广告创意进入国际舞台，就必须带有独特的中国文化特色。

江绍雄在博客上曾写过名为“花花世界”的文章，较为完整的阐述了他选择“艳遇中国”创意的灵感来源。转引如下：①

开始构思艳遇中国实在只是为了单纯的爱花，因为太喜欢这种美得勾魂夺魄却又脆弱得不堪一击的极致艳丽，所以迫切地想要做点什么永远的留住这份震撼和心底的那些感动。待到真的开始动手筹划这个项目的时候，很多稀奇古怪的想法就不由自主地往脑袋里钻，停也停不了，整个框架好像在那一瞬间完全呈现在我眼前，那种亢奋就好像这是一桩已经等待了我们很多年，命里注定要由我们来完成的工作。

创作伊始，因为想得太多也曾让我等很困惑，唯恐太多的花样会模糊了焦点，让我们忘记单纯的初衷，但随着渐渐的深入，抽丝剥茧，排粗选优，整个概念也跟着变得清晰起来。花儿，这是一种极尽娇柔的存在，当我们希望摒弃这种柔弱，只无限放大呈现她的艳丽之时，几乎很自然地就想到中国北方的大花布，够纯朴、够中国、够美、够艳、够辣、够呛、够俏，当这种种加诸在一起，我们知道，这就是我们要的。

最近几年，世界范围内，几乎各行各业都刮起了“中国风”，传统纹样像万能零件一样被拼凑在各种事物中，有些或许还有那么点意味，有些却纯粹就是跟风抄袭之作，完全不得要领。所以，当我们在构架艳遇中国的时候，首先要做的就是品牌定位。

艳遇中国不是随随便便拈来几个中国元素粉饰门楣的货色，而是实实在在以花为魂，以中国几千年文明为骨，以我们的虔诚为她润色，让她丰满，使她感人的一段美丽故事；艳遇中国不是单纯勾花描金的器物，而是教你用一朵花去感知这个世界的睿智与妖娆；艳遇中国不是完全中国乡土文化的延展，而是深谙“大音希声，

---

① 江绍雄博客 http：//blog. sina. com. cn/u/1259038807。

大象无形”,“大智若愚，大巧若拙”而后出的“大俗大雅”，桃李或海棠，粗俗或雅致，当桃花繁盛到极致，谁又敢否定桃花源的存在不是一处大雅的所在呢?

相比说中国人是龙的传人，我们更愿意相信我们是花的子孙，而艳遇中国就是那份返璞归真的质拙。当我想看一看这种纯中国的直击人心的质朴无华究竟能爆发出怎样的能量时，我选择了最简单，却最直接有效的办法——让西方遭遇东方。

当西方遭遇东方，当远古邂逅当今，当我遇见你，一瞬间，所有的一切都变得浓烈沸腾起来。流淌的花朵仿佛被赋予了生命般舞动飞扬，铺天盖地，将所到之处统统打上中国烙印，如此强烈的对比，却又那么莫名的和谐。

有人问我，艳遇中国到底是什么?

是什么呢?很复杂也很简单。或者，你想要，她就是异国他乡缠绵悱恻的一段浪漫邂逅；或者，你希望，她就是低眉颔首善解人意的一朵解语花；或者，你期许，她就是寰宇间流转不散的那一缕情思；或者，你愿意，她就是凝结了千年文明与智慧的中国魂……

所谓：一花一世界，我想，或许，这就是艳遇中国的精神所在吧。

从江绍雄自己的阐述中可以看出，他强调视觉冲击力，强调品牌概念。中国博大精深的色彩文化则成为其丰富的创意灵感来源。上面的广告里，大胆地运用了中国红。中国红作为中国人的文化图腾和精神皈依，其渊源追溯到古代对日神虔诚的膜拜。太阳象征永恒、光明、生机、繁盛、温暖和希望。

中国红是中国人的魂，尚红习俗的演变，记载着中国人的心路历程，经过世代承启、沉淀、深化和扬弃，传统精髓逐渐嬗变为中国文化的底色，弥漫着浓得化不开的积极入世情结，象征着热忱、奋进、团结的民族品格。中国红（又称绛色）是三原色中的大红，以此为主色调衍生出中国红系列：娇嫩的榴红、深沉的枣红、华贵的朱砂红、朴浊的陶土红、沧桑的铁锈红、鲜亮的樱桃红、明妍的胭脂红、羞涩的绯红和暖暖的橘红。这些富有张力的红色，全被运用到“艳遇中国”的设计中。中国红与青花蓝、琉璃黄、国槐绿、长城灰、水墨黑和玉脂白构成一道缤纷的中国传统色彩风景线。中国红以史诗般的雄浑豪放，行云流水般的抒情写意；张扬而不夸张，含蓄而不隐晦；既阳刚粗犷又阴柔圆润；以大俗而大雅的审美情趣，用千变万化的手笔，把博大精深的中国文化尽情描画，把祈福迎祥的民族心理表现得淋漓尽致。中国红意味着平安、吉祥、喜庆、福禄、康寿、尊贵、和谐、团圆、成功、忠诚、勇敢、兴旺、浪漫、性感、热烈、浓郁、委婉；意味着百事顺遂、祛病除灾、逢凶化吉、弃恶扬善……中国红氤氲着古色古香的秦汉气息，延续着盛世气派的唐宋遗风，沿袭着灿烂辉煌的魏晋脉络，流转着独领风骚的元明清神韵。以其丰富的文化内涵，盘成一个错综复杂的中国结，高度概括着龙的传人生生不息的历史。

所以，可以说，中国红是融入中国人骨子里面的一种色彩，也是中国文化的代表元素。把这样的元素运用到广告中，怎能不狠狠“红”一回？

什么能让企业在竞争中屹立潮头？技术优势、资金实力、消费利益、创新速度，甚至是现在炒得热得发烫的企业理念，这些看似都有道理，可是仔细一想，似乎又都算不上是克敌制胜的法门。在现代科技和资讯极度发达的今天，对于任何行业来说，技术、产品、服务都可以被复制，引以为傲的优势在极短的时间内就可能被竞争对手轻而易举的依葫芦画瓢。你能提供的，对手一定也能做到，产品的同质化与广告的同质化已到了相当严重的程度。由此只能另辟蹊径：以视觉体验，实现品牌超越。以消费者的视角，创造出充满美感和情感的视觉语言，去接近消费者，吸引消费者，与消费者沟通交流，使消费者与你的品牌更近——因为“你理解我”。那么投入中国市场，充满中国味的视觉享受则是征服消费者的重要法宝利器。

第9章　与理性的对话

一、焦点链接：纯粹

依云（Evian）是法国达能旗下的品牌，今天，法国依云矿泉水已经成为欧洲矿泉水的领导品牌。一小瓶矿泉水，敢卖几十元，还不打折——这是很多国内消费者看到依云矿泉水时的第一反应。按照单位体积来说，一小瓶依云甚至比国内的一些大众护肤水、洗发水还贵。所以依云在进入外地市场的时候，经常会听到这样的声音——“这么贵的水，傻子才会买”。那么单瓶价格高达1～2.3欧元，被称为矿泉水中的“奢侈品”的依云究竟是如何进行广告营销的呢？

图9－1　依云水平面广告

依云水从广告表现到营销战略，如果用两个字来概括它的成功的话，那就是“纯粹”。[①]

“纯粹”的第一层含义是：依云矿泉水本身的产品定位是纯粹的。

依云有这样一则神奇的故事，200 多年前，也就是法国大革命时，一个叫 Marquisde Lessert 的法国贵族患上了肾结石，当时流行喝矿泉水，决定试一试的他到达今天的依云镇时，取了一些源自 Cachat 绅士花园的泉水。饮用了一段时间，他惊奇地发现自己的病奇迹般痊愈了。奇闻迅速传开，专家们就此专门做了分析并且证明了依云水的疗效，告诉人们它是阿尔卑斯山上长期过滤后流下来的神奇的、纯净的水，可以治疗和调理疾病。此后，大量的人涌到了依云小镇，亲自体验依云水的神奇，医生们更是将它列入药方。拿破仑三世及其皇后对依云镇的矿泉水更是情有独钟，1864 年正式赐名为依云镇（Evian 来源于拉丁文，本意就是水）。

面对越来越多慕名而来的游客，依云镇居民都非常自觉地向游客讲述着以往的故事，其中不乏一些更具体的细节和内容，这也让游客们在享受依云水的同时，体验了传奇故事带来的心理满足感。游客们之后又将自己的体验传达给自己身边的人，人际传播让依云越来越为世人知晓。

根据这个品牌自己宣传的故事，和此后人们对于它意义的丰富，我们就可以知道纯粹第一层的含义，每一瓶依云水都告诉我们：依云的水都来自于阿尔卑斯山上，经历了那里天然的含水土层长达 15 年的慢慢过滤，然后再经历 15 年的蒸馏，从水的源头到最后传递到消费者的手上，绝对不含任何的杂质及人工添加成分，水质保持绝对的纯净。你可以从它商标上的山峰进一步认识到它和阿尔卑斯山的渊源。这样独特的品牌故事引发起消费者对纯净水质的联想是显而易见的。它也充分反映了这个品牌商标的一个含义：“没有任何人触碰，纯粹大自然制造的完美产品。”

“纯粹”的第二层含义，也是至关重要的一层含义是：对市场营销的态度非常纯粹。依云就是依云，它不会盲目追随某种趋势，更不会刻意模仿任何别的品牌。比如说，即使在产品线水平延伸最火热的时候，你也看不到柠檬口味

---

① 马津著．依云：“纯粹”的胜利。

的依云、有气的依云、或者依云牌的果汁、可乐、啤酒、咖啡等等。事实上，说到产品线延伸，依云长期以来建立的对水源和品质的品牌资产，应该足以支持它在产品线上的水平延伸，但依云就是依云，它仍然只做纯水。它只是推出了不同包装尺寸以满足不同的饮用需求，但它从不进行口味等方面的拓展，哪怕有些别的领域非常有利可图。就拿水源来说，它一直只选用法国西部 Evian-les-Bains 的 Cachat 泉水。依云这种对品牌的“纯粹”理解，使得几乎没有任何因素能削弱它在纯净水方面高高在上的地位。成为领导品牌是需要付出代价的。依云长期以来坚持自己对品牌的理解，保持自己的纯粹性，把品牌和产品的对应关系做得非常简单有效，也势必要放弃很多可以通过延伸或者转型带来的利润。

当然，“纯粹”并不是刻板遵循。“纯粹”的第三层含义，是富有创造性地把一个产品概念演绎到底。为了把纯净这个单一的概念进行到底，依云比较巧妙地把一些与纯净有关的联想也注入自己的品牌资产中。这是一个基本而又实用的技巧，那就是把一个概念的内涵和外延都融入自己的品牌资产中。比如依云就把“健康”的概念和“纯净”紧密联系在一起。它告诉消费者每天喝八杯或者两升水对身体是非常有利的。它还曾经在产品包装上提醒人们戒毒。在前不久亚太地区的一次消费者调查中，依云几乎拥有了所有与纯净水相关的正面联想，比如健康、品质、天然、杰出、超纯等等。这和产品本身有关，但更重要的是在品牌层面上，它把一个单一的概念演绎得非常出色。于是青春、活力、纯净、健康等概念一直被依云矿泉水作为广告的主题。在广告表现方面，依云找到了很多巧妙的载体，比如让人感觉特别纯净的少女形象、一群活泼可爱的婴儿等，广告构思往往和水有密切的联系，整体的广告画面都很注意主题的一致和统一。如早期由少女扮成的天使、美人鱼等形象，但每个人都离不开依云矿泉水（图 9-2、图 9-3）。纯粹的表达手法升华为纯粹的概念演绎，这也是产品本身形象的深化，而依云把它演绎得完美无瑕。[①]

① 钟静编著. 经典广告案例新编［M］. 经济管理出版社 2007 年版，第 37 页。

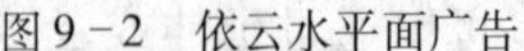
图9-2 依云水平面广告

图9-3 依云水平面广告

我们很难在国内看到依云的电视广告，甚至平面广告很很少接触，虽然所见广告表现的手法不一，但总体感觉是纯净和天然的。“来自法国阿尔卑斯山的雪水，经过15年冰川岩层过滤，纯净天然，含有多种矿物质。”纯净且单一的诉求点在市场中取得了强烈的反响并取得了巨大的成功。是“纯粹”铸就了这个奇迹。

我们习惯于把产品的成功归功于价格优势和产品优势等方面，显而易见，价格绝对不是依云成功的原因。而产品本身的差异性也不足以使依云成功，因为毕竟这个市场上有着几百个品牌的瓶装饮用水，包括纯净水和矿泉水等等，消费者已经很难真正通过“喝”来分辨出差异。不仅如此，研究表明，大多数消费者心目中评价最好的瓶装水的标准往往是：喝起来没有任何味道。这样的话，各个品牌都朝着这个方向努力，优质的瓶装水就更难通过产品本身的特征来区分了。所以说如果我们要从价格和产品本身的优势来描述依云的成功之道可能很难，有些品牌的口味可能还要好过它，价格也更实惠，却依然无法超越依云。归根结底，让自己的品牌“纯粹”起来才是赢得市场的最好方法。还是那句老话“什么都说等于什么都没说”。

换个角度来想，对很多喜爱依云的人来说，装在依云矿泉水瓶里的，已经不再是普通的水，而是一种让他们身心放松，怡然自得，使他们的心灵更加纯净的液体。这是一种品牌信仰。正是因为这种信仰，每天有500万升依云水走向市场，每年有10亿多升依云水被人们消费掉。这个品牌也成为一个标志性的高档瓶装水品牌。

对于依云，一位策划人分析认为："一种水，当赋予了文化与时尚时，它卖出的，就不是水本身的价格，而是文化与时尚的价格，怎么衡量它也不贵。高端品牌源于文化与时尚的附加。"可以这样说，依云把一个"纯粹"的理性诉求点"纯粹"的演绎到了极致，最终它也获得了欧洲矿泉水的领导地位。

二、理论探究

1. 理性诉求

理性诉求指的是广告诉求定位于受众的理智动机，通过真实、准确、公正地传达企业、产品、服务的客观情况，使受众经过概念、判断、推理等思维过程，理智地作出决定。

这种广告策略可以作正面表现，即在广告中告诉受众如果购买某种产品或接受某种服务会获得什么样的利益，也可以作反面表现，即如果不购买产品或不接受服务会对自身产生什么样的影响。这种诉求策略一般用于消费者需要经过深思熟虑才能决定购买的产品或接受的服务。理性诉求广告有它的优势，对于医药产品、洗涤用品，理性诉求的广告策略应用比较适合。

2. 理性诉求的策略

让我们从心理学的角度来探寻广告理性诉求的策略：

（1）注意原理在理性诉求中的运用

广告心理学家认为："广告要抓住受众的眼睛和耳朵，这是第一步。"注意是人的心理活动对一定实物的导向和集中，明显表现了人的意识对客观事物的警觉性和选择性，使人的心理活动处于一种积极的状态之中，对心理活动进行有效的组织和维护。这是一则广告获得成功的支柱。①

要提高广告的注意率和导向性，必须掌握消费者的需求，知道消费者最想要

① 杜本然．心理学原理在商业广告设计中的运用［J］．商讯商业经济文荟，1987年第2期。

什么、最需要什么，在理性诉求的广告创意上，我们为了提高受众对广告的注意，必须注意以下两个策略：

一是提供购买理由，理性购买者常常要找到一些合理的理由，才做出购买决定。所以，广告必须把合情合理的购买理由提供给消费者，唤起消费者的购买欲望，自然地就吸引了受众的注意力。例如，雅戈尔针对工薪阶层追求名牌这一心理，适时提出“男人应该享受”这一宣传主题，为这些很想购买又舍不得购买的人们提供了一个恰当的理由。

二是将“硬”的广告诉求“软化”，理性广告最忌讳而又最易犯的顽疾是“硬化症”，具体表现为语言呆板，口气生硬，术语过多，还有内容太多造成的“信息溢出”也是常见的毛病。但是，理性诉求广告仍然可以做得亲切动人，即使用通俗易懂的大众语言，陈述简洁明快，多用短句和短的自然段，适当贴切地运用比喻和形象化的方法说明，有时还可逗逗趣。但在理性诉求广告的“软化”过程中，也要牢记理性诉求广告还要用信息唱主角，“软化”的目的是更好地传递信息。

（2）联想原理在理性诉求中的运用

一则广告只给消费者以直观的印象和肤浅的感知，其心理效果是非常有限的因而要强化消费者对广告的印象，提高广告的感染力，扩大消费者的认识深度，引起购买兴趣，就必须在广告中积极发挥联想的心理功能。所谓联想是指人们由当前感知的事务而引起其他相关事务的一种心理活动。有意识地利用事务之间的联系，加强刺激的广度和深度，帮助消费者接受广告的某种刺激后得到启迪，从而获得对广告信息的进一步认识，产生联想的方式有接近联想、类似联想、对比联想、关系联想等，比如在一则房地产广告中，积极地说房子的空间有多么的大、环境有多么的好，这就使人产生了一种对比联想，感到自己现在住房的条件不足，引起购买的欲望。

在理性广告的诉求中一定要注意：论据最重要。不可否认，消费者对商家有一种天然的怀疑与抗拒心理。因此，商家的说辞再动人、再有道理，他们也不见得相信。“卖瓜的不说瓜苦”这一心理定势无时无刻不在起作用。消费者更想看到、也更愿相信的是论据，强有力的论据。一来有证据证明自己说出的观点，二来积极挖掘消费者的联想心态，有鉴于此，在理性诉求广告中，提供论据比漂亮的说辞更重要也更省力。在广告中出现的论据可分为两大类，一类是人，另一类是物。人又可以分为两种，一种是本产品所属行业的权威人士，另一种是曾使用过该产品的消费者。虽然现代人崇尚独立与个性，但由于知识爆炸局面的出现使之不可能通晓一切生活方面的知识，他们不得不在某种程度上依赖于权威。联想某一产品带给广告中人物的好处，从而嫁接到自己的身上，引起关注的深度。相比较而言，以物作为论据比以人作为论据的诉求更具说服力，因为人的证言不管怎么说终究是隔了一层，而物的论据则具有更高的直接性，以物作为论据的形式有，实物演示、实验数据、图表等，所有这些演示、数据、图表所反映的内容都必须是真实的、经得起重复实验的。

（3）记忆原理在理性诉求中的运用

现实生活中，由于时空的原因，消费者从接受广告信息到实现购买行为之间有一个或短或长的过程，所以要提高广告信息的持续影响力，就必须强化消费者对于诉求重点的记忆：

首先，广告文字不可很长，广告持续时间也无须很长。除了费用的因素外，消费者也不可能花很多的时间与精力去研究一则广告。因此，无论从哪个角度来看，都有必要拟定一个十分明确的说服重点，这个重点应当是几个重要因素的有机交融。这些因素是：目标市场消费者的心理特点、目标市场消费者的需求状况和所欲宣传产品的优点与特点。不能契合消费者的心理特点将会使之拒绝接受宣传内容，与需求状况相左则难以使消费者出现购买行为，自身产品的优点与特点未得到彰扬则会出现为别人做嫁衣的可悲局面。总之，一则广告不具备这几个因素不行，这几个因素若处于分离状态也不行。当这几个因素同时出现并聚集在同一焦点上时，广告将出现震撼人心的说服力。

其次，为了增加广告诉求重点在受众脑海中的停留时间，重复是一个很好的方法，也就是让一条或几条诉求信息反复出现在广告中，对受众进行积累性刺激，但是反复必须是适度的和有变化的，例如2008年春节期间在部分地方媒体投放的恒源祥《十二生肖篇》电视广告，就是因为广告的重复超过了人们可以承受的度，而且前后都没有变化，引起消费者的反感，最终也无法摆脱被禁播的命运，使品牌形象受到了极大的损害。

此外，传播学上所讲的“两面提示”也是可以增加记忆的好方法，在说服过程中，尤其是在带有浓厚商业性色彩的广告宣传中，可信度一直是困扰着说服者的一个问题。明明自己绝无假话虚言，可消费者就是不相信或半信半疑。如何解决这一矛盾呢？一种可行的方式就是提供双向信息，即在大力彰扬产品优点的同时，也说出产品的一些不足之处，这样就能有效增加广告可信度和记忆强度。

3. 理性诉求的方法

(1) 哲理性诉求

有许多广告，饱含着哲学的意味。其特点是用一种简明的形象或文案将一个富有深刻思想的哲理或人生感悟的道理展现给受众，让受众在接受哲理的过程中认识和感受商品，这便使现代广告更多地带上崇尚哲理的色彩。这类广告多出现在报纸、杂志或招贴广告中，大部分是靠文案的表现。对哲理的探询和思考是人的本质力量实现的过程，每征服一个高峰，伴随而来的总是一种人类的愉悦和美感，人生在享受成功的同时也要经历挫折，应该以平和淡然的心态来面对，"不以物喜，不以己悲"，这也被大量应用于广告中。例如人寿保险的一则平面广告《起落篇》，广告语为"人生难免起起落落"。画面的处理极为简洁、一目了然。以蓝色为底色，给人以稳定、信任、平和、广阔的感觉，字体自然、圆润，其设计错落有致，形象动感地体现了广告主题。不管是从先人诗词歌赋中，还是现代流行娱乐文化中，都会有此感慨，已成为一条普及率极高人生感悟。在今天的快节奏的生活中，人们需要面对沉重的心理压力，对于这样的宣传，消费者能不受到触动吗?

但是在哲理诉求广告中还要注意一些问题：第一，画面要简洁单纯，所有哲理性广告艺术表现的诉求点在于某一有意味的观点上。视觉形象只不过是一个可以引起受众思维的形符，这个符号性的形象自然越简洁越单纯越好。要防止画面复杂化、信息泛化，以至引起不必要的歧义产生。第二，为了更好地让消费者认知商品，引起情绪和心理上的共鸣，作为广告形象所表达的哲理内涵应和指称对象有一定的内在联系，否则，由于哲理表达的理性深化，很容易使指称对象游离于广告之外，影响广告效果。第三，哲理的诉求要源自生活，但要和生活保持适度的距离，有相应的可知解性。所谓哲理性，必须要有一定的思想深度，需要人们运用思维进行认知，分析和领悟。这样，就不能和生活离得太近。太近则会使人一目了然，失去哲理的探询性和深沉意味。但又不能距离现实生活太远，太抽象化，以致使人们难以理解，影响对商品或劳务的认知和感受。因此，既要有适当距离，又要有符合目标受众的民族文化趣味和水准的可知解性。

（2）劝诱式诉求

劝诱是一种历史悠久的直接劝说性广告表达方法，在早期的叫卖广告中就有不少的运用，以产品的功能、优点、独特性为说辞，劝说诱导受众接受广告意向，用商品的功能和优点满足或引发受众的相应需求动机，促进认知和购买。受众接受它需要一定的理性认知，尽管表现手段上可能采用一些感性渲染，但主要还是理性沟通。因此，将其归入理性诉求比较适宜。在现代广告中直接劝说和提醒很难引起受众的注意和兴趣，一般都在创意上下很大功大。也出现了很多脍炙人口的经典之作。比如伊利牛奶的一则文案广告：一天一包伊利纯牛奶，你的骨骼一辈子也不会发出这种声音。每 1100 毫升伊利纯牛奶中，含有高达 130 毫升的乳钙。别小看这个数字，从骨骼表现出来的会大大不同！在一种理性的诉求外衣下，伊利的苦口婆心的劝导也让人们心动不已。

当然劝诱式的理性诉求也要注意一些问题：第一，诉求要突出充分理由，并体现独特的广告定位。所谓突出充分理由主要指突出受众接受和购买广告宣传对象的必要性。受众与广告毕竟是一种物质利弊关系，而劝诱式表达广告更是突出表现这种关系。理由包括两个方面：一是受众在现有状态下出现的某种需求和动机；二是广告指称对象某种特有性能和优点正好可以满足受众的这种特有需求动机。广告在表达中无论通过何种艺术手段进行表现，只要集中突出了这种供需对应关系，就是突出了充分理由。只有突出了充分理由，才能为受众接受广告提供理性认知基础。受众从这里懂得自己的迫切需要，并可以得到满足。第二，要多以感受和体验感染受众，将受众接受产品的充分理由通过人的亲身体验和感受表现出来，将这种感受心理传达给消费者，这样才会使广告形象具有感染力。体验方式很多，但都应具体、形象，并与生活实践贴近，以便受众容易接受感染。这样的劝说也更加的诚挚可信，这也就体现了证据在理性广告中的重要性。第三，劝诱语言要点到为止，图文配合默契，相映成趣，是劝诱提示表达的又一要点。画面注重体验性，必然将受众带到对形象的感受中。这种情感铺垫决定了不宜运用大篇语言劝诱说明，而应密切配合视觉形象，跟随受众情感状态和思路适当

“点题”，应该点到为止，收到“瓜熟蒂落”的效果。另外人物形象的语言角色适宜采用第一人称，或者第三人称。不宜采用广告主口吻直接劝说，这种口吻很容易一开始就引起逆反和拒斥心理，影响广告效果。

（3）告白式诉求

告白是直接向消费者诉说广告产品与服务的情况、特性及对消费者的利益点，动员消费者去购买。有些产品如药品化学制品及一些耐用日用品，消费者十分关注其产品的功效，故其广告表现手法多采用告白式诉求，直接向目标消费者诉求广告产品的利益点。比如，哈尔滨制药六厂的盖中盖等众多药品，在各大电视台投放的电视广告都是请影视明星直接向消费者诉说各药品的功效及适应病症。

告白诉求是经常使用的广告策略，为了使之更加有效，要在一些地方加以注意：第一，不可对竞争产品构成诋毁和形象的贬低，不可否认，广告告白向消费者展示的利益和好处越明显，同其他同类商品的比较越突出，消费者越容易接受广告的内容。但与此同时，敏感的消费者就会理解广告中隐形或显性地指向了市场上的同类产品，要把握好这个度。第二，广告告白要求诉求内容要绝对真实、证据具有可查性，所以可以引用专家权威的评价、名人的代言及用户的反映，数据的描述，这些实证的加入，会增强信任度。但是媒体特别是电视媒体对受众的影响是巨大的，传播学中的“涵化理论”我们认识到受众对电视信息的“崇拜”，所以，广告在聘请名人、教授向受众“告白”的时候，要有社会责任感和道德意识，不可以欺骗消费者，不可以传递虚假信息，不可以宣扬不健康的广告内容。比如著名的相声演员郭德纲为某减肥茶产品做形象代言，宣称产品的功效是多么的好，最后被消费者投诉，郭德纲的声誉也受到一定的损害，所以告白广告的内容要绝对的真实可信。第三，告白诉求一般不强求艺术魅力，但也要讲一点技巧，要能适应受众对某种产品需要了解、比较和思考决断的心理，应用巧妙的表现方法会增强告白的效果，不可过于直白、生硬。要讲求产品的独特性，我们所说的USP战略，表现在理性诉求上就是向消费者推销产品的独特价值，能满足消费者的某种需求的产品独特信息，比如约翰肯尼迪的推销文案就是非常经典的告白典范。

（4）对比式诉求

产品对比广告，一般有三种类型，即两种或多种品牌的暗比，两种或多种品牌指名道姓的明比，与想象出来的对手相比较。而在具体操作中，产品对比的方式则非常灵活。如可口可乐与百事可乐，两家经常以对比策略做广告进行互相攻击。再如国内的移动与联通，两家经常不指名道姓的进行人身攻击，但是作为消费者，大家都心知肚明，如移动宣扬自己的信号网络的健全，变相的攻击联通的弱点等。

产品对比广告最好的方式是自我对比。因为自我对比利用了品牌已有的知名度和品牌在消费者心目中的已有形象，同时还展示了产品的更新、变化和发展，突出产品的某一特点，因而容易给人留下深刻的印象，容易进一步提高品牌知名度。如飘柔二合一洗发水有一则电视广告，采用的就是自我对比的手段。在电视画面上先并列展示两种包装颜色不同的洗发水和护发素，然后把另一瓶颜色不同的飘柔洗发护发二合一的洗发水从画面的上面慢慢向下移动，覆盖原来的洗发水和护发素，并把洗发水和护发素渐隐至消失，在画面表现的同时，还配上相应的解说词，以突出说明新飘柔是将原先的洗发水与护发素两者的功能合二为一。

但是，产品对比广告侧重于物与物的对比，在多数情况下要涉及其他竞争品牌，而为了证明自己产品的优势，有意无意间就会美化自身产品而贬低其他品牌。因此，稍有不慎，就会变成贬低对手的违法广告。与产品对比广告所不同的是，情境对比广告的对比对象不是其他产品，而是使用同种产品的不同情境。简单说，情境对比广告是通过对同种产品在不同时间、地点、使用方式、用途等方面的对比，强调该产品在多种情境下的适用范围，以图达到诱使消费者增加对该产品使用次数的目的。它避开了其他品牌的正面冲突，通过间接、温和的手段增加了广告产品的市场容量，能在不易察觉的情况下扩大自己的市场份额。如大宝系列化妆品，用京剧演员、摄影记者等多种人物形象，进行情境式对比，充分展示了这种产品的广泛适应性。

当然，不管采用哪种对比方式，也不论和谁比，都必须公正平等。最好的对比应该是既无损于人，又有利于己的对比。市场经济的特征之一就是竞争，商品之间的竞争必然反映到广告中来。可以说，绝大多数的竞争者，尤其处于不利地位的竞争者，都有使用对比广告的愿望，一旦可以绕过法律的规定而又不受道义的谴责，使用对比广告的愿望便按捺不住了。比如广告说辞上就产品说“更”怎样，“比”以前怎么样，这些广告常见于各种媒体，都在有意无意地进行对比，但又都没有刻意去贬低别人抬高自己。对比得隐蔽，比较得巧妙，表露得很模糊，像这样的广告既不违法，又颇为有效，是对比诉求中的典范。

对比广告的优点有很多：首先，对比广告通常是在调查研究的基础上制作出来的，对比的内容是消费者较为关心的，因此广告容易引起消费者的重视；其次，知名度低、宣传费用不甚充裕或者从未为人所知的新品牌，通过直接与知名度高、财力雄厚的老品牌作对比，如果它的确有过人之处，那么就可以达到迅速打开市场销路的目的。

当然对比诉求的广告也有很多的缺点，需要广告人注意：第一，对比广告提到其他品牌的产品名称，这就相当于给别人做免费宣传，帮助它们提高品牌知名度，跟比自己强的品牌比，可能会提升自己的知名度。但如果比自己差的品牌比就可能让别人免费搭车，所以在表现手法上要拿捏好。第二，当两种品牌处于明显相对优劣的地位时，出于同情心，消费者可能将处于劣势的品牌作为选择对象。尤其是在产品品质差异不大的情况下，劣势品牌更可能得到人们的同情，一般大厂家不会选择这样的对比方法。第三，对比广告往往是以自己的优点对比他人的弱点，而不是对产品的各个方面进行全面的对比，因而会给消费者留下不客观、不全面的印象。这样反而有利于被对比的竞争品牌，这些在表现上都应该注意。要想让自己的对比诉求达到好的效果，最重要的还是要有自己产品独特的优势，这才是根本所在，也是对比诉求取得好的效果的基础。

(5) 类比式诉求（图9-4）

类比将性质、特点在某些方面相同或相近的不同事物加以比较，从而引出结论的一种表现方法。广告的类比表达是用消费者熟知的形象，来比喻广告商品的形象或特长。如杨丽萍的舞动的身躯和燃气灶的火焰的类比，让人对厨房产生了美的向往，给人对生活充满了一种艺术、创意、美好的联想。

再比如说IBM公司的广告，一般都是以类比的方法来进行产品特性和概念的推广，它的电视广告给我们留下过深刻的印象，平面广告一样有异曲同工之妙，比如右图这则平面广告，这里IBM推出了x系列的线缆管理技术。服务器的布线在传统方式上是很复杂的，需要每个服务器之间串联。而x系列推出线缆管理技

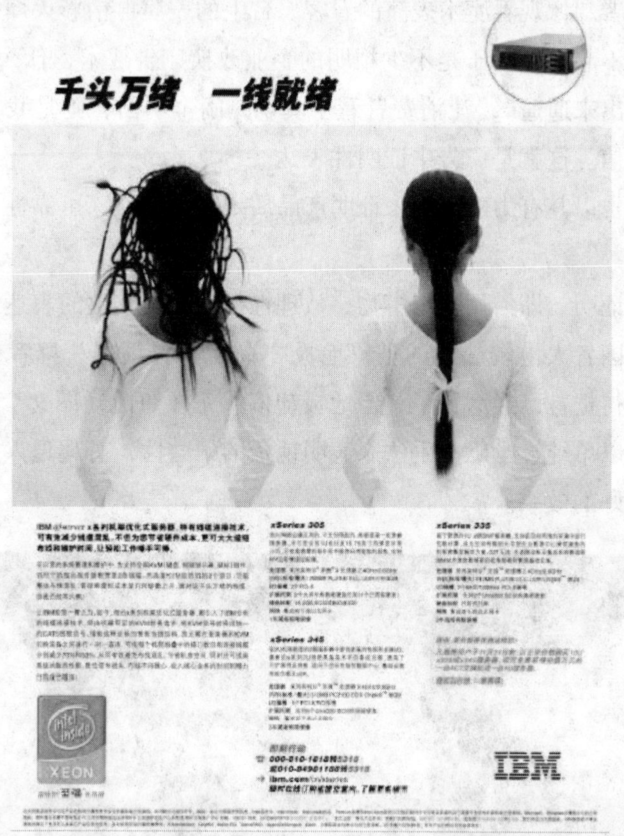

图9-4 IBM类比式广告

术，将不同功能的线缆整合在一根线缆中，使布线变得简单轻松，如果广告使用简单的告白诉求，会给人一种繁冗、不知所云的感觉，而以女孩子凌乱的头发整理整洁进行类比，使概念一下子变得清晰、明了，传播的效果自然就会提升。

但是一定注意，类比产品和实物必须具有特性上的关联性，不能过于牵强，另外类比的事物要符合受众的接受能力和审美情趣，不能超出了人们的接受范围。

(6) 证明

在广告充斥生活空间的现代社会，消费者被五花八门的广告包围得近乎喘不过气来。企业不惜血本搞广告轰炸，使出浑身解数扩大产品知名度。为了吸引住消费者，一些企业总喜欢把自己的产品吹得天花乱坠，使广告中充满了产品神话。无奈消费者却像观看魔术表演的看客，台上的表演再精彩火爆，观众却心如止水，丝毫提不起兴趣。于是不少精明的企业改换广告战术，什么也不说，“是驴子是马，拉出来遛遛”，让消费者看个真切，闹个明白，不是我要你相信，而是由不得你不信。这就是广告中证明性表达。

证明性广告以其有力的证据来证明产品质量的真实性、可靠性。证明型广告又可分为两类：

一是感性证明，即借用一定事物，从理性的角度，感性的表达来证明产品的功效。如在全国各大电视热播的圣象地板“踢踏舞”篇：一舞者在地板上跳踢踏舞，舞者跳得把鞋已经磨穿了，但地板却依然完好如初（图 9－5）。虽是理性的表达，但却以单纯、幽默的手法来表明地板的耐磨性，有趣逗人，令人忍俊不禁，收到了很好的效果。

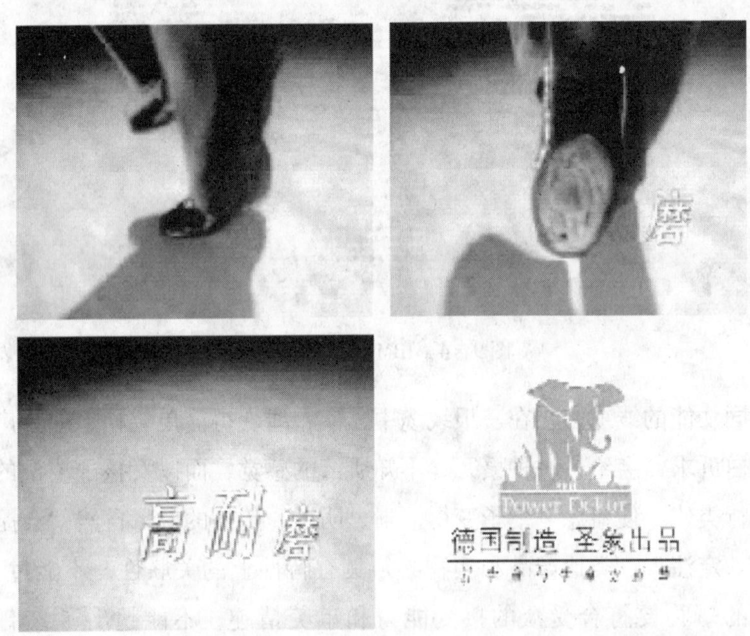

图 9－5 圣象地板“踢踏舞”篇

二是纯理性论证（也叫真实实验法），就是当众做实验，或者借助电视现场直播形式的广告。比如，最典型的就是美国安利公司系列产品的推销方式：就是当着目标人群的面，把安利的系列产品当场做试验，把事实摆在受众面前，令人不得不信任产品的功效。还有利用破坏性实验宣传产品质量，以收立竿见影功效。

然而，证明型广告事实上有时是对产品进行超常态的实验。并非所有的产品都能采用这种方法，如本身就不堪一击的精雕瓷器。也并非所有产品都需要采用这种方法，如质量性能不难判断的食品饮料。证明型广告如果运用不当将不会引起别人注意，甚至产品演示过程的不真实都会受到受众的质疑。前苏联著名播音员埃罗蒂耶娃为一家玻璃制品公司的杯子，作现场演示，为了证明其坚固耐用，不怕摔，这位女播音员当场摔杯子，但因为用力过大，却把杯子摔破了，真是弄巧成拙了。

(7) 双面论证

在广告中充分肯定产品优点的同时，也适当地暴露产品的不足之处，这种手段称为双面论证。并指出双面论证如能得到恰当地使用，可以获得意想不到的效果。例如，英国某刀片公司在一则广告中说："本公司的刀片十分锋利，经久耐用……缺点是易生锈，用后需要擦干保存才能久放。"因此，该产品迅速被广大消费者认同从而畅销于市场。但是，如果使用不当，也容易招来反效果。因此在使用时通常要考虑到各种条件，特别是下列几个方面的条件：

一是接受者的已有态度，一般人都愿意接受与自己的态度相一致的事物或观念，拒绝和抵触与自己态度不相吻合的观念。所以当消费者对产品有良好的态度时，采用双面论证就没有必要：而当消费者对品牌印象不佳时，适当地暴露品牌的缺点能够消除他们的抵触心理，让他们接受有利品牌的看法。

二是传者的可信性，当一个人被认为非常诚实可靠时，即便他说的是谎言，人们也可能信以为真。反之，如果一个人不为人们所信任，即使他说的是客观事实，人们仍会带有几分怀疑。因此对于前者宜用单面论证，而对于后者，采用双面论证的手法会更有说服力。

三是接受者对品牌的知识经验，一个人的知识经验越多，想用一面之词来说服他就越困难。当消费者对品牌已经了如指掌时，广告仅仅提供他们已知的品牌知识并不能改变他们对品牌的评价。此时运用诉诸同情心理、逆反心理的双面论证方法，反而可能取得好效果。反之，当消费者对品牌不了解或了解不多时，提供单方面的有利信息，能促使他们作出较好的认知评价。

四是接受者的教育水平，接受者教育水平越高的人，思维能力、判断能力也越强，他们能采用比较客观、辩证的观点来看待事物和观念。对他们来说，一分为二看待事物的方式方法他们比较能够接受，一面之词容易遭到他们的批评。相反，对于受教育水平比较低的消费者来说，他们比较容易不加批判地直接接受传媒的影响，所以一般不宜采用双面论证。

有人曾将同一型号的汽车做了两则广告，一则广告说："这种汽车的内把手太偏后了一点，用起来不顺手，但除此之外，其他地方都很好。"另一则广告中没有这一条，全部讲优点。结果都相信前一则广告。而且对他的独辟蹊径的诉求方式记忆犹新。细加分析，前一则广告的成功乃是由于采用了欲擒故纵的手法。消费者不是具有怀疑心理吗？好的，那就先对这一心态予以满足，坦诚相告自己产品的不足之处，使怀疑烟消云散，然后再展开正面攻势，这样就可长驱直入，攻占消费者的心理世界。

需要指出的是，人是一个高度非线型的系统，任何单一的推论都不能涵盖全部心理现象。并非任何宣传说服都是以提供双向信息为佳；当目标市场消费者文化水准较高时，双向信息为佳；文化水准偏低时，单向信息为佳。此外，当人们原先的认识与宣传者所强调的方向一致时，单向信息有效；而在最初的态度与宣传者的意图相左时，双向宣传的效果比较好。落实到广告宣传中，似乎应遵守这样的准则：新产品及新广告出现之初，可采取双向信息的方式，以打消消费者的怀疑并建立起信赖感。当消费者已经接受了广告的说服宣传，或者是基本上接受了广告宣传，这时就可以运用单向信息对消费者已经建立起来的观点予以强化。

三、案例赏析

案例 1：INTEL 奔腾处理器——得"芯"应手

一部高效率的超级个人电脑，必须具备一片高性能的快速处理器，才能得"芯"应手地将各种软件功能全面发挥出来。Intel 现率先为您展示这项科技成就，隆重推出跨时代的奔腾处理器，它的运算速度是旧型处理器的 8 倍，能全面缩减等候时间，大大增加您的工作效率。

除此之外，它能与市面上各种电脑软件全面兼容，从最简单的文字处理器到复杂的 CD - ROM 多媒体技术应用，它均可将这些软件的工作效率发挥得淋漓尽致，而它的售价却物超所值。若想弹指之间完成工作，您的选择必然是奔腾处理器。

英特尔奔腾处理器，给电脑一颗奔驰的“芯”！

这是美国著名电脑芯片生产厂家英特尔公司在报纸上做的著名广告。文案首先提出判断，亮出观点：个人电脑需要快速的处理器，而奔腾处理器的运算速度是旧型处理器的8倍，如果拥有它就可在弹指间完成工作，并且可以将各种电脑软件——从最简易的文字处理器到复杂的CD－ROM多媒体技术应用发挥得淋漓尽致，而售价也很合理。广告极其透彻地讲清楚了产品的独特功能和对消费者的利益承诺，抓住了消费者的心理特征，劝诱的告白简洁有力，让消费者无不心服口服。

案例2：西格纳保险公司——《200年来，灾害一个接一个》

1798年加勒比海船只失事

1839年纽约船坞大火

1871年芝加哥大火

1889年约翰斯敦水灾

1906年旧金山地震和大火

1938年新英格兰飓风

1947年纳布拉斯卡龙卷风

1955年康涅狄格水灾

1971年洛杉矶地震

1980年华盛顿火山爆发

1987年衣阿华龙卷风

1989年胡弋飓风

1989年旧金山地震

天灾人祸一直是保险行业兴起的根源。灾害是生活中的严酷现实。在以往200年里，西格纳财产和伤亡保险公司处理了几千家公司的保险业务，保险公司的财源和专长使它们有能力支付世界上最严重的一些灾害所造成的损失，履行他们的诺言。但是即使最小的灾害，对于受害的公司来说也是损害巨大的。大火、管道破裂、屋顶倒塌，我们所处理的事务比我们在1000个广告中所介绍的还要多。我们对所有参加保险的机构都以诚相待、一视同仁。不幸的是灾害总是伴随着我们，我们不知道下一个灾祸会降临在何处，也不知它是大是小。但是有一点是明确的，哪儿有灾害，我们就会在哪里。我们赔偿它带来的后果。

这则文案以反面诉求补充正面诉求，开头就直截了当具体地展现生活中的残酷现实，使人感到不安、担心、恐惧。进而雄辩地论述参加保险的重要性、紧迫性。这正是正面诉求难以达到的说服力、感染力以及号召力，这也是该广告文案成功的重大价值所在。

第 10 章　与感性的对话

一、焦点链接：播种梦想

“我们只对两种类型的电视广告感兴趣，”戴维·布莱克利，澳大利亚墨尔本广告公司的董事长说道，“感动人心的，以及震撼人心式的。”

梅塞德斯·奔驰汽车广告就属于其中之一。

一个可爱的小男孩，他早上醒来，第一件事就是迫不及待地搬出园艺工具，在屋前的小花园里挖了一个坑，他是要种树吗？带着第一个疑问，我们看到小男孩将自己心爱的奔驰车车模丢进坑里，然后埋土，浇水，期待……他这是在做什么，一头雾水的观众随着小男孩的动作，把目光投向了家门口一辆真正的奔驰。一种期待的眼神，让我们看到一个稚嫩的梦想，看到一个年少的自己，曾几何时，在相仿的年龄，我们也有过同样缤纷多彩的梦想。让梦想成真，是奔驰对我们的一种鼓励，一种承诺，一种情感，一如他的品牌内涵，不嗜张扬，不喜花哨，静静的传达着温馨，愉快，安全。(图 10－1)

这使人联想到奔驰另一则表现童趣的广告。一个孩子将一部玩具车费力推下了台阶，推到了花园中，是什么促使这个孩子费九牛二虎之力，把车推到花园中呢？原来在花园中，有个阀门的样子就像奔驰的商标，孩子把车对准了阀门，快乐地坐入车内，体验着奔驰所带来的愉悦“驾驶享受”一个充满童趣的镜头，一种经典品质的延续与传达，还有一股情感的力量由内而生，这都与一个叫奔驰的汽车有关。“we do not need to invent a good story —— we write history since 1886.”“我们不需要去编造一个动听的故事——自从 1886 年我们就书写了历史。”如今，我们在这个高贵、豪华的品牌身上，看到它孕育感性的另一面。

图 10－1 奔驰汽车——梦想成真篇

作为世界上资格最老的汽车生产厂家，奔驰以生产高质量、高性能的豪华汽车闻名于世。在 20 世纪 90 年代时遇到了历程中一次严峻的考验，奔驰的最大的海外市场——美国认为奔驰车样式过于正统、保守，无法吸引追求时髦的人。为重塑形象，奔驰做出了大胆的变革，于 1995 年推出了奔驰 E 系列车。它重新定位，使其新车型更有朝气，集娱乐与驾驶为一体，加上强有力的安全保障系统，构成了一个“令人心驰神往的价值神话”。在广告风格上，也有所变化，广告诉求更注重感性化，让奔驰这个品牌与消费者之间产生一种联想，一种情感的纽带，正如奔驰北美公司总裁兼 CEO 的麦克·杰克逊在表达对 E 系列广告看法时说的，广告的创意和风格应该是，当你刚看到它时，你最先的反应可能是，这些并非是你企望从梅塞德斯那里得到的；但当你看到最后，你的反应就变成了这就是我从梅塞德斯那里所想要的。奔驰这个无人不知的传奇品牌，它的感性广告让我们铭记，于是，在这个感性消费的时代，我们更需要对感性广告进行探求。

二、理论探究

在《广告，艰难的说服》一书中，作者介绍了一种观点："人是非理性的"，人是感情的，应用科学的语言和方法应该广泛用于广告；作者同时还认为，广告是制造欲望，而不是提供信息。事实上，这一点已经是广告业内的共识：从前的广告主要是提供信息，诉求对象是理性的消费者，但是到了 20 世纪，广告日益变成了说服工具。其目标是非理性的、受冲动支配的消费者。广告对人的情感而非是人的理性越来越敏感!

情感是广告中非常重要的心理因素，成功的广告常常以情动人。情感具有动机作用，它具有推动或阻止人从事某种活动的作用。因此，广告人都希望充分利用情感因素来达到广告目的，制作出感人肺腑的广告。感人心者，莫先乎情，"情深"才能"意切"。现代社会，消费者在购买和使用商品时更多是为了追求一种情感上的满足或自我形象的展现，消费者的行为由单纯的物质享受开始慢慢向精神愉悦转化，由有形的需求满足向无形的需求满足转化，我们进入感性消费时代。

1. 认识感性广告

感性广告（Emotional Advertising）又叫做"情绪广告"或"情感广告"，它诉诸消费者的情绪或感情反映，传达商品带给他们的附加值或情绪上的满足，使消费者形成积极的品牌态度。感性广告能充分考虑目标消费者的特定心态，选择恰当的角度，借助良好的艺术形式，将感情的定位把握好，以有效的手段强化品牌所特有的情感色彩，并以此切入消费者的心扉，最终实现购买行为。

广告的诉求的形式主要有两种：感性诉求广告和理性诉求广告。理性广告通常是展示商品特性、用途、使用方法等关于产品的事实性信息而使消费者形成一定的品牌态度，感性诉求广告是相对于理性广告而言的，它们以亲切、柔和的广告语言，以及自然流畅的广告风格，诚恳的广告诉求，替代以往过于强调企业品牌特点、功能的硬性手法，左右消费者的情绪，使消费者靠近它并对它产生好感，最后从感性上被它征服，最终达到销售产品的目的。

2. 感性诉求广告创作与新思维

广告中的感性诉求是根植于受众的情感，广告表现中某些元素的应用往往能使广告成为刺中消费者心灵的利剑。那如何在感性诉求广告中达到迎合受众情感的目的呢？到底什么样元素的运用能使广告在众多竞争中脱颖而出？为此，我们提出了一些感性诉求广告创作的新思维。

以人为本、人性至上——人性就是指人所具有的正常的感情和理性。无论是广告主还是消费者，广告最终是做给人看的，人是社会的主体，人性自然就成了广告的诉求的主题。人性是一个内涵丰富的主题，生命的新陈代谢、人的喜怒哀乐、感情的相互交流以及对生活的追求等都构成了生活中极为广泛的题材。此时，感性广告诉求的重点不在商品本身，强调的也不是物与人的关系，而是人与人的关系，更多的是对人性的关爱，这便最大限度地缩短了商品与顾客之间的距离，增加了顾客对商品的亲近感和亲切感，从而使“顾客是上帝”这一商业宗旨得以最完整的体现。大多数成功的广告都善于挖掘人性的深处，满足人们心灵深处的渴求与祈盼，对人的价值肯定、对和平安宁和幸福美满的憧憬等都成为了广告表现的新主题，它是显示人类自身价值的一种诉求。品牌比产品更重要。现代消费者的需要正从量的满足、质的满足上升到感性满足，这也就是说消费者越来越需要体现自身的价值，他们更需要表达拥有该产品所获得的心理价值，即产品实用价值之外的象征价值，如荣誉、地位等。比如，可口可乐不再是只用来解渴的起泡饮料，而是成为美国文化的一部分；拥有豪华高级的奔驰轿车不再只是拥有便捷的交通工具，而是一种富有和高级社会地位的显示，是个人成就的表达。

以情动人、情感独钟——广告只有以情动人，才会有强烈的感召力，美国心理学家马斯洛指出：“爱的需要”是人类需要层次中最重要的一个层次，人有爱、情感和归属的需要。由于感性广告以情感诉求为重点，因此，它总是撇开商品的原料、性质、特点、功能和用途等，而尽力去发现和挖掘隐藏在商品身上最能打动人心的情感因素和情感力量，并最终反映和表现在广告创意和制作上。在感性广告中主要有如下几种情感因素：

亲情：在人类感情世界中，亲情是一种最无私、最诚挚的感情。古人云：

“老吾老，以及人之老；幼吾幼，以及人之幼。”尊老爱幼，历来是中华民族的传统美德。如果广告以亲情作为诉求对象，必将产生感人肺腑的力量。比如贝尔电话的广告，以“情感沟通”为主题来减轻思念远方亲人的寂寞感，这些广告以“家人团聚”为诉求，表现温暖的家庭气氛，恰似一个美好的梦，慰抚了人们寂寞的心灵，把他们重新带回健康的感情世界，因而受到了人们的欢迎。

友情：俗话说：“一个好汉三个帮”，互相关心、互相爱护、互相帮助这一友谊、友情同样是人们所珍视的。如好丽友蛋黄派的广告，同学之间产生了误会，彼此不理不睬，一个好丽友蛋黄派成了解决同学间误会枷锁的钥匙，加上广告末尾那句耳熟能详的广告语：好丽友，好朋友，让受众印象深刻。

爱情：渴慕爱情，赞美爱情，这是人类社会一道永恒的主题，因此，它也必将是广告制作中不容忽视、需要重点开掘的又一重要方面。如飘柔的广告，看见她耍帅，我知道我喜欢她。看见她的温柔，更让我心动。秀发动、静，每一面都美。发动，心动，飘柔。通过头发了传达绵绵的爱意。

游子情：游子思归、游子恋家，这大概也是我们这个民族特有的难以割舍的情缘。正如歌中所唱，父母对儿女“只图团团圆圆”，“常回家看看”是父母们的最大心愿，同时，这也是长年漂泊在外的游子们魂牵梦绕的最大心愿所在。因此，在广告中，如若弹拨游子琴弦、诉诸游子情感，无疑是一聪明之举。孔府家酒广告可谓深谙其中奥妙：伴着歌“千万里，千万里，我一定要回到我的家，我的家，永生永世不能忘记”，接着推出广告语——“孔府家酒，叫人想家。”以游子的身份道出亿万游子的共同心声，其深得游子们的喜爱便也在意料之中了。

民族情：中华民族有着五千年的悠久历史，正因此，也积淀着其他民族所无法比拟的一脉民族血缘，一股民族情结。今天，每一个有良知的中国人，谁不想自己的祖国繁荣昌盛？谁不想自己的民族兴旺发达？每当同胞在国际上获得成功、取得辉煌成就时，又有谁不为之欢欣鼓舞？在世界赛场上，每当看到五星红旗冉冉升起、听到中华人民共和国国歌徐徐奏响之时，又有谁不为之感到激动和自豪？这种民族情感一旦得以激活，所焕发出的力量将是无与伦比的。就广告界来讲，这种“中国心”、“民族情”无疑是一块有待开发的绝妙领地。如“中国人，奇强”，相信每个看到奇强洗衣粉这则广告的中国人都有一种热血上冲的感觉，觉得热血在胸中澎湃。

自然风貌、浪漫情怀——我们正处于一个纷繁复杂的世界，为了舒缓疲惫的身心，躲避城市的喧嚣和污染，越来越多的都市人希望能逃离城市，投入到大自然的怀抱，休闲度假也成了现代都市人希冀的生活方式和流行的消费时尚。雄伟的高山、辽阔的大海、纯朴恬静的田园生活、异域他乡的奇特情调，这些浪漫的风景已经成为现代广告作品的创作元素，尤其对感性诉求的广告来说更是如此。

同样，浪漫元素成为了感性诉求广告的一个切入点。广告人针对这一需求，再现大自然各种美景，渲染一种轻松欢快的浪漫气氛，满足都市人盼望实现“逍遥梦”的潜在心理，从而感染消费者，使消费者为之心动从而实现广告目的。例如绝对伏特加酒的广告（图 10－2），画面运用蒙太奇的手法，将风景、光与酒瓶奇妙地组合在一起，展现出一个如梦如幻的场景，又如 Ebel 手表广告，在皎洁的月光下，古老的独木舟载着豪华轿车，伴着岸边的古老的金字塔在水中荡漾，让手表处于这种远古与现代结合的环境中，营造出一种浪漫又神秘的时间新境界，让消费者为之心动。

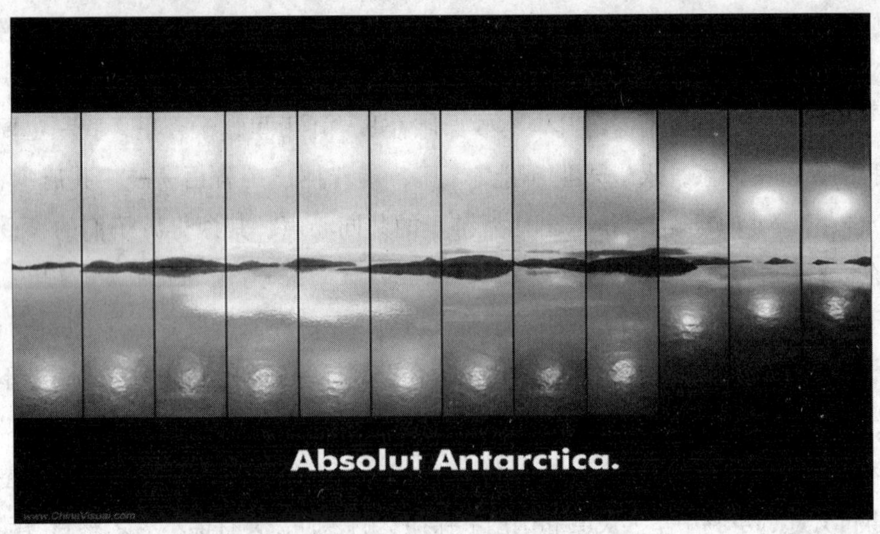

图 10－2　绝对伏特加

返璞归真、怀旧情怀——当今社会处于快速动荡的转型期，旧有的事物正在被更替或被打碎，而新的秩序、规则、制度尚未建立或正在完善中，人们的心理处于一种混沌迷茫甚至恐慌的状态，由于缺乏安全感、依托感、信任感，人们会不同程度的产生一种怀旧情结。人们或要找回过去的影子，或要追忆以往的好时光，或要通过回忆来聊以自慰，或依托怀旧来寻找一种准则。因此，在快节奏的消费文化时代，怀旧情结成了人们情感需求的一个时代特点。在广告传播中，巧用怀旧心理来激发消费者内心深处的历史记忆，同时赋予商品特定的内涵和象征意义，就会建立起目标对象的移情联想，通过广告与生活经历的共鸣作用而产生良好的传播效果。由此使广告宣传的产品品牌能够轻易地突破人们对广告的抵触防线，让消费者在浓郁的怀旧情结中自然而然地认同并接受商品宣传的信息。这类怀旧题材的情感，通常是一类人或一代人的经历，如知青下乡、当兵、校园等生活，对于这些群体而言，岁月虽然是沧海变桑田，历史老人总是企图用“时间”这只无形的大手抹去人们的记忆，然而，存在于大脑深处的记忆，却总会像陈年老酒一样，保留着人们儿时的欢乐、年轻时的奋斗等人生印记。所以怀旧情感的诉求通常能引起在以往有共同经历、共同体验的一群人的强烈共鸣。

在堪称经典的《南方黑芝麻糊》的怀旧广告片中，黄昏、青石小巷、挑着货担的母女、悬在担子上的晃晃悠悠的小油灯、憨态可掬的小男孩、木屐声、叫卖声和民谣般的音乐声，以及“一股浓香，一缕温暖”的画外音，一切都让人仿若置身于旧日熟悉的南方小镇，处处渲染着一种怀旧氛围，在内心油然而生对过去闲适平和生活的怀念和追忆，受众自然会对该产品产生认同感、亲切感和温馨感。利用人们的怀旧心理进行广告情感诉求，关键在于在旧日的历史氛围里寻找到某个社会群体记忆中具有时代烙印的共鸣点。广告创作时，要寻找到这一群体在某一个特定的历史时期所共同经历过的具有共鸣效应的事物或人，由此挖掘，进行广告策划创意，必能收到良好的传播效果。

激情诱惑、无法抵挡——激情及其令人震惊的诱惑对每个人来说都是无法抵挡的，它可以满足存在于人类意识深处的需要和欲望。性感就是美，就是激情，就是性格的表现。“自然界中任何东西都比不上人体更有性格，人体由于它的力，或者由于它的美，可以唤起种种不同的意象。”这就是罗丹关于人体美的深情描绘。如果说有一种线能体现力度，能表达情感，能对人微笑，能令人心醉，无疑就是人体完美的曲线；如果说有一种形体能表现柔软、轻盈、丰满、充满生命的活力，又像花儿一样婀娜多姿，至善至美的话，那肯定是女性的体态美。人体以其严格的对称，精美的比例，完美的轮廓，微妙的起伏，新鲜的色泽及和谐的节奏构成了宇宙间最完美的部分。可见，在现代广告中通过这种诱惑而达到广告的目的是多么重要。世界公认的日本优秀广告设计大师斋藤诚就经常以清晰又强烈的人体设计形象，以男女两性之间的依恋与激情作表现，对观众形成了强烈的吸引。

在当今的消费社会里，女性是一个十分重要的消费群体，而且具有非凡的消费潜力，因而女性从来就是广告瞄准的重要诉求对象。现代女性天生感情丰富细腻，有强烈的自我表现欲望，经常以感情因素来左右自己的消费行为，因而特别容易受广告的诱惑，一旦女性在广告上发现了美的楷模，她们就会千方百计地加以效仿，以期能像“她”一样洋溢诱人的魅力。同样，男性也因女性的曲线美而很容易被征服，特别是看到极富激情的场面更是无法抗拒，故激情诱惑的手法更易实施与男性，其命中率会令人出其预料的高，往往会让商家产生无限的惊喜。这种广告一般多用于香水、香烟、服装、酒类等跟美与风度有着千丝万缕关系的日常用品。如 Moods 香水广告，展现的是一对浪漫情人无法抵制香水带来的激情冲动，它把人体的美与香水的香宣泄得出神入化。这样的诱惑对消费者来说真的是无以抗拒的。

3. 感性诉求广告创作应遵循的一般原则

感性诉求广告具有极大的魅力和说服力，但它毕竟基于人类的感情，人的感情是最复杂而又最易变的，要想真正使感性诉求广告达到预期的目的，它还是必须在遵循一定的原则下进行的。

真实客观的原则——正如心理学家鲁道夫·阿恩海姆认为的，艺术创作是以知觉为基础的，它不是凭空创造，而是以生活积累和生活体验为基础的，而艺术家的生活积累则以知觉为媒介，艺术创造的基础就是对客观对象的表现性的知觉。说实话、抒真情是广告的生命，是赢得受众的本质力量，也是对社会负责，对消费者负责的表现。消费者不是一个可以任意施加影响的消极主体，他们具有自己的是非判断标准，具有独立的信念和理解，有着判断是非标准的积极客体，他们对广告的内容完全是根据自己要求的价值标准加以摄取或排斥的。感性诉求广告本身就是一种浪漫型的艺术，所以它的创作也应以现实为基础，以现实为对照，不满足于现实而表达理想和激情。同样，这种激情应来源于生活，来源于内心深处对生活的热爱和憧憬，只有做到了这一点才真正被受众所接受。

谐趣幽默的原则——幽默是生活和艺术中的一种特殊的喜剧因素，又是能在生活和艺术中表达或再现喜剧因素的一种能力。它通过比喻、夸张、象征、寓意、双关、谐音、谐意等手法，运用机智、风趣、凝练的语言对社会生活中不合理、自相矛盾的事物或现象作轻微含蓄的揭露、批评、揶揄和嘲笑，使人在轻松的微笑中否定这些事物或现象。

幽默广告之所以受人们的喜爱，根源在于其独特的美学特征与审美价值，它运用“理性的倒错”等特殊手法，通过对美的肯定和对丑的嘲弄两种不同的情感复合，创造出一种充满情趣而又耐人寻味的幽默境地，促使接受者直觉地领悟到它所表达的真实概念和态度，从而产生一种会心微笑的特殊审美效果，感性诉求广告正是通过幽默的情趣淡化了广告的直接功利性，使消费者在欢笑中自然而然、不知不觉地接受某种商业和文化信息，从而减少了人们对广告所持的逆反心理，增强了广告的感染力。

感性浪漫的原则——有人说浪漫是感性的，与理性是截然相反的原则，感性诉求广告创作的一个最基本的条件就是要具有创作的冲动，在广告中表现激情，只有在这种情感状态下才能够创作出优秀的作品。在感性诉求广告创作中，情感始终起着重要的作用。日本广告艺术设计师松井桂三说过：情感经常是一种在广告设计中不可缺少的元素，它能够把观赏者的心吸引过来，让他们就得全新的感受。在柏拉图看来，艺术创作的时候极其需要灵感，他认为创作的灵感就是一种“迷狂”状态。法国现代非理性主义哲学的代表柏格森更是认为艺术创作应该舍弃理性，注重直接、刹那间的情感，他认为只有在直觉中人和客体世界才能在本能冲动下互相渗透，达到统一，从而洞察到世界的本质。但是，我们知道，广告不同于艺术，感性诉求广告也不同于一般的艺术创作，它的目的是促进消费，它的目标受众是消费者。只有直观、外露的能为受众所接受的广告才是好的广告，而隐讳、苦涩难懂的广告即使再具有艺术性也不能称其为好的广告。

因此在进行感性诉求广告的创作时，我们鼓励宣泄激情，但这种激性的宣泄又必须在一定的理智控制之下进行，这就是我们所说的“理性浪漫”，只有这样它才能把主体内在的浓烈的情感作为对象纳入一定的视觉形式之中，使之对象化和物态化，成为有意义的形式。

澳大利亚著名广告设计师靳祈岛就特别重视设计的情感控制，他说：“我喜欢高尔夫，就是因为其需要高度控制感情。”这一点在感性诉求广告创作中十分值得借鉴。

艺术享受的原则——感性诉求广告的目标受众是消费者，在人们的社会心理和市场竞争日新月异的今天，它的表现形式更应该向艺术化的方向发展。今日的消费者不再是纯粹的追求物质满足，他们不仅要求广告能告之他们信息，而且要求有艺术性和娱乐性，满足其心理上的审美需要，所以，没有强悍的艺术感染力的广告是很难与消费者产生情感共鸣的。众多的广告活动表明，具有极强的艺术性和表现力的广告总是容易引起消费者的注意与兴趣，起到引导消费的作用。因为它使人们在获得信息的同时得到了艺术美的享受，正因为具有艺术表现力，它才能造成一种生气勃勃、富于情趣的意境，才能极大地增强广告作品的吸引力和感染力。

在感性诉求广告中可运用的艺术表现手法很多，除了前面所提到谐趣幽默外，还有对比、抒情、夸张、比喻和联想等，应在不同场合下运用不同的创意以期达到预期的目的。[①]

总之，在竞争日益激烈、广告铺天盖地的当今社会里，感性诉求广告已经成为悦取消费者的一把利剑，特别是在中国这么一个“情为上”的国度里，这种情况更加显得重要。只有在感性诉求广告中尽量减少点商业味，把丝丝情感融入到无情商业之中，才更能被消费者所接受，才真正达到最终的目的。

① http：//www. studa. net/yishu/030522/2003522163441. html。

三、案例欣赏

案例 1：邦迪——成长难免有创伤

邦迪的“成长难免有创伤”系列与其说是系列的平面广告不如说更像三幅泛黄的照片，照片里有我们大家共同的回忆。

第一幅是孩子哭着闹着要家长给他买玩具；第二幅是在舞台排练时，小朋友之间为了一点小事拌嘴怄气，那个扮成花一样的小孩撅着小嘴的样子给人留下深刻的印象；第三幅是暗恋中的小伙子看到心上人与男友约会。

三幅看似平淡无奇的小事配上“成长难免有创伤”的广告语达到另一个新的高度，让我们原本平静的心波澜起伏，跌宕不安。如水般平淡的小事唤起所有受众的共鸣，因为他们的故事里有我们的影子。(图 10－3)

图 10－3

在当时，广告宣传还是侧重产品功能诉求的时代，很多广告都通过对产品功能的诉求来突出产品，邦迪出其不意，一改以往产品功能诉求的广告策略，用浓浓情意的画面诉说产品的内涵，为消费者带来了强烈的视觉刺激和心灵震撼。为此，广告获得了第 30 届莫比广告奖二等奖。该国际广告评奖的结果主要从两个角度：其一是广告表现，即所谓的“创意奖”，强调广告的震撼力。另一个就是广告策略重在营销目标，强调的则是广告策略的正面有效，也就是广告要促进实际的销售，为企业带来实际的商业利润。

从第一个方面讲，邦迪广告挖掘出消费者值得回忆的素材，给消费者以更多的人文关怀，激起目标受众内心的情感认同，进而产生情感迁移而导致对产品的偏爱。

从第二个方面说，邦迪这则广告顺应了消费者需求及竞争对手状况的变化，顺应了产品特点及生命周期，制定出相应的营销策略，即不仅在广告中表现产品“是什么”，同时还将其人性化，满足消费者物质层面和精神层面两方面的需求。邦迪的真诚同时也赢得了消费者真情的回报。

邦迪广告的成功关键在于广告中突显了对消费者的浓浓“情意”，然而着一“情”字味道全出。现代工业文明导致人与人之间关系的冷漠，人们生活中也经常会碰到一些不如意之事，每个人都渴望获得别人的理解和关爱，然而这又是何其难啊！邦迪广告则表现出了对消费者的理解，它声称“成长难免有创伤”，这就首先拉近了与消费者之间的距离，给他们一种亲近感。广告又精心截取三则反映亲情、友情和爱情的不同生活片段，以唤起人们对童年生活情景的回忆，进而在消费者心中留下深刻印象。至此，刻在人们记忆深处的伤痛和生理上的伤口在消费者心目中便具有了某种相似性，因而广告可以很自然地把两者关联在一起了。邦迪广告也将其产品“愈合伤口”的功能，自然地扩展为“再深、再久的创伤也终会愈合”的产品理念。当你欣赏这则广告时就仿佛在和一位老朋友倾心交谈，这正是邦迪广告要让消费者产生的感觉。通过这种真情的诉求让消费者感到，邦迪品牌是我们大家的朋友，是和自己一起承担成长创伤的知心朋友。当人们在需要的时候，邦迪自然会是他们的首先品牌，广告提升了消费者对邦迪品牌的忠诚度。

这种饱含人文关怀的新广告能够帮助企业树立良好的品牌形象，进而让消费者产生品牌联想。正如人们由“好东西要和好朋友分享”想到麦氏咖啡，由“男人，其实更需要关怀”想到丽珠得乐，由“真诚到永远”而想到海尔的真情一样，人们也会由“成长难免有创伤”、“没有愈合不了的伤口”而想到邦迪的情意。

目前，商品市场再也不是广告人独自任意挥洒的舞台，而是一个由广告人和消费者共同演绎的精彩世界。麦肯光明广告公司深谙其中的道理，在邦迪创可贴广告的创意中阐发深刻的人生哲理，表现出对消费者深切的人文关怀，从而达到与消费者进行心与心沟通的效果。

2000年夏季，朝韩峰会这个话题引起了全球关注，半个世纪的对峙终于握手言和。朝鲜半岛半个多世纪以来一直处于南北对峙的分裂状态，无数亲人被人为分隔而形成的心理创伤由来已久。冷战结束后，于 2000 年夏季，朝韩两国领导人决定为朝鲜半岛的统一而举行高峰会谈。这个震动世界的举措吸引了世界人民的注意，邦迪也敏锐的捕获这一消息，并且凭借精心制作的《朝韩峰会篇》得到众多消费者的关注。于 2000 年底在第 30 届莫比广告大赛上获奖。(图 10－4)

图 10－4　邦迪——朝韩峰会篇

这则广告是引用了朝鲜领导人金正日与韩国领导人金大中高举酒杯时的照片，这幅表达骨肉亲情的历史照片，不仅使朝鲜半岛数千万民众饱受创伤的心灵得到抚慰，而且使全世界一切爱好和平的人士看后无不为之动容。邦迪用“邦迪坚信没有愈合不了的伤口”简单几个字表达出全球人民热爱和平，反对战争的共同心声。同时，邦迪创可贴将“愈合伤口”这个简单的产品功能就扩展为“再深、再久的伤口也能愈合”的产品理念。

案例 2：强生——因爱而生

画面中首先出现的是一个可爱的婴儿，妈妈和婴儿之间一系列的亲密接触，伴随着温暖柔和的音乐，一个声音缓缓到来：强生相信妈妈的手，过去六年通过强生“婴儿抚触项目”，我们帮助中国 500 万个母亲用专业的抚触手法，让宝宝茁壮成长。因爱而生，强生。这是强生的形象广告（图 10－5）。它代表了强生这一品牌的主要诉求方法——感性诉求。

因爱而生，这是多么温暖又强有力的广告语，它震撼着每一个人的心灵，婴

图 10－5　因爱而生——强生形象宣传片所有母亲对子女爱的鼓励

儿和妈妈之间必然的纽带就是爱，因爱而生，这句广告语的定位十分准确，它十分准确地抓住人的情感中最为重要的情感之一——亲情。亲情无价，亲情是一种最无私、最诚挚的感情。母爱伟大，强生将亲情用到了淋漓尽致，她让每位母亲想到最适合的婴幼儿用品的品牌时首选强生。

不得不提的是强生的另一则广告《为妈妈的爱喝彩》。音乐起，女儿靠在白发苍苍的母亲的肩上，露出甜蜜的笑容，她的爱，从你出生那一秒，缓缓的歌声中，我们看见一个呱呱坠地的婴儿和一位幸福的母亲，随着画面的转换，小孩一天天的长大，我们听到一位母亲的心声：只要你正直、善良、脚踏实地，坚持或放弃，妈妈都支持。人生的旅途中，不可能一帆风顺，我们总会遇到这样那样的困难、挫折，在沮丧失败时，我们最需要身边人的关心和支持。青春期，正确的引导非常重要，而不是一味的束缚孩子的自由，有梦想就去闯，无论成功与否妈妈都会是你最强大的后盾，家都是你最温馨的港湾。要做就要做到最好。都说每一个的男人背后都有一位优秀的女人，其实，每一个孩子的背后都有一位伟大的母亲。或许正是这份慈母的严格，让片中那个小女孩坚持了自己的梦想，在赢得世界冠军的那一刻，她留下了感动的眼泪，眼泪里饱含着复杂的感情。收获成功的喜悦，对母亲爱的感激等等。在别人眼里她是冠军，在母亲的眼里，她永远是个孩子。无论她长多大，变得多成熟，在母亲眼里，她永远都是那个长不大的孩子。爱在传承，爱在继续。所有的人应该不仅仅为奥运冠军喝彩，更应该为妈妈的爱喝彩。这样一则饱含着温情的感性广告，不仅能让观众记住强生这个品牌，更让这种感动延续到心里。强生不仅仅是强生，更是一种美好的联想。

强生的情感营销不仅通过感性诉求广告来实现，而且在其百余年的发展历史中，强生始终保持着对社会公益的关注和高度的社会责任意识。

在中国，强生建立起与医院、地方社区以及其他合作伙伴的协作关系，展开各健康领域的公益活动，并把奥运精神和理念融入发展中。1995 年，强生

(中国)有限公司将“婴儿抚触项目”介绍到中国。此项目通过培训产科护士及家长来推广婴儿抚触技术的理论和实践，并在全国的医院中建立标准抚触室。自 90 年代中期以来，强生婴儿抚触项目已经被推广到全国 200 多个城市的 1200 多家医院。目前全国共有 800 家医院建立了强生婴儿标准抚触室，多达 150 万的婴儿得到了抚触，超过 500 万名的新妈妈接受了医护人员教授的婴儿抚触技术。

意外伤害是造成中国 0～14 岁儿童死亡的主要原因。作为“全球儿童安全网络”项目的一部分，1999 年上海强生制药有限公司发起中国“儿童安全”系列活动，在全国范围内开展预防儿童意外伤害的教育活动，提高大众对儿童安全的意识。通过开展“儿童安全周”、“强生家长安全健康学校”等活动，对 14 岁以下儿童的父母和监护人开展家庭安全教育活动。该项目每年直接覆盖到 10 万家长和儿童，并通过媒体报道覆盖到 8000 万人群。

为了推动医学前沿的进步、造福于更多的患者，强生（中国）医疗器材有限公司分别于 2001 年、2005 年在北京和上海建起了两座“强生医疗学术中心”，由此搭建了医学专业教育的平台，这个平台包括：世界一流的教学培训设施；先进的手术操作设备和模拟训练系统；国内外学术演讲和交流、研讨会、手术实时转播、模拟操作和动物活体演练。

2002 年强生公司与中国红十字会签订协议，强生通过对造血干细胞库数量的承诺，协助红十字会将造血干细胞库提高至良性循环阶段。通过公众教育和志愿者招募活动，强生公司资助了众多的招募活动。截至 2006 年底，强生公司共有 2000 多名员工志愿捐献造血干细胞。2007 年，中国红十字会授予强生公司“中国红十字勋章”以表彰强生在长期支持中华骨髓库建设中作出的贡献。

由于晚诊断及晚治疗，乳腺癌现今成为了中国女性癌症疾病的第一杀手。2003 年，经卫生部同意，中国抗癌协会发起了一个为期 6 年的“百万妇女乳腺普查工程”项目，旨在提高乳腺癌的诊断率。中国抗癌协会开展了大型的公众教育活动，并向 100 万中国妇女提供乳腺普查。从 2005 年起，强生（中国）医疗器材有限公司开始对该项目提供资助，提供医疗器械并负责协助培训专业医疗人员。截至 2005 年底，全国已经有 18 个省市的 32 所医院成为“百万妇女乳腺普查工程”定点单位，近万名妇女接受了乳腺普查，查出乳腺癌患者 82 例，其中早期乳腺癌 22 例。

自2004年起，强生儿科研究院（Johnson & Johnson Pediatric Institute）携手中国卫生部、美国儿科学会（American Academy of Pediatrics）、中华医学会妇产医学分会和中华护理学会，共同开展了一个全国范围的“新生儿窒息复苏项目”（NRP），取名为“自由呼吸生命之源”（Freedom of Breath，Fountain of Life）。该计划旨在通过教育手段降低婴儿死亡率，并确保医院的每例分娩至少有一名受过NRP培训的专业人员在场。新生儿复苏计划已对全中国18000位医护人员进行了新生儿复苏术培训，再由受训者将其所学传承给更多的同行。该组织的目标是到2010年，确保中国医院的每例分娩至少有一名懂得新生儿复苏术的专业人员在场。

2006年，强生“企业关爱计划”一如既往地为全球医疗保健事业作出贡献。强生公司在各地区重点开展针对母亲、儿童、家庭和社区的公益活动，同时也不忘在卫生、教育、就业、环保和艺术等领域开展慈善活动。在2005年，强生与数百家地方、区域以及全球机构建立合作关系，总共捐赠了价值5.448亿美元的现金和产品。

2006年10月17日，美国强生子公司比利时杨森制药公司、西安杨森制药有限公司与秦始皇兵马俑博物馆签署新一轮文物保护科技合作协议，旨在建立一个世界级的文物保护研究中心，用于文物和遗产的保护和修复，以及与中国科学家进行创新的文物保护和修复技术的交流。该项合作协议为期5年（2006—2010），投资逾百万美元。此外还将设立“秦始皇兵马俑——保罗·杨森文物保护和研究中心”、中国第一个“秦始皇兵马俑——保罗·杨森文物保护基金”、和“秦始皇兵马俑——保罗·杨森文物保护和研究成果奖”。

2007年，强生在中国推出“强生家庭健康关爱计划”，此计划是强生公司的一项致力于提高国家庭健康水平，提升中国家庭生活品质的健康教育项目。强生家庭健康关爱计划将整合强生各公司的专业知识、技能和资源，并通过向中国家庭和医务工作者提供符合中国需要的、高质量的健康教育信息，将关爱传递给每个中国家庭。① 关注公益，因爱而生，强生让爱在延续。

---

① 参见网页品牌世家——强生。

案例3：中国移动通信——沟通从心开始

2001年中国移动通信《牵手篇》广告获得由广东消费者投票选出的“十大最受欢迎的电视广告”，同年又获得在芝加哥颁发的第30届莫比广告节电视广告金奖，也是华语广告界在全球取得的最高荣誉之一。它首创了中国企业本土创意环球制作的先河，播出后好评如潮。获得世界顶级的传媒大奖，它标志着中国移动通信迈向世界的新企业形象得到了全球的关注，同时也标志着中国广告界的多年努力被世界认可。

“沟通从心开始”是以一首童声合唱的《欢乐颂》为开始，在音乐的感召下，让世界各地的孩子们走到一起，手牵手，心相连，共创美好未来。最后是移动的广告语：沟通从心开始。这则广告让我们由衷地感受到广东移动带给我们前所未有的亲和力和使命感，使我们不由自主的走入他们的生活，和他们投入一个共同的梦想和世界。一个为消费者诞生的企业新形象，受到了消费者由衷地认同。(图10－6)

图10－6 中国移动通信“沟通从心开始”(牵手篇)

与客户拥有一个共同的愿景，是企业品牌生命之源。卓越的品牌为消费者提供的不仅仅是功能和技术的价值，同时也与消费者一起创造出共同的梦想和信念，这是一种无形的精神价值，只有这两者完美结合才能计品牌焕发出无穷魅力。

“沟通从心开始”在一首童声合唱的《欢乐颂》伴随下，从电视屏幕走向千家万户，在广东大街小巷清脆地回荡。该事件被《中国经营报》评选为“年度中国广告十大新闻事件”。《牵手篇》的创意和拍摄开创了中国本土广告公司跨国制作电视广告的先河，而九易广告也脱颖而出，成为广东移动最核心的广告及传播策略的合作伙伴。与1999年的广告移动相比，这是一次历史的飞跃。营销的作用就是传递一种更高标准的生活。

1999年，移动通信对于大部分消费者来讲，还属于比较奢侈的个人消费品，市场还仅限于中高收入阶层，广东移动当时的客户数量还停留在百万级。中国移动刚刚从中国电信剥离，消费者对中国移动的认知非常模糊，还笼罩在服务不佳、高高在上、垄断独裁的国企印象之中。尽管作为一个致力于沟通的企业，中国移动与消费者之间仍然缺乏有效的沟通。消费者认为使用中国移动的服务是一种无奈而被动的选择。

同年，中国移动提出了“外树形象，内炼素质”、“创世界一流通信运营企业”的发展战略，广东移动开始实施企业品牌及服务营销战略，将1999年命名为“服务年”。为了改变消费者的负面印象，广东移动采取了一系列积极的企业战略调整，其中包括了发动广告运动向消费者传递企业的全新定位和创新价值。

在经过调研和分析之后，移动认为当时只是移动通讯产业的起步期，移动的未来必将走进每一个人的生活，改变人们的沟通方式，将人与人拉近，而移动通讯的市场也会更加的广博。于是中国移动确定了“针对更广泛的社会人群”、为企业塑造一个“致力沟通和朝气蓬勃”全新企业形象的目标。在创意中，我们以牵手为表现核心，以世界各地的孩子们手牵手地相聚象征着沟通为我们创造的美好未来，将企业面向未来、面向世界、创造美好生活的信心和博大胸怀艺术地呈现在磅礴大气的电视广告中。从此，《牵手篇》被中国移动集团公司确定为中国移动的企业形象广告，从广东走向全国。沟通从心开始也成为最受欢迎的广告语之一，让人感到温暖。

这让我们想到中国移动通信下的另一个品牌——全球通。在感性诉求方面，它也让受众的心灵震撼不已。一艘游船在茫茫南海遇险，关键时刻，一名乘客用手机通过中国移动的网络拨出了求救电话，128人的生命得到挽救，这则广告是要说明了中国移动的网络质量很好，网络覆盖面很广。这则广告播出后给人留下了深刻的印象，尤其是最后的一句广告语，“打通一个电话可以挽回的最高价值是生命，信赖全球通”。一个经典的广告语可以铸就一个好的广告，一个好的广告可以让人记住这个品牌，运用危难中脱险的事情，让受众在由惊到安的过程中，加深对中国移动品质的信赖，达成心灵上的认可。中国移动在市场竞争中靠的是领先的服务和网络质量，而全球通正是对这一理念的最好诠释。全球通是如何想到这些创意的呢？也许从下面的新闻中会获得些许启发：

2002 年 4 月，青岛移动公司在崂山顶建成开通了全国海拔最高、覆盖最远的边际站，网络信号在海上最远覆盖范围达到 120 公里，实现了青岛地区陆地、近海、远海三个层面的移动通信网络覆盖。

2002 年 10 月 6 日，一艘载有 128 名中国游客的越南游船从越南海防驶向芒街时，在下龙湾偏离航道 2000 米后触礁。游船随时有沉没的危险，茫茫大海，游客的生命危在旦夕。但万幸的是游客梁先生的一部“全球通”国际漫游手机还有信号。整个遇险、援救过程中，这部手机成了 128 名游客与外界联系的唯一通讯工具，它的信号始终没有中断。关键时刻，事实证明了中国移动“全球通”的卓越品质和强大功能在危急时刻筑起跨越时空的生命通道。

2003 年 2 月 24 日上午 10：03，新疆喀什地区突然发生了里氏 6.8 级的大地震。中国移动新疆公司得知地震的消息后，立即成立了抢险救灾应急通信领导小组，在第一时间赶到了灾区现场。灾区的乡亲们由衷地赞叹：“在地震前中国移动就有网络覆盖，在地震中中国移动的网络没有受到影响，在地震后中国移动的网络没有中断过一分钟。”

全球通的这则广告是源于真实事件，它充分调动了消费者的感情，并不露声色地攻击了竞争对手的最弱点，强调了自身网络稳定覆盖面广的特点，提升了品牌价值。

在中国，很多人认识移动通信，最初是从接触全球通开始的。在一定意义上，甚至可以说，全球通品牌的发展历史就是中国移动通信深入人心的历史。(图 10－7)

全球通是中国移动通信面向高端客户的品牌，麾下聚集的是相对稳定、忠诚度较高的社会精英群体，他们中的大多数作为老客户见证了全球通的发展历程，而“全球通”也同样见证了他们奋斗创业走向成功的历程。含义丰富的“我能”两个字紧贴这部分人群的特征和心理需求，虽然是只有两个字的肯定词，在意义上却有极大的外延。

图 10－7　全球通——我能　爱心积分捐赠篇和网络覆盖篇

“能”是能行，能成，也是能力、能干、能人。现在的社会变化多端能人辈出，全球通的客户群体多是中产阶级、成功人士，可谓精英汇集，也正是各个行业的“能人”。他们拥有已步入正轨的事业和高品质的生活，但又同每一个人一样面临不确定的明天。他们自信、积极、成熟，同时又需要保持我能、明天会更好这样的心态。

“我能”（图 10－7）从客户角度出发，以一种平等的、有共鸣的语气表现客户的自信心态、行为，其所包含的进取、自信等含义又暗合这些“能人”现今的想法。已问世十年的全球通被赋予“我能”这样的客户视角和明晰含义是全球通品牌提升的重要一步，既使其形象丰满、个性鲜明，也使其品牌形象再次获得升华。品牌既是营销的一个环节、企业经营的一种表象，又是统领企业经营行为的重要手段。窥斑而识豹，由企业的品牌战略可以看出企业经营内在的本质差异。以客户体验为导向的品牌战略将进一步推动运营商创新业务模式，使以技术为基础的产品设计转变为以客户定位为根本的业务整体解决方案，并贯穿在整个业务的设计、研发、渠道与运营等流程中。中国移动通信的品牌战略的历程意味着中国移动通信的经营、营销、网络建设等各方面流程将不断顺应时代潮流，不断走向完善。

中国移动通信集团公司（简称“中国移动通信”）于2000 年4 月20 日成立，注册资本为518 亿元人民币，资产规模超过4000 亿元。中国移动通信集团公司全资拥有中国移动（香港）集团有限公司，由其控股的中国移动有限公司在国内31 个省（自治区、直辖市）设立全资子公司，并在香港和纽约上市。目前，中国移动有限公司是我国在境外上市公司中市值最大的公司之一，也是亚洲市值最大的电信运营公司。

国内电信市场上，品牌的重要性已得到广泛认同。由此引发的是各种产品、业务品牌纷纷“你方唱罢我登场”。但热闹的背后，很多电信品牌仍存在严重的“空心化”：品牌只是作为单纯的符号而缺少个性化的内涵，有广泛的知名度而没有差异化的忠诚度，与产品没有形成定性的互动关系，对消费者购买决策影响力极为有限等等。有名而无实，有品牌而无战略，长此以往，再大的宣传攻势也只是一场只有演员表演没有观众捧场的独角戏。相形之下，中国移动通信在发展良性的品牌战略上已经抢在了前面。

中国移动通信主要经营移动话音、数据、IP 电话和多媒体业务，并具有计算机互联网国际联网单位经营权和国际出入口局业务经营权。除提供基本话音业务外，还提供传真、数据、IP 电话等多种增值业务，拥有“全球通”、“神州行”、“动感地带”等著名服务品牌。

中国移动通信在我国移动通信大发展的进程中，始终发挥着主导作用，并在国际移动通信领域占有重要地位。经过十多年的建设与发展，中国移动通信已建成一个覆盖范围广、通信质量高、业务品种丰富、服务水平一流的移动通信网络。网络规模和客户规模列全球第一。截至 2005 年底，网络已经 100% 覆盖全国县（市），主要交通干线实现连续覆盖，城市内重点地区基本实现室内覆盖，客户总数超过 2.4 亿户，与 206 个国家和地区的 271 个运营公司开通了 GSM 国际及台港澳地区漫游业务，与 101 个国家和地区的 93 个运营商开通了 CPRS 国际及台港澳地区漫游业务，国际及台港澳地区短信通达 106 个国家和地区的 214 家运营商，彩信通达 6 个国家和地区的 21 家运营商。中国移动通信已经成功进入国际资本市场，良好的经营业绩和巨大的发展潜力吸引了众多国际投资。中国移动通信已连续 5 年被美国《财富》杂志评为世界 500 强，最新排名第 224 位。在中国企业联合会和中国企业家协会组织的“2005 年中国企业 500 强”评选中，列中国企业 500 强综合榜第四位，列服务企业 500 强第二位。上市公司成为连续 3 年入榜《福布斯》“全球 400 家 A 级最佳大公司”的唯一中国企业。中国移动通信既是一个财务稳健、能够产生稳定现金流的赢利性公司，又是一个充满发展潜力、具有发展前景的持续成长性公司。面向未来，中国移动通信确立了“做世界一流企业，实现从优秀到卓越的新跨越”的发展战略目标，努力成为移动信息专家和卓越品质的创造者。

第11章 直面社会议题

一、焦点链接：爱在阳光下

《爱在阳光下》是2003年香港电台制作、香港关怀艾滋病基金资助，以宣传不要歧视艾滋病人为主题的公益故事短片，长度约12分钟，该片采取了歌舞剧的形式，选用了《献给爱丽丝》、《新大陆交响曲》等著名曲目。30余位港台内地明星组成的豪华阵容更使得该剧成为当时汇集华人明星最多的一部公益广告片。

音乐电影邀请一班香港歌星义务演出，由著名导演杜琪峰担任监制、刘德华兼任导演及演员，林子祥、叶倩文、黄秋生、刘青云、李克勤、梁咏琪、陈慧琳、郭富城、古天乐、陈小春、谢霆锋、Twins、黄凯芹、何韵诗、梁汉文、张柏芝、莫文蔚、古巨基、Shine、余文乐、黄伊汶、郑希怡、Boy'z、Cookies等参与演出。(如图11-1)

该公益片讲述的是在一个舞会上，嘉宾们在相互攀谈中得知将出席酒会的少女A得了艾滋病，于是现场大乱，但在酒店服务生的正面宣传下，大家了解了艾滋病的相关知识，最后大家热情接待并与少女A一起共舞。片中，刘德华成了大堂服务生，郭富城为开电梯员工，古天乐是厨房大师傅，陈慧琳则充当洗手间清洁女工，拿起拖把载歌载舞，而Twins中的美少女蔡卓妍则大胆演绎了艾滋病患者少女A。片中以寸头出镜的刘青云怪相频频，戴着大框眼镜的陈小春与张柏芝共舞。

图 11－1　爱在阳光下出场的明星

此外，片头刘德华个人独白："所有艾滋病的病人不需要大家更关心他们，只需要大家用一个平常心去面对他们。"片中用轻松搞怪的方式将艾滋病的病因和如何预防艾滋病细细道来。在片子结尾处，所有演员表达了"艾滋病只是一种病，我们应该像对常人一样对待艾滋病患者"的寓意。使人们了解了艾滋病，消除对艾滋病的盲目恐惧的心理，并进一步理解和帮助艾滋病患者。

雪中送暖

2008 年，一场突如其来的暴风雪肆虐了中国十几个省区，这是中国 50 年来遭遇的最为恶劣的暴雪天气，中国人口密集的中东部地区因此一度交通瘫痪，雨雪天气造成安徽、江西等 14 个省（区、市）7786.2 万人受灾，因灾死亡 60 人。此外，本次雨雪灾害还造成农作物受灾面积 4219.8 千公顷；倒塌房屋 10.7 万间，损坏房屋 39.9 万间；因灾直接经济损失 220.9 亿元。时值中国春运高峰期，暴风雪天气也给交通运输带来了严重影响，铁道部表示全国各地有 580 万名旅客滞留车站。中央气象台发布最高级暴雪红色警报。灾情的严重，灾民的苦况，牵动着每一个人的心。(如图 11－2)

在这场雪灾中，凤凰卫视除了派出记者深入灾情现场，发回第一手的消息，履行媒体人的责任外，总觉得还应该尽一己之力，向受灾情影响的数千万民众送上支持与关爱。怀着这个共同的愿望，凤凰卫视、香港演艺人协会、香港电台相关负责人在 2 月 1 日晚间召开会议，决定发起以歌送暖公益行动。

图11-2 雪灾后的交通状况

从2月2日周六起，香港民众已经全面进入欢度传统佳节的状态，平时看似轻而易举的工作在此刻也变得异常棘手。关键时刻，香港媒体纷纷伸出援手，香港电台无偿提供录音棚给《雪中送暖》使用，而香港无线电视台也承担了为上百位演职人员安排餐饮茶水的后勤保障工作。从2月1日凌晨“雪中送暖”行动的提议产生，到2月3日凌晨《雪中送暖》公益片录制完成，仅用了不到60个小时。

“雪中送暖”大合唱采用谭咏麟的经典歌曲《朋友》的曲调，由香港著名填词人陈少琪重新作词，著名音乐人金培达义务监制，香港电台机构发展总监李再唐、香港演艺人协会理事会负责统筹。“雪有多大，情有多浓，千里冰封心不冻，透出一道彩虹……”2月2日深夜11点，百多位香港歌、影、视艺人，凤凰卫视主持人，八和会馆名伶齐聚香港电台，参与大合唱通宵录音，为内地遭受雪灾之苦的同胞送上关爱的歌声。

谭咏麟、曾志伟、刘德华、梁家辉、郑秀文、赵雅芝、吕良伟、容祖儿、叶童、陈慧琳等香港演艺界百多位红星，以及凤凰卫视主持人吴小莉、董嘉耀、萨文、姜声扬、刘珊玲、江欣荣和评论员杨锦麟，在这个寒冷的冬夜，共同唱出一曲温馨的《雪中送暖》。歌曲及MV录制由凤凰卫视负责完成后，无偿提供给内地及香港各媒体播放，该片是继《爱在阳光下》之后明星最多的公益广告片。(如图11-3)

图 11-3　雪中送暖出场明星

由上述两个群星参与的公益广告片来看，公益活动并非仅仅只是政府的责任，而是社会各阶层和团体的共同义务。如今绝大多数人慢慢开始认识到：作为社会成员，应当具有社会责任感，关心社会、国家和人民，主动承担社会义务，尽自己所能为社会公益事业做贡献。作为职业广告人、职业广告组织，更应该积极投入到公益广告活动中发挥主体的作用，这是义不容辞的责任。当然，作为广告人也希望通过公益广告活动，用自己的专长来表达对社会对人民的关怀，表现广告人的良知、修养和广告人的道德准则。

二、理论探究

1. 公益广告界说

公益广告最早出现在 20 世纪 40 年代初的美国，亦称公共服务广告、公德广告。是为公众服务的非盈利性广告。在我国通过电视媒体播出的公益广告，最早出现的是 1986 年贵阳电视台摄制的《节约用水》。之后，1986 年 10 月 26 日，中央电视台开播《广而告之》栏目，揭开了我国公益广告新的一页。

公益广告是以为公众谋利益和提高福利待遇为目的而设计的广告，是企业或社会团体向消费者阐明它对社会的功能和责任，表明自己追求的不仅仅是从经营中获利，而是过问和参与如何解决社会问题和环境问题这一意图的广告，它是指不以盈利为目的的为社会公众切身利益和社会风尚服务的广告。综合来说，公益广告是为公众利益服务的非商业性广告，旨在以倡导或警示等方式传播某种公益观念，促进社会精神文明的建设。[①] 非商业性是公益广告非常重要的特点之一。

公益广告要素包括：公益广告主、公益广告信息、公益广告费用、公益广告代理商、公益广告媒体、公益广告受众。

公益广告的"广告主"多为政府部门、专业协会、社会保护组织、各种基金会和个人等。广告公司和部分企业也参与了公益广告的资助或完全由他们代理。早期公益广告活动最积极的参与者是政府、广告公司和媒介单位，而并非企业，但随着广告行业的发展，越来越多的商业机构将资金投入到公益广告上，一方面是为了显示公司的公益精神，表明公司乐于为社会谋福利、树立社会好风尚等良好愿望；另一方面，也是在利用这一机会向公众显示公司的经济实力和与社会之间的良好关系。

公益广告的广告信息即公益广告主通过广告要传播的观念信息。公益广告的信息不是商品信息，也不是企业形象信息，而是有关国家、民族、社会、公众利益的大众化信息。公益广告的广告主与广告信息之间无商业性关系，而只是责任化、义务性之关系。广告信息也是经过广告主慎重选择，针对一定社会性问题而为广大社会公众利益提供的观念化服务。

公益广告费用即公益广告主从事公益广告所必须支付的制作成本费用。根据国外惯例，真正的公益广告不应该有广告公司的代理费、服务费和广告媒体的刊播费。公益广告费用是制作公益广告活动必要的物质支出。由于公益事业的社会意义，国外一些国家对公益广告有严格的费用控制，将之称为为社会公众提供免费服务的广告。

广告代理商在公益广告活动中从策划、创意、制作等环节为广告主提供服务，对真正意义上的公益广告是免收服务费的。在为公益广告寻找媒体时，一般不应有15%的广告代理费用，而仅为公益广告主与广告媒体之间牵线搭桥。

① 高萍．公益广告初探［M］．中国商业出版社1999年版，第11页。

公益广告媒体即附载公益广告信息，与社会公众进行非人际传播的各种物质载体。其具体形式除电视、广播、报纸、杂志及各类户外媒体之外，还包括民间各种活动场所，如公园、游泳池、交通公路等。

公益广告受众即公益广告信息的接受者，一般为广大社会公众。不同的公益广告主题会有不同的诉求对象，但最终受益的是包括目标诉求对象在内的全体社会公众。①

美国是世界上广告业最繁荣、各类广告做得最多的国家。美国的公益广告涉及面非常之广，并且颇有成效，这类广告大部分是由联邦政府、民间机构和职业团体推出。美国广告协会曾向全美广告经营单位发起一场为美国公众利益做好事的运动。美国广告理事会利用公益广告进行范围广泛的宣传活动，如缓和世界饥饿状态、节省能源、防范森林火灾和维护自由女神保等。该机构曾力邀里根总统和夫人南希参加电视广告所做的反毒宣传。

公益广告促进社会进步：社会是人的社会，社会进步是通过人类自身的进步而实现的。公益广告对社会的宣传教育效力要通过人类自觉的文明行为表现出来。各类主题的公益广告使人们潜移默化地受到教育，产生越来越多的共识，形成对社会、对人类的责任感，逐渐使人们达成与社会文明进程同步发展的价值观和人生观，在“类本质”的基础上形成并建设“类文化”，这是社会进步不可或缺的精神动力源泉。公益广告以广告艺术手法使人们对社会、对人生进行深刻的认识和省察，以对自身的终极关怀而接受一种有益的观念。在经济生活与人伦发展之间展开了一个深层次、高境界的公益空间，构成社会文明进步的强大推动力，而一个社会公益事业的兴旺正是社会进步的标志。②

2. 商业广告公益化

在当今生活中，各式各样的商业广告无处不在，力争与消费者“零距离接触”。然而就在商业广告铺天盖地、密集投放的同时，消费者的逆反心理也随之增强，尤其是强销类广告。陈培爱等人曾于 1996 年对北京、武汉和厦门三个城

---

① 高萍．公益广告初探［M］．中国商业出版社 1999 年版，第 14-17 页。

② 高萍．公益广告初探［M］．中国商业出版社 1999 年版，第 100 页。

市的观众进行过一次调查，结果显示：总体上来说，我国消费者对电视广告有着厌烦的倾向。另外，从广告业发达的美国的研究资料来看，尽管广告创作随着时代的发展而不断推陈出新，人们对广告的态度并未因此而变好，反而越来越消极，而且有排斥广告的强烈倾向。[①] 为了尽可能的消除商业广告带来的负面影响，商业广告公益化的形式应运而生，这种带有公益色彩的商业广告，很大程度上去除了广告的推销性，取而代之的是中华民族所倡导的美德或社会所认可的道德、行为规范。从而赢得了公众的信任，引起受众的认同感。正是“以心感人，人心归”。

所谓商业广告公益化，即通过在广告中宣传某一观念，道德或对某一现象的看法，来淡化直言买卖的商业气息。同时，它也是企业追求经济效益连带创造社会效益的一种良性结合。然而，企业采用公益化的广告形式，主要是希望能够更好地树立企业或产品的良好形象，更好的实现营销目标。[②] 这是公关广告的一种表现。

当你的耳边一遍遍回响着“干干净净做人，奇强”这句广告语的时候，问题随之而来，那就是，这到底是公关广告还是公益广告，或者是介于两者之间？这类表面是在传递公益信息而根本目的是在树立企业或产品形象的广告形式已被越来越多的企业在运用着，但它并不是真正意义上的公益广告，而是商业广告的一种表现形式，一种提升了部分社会效益的商业广告形式，它与公益广告之间存在着根本的区别，[③] 因为它的根本立足点在于企业自身的营销目的。

广告按最终目的可分为商业广告和非商业广告，公益广告当属非商业广告，而公关广告则属于商业广告（这个问题尚存分歧）。公益广告和公关广告既有相同点，也有相异点。相同点在于广告主题的公益性和广告直观效应的利他性。公益广告与公关广告的主题都是围绕社会公众利益而进行某种观念的诉求。广告中至少有一部分内容是与本企业的商业信息无关的公益信息。由于广告主题定位相

---

① 黄合水．广告心理学［M］．厦门大学出版社2003年第一版，第77页。

② 徐凤兰．公益化的公益广告与公益广告的界定［J］．浙江广播电视高等专课学校学报，1999年第1期。

③ 徐凤兰．公益化的公益广告与公益广告的界定［J］．浙江广播电视高等专课学校学报，1999年第1期。

近，切入点的品位相似、使有些人误认为公关广告就是公益广告。由于广告主题的公益性，使其在传播过程中，给广告受众留下的印象首先是利他的，是助人为乐的，是站在社会公众立场上为公众考虑的，是为公众的利益服务的。这使公益广告和公关广告具有较高文化层面的特殊意义，从而也为广告赢得了美名。那么如何区分公关广告与公益广告呢？二者的不同点在于广告信息不同和广告费用不同。公益广告的信息来自公众客体，是某一社会现实问题的反映，旨在倡导某种对社会公众有益的观点，只能在广告结尾处不显著位置署广告主企业的名称；公关广告的信息则含有大量商业内容，一般来自广告主主体，坦露广告主的主观意向，有时也直接倡导某一公益观点、但同时伴有企业信息，出现企业商标，产品品牌等，广告主企业的名称可以署在整个广告最重要的位置上。公益广告作为非商业广告，广告经营单位不收取代理费等服务费用，媒介单位也不应收取刊播费或少收刊播费，公益广告的费用一般只有制作成本；公关广告则属商业广告，应按照有关商业广告费用规定收取。考虑其一定的公益性，有关部门可以探讨一定的比例，一般费用可低于其他商业广告。公关广告由于其商业信息的传播必须遵循“有偿”的原则。①

3. 公益广告商业化

公益广告是为公众利益服务的非商业性广告，为公共利益服务固然利国利民，但其非商业性的限制又是公益广告的一个致命弱点：没钱。商业广告可以名正言顺地叫卖产品，能够产生直接的经济效益，企业为了赚钱也舍得投入大笔资金。而公益广告不能促成即时销售，许多企业不愿意做这项投资，即使愿意也不愿付出太多。广告公司或媒介完全靠自己的力量制作公益广告，但经费的不足会影响到公益广告的创作水平。

公益广告在中国仅 20 多年历史，相对于美国和日本等国家来说起步较晚，公益广告相关法规及体制并不完全，所以中国的广告行业应该发展有中国特色的公益广告。从现实情况看，“企业署名公益广告”虽然带有一些商业味道，但它

---

① 高萍．公益广告初探［M］．中国商业出版社 1999 年版，第 41-42 页。

无疑是最符合国情、最具可行性的方式，也是最适合的。[①] 所以将商业运作引入到公益广告的创作中，这未尝不是一个解决问题的好方法。首先它可以在一定程度上解决资金问题。如我国专门从事公益广告制作发布的公司“广而告之”就通过市场化运作来筹集资金，起初公司先拿出一个低成本的公益广告，由企业购买，广告公司从中赚取一个差价，慢慢积累起来，广告公司就主动去创作一些公益广告，请企业来选择他们所需的公益广告，有时企业会要求广告公司为他们量体裁衣制作公益广告。将商业运作引入公益广告，会使公益广告在内容上呈现商业化的特征：

(1) 显性特征。虽然我国在 1997 年下发的《关于做好公益广告宣传的通知》中明确规定：在公益广告中“不得标注企业产品名称和商标标识，不得涉及与该企业或提供的服务有关的内容”，可也明确规定“可以标注企业名称”，而企业的吉祥物、不出现产品名称的产品本身也是可以使用的。

(2) 隐性特征。这主要表现在公益广告的诉求内容与商品或服务隐约相关上。[②]

在大多数人的印象中，与公益事业相连的往往是国际上一些著名的大型跨国企业，少有国内企业的身影。其实国内企业对公益事业的投入并不少，产生此问题的主要原因是国内企业大多数的公益行为主要是由偶然的、孤立的事情引发的被动参与，比如当发生灾难性事件或者突发性事件的时候，国内企业才会投入到公益行为中，而不像跨国公司的公益行为具有系统性和长期性。

那么为什么国外的企业热衷于公益活动呢？因为公益广告能有效地将企业品牌与市场上竞争品牌区分开，提高品牌知名度和美誉度。在公益广告所影响的范围内，人们即便没有直接受益，但主观上仍会感受企业对大众的关注，从而对企业产生好感，对此品牌产生情感上的认同与肯定，从而加深对品牌的认识和记忆。而且，企业关心公共事业及社会问题，也是企业承担社会责任的体现，向社会传达了公司“社会责任感”的信息，增强了社会公众对企业的信任，提高了品牌美誉度。

1998 年获戛纳广告节金狮奖的一则广告，镜头上一对少年兄弟深情地对视

---

① 叶茂中．发展有中国特色的公益广告［J］．广告大观综合版，2007 年。

② 宋宁．公益广告的商业化和商业广告的公益化［J］．广告大观，2006 年第 6 期，第 65 页。

着，哥哥按照流行的方法吃一口饼干，黑黑的 OREO 饼干，弱智的弟弟也跟着吃一口，镜头在哥哥关爱的眼神和弱智弟弟依赖的眼神间回闪，回溯出兄弟俩相依相伴一起成长的片段，而 OREO 也始终陪伴着他们，分享着小哥俩成长的艰难和欢乐。片子结束后，当你还在回味片中浓浓的亲情时，头脑里也不断出现黑黑的 OREO 饼干。你能说这是一则纯的公益广告吗？（如图 11 - 4）

图 11 - 4　奥利奥饼干公司的广告

不过公益广告商业化也有一个度的问题。像哈药六厂的“巩俐阿姨篇”就是一个反面例子，希望小学的孩子们写信给他们亲爱的巩俐阿姨，感谢她送给他们的“……口服液”（而不是书本铅笔橡皮），阿姨看完信十分感动，深情地对着镜头说了一句话：“……口服液，补钙效果真的不错。”作假的情节、刻意的煽情以及露骨的商业信息受到了公众一致的讨伐。

所以单独的强调广告公益性或商业性的任何一点，对广告来说都是不对的，只注重公益性，那广告的社会效益有了，但经济效益无从谈起，任何商家也不会做这种赔本的买卖，光靠政府的支持，公益广告事业必然得不到长效发展。同样，只注重广告的商业性，把广告作为赤裸裸的叫卖宣传，将其中的公益性抛之云外，消费者又不会认可。因此，公益性和商业性的结合才是未来公益广告发展的方向。

三、案例欣赏

案例 1：澳大利亚维多利亚州交通事故委员会：降速 10 公里/小时

篇名：降速 10 公里/小时（10 kph Less）

代理：澳大利亚墨尔本葛瑞广告公司（Grey Advertising Melbourne）

客户：澳大利亚维多利亚交通事故委员会（The Transport Accident Commission）

奖项：1998 年戛纳广告节金狮奖

色彩：彩色

时间：60s

镜头一：远处一个拿着纸盒的男子从店里走出，试图穿越街道。镜头拉近这是一条处于闹市区的狭窄街道。道路两旁店铺林立，本来就不宽的道路两旁停满了各种轿车，这足以阻挡在路中央行车的视野。在他刚要过马路时，一辆红色轿车从他身边驶过，男子略微一停，同时目光也被该轿车吸引，却没有看见右边急驰而来的一辆银色汽车，银色汽车以 70/s 的速度瞬间撞上了他！一阵刺耳的刹车声过后，他被车撞飞了起来，接着又重重地摔在坚硬的路面上，并向前滑行了数米。

镜头二：在医院急救室里，一群医护人员正在忙碌，显然是手术结束了。外科医生理查得·吉尔霍姆面对屏幕讲述着这一可怕的事故："面对这间屋子多让人悲伤啊！我是一名外科医生，我要再次说明：当人体被每小时 70 公里的汽车刹车时撞倒，在不到 2/10 秒的瞬间，人体会变得怎样。第一次打击将发生在每小时 46 公里左右。"

镜头三：重复慢放刚才撞车的一瞬间。汽车的防撞杆先撞碎了人体的膝关节，撕碎肌肉和韧带。接着他的头部沉重地撞碎了挡风玻璃，脖子断了，头颅碎裂，脑浆迸出。然后在 2/10 秒内身体会撞击地面，丧命的可能性达到 70%。

镜头四：理查得继续说道："如果你的车速是每小时 60 公里，而不是 70 公里，这便是你能及时刹车的极好机会……"伴随着他的话语，画面显示了类似的场景：又一个男子要穿越街道，一辆急驶而来的轿车让他猝不及防。但由于车速降低了 10 公里/小时，在刺耳的刹车声中，汽车稳稳地停住了。理查得医生最后说道："考虑一下吧！"

镜头五：广告片最后打出口号及标志："降速 10 公里/小时，这样就能挽救生命。"（如图 11－5）

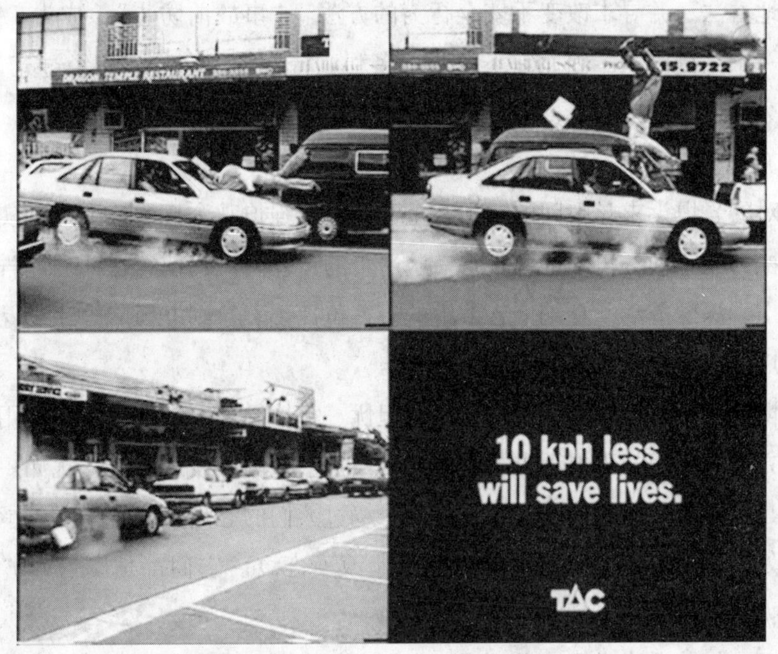

图 11－5 摘自《降速 10 公里/小时》电视广告

1. 广告缘起

维多利亚的 TAC（交通事故委员会）始建于 1986 年，是应当年《交通事故条例》而设的管理组织。它的基本职责之一，便是降低交通事故发生的可能性，以及因交通事故而带来的损失。在澳洲，每天都有人因为交通事故受伤或死亡。其中一些人只是受点小伤，对他们的生活并无大碍；另一些人却没那么幸运，不得不依靠赡养度过余生；而那些致命的交通事故使得死者的家庭需要抚恤。TAC 正着手实施“无过错”交通事故的救济计划。这一计划面向维多利亚州交通事故受伤人员及其家属，也负责在该州注册的交通工具所造成的伤害。“无过错”意味着，这一计划覆盖每个在交通事故中受伤的人或其家属，不论是谁有过错，该计划为受害者提供住院费、医药费、误工损失、死亡救济、永久伤害救济等救济金与补偿金。TAC 会为每起道路交通安全死亡支付平均约 8.3 万澳元；为严重伤害事故平均支付 6.9 万澳元。1996 年，TAC 总共支付了 4.5 亿澳元。

TAC 并不仅仅限于事后的公益补救，它更积极主动地帮助人们改变对道路交通安全地看法，并寻求改变不安全行为的方法。“事故前防止”，成为TAC整体战略的一个关键因素。因而它不仅与维多利亚警方密切合作，还经过充分调研，开展持久的广告运动。①

2. 广告思索

绝对的恐惧诉求！瞬间的冲击与重复回放，强迫观众接受残酷的现实。具有极强震撼力的画面，再加上理查得一脸严肃的谆谆告诫，使它在同类广告中表现极为突出，深深震动了戛纳广告节上的每一位评委。这则电视广告片获得了1998年戛纳广告节影视金狮奖。

恐惧，由于是针对人们普遍存在的担忧、害怕心理，常常被广告人用作基本的诉求方式。反面的恐惧诉求与正面的积极诉求这两种表现手法，犹如短期见效的西药与药性持久的中药的关系：前一个绕过人们的心理防线直指心理承受能力的最深处，后一个信誓旦旦劝服人们逐步改变态度。它们都是广告人“克敌制胜”的两大法宝，各有所长。

然而，如若诉诸恐惧，必须要让人们觉得恐惧是真实的，它的的确确就在身边，而且猝不及防并危及生命。恐怖的真实，同时又只是“感观上的真实”，而非“客观上的真实”。葛瑞公司当然不会让一个真人与轿车相撞。但感觉真实的恐怖，的确能让受众在内心中得到确证。

感观真实恐怖氛围的营造，也需借助对比手法。比较是一种利器，对比的双方可以相互参照，由受众在比较中自行作出判断。在广告片中，由车速不同而导致的两种后果，更让观众信服理查得的告诫。同时，在观众“求善”、“求美”的良知驱使下，比较而得的结果深入内心。②

案例2：农夫山泉：饮水思源

篇名：农夫山泉饮水思源心愿篇

客户：农夫山泉

色彩：彩色

---

① http：//www. tac. vic. gov. au。

② 胡晓云. 世界广告经典案例［M］. 高等教育出版社2004年版，第298页。

时间：30s

镜头一：一群衣着朴素的孩子坐在教室里学习，镜头正中的一个孩子认认真真的在练习本上写生字，练习本上，孩子刚刚写过一些生字中包括：水、土、山。字幕出现：杨晟，十岁，浪川乡七堡小学，二年级学生，父亲病故。

镜头二：杨晟面部的特写，“我爸爸生病的时候没有钱去医”孩子在说这句话的时候一脸的愁容，明亮的眼睛中充满了忧郁，为了不使自己哭出来，杨晟紧紧咬住自己的手。

镜头三：字幕心愿闪过后，戴着红领巾的杨晟独白：“我最大的心愿就是爸爸能活过来。”在说这句话的时候，他依然满面愁容。

镜头四：杨晟坐在用木板拼接成的书桌旁写字，家里十分破旧、贫困和阴暗，一盏小瓦数的等隐隐的亮着，字幕出现：一瓶水，一分钱，帮助水源地的贫困孩子。话外音：“一瓶水，一分钱，每喝一瓶农夫山泉，你就为水源地的贫困孩子捐出了一分钱。”

镜头五：可爱的小杨晟独白：“爸爸，我期末考试考了第八名。”字幕：饮水思源，感谢水源地人民，农夫山泉。（如图 11－6）

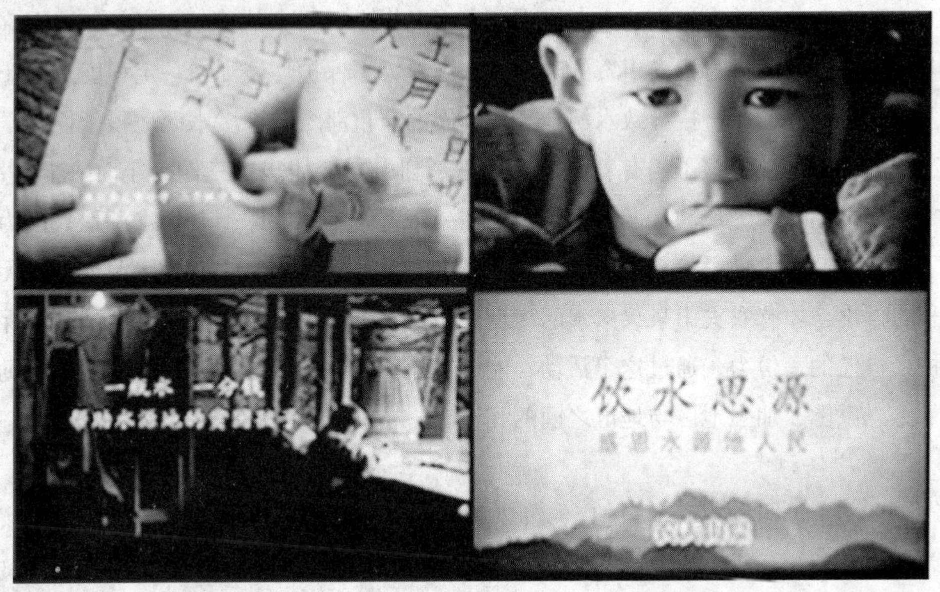

图 11－6　农夫山泉饮水思源　心愿篇

这是2006年主题为“饮水思源”的感恩系列公益片中的一个，在响应“共建和谐社会”和“以团结互助为荣”的基础上，农夫山泉特别提出了“保护环境，保护水源，从我做起，从小做起，从现在做起”的倡议，并在全国展开了广告宣传活动，影响将更加深远。自2006年1月1日起，每买一瓶农夫山泉就有一分钱用于帮助水源地的贫困孩子。农夫山泉将从5亿瓶水中筹集500万元，与宋庆龄基金会共同成立“饮水思源”助学基金，感恩水源地人民为保护水源作出的巨大贡献。

1. 广告缘起

农夫山泉认为，优质水源决定着瓶装饮用水的生命。所以，农夫山泉采取完全不同于其他为节约成本而在中心城市建厂与城市争自来水的策略，寻找和占据的都是山深林密的国家级珍贵水源。

为了让更多的人喝上天然、健康、安全的饮用水，农夫山泉先后在浙江千岛湖、吉林靖宇、湖北丹江口和广东河源万绿湖等地相继建成6座大型饮用水及饮料生产基地。其中，刚刚投产的农夫山泉万绿湖生产基地是亚洲最大的饮用水及饮料生产基地。

为了保护优质天然水的水源，水源地人民作出了巨大的贡献和牺牲——当许多城镇乡村大举进行招商引资的时候，水源地为了保护环境则在一定程度上停止了现代化进程，这直接导致水源地经济发展的严重滞缓。许多水源地孩子们的学习环境和城市里的孩子们有着天壤之别——翻山越岭徒步走三四个小时去上学；一罐霉干菜吃一个星期；两三个孩子挤在一张宽一米多的床上……水源地人民为了保护水源而牺牲了一定的经济发展，农夫山泉公司认为正是有了水源地人民无私的付出，才有农夫山泉天然水的优良品质。农夫山泉希望能为水源地的环境保护尽自己的一份力，通过这个活动，能够在全社会形成“饮水思源”、互帮互助的感恩氛围，加强地区与地区之间的和谐。

2. 广告思索

事实上，“饮水思源”的广告自2006年4月开播以来，围绕农夫山泉的争议就一直不断。矛盾主要集中在：“每喝一瓶水捐一分钱，是不是少了点”、“用贫困山区的孩子做广告，是不是有悖于情理”、“为什么热心公益的企业反倒挨骂，被说成伪善”等。面对这些非议，农夫山泉母公司——养生堂广告总监周永凯认为，从事公益是企业的自发行为，尽管误解是在所难免的，但不能因噎废食。

从捐赠的数量上讲，农夫山泉历年的“一分钱”捐赠绝不算多，离胡润中国慈善排行榜的上榜企业或者个人还差得很远，但其产生的社会影响却有过之而无不及。2002 年乐百氏效仿农夫山泉推出“二分钱”计划，支持中国绿化事业。尽管当时赚取到不少的眼球，但半年之后便没了下文。所以在今天，恐怕很少有人会从公益联想到乐百氏类似的公益活动，同样优秀的企业，为何结果大相径庭呢。显然，问题并不在于捐款多少，“再小的力量也是一种支持”，这就是农夫山泉始终倡导的公益精神。而理性、持久的公益投入，也正是农夫山泉留给外界的公益烙印会如此之深的关键。“送人玫瑰，手有余香”。如此形容农夫山泉这些从事公益的企业似乎更为恰当。在商业推动公益的过程中，企业得到某种附带的利益无可厚非。况且农夫山泉公司确实资助了贫困的学生，而且通过广告也使我们知道，还有这样一部分孩子的家庭仍旧是贫困的，这已经达到了公益目的。所以农夫山泉无论是从公益或是商业来说都应该是成功的。

3. 农夫山泉“一分钱”公益行动历程

“一分钱”是由农夫山泉公司发起的，理念为“再小的力量也是一种支持”的一个持续性的公益活动品牌。从 2001 年的“一分钱支持北京申奥”、2002 年“支持贫困地区学校基础体育设施的阳光工程”，2004 年“一分钱支持中国体育事业”，2006 年饮水思源活动。到现在已持续了 8 年，这在企业主动发起的公益活动中是非常罕有的。农夫山泉的“一分钱公益行动”为帮助弱势群体构建了一种全新的资助理念和资助形式，是一个有深远影响的公益活动，

2001 年第一届：“一分钱”支持北京申奥。农夫山泉公司和北京奥申委联合推出第一个“一分钱”行动：“再小的力量也是一种支持。从现在起，买一瓶农夫山泉，你就为申奥捐出一分钱。”农夫山泉向奥申委捐出了 500 万人民币。该事件被《中国经营报》、《中国经济时报》等多家全国性知名媒体评为 2000 年十大成功营销案例。农夫山泉公司也赢得中国奥委会特别授予的“中国奥委会合作伙伴、荣誉赞助商”称号。

2002 年第二届：“一分钱”阳光工程。“阳光工程”由农夫山泉公司和国家体育总局体育器材装备中心联合发起的，主要面向贫困地区的基础体育事业，关注基础体育设施的建设和基础体育运动的发展。农夫山泉公司共向全国 24 个省、

329个市、县的395所学校赠送了价值5019028元人民币的体育器材，被社会各界誉为“体育界的希望工程”。

2004年第三届：“一分钱”支持中国体育事业。农夫山泉公司得到了中央电视台《新闻联播》和《每周质量报告》的肯定。同时，作为当年雅典奥运会中国体育代表团的训练比赛专用水；农夫山泉公司特地拍摄了《大脚片》，提出“2008，我要去北京跑”，进一步支持中国体育事业。

2006年第四届：“一分钱”饮水思源。“一瓶水，一分钱，每买一瓶农夫山泉就有一分钱用于帮助水源地的贫困孩子”。农夫山泉将筹集500万元，感恩水源地人民为保护水源作出的巨大贡献。

案例3：知识改变命运

篇名：知识改变命运——马景武篇

主创：顾长卫、程十庆、钟阿城等

客户：李嘉诚

色彩：彩色

时间：60s

智慧扫盲迷马景武坐在镜头前，老者用质朴的语言说：“刚解放的时候，不识字的人很多，就是连写对子写信的都没有，我16岁时1951年，初中毕业了，就开始扫盲了。村里所有人都是我的学生，有男的女的，老的少的。一般的教学方法不行，也就是说他不学，你非得往里面灌不行，当时我就用教具教学演示，每一次每一个新课，我都要变一个教学方法，学生们每天晚上不喊自到，好像在看把戏。扫盲班有个校歌，咱们识了字，提高了文化……到这个扫盲班毕业，我又办夜小班，办农机班，专业技术培训班，这样的学生越来越多，从外边来的学生，连夜来参加我们的扫盲学习班。我连扫了三代文盲……”

镜头闪回：马景武的一张张奖状特写，字幕：马景武，63岁，河南唐河镇人，从事扫盲工作50年，全国劳动模范。老者演示他当年扫盲用的教学工具，生动而且有趣。最后以老者质朴的话语结束。

这是1999年播出的《知识改变命运》系列公益广告中的一个，在引起社会各界极大反响的同时，深深地打动了人们。公益广告是如何把一个宏大的“国家命运”主题拆解为一个个具体人物的命运，然后用真实的人物事迹感动进而说服人们——用知识来改变自己和民族的命运。

该片采用纪录片的形式，选取一些有代表性的个人来纪实性地拍摄他们的经历，通过真实的故事来阐明“知识改变命运”这一宏大的主题。剧组人员首先是对近几年来上百种报纸杂志、电视栏目中出现的几百位人物进行了筛选——经过讨论后从中筛选出大家认为合适的人物。最后决定的人物都以普通百姓为主，涉及各行各业，有科学家、教师、工人、农民、学生、运动员、艺术家、记者等，他们以诚挚的情感、自身的经历，讲述“知识改变命运”这个共同的主题。

从 1998 年 6 月开始，摄制组跑遍大江南北，西至新疆和西藏，北至内蒙古，东至黑龙江，南至云南，最后选出 35 名拍摄对象，连同 5 位香港人物，一共拍摄了四十集。以下 40 个片子主人公姓名、身份以及事迹，列表如下：

篇名	主人公身份	事迹
马景武篇	农村扫盲班教员	从事扫盲工作 50 年，扫盲几代人
袁隆平篇	中国科学院院士	“杂交水稻之父”，解决 16 亿中国人温饱问题
姐妹篇	贫困山区一对姐妹	家里穷，抓阄决定姐妹谁上学
汪智秀篇	西藏汉区民办教师	不怕苦，留在边疆支教
达娃次仁篇	西藏大学藏文系教授，布达拉宫译审	从农奴到西藏第一个清华大学学子，参与藏文编码的国际标准化问题
解海龙篇	中国青年报记者	关注希望工程，拍摄过许多农村失学儿童的图片如《大眼睛》
李勇篇	甘肃庆阳师范学校学生	父亲瘫痪母亲去世，背着父亲上学
张海迪篇	济南市文联作家	身残志坚，自学成才出版小说译本数本
枯井与清泉篇	河北涞源县金家井村	科学打井，解决全村人喝水问题
王玉梅篇	山东济阳县农民	女兔王，济南市大地兔业研究院院长
王明海篇	内蒙古鄂尔多斯市恩格贝开发区总经理	将沙漠变绿洲
张和民篇	中国保护大熊猫主任	从事大熊猫研究 16 年，成功人工繁殖并养育熊猫
蒋莎篇	上海自立纯净水厂厂长	下岗女工，创办纯净水厂

（续表）

篇名	主人公身份	事迹
王秀玲篇	新疆师范大学生物系教授	发现新疆北鲵
毕思文篇	中国地质科学院研究所副研究员	从事地球环境学与可持续发展地球系统力学的研究
陈章良篇	北京大学副校长	从事基因工程、遗传密码的破译的研究工作
王茜篇	小学生	研究出大白菜施肥方法
陈翠婷篇	原国家体操队队员，现深圳发展银行驻香港代表	由体育运动员成为深圳大学优秀毕业生
董世芝篇	普通老奶奶	替外孙女上学，回家教外孙女
周尚元篇	四川省温江县农民	自己制造飞机
张胜利篇	河北涞源县桃木疙瘩村小学教师	希望能带着农村的孩子走出大山
吕紫剑篇	百岁老人	见证中国交通事业的发展
李阳篇	热爱“丢脸”的人	发明“疯狂英语”
孙维刚篇	北京市第22中学老师	主张科学学习方法
臧建和篇	香港市民	自己卖饺子养活一家
庄德芳篇	香港市民	提倡和推行环保
马永顺篇	黑龙江省采伐工人	以前是“砍树大王”曾伐倒36500棵树，后带领全家上山植树
赵玉芬篇	科学家	研究出生命的起源
周礼国篇	东方航空公司上海飞行部总经理	成功的导航飞机迫降
张艺谋篇	原弹棉花辅助工，后成为著名导演	永不放弃，抓住机遇成为著名导演
陈磊篇	昌平县高一学生	用网络宣传农村
王兆兰篇	两次下岗纺织女工，现北京聚富隆茶庄总经理	自己白手起家创办聚富隆茶庄
彭世禄篇	核潜艇制造和试航者	见证中国核潜艇的研制成功
杨二车娜姆篇	女儿国一员	毕业于上海音乐学校，出版自传体小说《走出女儿国》和《走回女儿国》

（续表）

篇名	主人公身份	事迹
潘九起篇	北京北海站三轮车车夫	认识到知识的重要，支持自己的孩子读书
姜昆篇	相声演员	认为妈妈有义务教孩子
田惠平篇	一个患孤独症孩子的母亲	创建中国的一所孤独症教育研究所
胡秀英篇	香港中文大学生物系教授	研究中国植物
丘成桐篇	香港中文大学和哈佛大学教授	获得数学菲尔兹奖
萧芳芳篇	香港著名演员	获得心理学硕士学位

通过这些人物及其身份，观众可以感受到《知识改变命运》系列片所涵盖内容的广泛。这些不同寻常的人物和故事本身就很能震撼观众。为了影片的真实性，摄制组亲自深入到主人公们生活的环境中去，和他们交朋友，真诚的交流，然后让他们自己自然地、诚恳地讲述自己的故事。全部广告片都用电影胶片拍成，片比达 50∶1，也就是说，平均每个一分钟的广告需要拍摄五十分钟的素材。最后，通过精湛的剪辑和后期制作技术，让人物在 1 分钟的时间里充分地展现个性、传达公益广告的主题。这就是为什么我们最后看到的片子都是那么朴素真挚，几乎看不到一点拍摄或者制作的痕迹。①

1999 年新春期间，中央电视台开始启播《知识改变命运》，直至现在仍循环播放，反应热烈，深入民心，口碑不绝，凤凰卫视台及香港无线电视台亦相继播放这辑纪录片，同样广受欢迎。《知识改变命运》故事内容感人、制作技巧出色，更荣获香港广告商会颁发 3 项广告创作大奖，包括“创意工艺大奖”之“最佳中文文案奖”银奖及铜奖、“最佳宣传影片”金奖。

1. 广告缘起

李嘉诚先生作为全球华人首富，一直不忘整个国家和民族的复兴。除了以实业报国、大力发展慈善事业之外，他也考虑用公益广告的形式为整个中华民族励志。正如他自己所说的：“我们正在跨入的 21 世纪，是知识和知识经济的世纪，知识将最大限度地决定经济发展、民族进步、国家富强以及人类文化的提升。面

① 冯丽云. 经典广告案例新编［M］. 经济管理出版社，2007 年版，第 308–310 页。

对新纪元的挑战，我们一方面需要激励科技领域的开拓和创新，引领经济和社会发展的先进水平；另一方面，推动和建立重视知识的观念，使之深入人心，在我们当前的情势下，也是更为迫切和必要的。”于是，在这种观念的指导下，由李嘉诚担任董事长的香港长江实业（集团）有限公司和记黄埔有限公司出资，邀请国内著名摄影师顾长卫执导，《知识改变命运》公益系列片开始酝酿出炉。

2. 广告思索

“少年强则国家强，少年智则国家智”，这是一句人们常说的话，意思就是说，学习要从娃娃抓起，只有知识才能改变命运。按照中国的国情，农村人口的比例远远大于城市人口，要使得中国的教育水平有所提高，更应该在农村加大对青少年的教育。由于现在农村的师资力量不够，农村的孩子学习的知识不够系统和全面，这是偏远贫困地区存在的现实问题。需要更多的人来关注农村的教育问题，使得更多的贫困孩子通过学习科学文化知识来改变自己的命运。只有城乡差距越来越小，我们的国家才会越来越和谐。

教育是百年之大业，人类文化和科技得以承先启后，继往开来，有赖良好的教育基础，而教育与地方、社会和国家的富强进步，更是息息相关，唯有加强教育、创新科技，才能开拓无限的发展空间。多年来，李嘉诚先生深深感到教育的重要，认为是培养国民慎思明辨和具创意的思维方式、广阔的胸襟视野和正确的价值观，掌握科技创意和专业技能的最基本因素，其发展不单依靠政府提供资源，亦有赖企业及个人投入心思和资助，李先生关心香港，热爱国家，对推动教育发展不遗余力。历年来国内多次严重的天然灾害如水灾、地震等，李先生均带头率先作出捐献，救灾赈济，发扬民胞物与的精神。能够帮助社会上无助的人，是李嘉诚先生认为最有意义的事。所以作为中国人，应该像李嘉诚先生一样，心怀一颗奉献社会和奉献社会的心，无论力量大小，都为中国的公益事业发展添砖加瓦。

3. 李嘉诚简介

李嘉诚先生于1928年在中国东南部的沿海城市潮州出生，童年时为逃避战乱，与家人逃难到香港，他的父亲后来因肺病在香港去世。由于要负起供养家人的重担，李先生在不足15岁时便被迫辍学，到一家塑料贸易公司任职，每天工作16小时。凭着他的努力、谨慎及追求卓越的精神，李先生于1950年自行创立长江工业有限公司，最初经营塑料制品，随后李先生将公司发展成一家具主导地位的香港物业发展公司，并于1972年在联合交易所上市。长江分别于1979年及1985年透过收购和记黄埔有限公司及香港电灯集团有限公司，持续进行业务拓展。李嘉诚先生现在是长江实业（集团）有限公司及和记黄埔有限公司（和黄）董事局主席，长江集团业务遍布全球57个国家，雇员人数约26万名。集团在香港共有8间上市公司，总市值约为8210亿港元。和黄是《财富》全球500大企业之一。（如图11－7）

"人生在世，能够在自己能力所逮的时候，对社会有所贡献，同时为无助的人寻求及建立较好的生活，我会感到很有意义，并视此为终生不渝的职志。"——李嘉诚

图11－7　李嘉诚

李嘉诚先生少年经历忧患，深深体会健康和知识的重要，认为对无助的人给予帮助是世上最有意义的事情，教育及医疗两者更是国家富强之本，他也认识到个人力量到底有限，唯有事业成功，才能对社会和国家作更大的贡献。故早年随着事业进展、行有余力的时候，便热心慈善公益，支持内地及香港的教育医疗事业。于1980年，成立李嘉诚基金会，一直致力参与公益事业，并透过资助能提升社会能力的项目，达到基金会的两大目标：推动建立“奉献文化”及培养创意、承担和可持续发展的精神。李嘉诚基金会及由李先生成立的其他慈善基金对教育、医疗、文化及公益事业支持的款额已超逾87亿港元。此外，李先生也推动旗下企业集团捐资及参与社会公益项目。

由于李嘉诚先生热心公益，对各地社会贡献良多，先后获英国剑桥大学、加拿大卡加里大学、北京大学、香港大学及其他大学颁授名誉博士学位。另获颁授巴拿马 Grand Officer of the Vasco Nunez de Balboa 勋衔、比利时 The Commander in the Leopold Order 勋章、英国 KBE 爵级司令勋章、香港特别行政区大紫荆勋章和太平绅士，以及获法国政府颁授荣誉军团司令勋章（Commandeur de la Legion d'Honneur）。

第 12 章　要的就是争议

一、焦点链接：被禁播的“旁氏无瑕透白”

2007 年，汤唯凭借一部李安导演的电影《色戒》一炮而红，广告身价也一翻再翻，代言费高达 150 万。但在 2008 年 3 月，汤唯遭到了电视台的集体封杀，京沪等地电视台接到广电总局的命令，禁止对汤唯进行任何形式的宣传，包括播出她代言的广告。广电总局相关人士透露，广电总局只是要求目前和旁氏签订了广告的电视台尽快把广告播完，而播完的就不要再续签广告了。

对于这项规定产生的原因，广电总局相关人士则表示，我们需要关注“汤唯现象”，“一脱成名”会给青少年带来负面影响。并表示这是“对事不对人”、“并没有全面封杀汤唯，而是要减少汤唯的曝光率，不再继续扩大她的影响力”。

我们可以看到，就《色戒》电影本身而言，尺度的确很大，在上映前也遭到严格审查并删减，即使在美国，《色戒》也被列入“限制级”电影。

对于此次事件，大家争论的焦点主要是两点：一、为何在电影《色戒》火爆上映的时候不下手，在几近“销声匿迹”的时候，广电总局却突然杀个“回马枪”？二、电影《色戒》是集体众人之力，为什么偏偏却封杀汤唯一个人？

作为广告人，我们也无法讨论出一个各方都满意的说法，只能将注意力放在广告本身：30 秒的广告表现的是，汤唯作为演员即将出演《色戒》，却面露愁

容，使用旁氏无瑕透白后，以姣好的形象成功出演了影片，她在电影中蓦然回首，露出完美无瑕的笑容。（如图 12-1）

图 12-1 旁氏无瑕透白

仔细看来，广告中并出格或违背社会道德的镜头，但是却隐晦地运用到《色戒》的情节，很明显，广告商还是想借《色戒》之势，但是却忽略了广电总局在电影审核，特别是对未成年人成长上的相关规定，于是，该广告被广电总局禁播也就在情理之中了。

从广告传播学来说，我们一般其纳入“争议广告”行列，但如何进行具体归类呢？争议广告种类很多，这只是其中比较特殊的一种。而争议广告究竟是好还是不好呢？只能说争议广告是把双刃剑，对于旁氏这则广告，失败还是成功很难界定的，很多时候，这也是争议广告所具备的特色。究竟什么是争议广告，争议广告的分类，争议广告尺度的把握，这是本章我们要集中关注的内容。

二、理论探究

1. 争议广告产生的原因

据统计，生活在中心城市的现代人。每天面对的广告信息多达上千条，但是大多数的广告都被人忽略了。这一方面是因为许多广告创意平庸，无法在消费者的心中留下深刻的记忆。另一方面也是因为信息的海量增长与传播途径的日趋多元化。这正如菲律宾前总统马科斯夫人伊梅尔达打开她收藏了 3000 多双昂贵鞋子的柜子，然后说“我没有鞋子穿！”老佛爷慈禧太后面对 108 道山珍海味。她会说：“无以下箸。”这就是注意力分散。东西愈来愈多，我们知道的却愈来愈少。人的生命中所有的缝隙都将被媒体填满。①

争议在中国的传统观念中含有很大程度的贬义，很多人认为毫无争议的东西才是最好的东西，但是在西方现代营销理论中却不尽然。在信息技术革命的背景下，“注意力经济”理论悄然登场。在这一理论体系中，注意力被定义为“当各种信息进入我们的意识范围”时“对于某条特定信息的精神集中”。争议由于其先天具有的高关注度和借助大众媒体放大之后的影响力成为营销上的一种特殊的秘密武器。在当今这个资讯爆炸的背景下，注意力已经成为一种“稀缺资源”，广告商的广告战也成为争夺注意力的战争，而跳出常规思维捕获人们注意力的争议广告成为越来越多广告人青睐的手段。北京大学新闻与传播学院教授陈刚认为争议广告可以成为企业的一种广告策略，好的争议广告往往可以使企业的产品和品牌传播起到事半功倍的效果。

而在争议广告对整个品牌的影响方面，诺贝尔经济学奖获得者赫特说过：“随着信息时代的发展，有价值的不是信息而是你的注意力。”注意力将成为品牌竞争时代最稀缺的战略资源。故此，“受众的注意力”已成为现实市场环境下品牌间竞争加剧的动力。在某种程度上，品牌的竞争说到底是对注意力的竞争。

---

① 张珍．关于争议广告的几点思考［J］．设计艺术，2006 年第 2 期，第 46 页。

而注意力能否成为恒久的资源，取决于信息源的影响力，也就是品牌竞争力。

争议广告就在这样的环境背景下产生了，并且形成一定的规模。

2. 争议广告的分类

争议广告分类，广告界至今也没有一个合适、令人信服的标准。因为角度很多，无法定义，或者广告本身就存在争议，所以无从下手。但是我们不妨简单点看，从广告最终效果上，争议广告要么是一类相对成功、形成较好的社会反映的；要么就是恶评如潮、遭到禁播的问题广告。

我们先来看第一类，相对成功的、形成较好的社会反映的争议广告。这也可以再细分：

(1) 性诉求

说到性诉求的广告就得从与它有关的产品说起，杜蕾丝（Durex）作为世界安全套第一品牌，占据了世界40亿安全套市场份额的26%，由于其产品属性，“性”自然是品牌主要诉求点，因此，杜蕾斯所做的广告很多都具有争议性。以此为代表的安全套品牌，甚至一些奢侈品、化妆品、服装品牌都以性诉求为重点，但由于在广告执行上没有适度的把握，在全球各地遭到封杀就不足为奇。最著名的牛仔鼻祖李维斯（Levi's）就是很好的例子，其经典的广告语“我和李维斯之间什么也没有”就充分说明了它的诉求点，其中在亚洲地区请木村拓哉做代言人，推出的广告也遭到很大的非议（如图12－2）。

图12－2　李维斯　木村拓哉篇

除此之外，作为世界十大奢侈品之一的 CK（Calvin Klein）所推出的内衣、牛仔裤、香水广告，都是以性感为重点。还有，圣罗兰（YSL）推出的 Opium（鸦片）香水广告等等，此类性诉求广告都是以男女半裸全裸出镜，摆出各种挑逗、或是男女亲热的照片，让人浮想联翩，每张平面广告更像一幅人体艺术照片。这种广告很容易遭到反对和抨击，也不是所有产品、品牌都适用的，尤其在中国，这类广告涉及情色内容，是绝对会被封杀的。所以在使用性诉求时可以用幽默的方式化解一些争议。

比如获得 1998 年戛纳广告节金狮奖的联合利华“冲动”牌女士体香剂《艺术学校篇》广告：一个艺术学校内进行着人体写生，一位女士姗姗来迟，从裸体男模特身边经过，而男模特闻到一阵香气，立刻发生了生理变化，所有人都看到了这一切，随即场面由尴尬转变为轻松愉快。广告语“男人面对‘冲动’身不由己”。

（2）恐惧诉求

所谓恐惧诉求广告可以这样认识：当受众对特定的产品或服务存在需求时，广告以恐惧为诉求点，利用一种或多种手法，来唤起受众对某种特定事物的恐惧并加强之，使消费者因为恐惧而产生害怕及相关的情绪体验。消费者因这种情绪体验而产生购买行为，以消除害怕及相关的情绪体验进而获得生理和心理上的平衡。换言之，即通过影响消费者的心理情绪变化促使产生购买行为以完成广告主所期望的经济目的。①

不是所有商品都适用恐怖诉求，一般有两种产品或服务适用这类广告，第一类是与“生老病死”有关的商品，这类商品攸关个人及家庭的健康、人身安全、养颜防老等，是属于“自我关心度高”的商品，包括健康、休闲、保险、美容、瘦身等商品。第二类是与“价格敏感度”有关的商品，凡是汽油、汽车、会员卡等会随着价格的调涨而刺激客户提前买单的商品都属之。其中“涨价预告”就是行销人员常用的恐惧诉求广告手法。恐惧诉求广告在西方的运用极为广泛，但在东方国家尤其是在我国却较少使用，只有公益广告会有些恐惧诉求的影子。

---

① 成毅涛. 东西方文化差异与恐惧诉求广告［J］. 重庆文理学院学报（自然科学版），2006 年第 5 卷第 3 期，第 110 页。

除此之外，恐惧诉求的广告还要注意三点：一、根据客户不同的个性，从善意出发，由轻到重给予不同的恐惧诉求量，需要拿捏得适可而止，不要把客户给吓走。二、把商品塑造成英雄，要把商品当成救星，提出商品能为客户消除恐惧心理的解决方案，并与其他竞争对手的商品适当做比较，以增加说服力。三、让恐惧讯息简单化，运用关键字及关键图片来强化恐怖视觉效果。

其中，比较经典的恐惧诉求广告有，澳大利亚维多利亚州交通事故委员会的“降速10公里/小时”，还有巴西反毒品合作协会的公益广告，以一个婴儿玩弄一把锋利的匕首作比喻，说明毒品也如此，使用的人没有注意到它的危险。画面纯洁简单，但充满了危机，观者无不心惊肉跳担心婴儿的命运，具有很强视觉感染力，也具有一定争议性。(如图12-3)

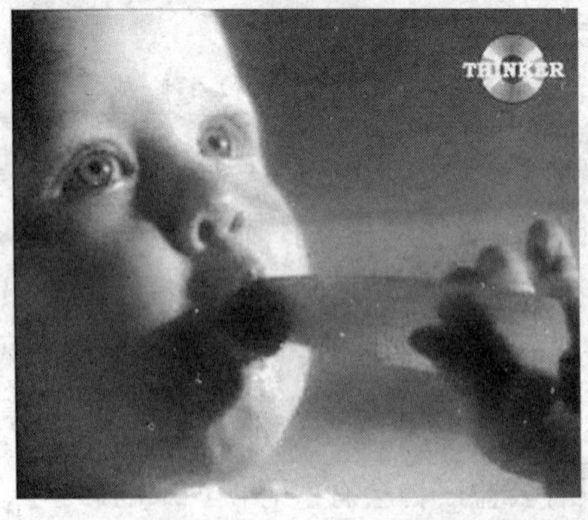

图12-3 巴西反毒品合作协会 婴儿篇

(3) 后现代主义

后现代主义（Postmodernism）是一场发生于欧美60年代，并于70与80年代流行于西方的艺术、社会文化与哲学思潮。其要旨在于放弃现代性的基本前提及其规范内容。在后现代主义艺术中，这种放弃表现在拒绝现代主义艺术作为一个分化了文化领域的自主价值，并且拒绝现代主义的形式限定原则与党派原则。其本质是一种知性上的反理性主义、道德上的犬儒主义和感性上的快乐主义。

后现代主义的广告都有超现实和另类的特征，所以往往自身也带有争议。比如充满解构主义色彩和反讽意味的迪塞尔（Diesel），从1991年提出的广告主题"For Successful Living"，所有的广告都绝对是另类，似乎在告诉人们不需要什么一本正经，生活不是你所想象的那样，也不是故事里讲的美好。英俊潇洒的牛仔和邋遢的无赖决斗，被解决掉的不一定是那个大坏蛋；雅尔塔会议上总统首脑们也不一定是一本正经，也许是美女在怀、左拥右抱；现在快速的生活节奏下，什么都会变得疯狂。这点将会在本章"案例赏析"详细介绍。

还有香港的牛仔品牌Tough，它的广告主题是"世界不会永远Tough，但永远会有革命者"。推出的广告也具有反叛精神，血红、机枪、锁链、焚烧，革命的意识充溢着整套海报。广告语分别有"他胆敢不和一个得艾滋病的朋友绝交"、"五年来他们竟然只和对方一个人做过爱"、"她胆敢告诉五十三个人金钱不是万能的"、"他竟然和路边的乞丐称兄道弟"、"她胆敢只说一种话——真话"、"每天早上他们都发誓要钟爱对方一辈子"。一切看似荒诞，却充满了黑色幽默和反讽色彩。

台湾广告大师许舜英为中兴百货做的意识形态广告，也是属于后现代主义色彩，由于它的意识流性荒诞的广告文案和破碎拼贴式抽象图片，有人也把它列为争议广告。这也将在本书第14章做出详细解读。

(4) 社会议题

社会议题始终是争议广告所热衷的主题，常常是将一种大众所关注的社会议题放大，通过广告这门艺术或者商业手段表现出来，最后来传达自己的品牌的精神和内涵。

贝纳通就是一个经典的例子，除了早前的种族和睦、人与人平等主题，还涉及人口过剩、环境污染、暴力、艾滋病、战争等主题。只要是大家所关注的，都可能成为贝纳通的广告主题。

图 12－4

在2007年9月24日的意大利米兰街头，突然出现了这样一张大幅广告，一名瘦骨嶙峋的女子半躺地上，摆出的姿态让人对其消瘦不堪的体态一览无遗，海报上还印有“拒绝厌食症”，令人触目惊心。同一天，广告还出现在米兰多家报纸上。① （见图12－4）

这幅广告由意大利服装公司Flash & Partners赞助，由意大利备受争议的著名摄影师德斯康尼（Oliviero Toscani）操刀。德斯康尼是一位喜欢“将真相赤裸裸地甩在人们面前”的广告界先锋，他曾为贝纳通制作过一系列广告。就是凭借这则广告在欧洲掀起了一场“反厌食症运动”，它得到了意大利卫生部的支持，并声明广告女主角的形象将“开启一条独特的沟通渠道”，“增进人们对反厌食症的责任感”。也有路人在看到广告照片后说：“人人都说很丑陋，但我不觉得，这实在能够带出信息。”

同样，也有批评反对的声音，一家饮食紊乱研究机构的负责人指责商家赞助这项活动的本意仍是出于商业目的；意大利厌食症和暴食症研究协会的负责人厌恶地称这幅广告“拙劣无比”，“那些已患厌食症的女孩可能会羡慕广告中的模特，让自己更加削瘦。如果这样的话，这场运动将毫无意义。”而意大利发行量最大的报刊之一《晚邮报》也拒绝刊登该广告。

雪碧在香港地区也曾经投放过一则争议广告。(如图12－5)

其实，这则广告虽具争议，但还是具有很多优点的。首先，雪碧这一产品定位的消费者是时尚前卫的年轻一族。在这类人群中，很多争议的话题并不一定具有争议性，比如早恋，师生恋在他们眼中就是件很正常的事。其次，它表面宣扬一种叛逆的内容，实际上很多都具有健康的一面，从另一种层面说，它也是一种

① 令人触目惊心的厌食症裸女广告．http：//lady．163．com/07/0928/13/3PFTRB9L00261PDH．html。

主张解决问题的积极态度。因为这些问题很多都是这个年龄无法回避的问题，积极的解决总比逃避好。再次，它迎合了年轻人处事做人的态度，张扬个性，坦白直率。从它的广告语就可以看出“渴就喝 Sprite”。最后一点，从广告作品本身而言，字体选择，很个性随意，有涂鸦性质。画面构成比较简单，并没超出受者能接受范围。绿色调的选择，尊重产品色，整个格调很协调。

图 12－5　雪碧广告

另外一大类，就是恶评如潮、遭到禁播的问题广告。这也可以细分为：

(1) 伤害民族情感

伤害民族情感的广告在中国出现过很多。中国人是一个自尊自强的民族，对于伤害民族情感的言行、活动更是深恶痛绝，这一点也在2008年北京奥运会圣火传递过程中表现得淋漓尽致。全球华人一致对外，对国外藏独分子的抗议，对国外媒体辱华的报道的反击。在广告方面自然也是如此，任何伤害到民族情感的广告一律是禁播，消费者对其品牌也是立生反感情绪。

耐克（NIKE）2004年推出的“恐惧斗室”电视广告就引起了不小的争议。广告刚播出不久，新加坡当地的华裔甚至联名向政府请愿，要求对耐克的这则广告进行“严打”。最后这则广告遭到中国国家广电总局禁播。“龙”、“飞天”等元素是中华文化的象征，在中国人心中有举足轻重的地位，然而却被一位美国篮球运动员统统打败，让人心里不很舒服。同样，2005年麦当劳推出的“下跪降价”广告也引发一系列声讨，“下跪”虽不是一个具体的事物，只是描述一种动作，可是这个动作却是中国人做了几千年的，中国人上跪天地、下跪父母，怎么能为了“要求打折降价”向商家下跪?① 按照这个逻辑，麦当劳的确是有伤中国民族情感了。

由于历史问题和民族情绪，中国人对于日本品牌向来都是敏感的，其中丰田(TOYOTA)“霸道（PRADO)”广告可谓是名震中华，可惜不是什么好名。平面中广告中，丰田车经过的地方，中国“石狮”无不挥手致敬（如图12－6)。广告语也是十分“耐人寻味”：霸道，你不得不尊敬。具有中国典型象征意义的雄狮竟然向一辆日本车挥手致敬鞠躬，也难怪中国人会对此广告深恶痛绝。同样的错误，立邦漆的《盘龙脱落》广告还是照样犯了，平面广告中，石柱因为涂有立邦漆而使得盘龙脱落在地。这回，立邦无论有意无意，错误也很低级，明知道中国是龙的传人，岂能滑落在地？所以，日本品牌在做广告时尤其要注意尊重中国人民，重视中华民族的情感。

(2) 违背宗教信仰

在现在的广告里，越来越少的看到此类争议广告，因为宗教问题不仅是广告

① 刘国基．从争议广告看文化差异与全球营销［J］．广告观，2005年8月，第130页。

图 12－6

的一个禁忌，而且是社会的一个禁忌话题。宗教问题，有时甚至超过了政治和伦理道德的权限，也许广告可以开政治的玩笑，但违反伦理道德，任何商业活动都不敢冒这个险。索尼（SONY）随身听在泰国投放时，为打开销路，播出一则电视广告：一尊卧佛戴着随身听，听到音乐便起身跳舞。结果这则广告很快就遭到禁播，索尼公司遭到泰国人民集体抵制，最后不得不在官方媒体向全体泰国民众道歉，才平息此事。即使是大名鼎鼎的贝纳通，推出的《牧师与修女接吻》也引发了强烈争议，图片不仅招来了社会的强烈争议甚至引发了宗教界人士的广泛抗议，最终被意大利政府禁止发布。虽然他想反映的主题是贝纳通提倡的无束缚、无限制的“博爱”，希望唤起一种对人类真实的关注和对于禁忌、束缚的再思考，但是由于触动了人们的宗教传统和得罪了天主教会最终被禁。

（3）触及社会伦理道德

社会伦理道德是法律外的一种非强制性的约束力，但是仍然不能忽视其重大作用。在华语社会中进行广告传播，不可忽视传统的思维定式对广告的影响。特别是中国传统社会中固有的伦理道德观念，对今天的广告传播影响甚大，也是引起伦理困惑的重要原因。[①] 典型案例就是 2006 年，美加净的蒋雯丽《娶妈妈篇》。

---

① 陈培爱．中华传统文化与广告伦理探析［J］．山西大学学报 2007 年第 30 卷第 3 期，第 126 页。

在这则争议的广告里，蒋雯丽扮演一位母亲和一位5岁左右的男孩进行对话：（如图12－7）

孩子：妈妈，长大了我要娶你做老婆。（孩子很天真）

蒋雯丽：什么？（有点惊讶）

儿子：我要娶你。（孩子很认真）

蒋雯丽：那爸爸呢？（逗小孩）

孩子：我长大了，爸爸就老了。（两人幸福拥抱在一起）

孩子：妈妈永远也不会老！（最后出现话外音是XX化妆品让妈妈永远年轻）

这则广告一经播出即遭到禁播，并且引发了网上的激烈争论，仁者见仁，智者见智，值得借鉴：①

专家观点（上海大学社会学系教授顾骏）：儿子要娶母亲这样一个说法，不适合在公众场合下播放。家里的童言无忌，与电视的公众传播，两者是有区别的……女性不老的理想，可以用很多方式来表达，但广告没有必要用乱伦的母子关系来表达，这是在触碰社会伦理道德的底线。（摘自《上海青年报》2006年10月）

网民观点（落雪是花）：商家为了让产品更吸引人的眼球，早已把道德伦理抛在脑后了，为了净化电视荧屏，为了给孩子一个纯洁的收视天地，我想劝劝蒋雯丽，这个钱还是不拿的好，停播这个广告好吗?!（摘自网易）

网民观点（liu517）：首先要说的是，我也看过这段广告，这段广告做得并不好，唯一值得看的是，小男孩很可爱。可是看过广告后的第二天，发现铺天盖地的“讨伐”，评论广告涉嫌“乱伦”！惊吓之余，说了一句“至于嘛?”（摘自河北新闻网）

厂家观点（《上海家化关于“＊＊＊修护系列产品广告争议”的回复声明》指出）：“该产品作为一个历史悠久的民族品牌，长期以来一直贴近消费者的需求……无意借助离奇的广告创意吸引消费者和媒体的关注，因为这显然有违于品牌长期以来坚持的价值主张。”“该广告的创意过程经过了严谨的前期访谈和后期广告测试，该广告也经过了相关专业权威部门的审核。”“我们相信建设性的

① 蒋雯丽广告惹争议［J］．中国广告，2006年12月，第113页。

批评意见会有更多的人倾听。”(摘自《上海青年报》2006年10月)

媒体观点：对这样的“商业广告”进行上纲上线的批判极其无聊。所谓在商言商，对于商家推广产品的广告来说，你不能以公益广告“真善美”的道德标准来严格要求它。事实上，作为一种艺术作品的表现手法，只要在法律的限度内，适度的夸张都可以容许，毕竟，虽然涉及亲情，但它实在不是在真诚地演绎什么亲情，而是推销产品。(摘自《中国青年报》2006年10月)

图12-7　美加净　娶妈妈篇

（4）炫富和歧视意味

炫富的广告越来越多出现在房地产、奢侈品、汽车等高消费产品身上。尤其是房地产广告，这也引起了城市管理者的注意。2007 年 5 月 9 日，北京市市长王岐山在市政协召开的“加强城市户外广告设置管理问题研讨会”上表示，许多户外广告除了设置上违规造成环境破坏以外，广告词中反复出现的“至尊”“豪宅”“奢侈”“顶级享受”等字眼也严重影响了首都的和谐氛围。炫富广告表面上提升自己的品味和价值，实际上是在拉远与消费者的距离，也形成一种炫富的心态，产生了恶劣的社会影响。

另外，很多广告因其含有歧视女性、同性恋的成分也遭到争议。大众汽车 2006 年 6 月推出 POLO 广告在上海各大地铁站投放（如图 12－8），随即被指出含有歧视“地铁族”的意味，网上一片声讨，并有网友做出反 POLO 的广告，讥讽大众的歧视广告，大众陷入“地铁门”事件，广告很快被撤换。回头看看那些广告语：“挤地铁，就不用穿正装了吧？毕竟，你还没有买 POLO 劲取”、“明天继续挤地铁？还是开着 POLO 劲取，在众人羡慕的眼光中扬长而去……”、“有人闷在地下室等地铁，有人开着 POLO 劲取，走自己想走的路……”，多少都有些挑衅的语气，细细看看，POLO 也还有些炫富的意味。

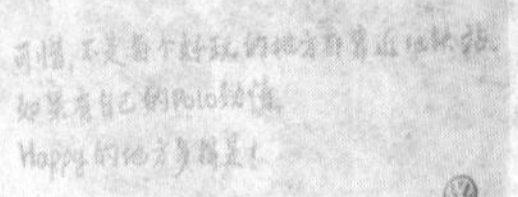

图 12－8　POLO 地铁篇

（5）低俗和重复播放

电视广告一定程度的重复播放，可以提高广告的覆盖率，加深印象。但是有的广告在一次播放过程中重复三次，让人难以理解。第一次使用该方法的广告还算稍有创意，在极短的时间里不断重复该品牌，强化消费者的记忆。随后模仿的广告就显得太没创意了，像卡碟一样不断重复单调的画面和声音。看这样的广告对消费者来说简直是一种折磨，不知是广告主喜欢这样还是广告人没有创意。[①]

说到重复播放的广告不得不提脑白金。要说脑白金的“烧钱”在中国广告业界是一流的，恐怕没有人不信。每晚在多家电视台的黄金时段，这种对十几亿中国人的“疲劳轰炸”几乎疯狂。开始，那对卡通老爷爷、老奶奶抱着脑白金跳舞可能还让人觉得挺有意思，久而久之，人们对这种广告渐渐失去了兴趣，心生厌恶，到后来一看见“脑白金”登场就赶紧换频道。虽然脑白金连续多年蝉联中国十大恶俗广告之首，但是不得不承认，脑白金在市场上还是取得了很大成功的。

其实，早在脑白金之前，中华老字号恒源祥 1994 年就开始在央视播出“恒源祥，羊羊羊”的经典广告，也是一连播三遍，加强观众记忆度。由于广告简短，也没引得大家的反感，相反，还获得了很大成功。但在 2008 年春节期间，

① 单江锋．警惕某些广告的负效应［J］．中国广告，2004 年 2 月，第 118 页。

恒源祥为恭贺新禧，庆贺成为奥运合作伙伴，在各大省级电视台播出超长恶俗的广告，实在令人咋舌。单一的广告画面，品牌标志加奥运合作伙伴的标志，配合以“恒源祥，鼠鼠鼠，恒源祥，牛牛牛……”，挨个把十二生肖说了个遍。广告播出后，遭到观众的一致炮轰，更有人讽刺说“不知道还以为电视台信号问题或是自家电视机出问题了”。

（6）其他

除了以上清楚的归类，还有很多有问题的争议广告无法细分到某一类里。比如：

图 12－9

肯德基（KFC）曾经推出过一个《高考篇》，讲述三个学生一起参加高考，约好一起考上大学，两个学生吃了肯德基顺利地考上大学，而一个勤奋努力的学生没有去吃肯德基，最终落榜。虽然广告并没有明确的说明吃了肯德基就能考上大学，但是由于情节设置上，难免让人有些猜测，最终这则广告遭到了禁播。

吉列（Gillette）锋速 3 广告更是拿三大男高音之一的帕瓦罗蒂和伊拉克前总统萨达姆开涮，没有用吉列前，一副邋遢、窘困潦倒的萨达姆样子；使用后，光鲜、精神饱满的帕瓦罗蒂的样子（如图 12－9）。该广告也称为当年最受争议的广告之一。

2002 年，金龙鱼的“1∶1∶1”食用油广告犯的则是常识性错误。因为它所宣传的健康食用油的三种脂肪酸含量标准是 1∶1∶1，而实际上健康食用油脂肪酸比例却应该 0. 27∶1∶1。1∶1∶1 则是淘汰了十几年的错误概念。所以，这个争议广告打了一个不太聪明的“擦边球”，犯了一个很低级的错误。

森马（Simer）作为年轻人的国内服装品牌，在 2007 年推出的“至少我好看”系列广告中一则广告语也引发了国内不小的争议。内容是“我不管全球变暖，至少我好看”，当全世界都在齐心合力致力于解决全球变暖的问题，森马此话一出，品牌形象大打折扣，一个没有社会责任感的企业，是无法树立起多好的品牌形象。

3. 争议广告的尺度把握

当然，争议广告也不都是好的，我们认为其底线应该是对企业和品牌没有产生负面的影响。产生争议的原因可能由很多种，有产品本身引发的，有广告表现形式的，也有广告创意引起的，那么，究竟什么样的争议广告才是好的？

奥美顾客关系行销广告创意总监艾伯通认为，一个能产生正面作用的争议广告应当具有以下的几个因素：第一是对品牌的树立有帮助，其次是能体现品牌自身的品位，第三是相关性，要与广告传播的目标信息相关，最后是坚决不做低俗的或者坏品位的东西。

在市场经济条件下，广告的重要作用是毋庸置疑的，同样，争议广告的出现也是不容忽视的。广告的本意在于广而告之，基于这一特征和现实，广告的积极作用能够得以充分彰显，争议广告的负面影响也同样得以迅速扩散。因此，既积极鼓励广告业的健康发展，又严格规范广告行为，防止违法广告的社会危害，就成为广告管理中缺一不可的两个方面。

当前我国广告管理中存在的问题表现为两个方面。一方面，如果对广告活动限制太多则不利于广告业的发展；另一方面争议广告的大量出现，也关系到商业信誉、经济秩序、法律尊严等一系列的问题。

而对企业和品牌而言，通过争议广告确实能达到提高品牌知名度的目的，但另一方面，争议广告必须正确处理短期效果和长期利益的问题。一些产生争议的广告在短期内可能对企业知名度或产品销售产生效果。但长期看，可能对企业的品牌有破坏性，因此，也不能说广告有效果就是好广告。如果将广告中负面的东西逐渐上升到品牌中，可能将来需要更大的投入才能补救。广告大师大卫·奥格威曾指出："每一次广告都应该为品牌形象做贡献，都要有助于整体品牌资产的积累。"既然每一次广告都是对品牌形象的长期投资，广告传播理念就必须与品牌建设理念相结合。所以在争议广告的最初选择时，要注意广告所可能带来的长期或后期的负面效应，不能对品牌形象形成破坏。否则，只顾眼前效益，就会得不偿失。

而作为广告人，应具备良好的职业道德素质。广告是以塑造产品（品牌）形象或企业形象为己任的行业，广告人自身的形象和广告行业的形象自然会成为社会公众关注的中心。人们对广告的评价直接牵涉到对广告人的评判。而一旦人们的视线从广告转向广告人，那么在某种意义上这种评判的核心主要是对广告人职业道德素质的评判。一个伟大的广告人首先是一个伟大的人。因此，“先学会做人，再去做广告”已经成为广告人必须遵循的一句名训。无论是大卫·奥格威、威廉·伯恩巴克这样的一代大师，还是普通的广告人都应以此作为行动的指南。[①] 广告人在看待争议广告上，也应该有一个度的把握，提高文化素质，遵守职业道德。

三、案例赏析

案例1：贝纳通的色彩世界

1. 贝纳通品牌与历史

贝纳通公司成立于1965年，由朱丽安娜·贝纳通（giuliana benetton）、露西阿诺·贝纳通（luciano benetton）、吉尔伯特·贝纳通（gilberto benetton）、卡罗·贝纳通（carlo benetton）四兄妹于意大利贝卢诺注册成立。包括“全色彩的贝纳通（united colors of beneton）”“希思莉（sisley）”“012”三大品牌，由总设计师朱丽安娜·贝纳通及200多名设计师共同设计、制作。充分体现新一代年轻人的价值观，在休闲服装生产领域，与美国加利福尼亚的埃斯普瑞（Esprit）并驾齐驱。

刚刚成立的贝纳通在意大利北部只是一个家庭作坊式的公司，妹妹负责纺织，哥哥们负责推销。最初以生产手工编织套衫为主，后陆续推出休闲服、化妆品、玩具、泳装、眼镜、手表、文具、内衣、鞋、居家用品等。1968年，贝纳通第一间专卖店在意大利小镇Bellano开张。在其后的十年间，贝纳通以4间零售店发展为系列国际特许经营连锁店，在欧洲开设了超过1000间的专卖店。到了80年代，以为股东们创造红利为标准，贝纳通名列全欧洲第二。到90年代，贝纳通在全球80多个国家拥有6000多间零售店。

---

① 张珍．关于争议广告的几点思考［J］．设计艺术，2006年第2期，第47页。

2. 贝纳通广告运动

究竟是什么使得贝纳通誉满全球？恐怕就是那场 1985 年开始至 2000 年结束的一场称为“贝纳通运动”的系列平面广告。其广告极具视觉冲击力和争议性，广告内容涉及恐怖主义、种族主义、艾滋病等，正是通过这些争议吸引的注意力，加上营销手段的配合，才使贝纳通由最早的家族作坊发展到如今遍布全球 130 个国家和地区，年收入 90 亿美元的世界五大服装品牌之一。

1966 年至 1983 年，贝纳通是少数做“广告运动”的服装生产商，但其广告仅限于意大利和法国。广告的主旨是产品定向型的——主要展示产品。直至 1984 年，42 岁的意大利时装摄影家托斯卡尼来到贝纳通公司，才改变了贝纳通广告，或者可以说是改变了整个服装行业广告的面貌。那一年，贝纳通的广告主题是“世界的全部色彩”（All the colors of the world）。广告上，不同种族的孩子在一起开心地笑着。这场广告运动在 14 个国家展开，“口号”被译成各种文字。法国广告杂志《Straegie》授予贝纳通广告大奖。

1985 年，“全色彩的贝纳通（United colors of Benetton）”这一口号诞生。它成了贝纳通公司的新商标，并且，这一口号在此后的若干年中多次作为贝纳通广告的主题。贝纳通新的传播策略是引起全球性的关注。所以，“贝纳通运动”的象征是“全球性”：不同种族的青年和儿童和谐相处的形象成为其广告最基本的概念。贝纳通在各个国家使用的广告是相同的。贝纳通融合了全世界的色彩，包括我们的肤色——这一理念和全球统一的形象得到了不同民族和文化的人们的认可，并且促进了人们对贝纳通产品的认同。

随着“运动”的发展，国旗等国家象征加进了贝纳通广告，甚至特意选择对立国家的旗帜放到同一张照片中，用以强调其独特的“国际口味”：德国和以色列，希腊和土耳其，阿根廷和英国，美国和苏联，美国和中国，美国和越南……没有冷战、敌意，只有欢笑的青年形象，它似乎在呼唤世界的和平，呼吁坐下来一起谈判。贝纳通的“理想色彩”也是毁誉参半：那幅美国和苏联“拥抱在一起”的广告在美国受到批评并遭禁，但它却在欧洲受到称赞，特别是在法国，它获得了两项大奖（Pubicite Press 杂志和 Communication Publictare）。而 11 万法郎的奖金又用于贝纳通的广告活动。穿着印有美国星条旗和苏联红旗的服装，并正在接吻的两个黑人小孩后来成了 20 世纪 80 年代贝纳通的标志。

自1986年起，贝纳通广告在选择模特时更强调种族特征，还用母语书写她们的名字，让那些穿贝纳通服装的模特“像穿着自己民族的服装”。贝纳通广告让一个年轻的犹太人拥抱一个年轻的阿拉伯人，并“异想天开”地让金钱从他俩手中的地球中流出来。巴黎的犹太社区因把犹太人同金钱联系起来的“负面因素”，为此提出了抗议，但这幅广告又获了奖。

1988年春夏的广告主题是“联合超级明星（United Superstars）”，又一次“异想天开”地把装扮成亚当、夏娃、哥伦布、玛丽莲·梦露的少年儿童放在一起，试图把不同的历史背景和文化交融，“夏娃”的胸部因敞开的牛仔服而“曝了光”，因此激怒了美国的清教徒，但这张照片又在荷兰获了奖。该品牌童装广告主题“贝纳通的联合友谊”，也在意大利工业者协会组织的比赛中获奖。

1991年春夏，贝纳通使用了三个孩子伸出舌头的广告形象，本意是：尽管我们肤色不同，舌头的颜色却是相同的（如图12－10）。此广告在英、美、德获奖，但却受到伊斯兰国家的谴责而被撤销，因为在那些国家，暴露人的内部器官舌头被认为是色情的。其中关于种族主题的图片《心脏》还于1996年在戛纳广告节上获得金狮奖。贝纳通图片《心脏》这幅作品表现了三颗来自不同人种却一模一样的心脏，画面简单却涵义深刻（如图12－10）。人类皮肤颜色大不相同，但却具有共同的本质，正如我们的肤色不同而心脏却相同的。同一系列的其他主题，还有《舌头》、《试管中的血液》等（如图12－10）。但是，特殊国家难以预料的文化要求，常使全球统一化的贝纳通陷入尴尬，贝纳通在致力于种族和谐论的过程中，不得不承认这个世界有不可逾越的文化鸿沟。

图12－10 舌头篇 心脏篇

宗教的禁忌更是无法逾越。同年秋冬，贝纳通推出《牧师与修女接吻》，这幅图片不仅招来了社会的强烈争议甚至引发了宗教界人士的广泛抗议，最终被意大利政府禁止发布。画面上，年轻的黑衣牧师与白衣的修女忘情的接吻（如图 12－11）。这一图片是反映的主题是贝纳通提倡的无束缚、无限制的"博爱"，希望唤起一种对人类真实的关注和对于禁忌、束缚的再思考，德国的消费者赞扬那黑与白构成的简洁画面"更多地表现了温柔、平静、和平"。但是，在意大利，这种"亵渎"宗教的做法，因触动了人们的宗教传统和得罪了天主教会最终被禁。

图 12－11　牧师与修女接吻

1989 年是贝纳通广告转折的一年，从此它的关注面扩展到了社会的焦点问题。在种族问题上，交叉文化和交叉种族的特征在贝纳通广告中比以往表现得更加明显且深刻：从和平共处上升到种族平等。这种"深刻"却招来各地的抗议，尤其是种族主义行径已成型的美国、英国难容这样的广告：黑人妇女在哺乳一个白皮肤的婴儿（如图 12－12）。《时代周刊》杂志 1995 年 3 月 25 日以"SourMilk"为题报道了这张照片，尽管这幅照片强调种族和谐是平等的一部分，但注定在英、美"太具煽动性"。另一幅是一幅锃亮的手铐将黑人白人的手臂铐在一起的《死刑犯系列》（如图 12－12），这也是所有主题中争议最大的。黑人社区的人们敏感地认为，这两幅广告，前者说的是黑人是白人的佣人，后者说的是白人牵引黑人，黑人象征犯罪。另外最大的争议点在于贝纳通派出摄影师隐瞒身份进入美国监狱拍摄，最后被美国地方法院告上法庭，同样也被美国政府禁止发布。甚至贝纳通在美国的第二大零售商也宣布停止出售贝纳通服装。

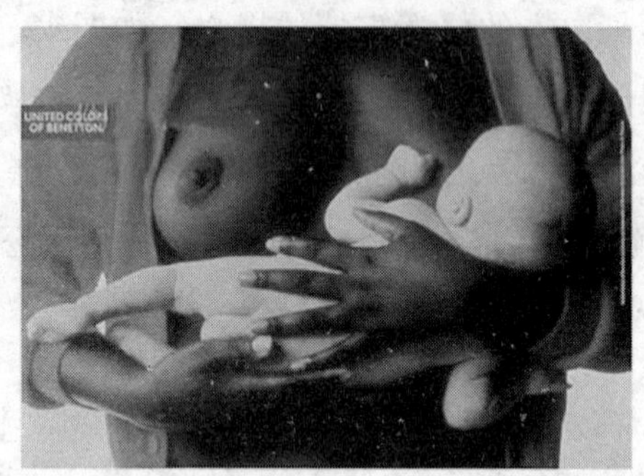

图 12－12　哺乳篇　死刑犯篇

90 年代，贝纳通更加关注这个时代主要的社会问题，除了种族和睦、人与人平等，还涉及人口过剩、环境污染、暴力、艾滋病、战争等主题。贝纳通一如既往地探索全球性的价值，这一次，形象的潜在主题是爱——在任何地方都作为生存的“原曲”。

这场广告运动所采用的纪实手法又使“贝纳通传媒”前进了一大步。七个主题的“形象”是从世界各地的上千幅报刊已发表过的新闻照片中精选的，是真人真事真实的场景。贝纳通选择的标准是“能够表达世界的、强大的、人类的主题”。卢契亚诺·贝纳通和奥利维耶罗·托斯卡尼又一道创造了能够突破人类冷漠的广告运动。这场大胆的运动始于 1991 年春夏的一幅广告照片——墓地。画面上没有人，只有一排排十字架，仿佛在说：战争中死亡是唯一的胜利者（如图 12－13）。这幅照片在海湾战争开始后在意大利的两个主要日报刊出，随后受到意大利广告自律委员会的封锁，经历了几乎是世界范围内的激烈辩论后，它在法、英、德也遭“封杀”。

贝纳通希望人们从它的广告中读出死与生的辩证法，读出蕴含其间的永恒主题——爱。于是又有了一张以新生儿为主题的广告。摄影家托斯卡尼将脐带未剪、血污未洗的新生儿推到我们眼前，以展示生命的“原生态”（如图 12－13）。但这一广告又受到了指责，直至贝纳通最后让主角穿上了“米奇”牌童装，风波才算平息。对此托斯卡尼说：“卢契亚诺问我能为战争做些什么，我就拍了墓地。我想制作生命的照片，所以我拍了新生婴儿，我从未想过它会带来如此结果。”

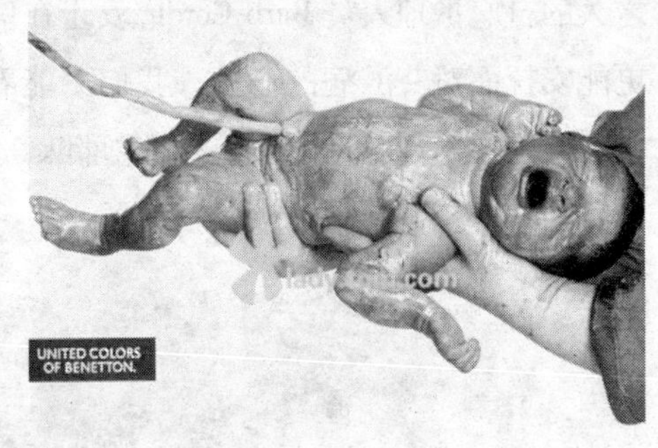

图 12－13　墓地篇　婴儿篇

一年之后，在同样具有刺激性的春夏广告中有一系列报道社会热点的照片，贝纳通广告再次展示了“原始现实”的哲学。照片展示了大量“焦点”问题：艾滋病、恐怖主义、暴力、地区冲突、难民、自然灾害。没有别的与广告有关的世界舆论能超出这场运动。它使公众大为震惊，以至七幅照片中有五幅遭禁。这包括描述艾滋病的《David kirby 之死》；反映冷战结束后地区冲突的非洲战士手持人大腿骨的照片；反映在黎巴嫩狱中扫射场面的照片；西西里一场车祸中正在燃烧的小汽车；满载阿拉伯难民的船只。这些照片因“令人不安”，在法、英、德、西班牙、日本、伊朗遭禁。

《David kirby 之死》记录了一个即将死于艾滋病的男子被他的家人围拢着的场面，引起英国乃至全世界的争论（如图 12－14）。批评者认为：“艾滋病同编织衫广告有什么关系？这纯粹是利用艾滋病！”结果，不仅所有杂志禁刊此广告，英国激进派组织“Act Up”还毁掉贝纳通商标，并且威胁说他们将开展一场抗议贝纳通的运动，并告知公众不要购买贝纳通的产品。

强烈反对的另一面是热烈的赞扬和极高的荣誉。在这幅广告中，最初的照片是单色的，后通过电子染色重新制作，它获得有威望的“国际纪实摄影展览”大奖。美国《生活》杂志以“Amedern Dny Pieta”为题刊登，获得了联合抵御艾滋病的团体和组织的支持。同时也收到了公众朋友和艾滋病患者家属和一些学校学生的支持，他们给贝纳通写信表达他们的观点。那位艾滋病患者的父亲针对贝纳通广告说：“贝纳通并不是利用我们的悲伤卖衣服，相反，我们在利用贝纳通对艾滋病起到警醒的作用。我儿子死后讲话的声音比活着的时候更大了。”照顾 David 达 3 年之久的自愿护理人员 Barb Cordle 女士在信中说："这幅照片比其他我们见到的照片更能安抚面对艾滋病的心情。我们不能看照片而憎恨艾滋患者。"在这幅照片中，人工上色技术使 David 看上去更像耶稣，从而令这场争论更添戏剧色彩。

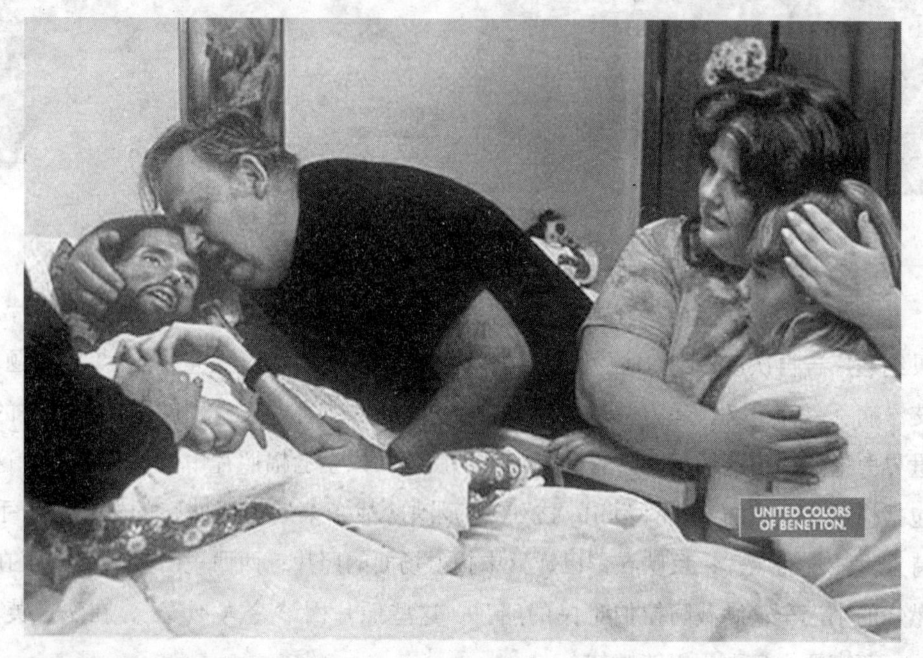

图 12－14 "David kirby 之死"篇

早在 1991 年，贝纳通开始了在全球贝纳通店里散发避孕套的运动，并资助艾滋组织，以及给纽约市民以赞助，包括给学生发避孕套、在美国出版了"Safesex"（性自救）手册。这场运动受到年长者的指责，但受到年轻人的支持。此外，贝纳通还向在阿姆斯特丹召开的国际艾滋病会议捐献了他们广告的复印件。

另外，卢契亚诺·贝纳通和托斯卡尼坚信服装也是文化事业，于 1991 年创办了《Colors》杂志。这本杂志目前已成为定期的双月刊，在全球超过 70 个国家与地区以 8 种语言出版 7 个版本，成为"一本向全球青年说话的双月刊"。现任创意总监 Fernando Gutierrez 成功地让《Colors》"将注意力转移到在地球上居住的不同的'社群'，并以照片及访问去重述全人类拥有的简单而直接的内在美。"坦桑尼亚的难民营、香港公屋村、精神病院、监狱、学校……这些都是《Colors》的选择，这使它具备了一种难得的气质：每期杂志都像一部纪录片一般。

3. 贝纳通在中国

1995 年，贝纳通广告看起来像新闻杂志《时代周刊》或是《生活》，而 53 岁的托斯卡尼看起来像个想获“普利策新闻奖”的记者，其足迹遍及了尚处紧张状态的加沙地带和欣欣向荣的中国。

中国的变化同样也引起了托斯卡尼的关注。早在 1991 年，贝纳通的日本子公司和中国红都时装公司合资成立了北京贝纳通，在中国开了第一家店。短短几年时间，许多规模不小的贝纳通专卖店出现在北京、上海等大城市街头。1995 年，托斯卡尼的中国之行获得了很大的成功。托斯卡尼用写实手法拍摄了大量照片，其中很多是日常生活中的镜头：穿花衫的城市小女孩。摇滚乐队小伙子们、推自行车的城市姑娘、早晨提着鸟笼在遛鸟的穿中山装的铁道部退休干部。托斯卡尼还到了积雪很厚的中国东北，在那里，他拍摄了站在自家栅栏前衣着鲜艳的母子，拍了具有自然色彩的车把式……

4. 贝纳通成功之道

（1）尖锐深刻的社会议题

全球服装品牌有无数，但没有任何一个品牌像意大利贝纳通（Benetton）一样，每出一款新的广告都会在世界各个主要发布的国家引起轩然大波，它的服装品牌往往不是因为其产品，而是因为广告的大胆出位给世人留下深刻印象。用其创意总监 Oliviero Toscani 的话来说，“我们所做的一切都与惊世骇俗有关。”

贝纳通图片所有的主题都有着他独特的“贝纳通意义”。贝纳通在选择主题时一直没有离开一条主线，就是色彩的和谐、对人类的关注以及真相和真实。夸张地说，贝纳通的广告图片虽然乍看上去可能惊世骇俗，但背后总是在表达一种人文关怀的思想。只是，贝纳通的广告没有用一种直白展示的方式而是采用激烈的视觉冲击唤起人们的思考。在具体的主题上不仅不回避争议和冲突，甚至是在刻意的引发争议。贝纳通图片引发的争议越大，社会关注度也就越高。与此相伴，贝纳通品牌的影响力也就越大。再配合适当的公关活动和营销手段，备受争议的贝纳通品牌形象不仅没有受到负面影响反而节节攀升，服装销售也随之大幅增长。

“贝纳通运动”系列中的广告图片主要按先后顺序有以下的一些主题：联合国主题、民族和解、两极和解、种族和解、宗教、艾滋病、战争和灾难、同性恋、残疾人和死刑犯人等。仅从这些主题的确定就可以清晰的归纳出贝纳通在选择主题和制造话题上的高明。联合国、民族和解、宗教和解、超级大国之间的和解正是20世纪80年代末、90年代的初的时代主题。冷战结束，世界性战争威胁的解除，民族和宗教之间的矛盾开始超越意识形态的矛盾成为世界人民和平生活的威胁。而艾滋病则是几乎整个西方世界所面临的严峻社会问题。战争和灾难主题的推出则是在世界局势进一步缓和，绝大多数西方人生活在和平、安逸的环境中的时期。通过一些买断的新闻照片，用触目惊心的真实视觉告诉西方社会在世界的其他地方正在发生的战争和灾难。在90年代末期，贝纳通推出的是关于同性恋、残疾人、死刑犯人的主题。同样也是表现了西方主流社会所不容忍或者不关注的弱势群体。这些紧密契合时代精神的主题充满了浓厚的人文主义关怀，并且牢牢抓住了年轻人的注意力，成功地获得了贝纳通主要目标消费者的价值认同。再经过社会主流媒体的放大，成为可以影响主流观点的时代主题。

（2）强烈的视觉表现

具有独特的广告观，选择有争议的主题，贝纳通图片在表现手段上似乎也应该是激烈、繁复、使用很多技巧的。可是事实恰恰相反，在表现手段上贝纳通图片保持着出奇的单纯和简洁。《纽约摄影学院摄影教材》在定义广告图片定义时，是这样说的“广告的目的，是要让潜在的购买者产生购买的欲望，而广告照片的目的，就是要促成这种欲望更加强烈”。如果说，贝纳通广告的目的不是直接的促成商品的销售，而是引发受众对图片主题的关注，那么贝纳通的图片就是进一步加强了受众对主题的关注。

为了更好的表现主题，贝纳通图片主要有两种来源，一种是专门为贝纳通拍摄的图片，另一种是根据主题选择从新闻记者或图片社买断的新闻图片。后一类主要用于表现战争、灾难和环境主题。两类图片有一个共同之处就是在画面的边角位置会有一个小小的绿色标签写着贝纳通的品牌名称 United Colors Of Benetton。以此表明这是一幅贝纳通广告图片。但和其他品牌的做法不同，在整个图片的画幅当中品牌标志始终处于不显著的位置，字体选择也很小。这表明，在贝纳通图片中展示品牌标志并不是主要任务，表现主题才是贝纳通图片首先考虑的因素。

前一类图片除了在主题上的特殊以外，这些图片都是以普通的广告图片的方式来拍摄。我们可以看到，在所有的这类图片中，无论主题如何一律采用白色背景。对于表现主体也一律做平和、有亲和力的处理，不追求额外的后期视觉效果。而在相机选择上，更是与国内摄影师言必称哈苏的习惯背道而驰。绝大多数的图片都是用托斯卡尼的玛米亚 RB67 相机拍摄的。这与很多广告在背景选择、主体表现和后期视觉效果上的花哨区别很大，在现在混乱繁杂的视觉环境中这些白色背景主体鲜明的图片反而非常显眼。这正应了广告上的一句俗话“Less Is More”，更少的内容反而会得到更多的关注。贝纳通图片就是用这样简单的表现手段成就了它的经典地位。

（3）独到的媒体策略

翻开任何一本著名的时尚杂志，冲入眼帘的必定是数不清的名牌服装、化妆品广告。似乎所有的品牌都应该这样，在著名媒体上刊登著名品牌的广告，贝纳通也应该这样。可是贝纳通又一次的跳出人们的习惯思维。在贝纳通的广告投放中，很少会把钱花在大媒体上。每次当贝纳通又把精心调制的争议话题公之于世时一定会选一家便宜的小媒体。但是贝纳通从来不担心刊登在小媒体上的广告会石沉大海，因为贝纳通推出的新广告或新话题各大媒体总是争相转载。所以如果是刊登在知名媒体，那一定不是贝纳通在花钱做广告，而是贝纳通的广告在被报道或者争论甚至在被抨击，然后贝纳通再接受采访或者主动发布澄清和解释的信息。在这一个引发争议再澄清解释的过程中，贝纳通没有花钱却永远把自己的图片放在各大报刊的显著位置。争议性的图片屡屡被禁不仅没有使贝纳通品牌的宣传力度受损，反而达到了其他品牌难以企及的低投入高回报。无怪乎托斯卡尼会不无得意地说：“我们一年的广告支出，菲亚特汽车一天就用掉了”。显然，在媒体策略上贝纳通又领先众人。出众的媒体投放策略更使贝纳通的图片如虎添翼，成为众多品牌争相模仿的对象。

案例 2：迪塞尔的主张——For Successful Living

1. 迪塞尔品牌与历史

与 Levi's 的百年历史相比，意大利品牌 Diesel（迪塞尔）是一个年轻的品牌，由 Renzo Rosso 在 1978 年创立，成为 Genius 集团旗下 14 个品牌之一（Genius 集团拥有 Katherine Hamnett、Martin Guy、Ten Big Boys 等流行品牌）。1979 年，Diesel 男装系列诞生，1984 年，童装线 Dieselito 诞生（后来改名为 Diesel Kids）。1985 年，Renzo Rosso 完全回购 Diesel 品牌。1989 年，Diesel 女装诞生。

Diesel 自 1991 年起，在每季的产品广告上都打出“For Successful Living”的标语，并且以故事形式来包装其服装系列，每季讲述一个故事。2002 年，Diesel 邀请时尚教父 Karl Lagerfel 合作推出 Lagerfel Gallery by Diesel 牛仔系列，引领时尚界 crosscover（跨界合作）之风。2003 年，流行歌后“小甜甜”布兰妮出席 Diesel Style Lab 系列服装发布会，成功提升带动 Diesel Style Lab 产品的形象。

2. 后现代消费的符号意义和戏剧性广告

20 世纪 80 年代中期，后现代主义思潮开始产生，广告和商品文化由于不断地去描绘非真实的世界而使自己陷入了危机，广告受到了尖锐的批评。西方广告也由此进入了后现代时期，20 世纪 80 年代以来，反思性的、略带忧郁的凝视，或者是诙谐的调侃代替了之前广告中的微笑。广告在这种反思中找到了全新的关怀的对象：自然与地球。而越来越多地，广告试图进一步深入到更深层次的领域，猛一看让人觉得它似乎是一个带有政治性的宏伟目标的框架问题。①

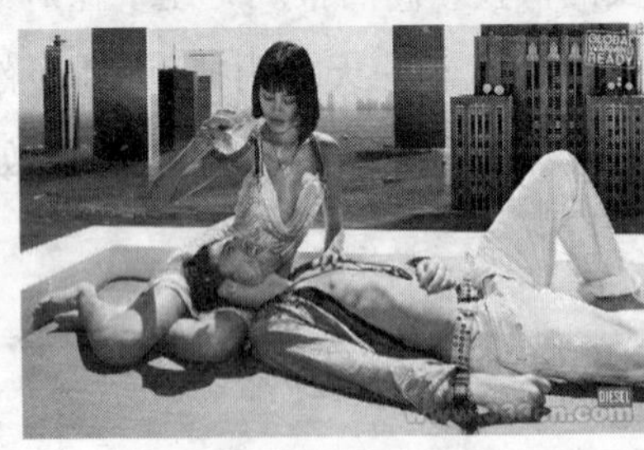

图 12－15 Global Warming Ready 篇

贝纳通直面各类地球的环境与种族问题而不言其商品，而 Diesel 则是在希望环境和人类问题引起注意的同时宣扬自己的品牌个性——自由。相对于贝纳通，

① 赵海频．当代西方广告艺术的价值取向［J］．中国广告，2007 年 10 月，第 142 页。

Diesel 关注的是人们现在的生存环境和生活状态。

在 2006 年夏季，Diesel 推出一系列平面海报作品，以全球变暖的趋势为广告主题——Global WarmingReady。意思是：就算是全球变暖导致冰川融化，海平面上升，城市被淹没或者被沙漠覆盖，依旧需要享受 Diesel 带来的自由主义。在符号文化中，对于“地球的反思”这个概念成了具有差异和阶层的符号价值，广告在一定程度上通过图像情景的表现体现了这类品牌与受众群的价值观。

另外，Diesel 最为成功的广告主题还是他的 1991 年提出的“For Successful Living”，其广告作品运用反讽和黑色幽默的表现手法诠释着一种反传统的“成功生活”，用荒诞和夸张的表现将传统与现代、古典与前卫融合在一起，在消费者中塑造了先锋的、个性鲜明的、颇具后现代意味的形象。消费者在购买“Diesel”的同时，在购买到商品的物质功能的同时，获得更多的是“Diesel”的鲜明的个性。最为经典的就是它的两则电视广告（其中前一则获得了 1997 年戛纳广告节影视类全场大奖）：

《清晨 5 时 Mono 乡村》：清晨 5 点，童子军们晨练后，教官开始授课：“嘴对嘴”人工呼吸。受挂图暗示，一位英俊男孩分开众人，自告奋勇上前实践。不料，对面不是美女，而是一位满口龅牙的老童子军。在众目睽睽之下，他迟疑片刻，闭目俯身送气，想象着与美女邂逅的情形。字幕“For Successful Living”。

《小石城，1873》：美国西部小石城，1983 年的一个早晨，俊美的牛仔打扮停当，吻别美妻和婴孩出门。此刻，一个穿着邋遢的恶棍也步出妓院客房，一手打飞女孩手中的棒棒糖，夺过吧台上的酒瓶大饮一口，一脚踢飞门口的狗。这时，与搀扶老妇过马路的牛仔狭路相逢，人们四处逃散开。数秒相视后，两人猛地拔枪互射，枪声过后，牛仔倒下。恶棍抠着鼻孔，冷笑走开。字幕“For Successful Living”。

这就是 Diesel 的古怪而又有品位的生活哲学，标榜性感、青春、自由、反叛，违反人们期待美好的惯常思维，以恶作剧使受众成为同谋，广告成为时尚；Diesel 像传教士一般向他的信徒布道成功的哲学，以后现代的特征性方式表达着它的表达。成为了一面后现代主义品牌建构和传播的旗帜。①

① 胡晓云．属于品牌的营造方式［M］．世界广告经典案例——经典广告作品评析，2004 年 12 月第 1 版，第 220 页。

塑造的荒唐形象，在极度的不协调之中藏匿的不仅仅是轻松和好笑，更有一种触目惊心的效果。由荒诞引起的视觉刺激，掀起广告受众心中的波澜，最终将它们连同广告信息深深地印刻在受众心里。当广告主把戏剧性使用在他们的广告表现中时，广告作品本身有意无意地成为了消费者的娱乐活动和观赏的对象。富有戏剧性的广告所塑造的独树一帜的广告风格和品牌形象，不仅顺应了时代潮流，迎合了时下年轻人提倡个性、不走寻常路的生活态度。某些方面甚至还影响了一些受众的日常生活语言模式和价值观念。有些广告的戏剧性内容有时甚至成为了人生活中时尚流行的话题。①

图 12 - 16

除此之外，Diesel 还有几个系列的经典争议广告，以“历史的瞬间”这一个主题来说，其中最具标志性的一则平面广告是《现代会议的诞生篇》，场景是发生在二次世界大战最重要的雅尔塔会议上，黑白画面中却不见了罗斯福、斯大林和丘吉尔在合影时埋应带有的庄严感，取而代之的是坐拥在这三巨头左右的曼妙 Diesel 女郎所赋予他们的盈盈笑意（如图 12 - 16）。Diesel 广告中所表达的带有争议性质的主题感使其品牌充满了吸引眼球的张力，就如同青春美妙的外表所产生出的无比

① 刘艳．论广告的戏剧性及其传播优势［J］．湖北经济学院学报（人文社会科学版），2007 年 7 月第 4 卷第 7 期，第 161–163 页。

魅力。

“Live Fast”系列广告是表现在当今快节奏、高强度的生活环境下，少妇奔跑着拿着奶瓶喂自己的孩子，男人带着盲人过马路也是奔跑着，女人奔跑着在大街化妆，女人在奔跑中量着自己衣服的尺寸，女人不顾迎面而来的卡车奔跑着照镜子。这一系列通过夸张的广告表现方式，对当今人们生活环境状态的讽刺和反思。

“Nature”系列广告更是充满了争议，一群身着 Diesel 服装的现代人在色彩鲜艳、欲望丛生的原始森林里，做出各种各样的姿势，表面看起来像是在与自然亲近：模特手上爬着各种昆虫、抱着原始的蕨类植物、同蟒蛇趴在大树上、青苔泥土涂满全身……但是每幅画面也充满了性的暗示，令人浮想联翩。

图 12－17　“Nature”系列

第 13 章 因势而谋变

什么广告最有效？比较广告！

什么广告争议最大？也是比较广告！

什么广告最危险？还是比较广告！

一、焦点链接：解读

2005 年蒙牛乳业推出旗下高端品牌“特仑苏”，就此拉开了国内液态奶产品升级的帷幕。作为蒙牛的老对手伊利也不甘示弱，随即以“金典”牛奶上市作为回应，与“特仑苏”展开了高端消费人群的争夺战。

解读【特仑苏】

“不是所有牛奶都叫特仑苏”，对于特仑苏的上市，蒙牛乳业显然经过精心准备。蒙牛为打造特仑苏的价格支撑点，让消费者能顺利接受特仑苏的价格，将特仑苏品牌提升到一个高度，利用消费者先入为主的思维定势对品牌形成“高贵的”第一印象，自然能降低消费者对价格的敏感度。为摆脱蒙牛身上浓重的“超女气息”，特仑苏着力淡化与蒙牛的联系，但又不放弃蒙牛品牌所拥有的影响力，因此特仑苏在广告片中绝口不提蒙牛，仅在片尾做了文字性提示，而且在产品包装盒的正面也看不出与蒙牛有任何瓜葛，仅在包装盒的侧面最下方留有蒙牛的标志，这种若即若离的度的把握确实可圈可点。

既凸显神秘、自信与高贵的气质，又要与其他牛奶划清界限，特仑苏要做牛奶中的贵族，仅有高贵的气质还显得有些单薄，贵族是需要历史渊源和传承，而不是自封的。蒙牛注意到这个问题，并以非常艺术的方法予以解决。“特仑苏在蒙古语中是金牌牛奶之意”这句品牌注解（图 13－1），首先让人联想到特仑苏在蒙古的历史源远流长。在英文中 Deluxe 本来就蕴含了“豪华、顶级”之意。

图 13－1

通过蒙牛的精心包装，特仑苏品牌已初步具备成为贵族的条件，再加上对产品独特卖点、产地优势和包装设计差异化的宣传，利用各个小的利益点烘托产品价值，用产品价值提升品牌地位，以赋予品牌的价值来弥补产品力的不足，产品与品牌互为促进，共同推动了产品的销售。

解读【金典】

2005 年 10 月，随着“关爱精英健康计划”启动，伊利乳业高端液态奶品牌“金典”纯牛奶正式上市。

与特仑苏的品牌传播一样，金典在广告宣传中也淡化了其与伊利的品牌联系，从金典最先上市的纯牛奶包装盒上可以看出这一点，企业标志被放置在包装盒正面。而在后期推出的产品则将奥运和企业标志放到了包装盒侧面。突出自然、高贵的品牌价值。“天生尊贵，金典品味”。（图 13－2）

与特仑苏的贵族定位一样，金典也着力突出品牌的高贵，但是两个品牌在内涵上是有明显不同的。特仑苏来自蒙牛，品牌先天个性已经打上了青春、时尚的烙印。金典则显得成熟、稳重，在品牌个性上与特仑苏有较大的差异，但都或多或少继承了各自母品牌的遗传基因。

企业在进行品牌发展时，子品牌的价值感和档次可以提升，但是与母品牌在品牌个性上不能有太大反差，争取竞争品牌的消费者是品牌延伸的重要原因，这种竞争在特仑苏和金典身上又不是简单的体现在品牌定位的“你中有我”。这种竞争表现在很多细节上。在产品卖点上，金典强调自己是蛋白含量达3.5%比特仑苏3.3%蛋白含量高出0.2%。在产品包装上，金典采用金黄与白色作为主色调，与“特仑苏”同样使用了白色的基调。

金典上市时，由金典与中国营养协会联合推广的“关爱精英健康计划”也一并出台。这项计划的主要内容包括：由中国营养学会和伊利的营养专家，共同走进各城市高档写字楼、公司和社区，面对面的向白领人群普及健康知识。同时，与各界精英、权威营养专家共同探讨健康话题，并在高端媒体开辟健康专题。这一计划的目标非常明确：与目标群体展开互动，树立金典“具有社会责任感”的品牌形象。将品牌的传播工作做到了目标消费群的家门口，与特仑苏单纯的广告投放相比，金典采取广告加公关的传播方式，相对棋高一着。

图13－2

表13－1 特仑苏、金典品牌“核心对比”

特仑苏、金典品牌“核心对比”		
	特仑苏	金典
营销情结	感悟金牌人生	关爱精英健康
品牌主张	不是所有牛奶都叫特仑苏	天生尊贵，金典品味
目标诉求	应用“情感”战术和“事件”策略，打造N倍品牌效应。	塑造健康形象，祈望借助奥运平台走向世界舞台

“金牌牛奶，特仑苏人生”是特仑苏第二阶段的传播主题，这句广告语将特仑苏提升到一种文化的高度，特仑苏成为了一种生活方式、一种价值观。为了强化这一诉求，特仑苏甚至编写了一些小故事放在产品包装箱内，这些小故事以散文的形式出现，着力营造一种或浪漫、或温馨的生活场景，并将特仑苏置入其中，对消费

者进行潜移默化的品牌文化灌输，这一品牌传播方式不禁令人“惊艳”。因为，充分利用与消费者的接触点、以消费者乐于接受的形式传递品牌内涵和价值，这种方式是值得任何企业借鉴和学习的。文化的诉求使得特仑苏跳出了产品和技术的比拼，有效地回避了自身的劣势，也与金典拉开了距离。

金典有机奶的上市，可以说是对特仑苏的第二次进攻。金典有机奶高举“天然”的大旗，突出自身产品从牧场、乳牛到生产的各个环节都未使用和添加任何人工合成物质，这一招无疑将特仑苏置于自己的反面。在多数人的意识里，天然的总是最好的，添加了人工合成的物质始终令人有点不放心。金典抓住消费者这一判断产品好坏的标准大做文章，大肆宣传产品已获得国家环保总局有机产品认证中心认证，轻易就将特仑苏的优势变成了劣势。金典有机奶的定价也是可圈可点，每盒 7 元的零售价一方面体现了产品本身的价值，另一方面我们可以理解为是在暗示消费者“请看清谁是奶中新贵族!”利用价格这一武器打击对手、提升自己，不仅低价格是武器，高价也同样具有杀伤力。

特仑苏与金典的这场拉锯战还在延续，从广告创意、营销宣传到品牌推广，可以说竞争无处不在。针对不断变化的市场需求和发展趋势，蒙牛和伊利也一直不断求新求变。①

二、理论探究

面对瞬息万变的市场态势与消费需求，如何在消费者心目中占有一席之地，在竞争中立于不败之位，成为众商家亟待解决的问题。孙子兵法曰：水无常态，兵无常势。这就要求企业针对不同的市场环境和形势，及时分析竞争对手的广告策略，有所侧重的改进自己的进攻战略。如果能扬长避短，自信地打出自己的王牌，同时有力的影射竞争对手的不足，这无疑是一箭双雕，既有效地巩固了本品牌已有的消费群，也在更多的消费者心中建立了本企业的良好形象。所以，适时的运用比较广告，就成为广告竞争中行之有效的策略之一。

---

① 韩亮．特伦苏 VS 金典——另类攻守［J］．经营者，2007 年第 23 期。

1. 何为比较广告

有时也译为对比广告、竞争广告。比较广告的基本含义是广告主将自己的公司、产品、者服务与同业竞争者的公司、产品或者服务进行全面或者某一方面比较的广告。比较广告的一个最突出的特征是广告主在广告中将自己的产品服务与同类竞争者的产品或者服务进行对比或比较，以凸现其产品、服务优于或异于竞争对手的产品、服务的特征、品质、质量等。

2. 比较广告运用技巧

必须在广告中扬长避短。——要在广告中抓住自身产品的优点和竞争对手产品的缺点，如果抓得不准，反而不利于自家产品的促销。要做到这一点，就必须对双方产品进行深入的调查研究，反复考察，严格验证，使自己之优长与竞争对手之不足准确地展示在消费者面前，过分夸张和过度贬抑都是不利的。有些比较广告之所以不成功，重要一点就是因为它没有准确地抓住对方之短和自己之长，只是在制作和创意上主观发挥，褒贬过火，故被人抨击就是必然的了。

必须主攻消费者当前关心的热点问题。——不仅要善于抓广告产品的长处，而且这长处还必须同时是消费者最感兴趣的问题，否则就会劳而无功。

必须趣味盎然，决不能死板呆滞。——如果比较广告做的死板呆滞，便会令消费者厌倦而产生拒斥心理，成为淹没在汪洋大海之中的无用广告。比如 MG 汽车广告，当 MG 汽车被装进机舱升入蓝天之时，另外两种品牌的汽车正在公路上飞驰，一个英俊的青年将 MG 汽车系上降落伞与汽车，打开机舱将其从高空推下，自己也戴上降落伞与汽车同时降到地面。然后脱掉汽车和自己的降落伞，迅速钻进汽车，在公路上风驰电掣很快就超过了另外两个品牌的汽车。此时，响起一声有力的旁白："MG 还是遥遥领先。"

通过比较，不仅让消费者真切地看到了 MG 汽车的神速功能，而且感到极有趣味：汽车披着降落伞从万里蓝天飘然而下，这无比壮观而又无比惊险的场景令观众心动神摇，不能自已：先是恐惧、紧张，既而兴奋、期待，终于在无限乐趣之中领略到了比较广告的主旨和魅力。

3. 比较广告的适用情况

品牌占领消费市场是一个漫长的过程，如果醉心于比较广告所带来的广告效果而盲目投放比较广告，很可能在消费者心中形成一种尖酸刻薄的印象。只有在真正适用的情况下，恰到好处的使用比较广告，才能达到事半功倍的广告效果。在以下几种情况下，可以较自由地使用比较广告来进行宣传。

广告主需要改变消费者品牌偏好度。比较广告是通过品牌有关内容的比较来吸引消费者的注意，让消费者在品牌对比中选择更适合自己的。在现实社会中，受众都有先入为主的观点，对与其观点、态度或看法不一致的信息极易产生抵触情绪。在这种状况下我们就可选用比较广告，诱导受众重新思考，从而改变其原有的态度。

如可口可乐与百事可乐的相关比较广告。比较的主题无非就是可口可乐是“老迈、落伍、过时”，而百事可乐则是“年轻、活泼、时代的象征”。比较手法则层出不穷。其中突出的有，1996 年的《超级市场篇》：可口可乐的年轻送货员到一家超市送货，放好货后见四下无人，便悄悄地溜到百事可乐的货架前，小心翼翼地偷了一罐百事可乐，刚想拉开盖子品尝，剩下的百事可乐忽然一下子全倒了下来，令他尴尬，惋惜不已。这则广告风趣幽默，不言而喻，让人回味不已。

总之，“新生代的选择”这个创意，使百事可乐比可口可乐历史短的劣势化为优势，从而激发了极其强劲的影响力与销售力，改变了消费者的态度。

对低关心度，高质量产品进行宣传。广告人科利在 1961 年写了一本名为《根据广告目标测量广告效果》的书，后人称之为 Dagmar 理论（即书名首字母缩写）。也即：由不知名到知名，由知名到了解，由了解到信服，由信服到行动的商业传播四阶段说。

这个理论今天依然有借鉴意义。一方面，通过比较引起消费者的注意，让其知道并了解产品，从而提升消费者的关注程度；另一方面，比较的目的是突出产品的与众不同，是在与消费者进行沟通，让其接受广告的产品。对于此类产品用比较广告真实、客观地展示产品，要比用其他形式的广告效果更佳。

处于市场挑战者地位的品牌。市场营销学中按市场占有率把市场分为四大角色：市场领导者、市场挑战者和市场追随者和市场补缺者。这四大市场角色形成了纷繁复杂的动态市场，为了争夺市场占有率，彼此之间展开了激烈争战。由于市场领导者在新市场新产品开发以及在价格等各方面占有巨大优势，所以要想一举拿下有点不现实。相对而言，市场追随者总有一些方面要超过市场领导者或与其持平，这时用比较广告既能表现品牌的亮点，又能借助市场领导者的知名度来扩大自身的影响力。

4. 比较广告的分类

根据不同的标准，可以将比较广告进行不同的分类。

按广告是否明确提及竞争对手名称，比较广告可分为直接比较广告、间接比较广告。直接比较广告就是广告主在广告中明确针对某产品或某厂家的产品进行公开比较，即直呼其名。如掌上通的广告“网络上不了，商务怎么通”，很明显是针对商务通产品无法连接到网络的软肋（但该广告被商务通以不正当竞争为由告倒，赔偿100万）。

间接比较广告指广告主在广告中不直接指明对方是某一品牌。如农夫山泉的“水仙实验”广告用天然水攻击纯净水，娃哈哈的“金鱼实验”广告力证娃哈哈纯净水更好。

按对竞争对手的态度不同，比较广告可分为批评性比较广告、寄生性比较广告。批评性比较广告，是指广告主对竞争对手的产品或服务持一种负面的批评性的态度，通过揭示竞争者在质量、价格、服务等方面的缺陷来抬高自己，以吸引消费者购买自己的产品。如MithaiMate炼乳广告：一家庭妇女费尽力气，使用了锤子、凿子等工具来打开一罐NestleMilkmaid牌炼乳，然后画面跳转，出现家庭主妇轻松打开一罐MithaiMate炼乳易拉罐装的画面。

寄生性比较广告则指广告主对竞争者的产品持正面的、积极的肯定赞赏态度，并在广告中使之与自己的产品相关联，期望借助对方的良好品牌形象来提高自己产品的知名度。如“宁波老窖，塞外茅台”、“林河酒——中国的XO”。

按比较内容是否具有客观基础，比较广告可分为客观性比较广告、主观性比较广告。客观性比较广告是以客观事实或科学依据为比较基础，如彩电的清晰度、耗电量，冰箱的体积、制冷性能，药品的治疗范围、疗效等。主观性比较广告则是以主观态度评价与感受作为比较的基础。如白酒广告中进行味道比较，而味道因人而异，是人的一种主观感受而非客观依据。

除了以上分类外，比较广告还可以依据具体的比较内容分为质量比较广告、服务比较广告、价格比较广告、包装比较广告、销量比较广告等等。

5. 比较广告的模式

按与竞争者比较的方式不同，可分为泛比、贬比、弱比三种。

泛比——泛比包括两种情况，一种是将自己的产品或服务与其他企业同类产品进行不指名的横向比较；另一种是与以前旧的产品或工作方式的纵向比较。在实际运作中，这种策略适用于新产品或有独特卖点的产品。

贬比——贬比又称攻击性比较，比较者把自己放在较高的地位，通过贬低同类产品中的其他品牌，彰显自己的优势，达到推销产品或者塑造品牌的目的。这也是我国广告法唯一明令禁止的一类比较广告。如“法拉利”跑车在广告中就拿保时捷进行调侃：“假如你不想引人侧目的话，我们建议您买辆保时捷好了。”

弱比——指弱势品牌和新进入市场的品牌与市场领导性品牌进行的横向比较，运用逆向心理策略，争取消费者的注意、同情和支持。这时比较广告充当的不是生死相拼的挑战，而是一种联系的纽带，也就是借对手的名气达到提升自己形象或塑造品牌定位的目的。

6. 比较广告对广告主的有利之处

比较广告在投放中具有如下优势：

有利于达到牵制市场领导者的目的。比如美国的艾维斯租车行的“老二宣言”，这则广告是广告大师伯恩巴克的得意之作，作出了广告史上最大胆的市场定位，“我们是第二位的，故我们更加努力！”此广告取得了巨大成功，有力地牵制了占第一位的赫兹租车行。

有利于扩大市场容量。通过对比广告改变消费者的习惯，从而增加其在市场上的购买欲望，创造潜在需求。比如七喜“非可乐”定位就在两乐市场上开辟了第二战场。

有利于刺激消费者重复购买。比较广告重点在突出与众不同，更能让消费者充分感受到广告主的产品或服务在同行业中的特质，消费者在看了广告后，感性的冲动会促使其重复购买，以此来增加市场份额。

7. 比较广告对广告主的潜在危害

比较广告可能会弱化广告宣传效果，甚至产生一定的逆反效应，造成自我伤害。

比较广告可能会降低广告可信度、损害品牌形象。对广告主而言，比较广告中往往是以自己之长比他人之短，并非对产品进行全面介绍，因而会给广告受众以不全面、不客观的印象，这样反而有利于竞争者。比较广告的形式会由于广告比较的根据不可信从而激起受众对广告的失信，由此则必然损害品牌的原有形象。

比较广告可能使市场竞争白热化，容易导致法律诉讼。比较广告并非无往不利，自其产生以来，就一直麻烦不断，如若任用不当，不但不能提高自身的知名度，还很有可能为他人做嫁衣，无形中提高竞争对手的知名度。因此，我们在做比较广告时，时刻要注意：是否有利于消费者正确选择商品，是否有利于公平竞争，是否有利于产品或劳务更容易识别。否则，比较广告恐怕真是“悬崖边上的舞蹈”。

比较广告的确有着不少其他广告形式所没有的功能和长处，但同时也是一个危险的区域，稍一不慎，就有对簿公堂的危险。在我国，还特别规定了一些禁用比较广告的条文。因此，要求我们广告创作者必须实事求是，证据确凿，力避一切不实之词，才能真正说服消费者采取购买行动，令被比较的竞争对手抓不住任何破绽。

三、案例欣赏

比较广告的案例屡见不鲜，透过比较广告，我们看到的是不同品牌之间的激烈竞争。在争夺市场蛋糕的过程中，及时更新战略的作用是毋庸置疑的。因势而变，我们要做的不仅仅是广告的竞争，更多的是从战略的高度，从营销的视角，全面掌控市场，抓住本品牌最大的特色与优势，重拳出击。

品牌竞争，从战略做起！

案例 1：麦当劳 VS 肯德基——中国之争[①]

近年来，肯德基产品的全面创新和本土化战略，打破了洋快餐和中式快餐的界限，从而撬动了新的消费市场。对于麦当劳来说，是站在全球的角度来开展中国市场的营销活动，而肯德基在中国的优秀表现，也让麦当劳不得不加快本土化的进程。

1. 菜单中国化

芙蓉鲜蔬汤、寒稻香蘑饭、京味鸡肉卷、川香辣子鸡、西域风味的孜然扒翅以及枸杞南瓜早餐粥，从 2000 年开始，肯德基就开始了对国人口味的不断揣摩。（图 13－3）2004 年夏季，在广东省范围内，广州老牌凉茶王老吉正式登上肯德基的柜台，这是肯德基首次从改良产品直接过渡到引入完全本地特色化的产品。

图 13－3

和肯德基相比，麦当劳在产品的推陈出新上本就乏善可陈，而且麦当劳在很长的一段时间里宣称“麦当劳不会改变在中国的菜单，会始终坚持自己的特色卖汉堡，就像我们的广告歌曲唱的那样——我就喜欢”。这被认为是麦当劳大叔的强势风格。

而两年前，肯德基所在的百胜集团就成立了健康咨询委员会，其智囊包括中国农业大学知名教授蔡同一等在内的 7 位食品专家。据说，早餐粥以及向全聚德取经推出的老北京鸡肉卷等受本地消费者喜欢的产品，就是智囊团的点子之一。目前，肯德基在中国区域推出的 30 多款新品中，至少有一半是具有中国特色的，甚至还因为借用了中国的“八大菜系”令其大出风头。除了在华本土化战略的不断深化外，肯德基本土化的步伐也非常紧凑，几乎每个月，肯德基都会推出或长期或短期的本土化产品。

2004 年 10 月 20 日开始，麦当劳在北京、上海、广州正式推出全新的早餐系列产品。在麦当劳新的早餐点餐牌上，出现了像炒蛋、煎饼早餐这样的中国元

---

① 林思勉著．麦当劳 VS 肯德基：谁更中国［J］．成功营销，2005 年第 2 期。

素。一个月后，麦当劳具有中国口味风格的“珍宝三角”食饼（图 13－4）在全国同步上市，这是麦当劳第一次推出只在中国区域销售的本土化产品。

图 13－4

麦当劳一改倔脾气是源于其在美国本土市场的菜单大改动。2004 年 5 月，由于美国消费者日益强烈抵制肥胖，麦当劳在美国市场推出了全新的以绿色蔬菜为主的“开心大餐”，挽回了不少客户的流失。这次改动让麦当劳尝到了甜头，也让它下决心将美国市场的创新经验向全球推广，中国这个庞大的市场自然榜上有名。

而就在麦当劳开始研究中国大众消费者的口味，努力实现菜单本土化的时候，肯德基又走快了半步，开始研究中国区域消费者的喜好，并持续推出创新产品。

2. 经营中国化

肯德基不仅在产品内容上进行本土化，而且原料采购也大面积本土化。据肯德基方面公开的资料称：肯德基在中国的本地原料采购比例已达 95%，其中面包、鸡肉和蔬菜全部来自中国本土。在麦当劳肯德基菜单中国化的竞争背后，是经营管理的中国化竞争。

肯德基在中国地区的市场占有率已经大大超过麦当劳。除了凭借比麦当劳早 5 年进入中国的“先发优势”，也跟肯德基的中国市场策略有关。肯德基将亚洲区的总部设在上海，相对于麦当劳将中国总部设在香港而言，因其地缘和对消费者研究的接近，反应速度则要更灵敏一些。

众所周知，地点是餐饮连锁经营的首要因素，令业内惊奇的是肯德基的选址成功率几乎是百分之百，除了选址决策的两级审批制（地方公司和总部）之外，肯德基有着周密的商圈规划程序。据《东方早报》报道，肯德基公司一名开发部经理曾得意地说：“我们在选址的时候，经常会碰到与麦当劳争同一个门店的事情，几乎每次都是我们胜出，我们做决定总是快过麦当劳。”

如今，肯德基总部的地缘优势正在被麦当劳赶超。2004 年年底，麦当劳公司宣布，中国地区总部将于 2005 年初正式从香港迁至上海。麦当劳中国地区总部董事总经理符国成说：“中国地区总部的迁移对麦当劳迅速发展的中国市场有着战略意义。”他表示：“从香港迁至上海，可以使我们更好地贴近中国内地市场。”

特许经营是麦当劳和肯德基迅速发展扩大的制胜武器。1993年，肯德基首先把这一经营模式引进中国并加以改良，在西安开始了加盟连锁经营业务，由此肯德基的扩张开始提速，2004年10月，肯德基的门店总数已达到1200家店，差不多是麦当劳的两倍，在2004年初，这个数字还仅仅是1000家，而麦当劳的门店数量仅为620家。

从1955年麦当劳教父雷·克洛克开始麦当劳的特许经营开始，已经有50年的历史。然而直至2004年10月19日在上海举行的2004中外特许经营高峰论坛上，麦当劳全球特许经营副总裁詹姆斯·库尔玛才表示：麦当劳将在2005年将特许经营模式引入中国市场，这将掀起麦当劳和肯德基新一轮的开店竞赛热潮。

3. 品牌战略中国化

麦当劳和肯德基以前的品牌形象都在渲染一种温馨欢乐的家庭气氛，吸引的目标消费群也基本一致，都是以孩子为主。时至今日，两者给我们的品牌印象已大为改观了。

麦当劳从2003年开始了品牌年轻化的品牌重塑运动，用“我就喜欢”张扬自由的生活态度，着重吸引年轻消费群体。可以说，麦当劳的品牌重塑是成功的，创意表达很有冲击力，给麦当劳的品牌文化注入了新的内涵。但是这次品牌重塑是麦当劳全球品牌形象的调整，相对而言，肯德基的品牌形象则更注重了中国消费者的心理感受，所注重传播的是“立足中国、融入生活”的理念。

图13-5

在每一个品牌形象细节上，肯德基都有着明显的中国文化特色。2003年和2004年春节，白胡子的“肯德基爷爷”一改平日“西装革履”的经典形象，在中国的170多个城市800家餐厅里同时换上华人传统的节日盛装，和所有到餐厅用餐的客人一起共度中国传统的新春佳节。(图13-5)

在肯德基的电视广告里，充满了浓厚的中国人情味，百胜中国总裁苏敬轼曾说，“肯德基自1987年进入中国以来，一直秉承着为中国人打造一个中国品牌的理念，并为之不断努力”。肯德基《立足中国，融入生活》的电视广告让中国消费者印象深刻。2004 年年初，肯德基的餐厅经理年会组织来自全国各地的 1000 名餐厅经理汇聚长城，代表全体肯德基员工郑重作出了“立足中国、融入生活”的长城承诺：继续聆听、回应中国消费者的需求，勇于创新，不断进步，回馈社会，扩大对科学普及教育的支持。

重要的不仅在于从对手手中夺取阵地，更因为将快餐市场全面增容，并赢得了同行及中国消费者尊敬的目光。肯德基凭着中国市场的独特表现就有了不俗的产出和很好的影响，它按照本地化的消费需求来研发产品，按照当地文化来塑造品牌，从而把营销理念延伸到了管理前端。

图 13－6

除了一系列的本土化战略竞争，麦当劳与肯德基还紧咬对手，在汽车餐厅上展开了一场激烈的市场争夺战。他们对于汽车餐厅的建设和推广表现出异乎寻常的重视。麦当劳中国总部称，到 2008 年奥运会时，其在中国的开店数要达到 1000 家，其中新开店的 50% 将是汽车餐厅；肯德基则计划在今后 3 年内，将汽车餐厅的规模扩大到 100 家。(图 13－6)

在中国市场发展汽车餐厅业务，肯德基先走一步。2002 年和 2005 年，肯德基分别在北京与上海开出其在中国内地的第一、二家汽车餐厅，他们称之为汽车穿梭餐厅。随后，肯德基又相继在南京、无锡和长春等城市布点，开办汽车穿梭餐厅。

相比而言，麦当劳介入汽车餐厅市场要晚一些，但发展速度却要快得多。2006 年 6 月 20 日，中石化与麦当劳中国总部在北京签署战略合作协议结成战略联盟，根据战略合作协议，中石化与麦当劳共同选择条件合适的加油站开设麦当劳“得来速”汽车餐厅，为顾客提供简便、快捷、优质的餐饮服务。计划先在北京、上海、广州、天津、武汉 、成都、深圳、东莞等大中城市进行试点，然后逐步扩大到全国范围。随后，麦当劳又宣布，与大连万达集团达成战略联盟协议，双方将在共同选定的大连万达大型购物广场或商业广场内建设麦当劳“得来速”餐厅。

肯德基也不甘示弱。2007 年 1 月 9 日，全球知名装饰建材零售商百安居与肯德基在北京达成重要策略联盟协议，肯德基将在全国范围内入驻百安居超市网点开设汽车穿梭餐厅。根据此项协议，肯德基将在百安居大型建材超市的停车场或商店内开设汽车餐厅，首批签约餐厅分别位于上海、青岛和无锡的 3 家百安居超市，餐厅的筹建工作旋即展开。

案例 2：伊利 VS 蒙牛——针尖对麦芒式的成长

作为乳品行业的老大与老二，伊利与蒙牛从来都不缺乏竞争，从原材料争夺到终端市场销售、从产品价格到销售渠道、从营销公关手段到广告创意策略，他们的竞争几乎已经渗透到了企业经营中的所有环节。

在早期，伊利的广告宣传强调自己来自大草原，但由于广告质感比较差。反而更突出了企业的地域性。与奥美广告公司合作后，伊利的品牌发生了实质性的变化。伊利的品牌中少了一些粗犷和粗糙，增添许多优雅和细腻。“心灵的天然牧场”就是一句非常值得回味的广告语。

伊利把眼光放在了“奶牛的养育”上，并由此推出了一个让人耳目一新的概念——用培养孩子的观念养育奶牛。后来，伊利推出了全新的广告宣传片，而广告语也从“心灵的天然牧场”演变为“天大天然”。但伊利一直以来就没有请过形象代言人，这是与蒙牛不同的。

图 13－7

在广告投放媒体的选择上，除了投放电视广告外，伊利在北京的液态奶广告主要是公交广告，其中大部分为车体和候车亭广告。这些广告遍布北京的街头，形成一道亮丽的风景线。画面主角是一位白领女士，背靠着大厦，表情优雅自然，正在全身心的品尝伊利牛奶，脸上充满幸福感，同样广告内容还有男主角的一版。它的文案“感受心灵的天然牧场”与画面配合得很默契。从广告中，能够感受到伊利的较高品牌定位，它把消费群体直接指向了都市中的时尚青年，包括白领和蓝领阶层。

而蒙牛的广告攻势似乎更猛。2003 年央视标王的竞争，颇具有戏剧性——标王宝座一夜易主。伊利出资 2.14 亿元坐上央视标王宝座还不到一天，就面临着被老对手蒙牛颠覆的窘境。11 月 19 日，蒙牛以 3.1 亿元的总投标额登上了标王宝座。

除此之外，这两个企业之间的营销大战更是是精彩纷呈，也带给我们很多的思考和启发。

1. 伊利——奥运营销

2007 年 3 月初，有媒体传言，伊利将出资 1 亿元的天价冠名赞助央视的《梦想中国》栏目，以此与蒙牛的“超级女声”在娱乐营销上决一雌雄。但后来的事实证明，冠名《梦想中国》，最多只能说是伊利，或者是媒体的炒作而已，在伊利看来，采取“跟风策略”的娱乐营销，“不仅会降低了企业自身档次，同时也难以确保能达到同样出色效果”。显而易见，伊利娱乐营销的态度应该是鲜明的，借势奥运的体育营销，将成为伊利今后很长一段时间内的主要营销手段。

以赞助奥运会为标志，伊利作为中国食品的代表，有史以来第一次携手奥运，第一次进入全球顶级品牌的殿堂，在激烈竞争的乳制品行业脱颖而出，与所有竞争对手有效区隔，品牌形象得到质的提升，将大大增强市场信心，也将大大稳定客户忠诚度。

赞助北京奥运，得到了在未来 3 年中最耀眼的推广平台和营销载体，获取绝对排他的权益，伊利占尽布局未来的先机。而奥运的影响力在北京奥运会结束之后并不会消退，而是延续很长一段时间，伊利必将受益无穷。

奥运是伊利走向全球的一个伟大起点，也是一个重要机会。

2. 蒙牛——娱乐营销（图 13-8）

继蒙牛成功携手“超级女声”，写就了娱乐营销的超级神话之后，2006 年，蒙牛又与香港迪斯尼乐园结盟，成为香港迪斯尼在大陆目前唯一的战略合作伙伴。蒙牛作为香港迪斯尼指定唯一一家乳制品供应商，其产品将和米老鼠唐老鸭一起，出现在迪斯尼乐园的每一个角落。同时，双方还要进行系列品牌合作。

“米老鼠也能喝上中国奶”，蒙牛和香港迪斯尼的合作可以算是强强联合。这两个品牌都重视家庭观念，香港迪斯尼乐园为亚太区的首选家庭旅游点，而蒙牛则每天为数千万个家庭提供健康的牛奶产品。蒙牛正是期望通过与香港迪斯尼的合作，为来自世界各地的游客提供一个展示中国牛奶品质的窗口，从而推动民族乳业开拓国际市场。这将会加速蒙牛正在谋篇布局的“国际化”进程。

图 13－8

案例 3：百事可乐 VS 可口可乐——红红对决①

奥运的资深“玩家”可口可乐和“挑战者”百事可乐的双雄“博弈”在 2008 北京奥运会之际全面升级。口味和配方百年来保持不变，产品却始终没有走到生命周期的末端，世界上类似的产品并不多见，而可口可乐和百事可乐又是少数中的佼佼者，动感的红色和炫目的蓝色各自代表一方并且同样深入人心。然而这场延续多年、阵容庞大的“红蓝争霸”，因中国 2008 北京奥运而戏剧性地演变成了“红红对决”。

1. 可口可乐：我为 TOP 狂（图 13－9）

奥运 TOP 赞助权的争夺由来已久。严格排他性的“游戏规则”，和极其诱人的“战利品”是商业战争的主要原因。独家享有的赞助权利是企业拉大与竞争对手距离的杀手锏，有了这一强有力的营销手段，在市场份额上就有可能远远超过竞争对手。

自从国际奥委会推出了 TOP 计划后，可口可乐就不惜血本投入巨资连续成为 TOP 赞助商，同时赚取了丰厚的利润。唯有 1980 年莫斯科奥运会痛失阵地，随即被百事可乐赶超，于是，在 1984 年洛杉矶可口可乐以超过赞助费 900 多万

① 孙焕著．可口可乐与百事可乐的“红红”对决［J］．销售与管理，2007 年第 11 期。

美元将赞助权力保在手。可口可乐的赞助预算在营销预算中一直占据了重要位置。前车之鉴让可口可乐下定决心，决不让 TOP 赞助商头衔旁落他家。而可口可乐也已将奥运会软饮料赞助商的权利延续至 2020 年。在此期间，可口可乐公司将继续保持在非酒精饮料领域的独家市场推广权利，有权使用奥运标志、奥运口号和吉祥物等奥运专属权利。

经过长期卓有成效的系统奥运营销的官方路线，可口可乐很好地将自身品牌与五环奥运品牌实现了有机融合。就像可口可乐公司全球奥运项目总监彼得·富兰克林所说的，可口可乐追求的“乐观向上、积极奔放、勇于面对困难”，恰恰契合了“更快、更高、更强”的奥运精神。作为大众消费品，可口可乐奥运营销的原则就是将“奥运精神、品牌内涵、消费者联系”三点连成一线，通过产品互动和活动互动将三者融为一体。

对于 2008 北京奥运，可口可乐也是不遗余力。“可口可乐在 2008 北京奥运营销的投入和规模都是最大的。”可口可乐（中国）公司外事部副总监翟嵋表示，“目前在可口可乐的营销体系中，奥运营销的地位是最主要的。”事实上，可口可乐北京奥运营销大战可以追溯到 2001 年 7 月 13 日中国申奥成功的一刻。就在当天晚上的 11 时 26 分，可口可乐首款北京申奥成功纪念罐率先亮相，第一时间同北京奥运会联姻。为了实现这个效果，可口可乐事先也是带有赌博性地提前做好纪念罐，所有产品在生产线上整装待发，等待那个历史时刻。

图 13-9　2008 北京夏季奥运会 TOP 赞助商

其后，北京奥运会会徽纪念罐和北京奥运会吉祥物纪念罐又分别在 2003 年 8 月 3 日和 2005 年 11 月 11 日亮相。2004 年 6 月 8 日，雅典奥运圣火抵达北京。为迎接圣火，可口可乐在数月前就启动了“雅典 2004 奥运火炬传递——中国火炬手、护跑手选拔”活动。今年 4 月，可口可乐宣布成为北京奥运火炬接力全球合作伙伴，市场推广、火炬手选拔、火炬接力沿途活动、城市庆典等一系列火炬接力活动接踵而来。7 月，可口可乐再次发布“奥运星阵容”，邀得姚明、刘翔、易建联、郭晶晶、王励勤和赵蕊蕊等多名目前中国最耀眼的体育明星同时亮相。当 2007 年 8 月 8 日，人们在庆祝奥运倒计时一周年的时候，可口可乐公司开始了他们的“奥运周年倒计时战略”，并第一次把姚明和刘翔这两位中国当之无愧的体育巨星请到一起，见证这个开始，同时启动了奥运纪念章计划，发布了奥运主会场鸟巢的可乐奥运纪念章。

因为拥有常年 TOP 赞助商的头衔和资源，以及消费者对体育赛事热情的不断升温，可口可乐多年来的中国市场营销一直与奥运紧密联系，始终保持这一体育主题的主线。

2. 百事可乐：敢为中国红

面对老对手一直稳坐奥运会 TOP 的宝座，百事可乐主要通过抓住年轻人热爱的运动和音乐，长年地开展音乐和体育营销，搭建对年轻人有帮助的互动沟通平台。因为没有捆绑一个强势的品牌，不需要时常围绕固定话题做文章来加深品牌印象，并且百事可乐主打年轻人的市场，培养更加前锐的时尚感觉，其营销往往不受束缚而别出心裁——和招商银行联手推出信用卡，和 Kappa 合作推出运动装备，都是为了把“年轻和时尚”的概念做足。而在中国市场，百事可乐蓝色易拉罐上的明星广告更是与可口可乐交锋的杀手锏。

2008 年北京奥运会在即，为了应对可口可乐借奥运题材的大肆宣传，百事可乐另辟蹊径曲线营销，力图通过明星战略和赞助国家队的保卫战略出奇制胜。因为奥运一定是关注的焦点和最主流动态，与奥运事件紧密联系做营销是制胜的不二法则。百事可乐早在 2006 年签约“中国队”，保留了 2008 年体育营销的资格，也保留了与可口可乐一争高下的权利。

2007 年 9 月初，百事“13 亿激情，敢为中国红”发布会在北京国际金融中心举行，一改百年来坚持的蓝色，推出和老对手可口可乐相同的红色包装——

"中国队百事纪念罐"。当年百事选择"蓝"作为品牌包装主色调，为的就是与对手形成区隔，而如今不爱蓝装爱红装，这刚换上的一身红与可口可乐的红，自然也应该有所不同。CBCT（中国品牌营销团队）认为，这正是百事的机会所在。对于中国市场最有潜力的这一批正处于断乳期的青少年，深刻洞察其内心的情感需求缺口，将红色演绎出更为丰富的内涵，填补目标人群内心的渴望，这应该是百事换红装的主要目标。如果此次红红大战中，百事红能以自身的深刻演绎，将"红"推向一个更振奋人心的价值高度的话，那么在此役中，百事红将一举扭转在中国奥运市场的颓势，重新夺取市场话语权。

另外，百事借力"百事我创　我要上罐"这个大型选秀活动在全国范围内掀起一股为中国队加油的声浪，对全民迎奥运的主流态势做出积极回应。（图13－10）百事可乐号召大众将自己在近期内拍摄的，以"为中国队加油"为主题的个人照片上传到网络平台，在经过网友投票和层层筛选后，选拔出了21位

图13－10　百事我创　我要上罐

"中国队百事纪念罐"的上冠英雄。9月4日，百事可乐在"百事13亿激情发布会"高调宣布将其已有上百年历史的标志性蓝色包装换成红色包装，抛出"13亿激情，敢为中国红"的口号，此前从"我要上罐"活动中海选出来的多位"平民明星"头像也将被制作成红色的中国队纪念罐。除了进行常规的新闻传播外，还设计了一系列具有争议的议题，还借助校园BBS、博客等新媒体进行网络

传播扩大声势。换装即出一片哗然，甚至可口可乐也公开发表官方言论，声讨百事变身后诸多环节与自己相同或相似。而百事给出的回应则是顺应中国 13 亿渴望表达的民族情感而推出的一项支持中国的行动。

虽然不是赞助商，但是为中国加油并不受限制，百事找到了一个投民族情感所好的切入点。既然没有官方认可，百事于是干脆走上大众路线，给平民百姓走上纪念罐的机会。正如中国区首席市场官徐智伟所说，“弃蓝投红”这件大胆的事情只有百事敢做，这种叛逆不仅符合百事一贯的品牌内涵及挑战者的角色，同时也受到了年轻消费群体的认可。草根概念是近年不断重复和强调的也越来越被重视的营销力量，况且中国红再配上明星照片就真的和可口如出一辙，再无差异可言了。

两乐战争，可以说是由来已久，在这场激烈的竞争中，比较广告也是大显身手。著名的“百事挑战”广告中，让消费者在不知道品牌的情况下品尝两杯可乐，结果选出的味道好的都是百事可乐而不是可口可乐。显然百事用这种方法证明了自己在口味上的优势。百事可乐还有两则广告是明显的比较：一个小男孩向自动售货机投币买饮料，但身高不够碰不到百事可乐的按钮，于是他先投币取到两瓶可口可乐，将其踩在脚下又投币拿到一听百事可乐，然后高兴地离开；画面中并排放着的两台自动售货机，百事可乐售货机前的地面已经被踏得露出了下面的地板，而另一台自动售货机前的地板崭新完好，以红白为主色调的售货机影射的无疑是可口可乐。这种比较广告通常会令竞争对手毫无办法。因为处于领导位置的品牌通常不会把自己同竞争对手做比较，因为它已经是同类产品的领导者了，不可能再从比较中获益更多，如果自降身价地去与第二名比较，往往得到的效果是助长对方的知名度。

案例 4：动感地带 VS UP 新势力——品牌博弈①

1. 形象代言

代言人在扩大品牌知名度方面有着得天独厚的优势。心理学家认为，信息传递者本身的人格因素会作为信息的一部分影响受众，进而影响受众对传播信息的认同。

---

① 赵志明著．品牌博弈——动感地带与新势力品牌比较研究［J］．商场现代化，2007 年第 33 期。

“动感地带”无论从选择周杰伦还是潘玮柏加 SHE 的组合，都是看中了他们在年轻歌迷中的偶像作用，他们另类、特立独行、叛逆的姿态正与“动感地带”品牌的形象相符合。而作为竞争对手的中国联通，在“新势力”品牌推广上则采取低可信度的策略，以一群朝气蓬勃的普通年轻人来体现其积极、向上、健康的品牌形象。但遗憾的是在随后的品牌推广中，由于诸多因素“UP 新势力”淡出了人们的视野。在经过一年的蛰伏后，中国联通公司以“新势力”替代“UP 新势力”重新登场，以歌坛新秀林俊杰、张韶涵作为代言人，形象策略有所改变。2006 年 10 月 17 日，联通又正式推出其“新势力”品牌的个性公仔“优帕”，这进一步证明联通“新势力”还是在坚持一种平民化的品牌策略，以期得到消费者的认同。

2. 品牌定位

在今天的市场竞争中，要想脱颖而出，唯一的选择就是差异化，而定位正是在战略上达到差异化最有效的手段之一。

“动感地带”通过细分客户群体将目标客户定位在年轻、时尚、动感人群，年龄跨度在 15～25 岁之间，主要包括大学生，他们崇尚个性，思维活跃，对移动通信中的娱乐、休闲、社交的需求比重较大。同时，他们有强烈的品牌意识。中国移动依据这个群体的特点对语音业务和数据业务进行了选择，组合出适合他们的业务和资费，占得先机，并获得了成功。看到市场的火爆，联通于 2004 年 5 月推出“UP 新势力”品牌，其定位也是针对 16～26 岁的大学生和白领，提供业务以数据通信为主，兼提供语音业务，最大的卖点是菜单 DIY 操作，包括定制聊天、图铃、游戏等数据业务。

仔细分析一下“新势力”与“动感地带”的品牌定位，应该说“新势力”的品牌定位新意不多，“16～26 岁”的年龄定位与“15～25 岁”的年龄定位事实上没有本质的区别。也许这也是造成“新势力”在前期推广中反映一般的原因之一。正是在这种不利的局面之下，联通决定对“新势力”进行重新定位，以“对比定位策略”为手段，将“自信、团队、分享、创新”作为品牌核心与“动感地带”的形成差异。

3. 品牌个性

品牌个性作为品牌的核心价值，是构成品牌力的重要组成部分。因此塑造品牌个性就成为企业品牌管理人员的重要任务。因为品牌个性反映的是消费者对品牌的感觉，品牌个性可以来自与品牌有关的所有方面。

随着移动电话在年轻人群体的普及，它已经不再是一个简单的通讯工具，而是体现个性、品位、时尚的符号。移动正是看到品牌的使用者这一特点，以“我的地盘听我的”极具煽动力的语言表现另类时尚不与他人相同的个性。面对着中西方文化碰撞、排斥、相互融合的潮流，有亦旧亦新的价值观和不同的诠释方式；他们是一身兼具多种文化特质的族群，是中西方文化交融下的产物；也是矛盾的族群，所以更需要认同与支持。作为竞争者“新势力”则意识到这是一个团队协作的时代，只有合作才有成功，并且强调愿意把自己的成果与大家分享的精神，紧紧抓住团队意识提出“就要你最红”的口号，后来以林俊杰、张韶涵、卡通优帕为一体的品牌代言与“动感地带”形成差异。

4. 品牌识别（图13－11）

产品特色、优惠、品牌名称、品牌联想都不足以引起关注、吸引消费者。能赢得消费者的产品，必须要能带来便于记忆的感官感受，而且这种感受必须要与厂商、产品、或服务相联系。

图13－11　动感地带与UP新势力LOGO

“动感地带”（M－ZONE）以橙色这一充满活力的色彩基于涂鸦文化的视觉表现，立足于目标用户的个性面，打造自主、时尚、尽情表达自我、反叛的品牌形象，得到受众的普遍认可。

“新势力”品牌标志则经过了一番变化，由最初的几何造型加红、黑、黄色的方块在秩序与和谐的原则下，提倡无限发展自由创造。但此标志理性有余，活力不足，与品牌目标群体审美趣味存在一定距离。为了品牌长远的战略，联通推出了红、蓝、黑三色组成的新标志，线条充满活力，再加上卡通人“优帕”的可爱造型，集中体现“阳光、新锐、创新”的品牌个性。

5. 营销策略

中国移动将大学生喜爱的街舞与“动感地带”结合在一起，推出了“动感地带 M-ZONE 中国大学生街舞挑战赛”，以使“动感地带”的品牌号召力进一步在大学校园扩大。同时动感地带先后与麦当劳合作推出“动感套餐”、与 NIKE 联合赞助高中篮球联赛、赞助华语音乐榜和在年轻人中享有盛誉的时报广告金犊奖、开展寻找 M－ZONE 人系列活动、直至与 NBA 签订市场合作协议。融合了众多流行元素的动感地带一路狂飙，迅速完成了从通信品牌到时尚品牌的升华。与“动感地带”赞助“全球华语音乐榜中榜”相对应，2004 年，联通“UP 新势力”也赞助了“南方 MTV 天籁演唱会”。“‘UP 新势力’校园青春热舞大赛”，中国联通认为这些参与者都是充满活力及自信的乐坛新势力，正好迎合“新势力”的年轻消费群体个性特点，紧贴他们对音乐潮流的追求。但是这些还都无法展开与竞争对手的差异。只是从启动新势力“公仔大赛”到以最终胜出的公仔作为企业的新形象因素，我们才真正看到“新势力”抓住大众心理以及时代特征。因为公仔形象除了代表“新势力”品牌，还会引发与之相关的动漫、玩具等各种商品的开发，从而形成新型捆绑式的营销方式。更重要的是为卡通形象所赋予文化内涵后，这种附加值还将向更高层次——精神与文化方面延伸。

案例 5：立邦 VS 多乐士——谁能绽放光彩?[①]

根据慧聪网涂料频道的读者调查显示：目前在中国的涂料市场上，立邦与多乐士两个品牌的支持率，占到了 95.88%，而所有其他品牌加起来不过 4.1%。立邦的支持率为 51.64%，多乐士的支持率为 44.24%。在销售方面，立邦的市场占有率是 40.51%，多乐士 38.23%，其他品牌总共才 21.26%。因此，在涂料领域，立邦与多乐士已呈明显双寡头竞争之势。

---

① 王新业著．立邦 VS 多乐士：各有几把刷子［J］．商界·中国商业评论，2008 年第 2 期。

1. 广告宣传篇：狭路相逢“智”者胜

索尼创始人盛田昭夫曾经说过：“企业成功的所有秘诀都包含在两个词里面：发现和创造。发现别人发现不了的顾客需求，创造出让这种需求微笑的东西。顾客需求是市场的灵魂，企业必须准确地把握它。对于商品，顾客不仅存在着功效需求，还存在着其他的需求。企业要想赢得市场成功，必须要做好一件事——准确地建立起目标顾客的需求模型。”

恰如有肯德基的地方就有麦当劳，几乎有立邦广告的地方就有多乐士广告。多乐士与立邦的竞争，最明显的体现就在广告上。如在电视广告、平面广告、街头路牌方面的宣传上，立邦每年投放在中国市场的广告费高达 2500 万美元，紧随其后的多乐士广告投入也有 1185 万元。

（1）立邦：温情代言，先入为主

立邦的代言人是一群光屁股的婴儿，当然寓意也是健康、可爱，配合“处处放光彩”的宣传口号。但是立邦的企业文化绝不是仅仅这么简单。虽是新加坡投资，但是日本立邦还是为中国立邦配备了相当多的日本技术人员和市场人员，而立邦在中国也是以日本企业精神示人，也让很多国人觉得立邦更是日本企业。立邦的高效、团队、善才的特点秉承日企作风，从建筑涂料到如火如荼的木器漆，一次次震撼行业营销。善于研究对手，搜集对手市场信息，也是立邦的一大特点，了解了这些也就不奇怪立邦和多乐士在产品名称上的几分相似了。

建筑装饰材料的应用伴随着消费习惯和购买力变化，日新月异般地改变着我们的家居环境。只有那些能够把握趋势的公司，才能获得独占市场鳌头的机遇。

作为一家拥有近 120 年历史的跨国涂料公司，立邦的产品线涵盖到建筑涂料、汽车用漆、电器用漆、海事用漆、军工用漆、重防腐漆等广泛的工业与民用领域。1992 年，立邦在上海浦东建立起第一家独资厂——立邦涂料（中国）有限公司。而当时的整个国内市场，尽管已有 70 年的涂料工业生产史，生产企业也已达到 5000 余家，但普遍存在研发能力低下、产品结构单一、管理方式原始的产业现象。作坊式的生产、粗放型的分销也都严重制约了具有市场前瞻力的新型涂料产品的开发和推广，也与蓬勃发展的国内住宅业极不相称。

面对这样巨大容量的市场与诱人的应用前景，立邦目标明确，巨资投入，开始悉心布局着在华的每一间工厂，坚持着它“以主导型企业的姿态促进涂料工业发展”以及“用自己的技术开发领导世界潮流的产品”这两大主题的发展方针；积极推动，力图与同道者一起把中国涂料工业带进一个以高性能产品为主导的全面产品竞争时代。

十多年来，在很多地方，立邦仿佛成为“高档漆”的代名词，广泛地成为材料应用商、居民家庭眼中的“首选品牌”。其根据市场细分进行的丰富的产品组合和多品牌运作，运用“先入为主”的策略，一步一步确立了自己“老大”的地位。1993 年，立邦在上海投入了 3000 万的广告费用，第一个在电视上做涂料广告，随后每年把销售收入的 12% 投入广告。由于当时在顾客心智中，乳胶漆品类还未有品牌占据定位，立邦的广告攻势使其能迅速进入顾客心智，顾客在潜意识里面就把立邦和乳胶漆联系在一起。当顾客想到购买乳胶漆时，就会首先想到立邦，并且把立邦作为最优购买选择。待到多乐士上市时，立邦早已经在顾客心智中占据了乳胶漆的首选定位。尽管多乐士只落后立邦一年时间，却由此错过了最为宝贵的战略时机。

(2) 多乐士：英伦风格，有的放矢

在英国文化中，绅士风度世界闻名。而多乐士作为一个有着英国血统的产品，它同样体现了“绅士”般的服务态度和魅力：关爱、环保、体贴等。其广告设计就是如此，多乐士的广告是以产品功效诉求为主题，通过一个城市新生代家庭的场景，运用轻松诙谐的表现手法，淋漓尽致地展现了多乐士产品的独到功能。

其实，说到多乐士，大多数人都会想到多乐士油漆广告中那条憨态可掬的狗。但很少有人知道，其实多乐士的这只英国牧羊犬是其文化的最好体现。(图 13－12)

多乐士的生产商——英国卜内门化学工业有限公司（ICI）是一家历史悠久的老牌企业，在企业文化方面也秉承了英国人严谨的风格，在多乐士品牌的全球推广计划中，为了确定形象代言也是做了大量的研究调查。为什么选一只牧羊犬做代言呢？一是调查显示，狗是全世界女性最喜欢的宠物，女性出于对色彩、潮流的敏感以及在家庭消费中占有绝对的选择主导权，而在只要能够指导家庭成员中女性的消费，自然销售额会有所体现；二是狗作为家庭最忠实的朋友，更容易和人产生信任感，建筑涂料更是需要和家庭成员朝夕相处，“美丽的家，美丽的

图 13－12

多乐士”，牧羊犬健康活泼的形象更能体现多乐士健康环保的特点；三是古英国牧羊犬在英国是贵族家庭的宠物，能体现多乐士是高端涂料产品的身份。这就是多乐士形象代言大狗产生的过程。如此严谨的选择和调查，到最后的结果，绝对不是一般公司能够做到的。

广告创意代表的是一种企业文化，同时还能演绎一个企业所代表的地域特点。仅从多乐士和立邦的广告定位我们就能体会到多乐士严谨的英伦做派和立邦锐意进取的日本风尚。

随着这种文化的浸润，多乐士的广告深入人心，其产品攻势也随之见效，逐渐确立了自己技术领先的形象。不过，即便多乐士产品暂时领先，只要立邦即刻跟进，顾客心智还是会偏向立邦，因为，这是品牌“先入为主”的一个优势。立邦在顾客心智中的领导品牌优势，压制了多乐士的发展，使其一直落在后面。因此，从广告市场的竞争当中不难发现，立邦通过“先入为主”的策略抢占了市场先机，并且一路领跑，而作为迟到者的多乐士，虽然错过了争取市场的最好时机，但却通过突出其自有特色避开立邦的锋芒，紧跟其后，处处施压。两大品牌就此在涂料市场展开一场针锋相对的双龙会。

2. 产品服务篇：以人为本　殊途同归

德鲁克曾经说过：如果你的目标是一定的，那你就不要经常换“跑道”，否则，你永远无法到达目的地。

(1) 立邦：多级服务，遍地开花

在立邦中国公司里，你很少听到大家在讨论什么“战略”，听得最多的，就是“服务、分销、促销、培训”等等这些字眼。无论是传统渠道网点战、“个性配色中心计划”、“木器漆专家”概念店方案还是“净味全消”策略，计划的落实力度都远远大于计划本身。

立邦的销售服务是通过在大中城市建立直属办事处、在市场密集区建立服务中心，来最大限度地保证市场反应速度，用一系列的电子化流程来指导、指挥销售行为和分析、分享业务成果，让每个销售人员都可以从离它最近的“立邦服务中心”获得最快捷、最有效的支持。这种自营的以区域市场管理和经销商、消费者服务为主要职能的“立邦漆服务中心”，已经渗透到国内绝大多数的大中城市，在重点城市甚至直接渗透到“寸土寸金”的大卖场和专业市场。分属不同服务中心的销售代表们，在那里充当着“销售与服务双先锋”的角色。

一个面积不到15平方米的普通商店，一个月营业额也许都不到1万元的经销商，他们都是立邦销售代表、服务代表“工作笔记”里的推进目标，引导这些不同起点的商店朝着适合渠道趋势并结合自身特点的方向发展。这也就是公司要求的在有服务中心的城市做到“全程服务”，在没有服务中心的地区要做到“远程辐射”。这种服务介入，很多时候甚至是从新店开张前选址、装饰、招募店员时就已经参与。

很多小店主在立邦服务中心的支持下，用很短的时间完成了原始积累，实现了连锁经营或者专买或者专业工程推广的经营格局，走上了持续良性的事业道路。立邦销售人员的压力不仅仅是每个月的销售指标，还有一个长期的以“经销商成长速度与质量”为内容的评价项。通过这种“服务中心”体系，立邦销售人员拥有的“可支配资源”是较大的，形式繁多的销售工具可以帮助销售代表推动产品入市、巩固市场份额、增强品牌美誉。

立邦门店广泛的覆盖面创造了一个便利的即时大社区，使企业用最少的投入拓展了最广阔的市场，区域市场可迅速延伸至全局。它消除了涂料营销的诸多不便，使先前由于空间、时间、消费习惯等障碍无法涉及的市场触手可及。

不过，尽管立邦的服务模式做到了“面面俱到”，但是因为店面铺设太广而无法控制每一家店的具体服务效果，这使得其也会受到消费者的一些抱怨，诸如：服务的执行力、推广的阻力、态度的好坏问题等。这样的模式使立邦服务做到了量的满足，却无法兼顾质的保证。

（2）多乐士：色彩体验，一步到位

多乐士作为ICI旗下的知名品牌，有足够多的“服务”理念在中国实验。自2005年开始，也就是多乐士进入中国的第11个年头，多乐士开始在中国推广其全新的营销模式，目的就是为了占有更多的情感市场，事实证明在“服务理念”

上，它的确做到了更好。

“一站式体验”便是多乐士这其中的一个最大亮点，配合多乐士在全国各个重点城市相继启动多乐士旗舰店。在每家旗舰店，顾客在店中不仅可以享受到方便轻松的“一站式体验”，而且色彩体验也成为多乐士旗舰店一个十分重要的主题，它可以让顾客亲身体验颜色的精彩之处，激发他们更多的色彩灵感。消费者只要先用数码相机把家里需粉刷的房间拍成照片，然后把照片输入电脑，利用ICI公司自行研究开发的色彩搭配软件对指定的墙面及室内物品的颜色进行修改，直到效果满意为止，只需短短两分钟，一张焕然一新的家居效果图就会呈现在面前，如此简单，消费者对家居装修设计的所有梦想就这样轻松实现了。在简单而充满惊喜与乐趣的色彩搭配设计完成后，消费者还可以即时在店内选择所需的墙面漆进行现场的调色，店员还会根据资料计算出所需的油漆用量及安排送货服务，同时还可根据顾客的要求提供专业的施工服务。

此外，多乐士的各个旗舰店还推出了流动调色车服务。流动调色车是面向各个小区与楼盘提供上门服务的新型经营服务方式，车上配备了各种选色及调色的工具与设备，它的出现可以免除消费者为了挑选合适的颜色搭配方案而东奔西跑的麻烦，消费者甚至不需要亲临油漆店就可以享受到专业的选色与调色服务。

3. 销售渠道篇：因地制宜 伺机突破

孙子兵法云：“上兵伐谋，其下攻城。”市场策略是至关重要，若能达到“不战而屈人之兵”的境界则“善之善也”。

品牌博弈是一种研究对手行为，并相互作用和保持均衡状态的方法。将博弈的观念引入品牌运营中，可以清楚地看清对手在营销环境中的各个环节，可以有效避免竞争策略的偏离，避免市场竞争中盲目跟风带来的内耗；认清品牌真正的博弈对手，建立一种全新的互惠型竞争模式，让博弈双方共享成功的果实。

（1）立邦：“强势”出击，稳中制胜

对于区域促销活动的策划、组织，立邦销售系统中的各分支机构有很大的当地化决策的权力，这也是他们的职责之一。这也使得分支机构能够根据具体的销售状况和消费喜好，迅速制定出适合当地客情的促销方案，而不强求全国一盘棋；从另一方面，也能加速每个办事处和服务中心的市场运作能力的自我提高。当然，促销申请、费用计划、效果评估都有系统的流程来监控管理，利用连贯上下的网上促销模块，各地服务中心可以很方便地申请方案，管理者也能及时审批和跟踪实际运行状态，所有人也都可以共享来自其他地区的促销案例。

我们经常会看到立邦和许多著名品牌，如百事可乐、肯德基、雀巢捆绑在一起的丰富的产品促销；还有和当地大卖场、出租车公司、新华书店等合作的“亲近而实惠”的消费者奖励；也有直接深入到社区、专业市场、单位厂矿等带有服务内容的产品展示和社区服务。特别是后者，实施范围和举办频率都很大，并且纳入到全国每一个办事处和服务中心的常规工作日程。在双休日和节假日，常常是留下一个人留守，其余的统统下市场、进小区，做促销成了服务中心人员主要的假日休闲方式。

立邦的这种促销的方式和频次，实质上就是想通过人性化的促销表现和生动化的产品陈列，在形成品牌区隔的同时，也能够帮助人们消除对涂料产品的认知壁垒，促进客户购买兴趣及偏好的产生。这样立邦根据销售需要，直接向导购下达促销指令，如本月对产品促销，将所获的奖金可能提高到10%以上，由于商家每天都要向立邦办事处报销量，而且是真实的销量，所以立邦公司能很准确地计算出该名导购的实际成绩。而每个立邦终端都与当地的办事处电脑联网，每销售出一桶，商家必须当场将包装上条形码用专用机器输入电脑，然后将做该笔业务的油工的姓名、电话号码同时输入电脑，同步传输到当地的办事处。这样一来，当地的办事处就能够及时了解其管辖的所有终端当天的零售情况，每样单品的销量，是哪些店卖的，被哪位油工用了，这些数据都能一目了然。

立邦不仅可以在第一时间了解每个终端的情况，而且可以延续到对当地的油工情况逐步掌握。如果商家不听话，立邦可以毫无顾虑地更换商家，而根本不用顾虑商家会不会把油工资源一起带走，因为可以马上将当地的油工资源交给新的商家。

（2）多乐士：“追随战略”，循序渐进

俗话说：好买卖不怕扎堆。这句话用在涂料行业一点不为过。在哪条街上涂料商店最多，生意肯定最火，这就是扎堆的结果。因为只有店多了，来这里消费的人才有更多的选择余地，久而久之，消费者也就越来越多。实际上在涂料行业，好产品不怕跟随，可能还担心没人跟随，最后也就没有竞争对手，只能自己一个人表演，会非常累。

多乐士现在推广的环保健康力度比较大，相对比较成功，抓住不同消费者对健康的需求，强力打造健康品牌。同时，其他同行的品牌也会逐渐加入到这个健康的行列当中来，健康的产品概念让消费者首先知道这是一个好东西，对身体健康非常有帮助。这样，整个行业发展起来后，消费者的需求也会逐渐扩大，品牌的成功几率也会加大。因此，涂料行业产品的跟随首先看产品发展趋势，好产品不怕跟随，跟随成就市场，成就品牌。

在涂料市场上，相比立邦和其他品牌，多乐士演绎的跟随策略就是“恰如其分”了。比如，多乐士没有选择对立邦迎头痛击，相反，多乐士总是追随着立邦的身影出现：立邦广告频频出现在电视、路边，同一时段或街道我们肯定也能看见多乐士的形象出现；立邦代言人是一群光屁股的婴儿，多乐士就找来两位六七岁的活泼淘气的儿童；立邦推出三合一，多乐士就推五合一……经过这一系列的“模糊”化处理，多乐士进入了快速上升期。

在涂料领域立邦可为强势，多乐士则是跟随者。作为多乐士而言，跟随者总要付出的多一些，多乐士知道立邦的销售模式有时是自己的“经营和依照”的模式，所以有时多乐士会不惜双倍的价钱去争一个现调点或是门面店，因为只有基础的工作做得比对手更出色，才不会落后。

鲁迅先生说得好：真的勇士，敢于直面惨淡的人生，敢于正视淋漓的鲜血。在品牌的竞争之路上，适合的运用比较广告，来直面惨淡的市场，赢得前进的快速道，无疑是智者之选，但如何真正用出行之有效的比较广告还是需要不断尝试与探索的！

最后，提供一组喜力啤酒与雪花啤酒的平面广告，看品牌如何在比较中彰显自身的价值，消费者如何从比较中感受品牌的魅力。

喜力：友谊系列

對味才能對位
HEINEKEN LAGER BEER
Heineken
BREWED IN HOLLAND

夠交情，就不用表面文章

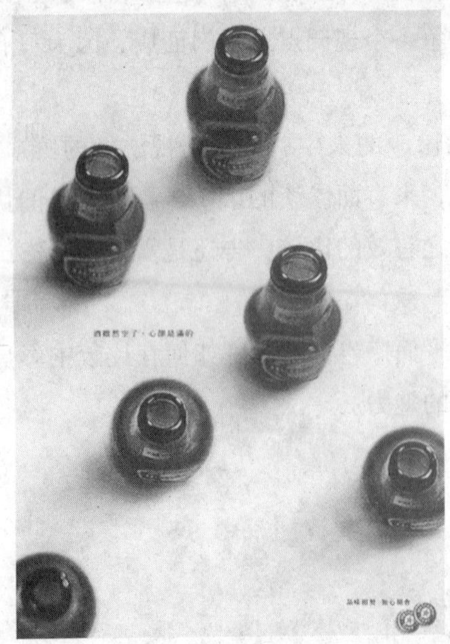
酒雖然空了，心卻是滿的

雪花：平淡生活系列

人还在路上 心已经回家过年了
华润啤酒集团
平淡生活真享受 雪花啤酒

这一夜酒都是空的
心都是满的
华润啤酒集团
平淡生活真享受 雪花啤酒

越是天气降温时
越是感情升温时
华润啤酒集团
平淡生活真享受 雪花啤酒

朋友各不相同
酒的喝法只有一种
华润啤酒集团
平淡生活真享受 雪花啤酒

第 14 章 意识形态广告

一、焦点链接：广告实施控制

不景气不会令我不安
银行倒闭不会令我不安
缺乏购物欲望才会令我不安
国民生产无法累计出幸福
泡沫经济无法幻灭品位
节制消费无法弥补南极臭氧层
信用卡数字无法伪装美学天赋
乘法唯物论者无法降低失业
关系无法建立在唯心基础上
人造皮草无法取代 Armani 的羊驼呢
时尚精神病比世界上大部分的人健康
他们从不和欲望进行哲学辩论
而是坚持在服装店无怨无悔
克制购物欲，是专断的道德主义
因为，欲望从来没有不景气的时候……（如图 14－1）

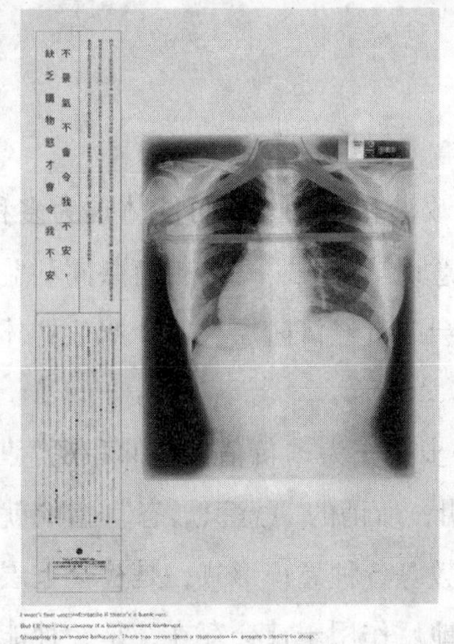

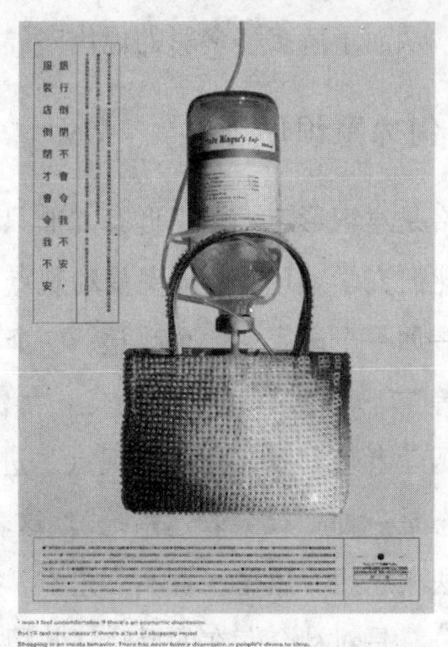

图 14－1

作品名称：1999 年中兴百货春装上市欲望篇

广告公司：台湾意识形态广告股份有限公司

广告商：台湾中兴百货

创意总监：许舜英

文案：石孟慈

美术指导：林建宏

获奖经历：4A 创意奖最佳平面广告艺术指导金奖、最佳立体广告艺术指导金奖、最佳立体广告文案金奖、最佳平面广告铜奖、最佳立体广告铜奖、最佳上市广告铜奖

二、理论探究

大众媒体的受众，正前所未有地暴露在一个由广告编织的意识形态的世界里。而广告意识形态不只是担当文化建构的角色，当广告借用意识形态的策略来对受众实施一种隐性的控制时，这种特殊的意识形态必须引起我们的重视。本章节，我们将从广告意识形态化的现象出发，探究意识形态的起源、概念、特征和

意义等，从而了解多姿多彩的现代广告。

1. 何为意识形态

什么是意识形态？意识形态并非只与政治相联系，而可能体现为多种形式。根据文化研究学者理查德·奥曼的观点，意识形态是“一群拥有共同利益的人的观点——如一个国家、一个政党、一个社会或者经济阶层、一个职业群体、一个产业等等”。

美国学者米米·怀特将“观点”进一步扩充为“价值、信仰和观念”，认为意识形态是一种“社会表达系统”。这表明，所谓的“意识形态”指的就是政治思想、法权思想、道德、哲学、艺术、宗教等各种意识形式，是社会上层建筑的组成部分，是对社会存在的反映，并积极地反作用于社会存在，是一种能影响他人的价值、信仰和观念等精神性因素。

价值抉择、生活哲学、观点信仰等精神因素本身并不构成意识形态，真正的意识形态还必须与“霸权”相结合。也就是说，只有当某个特殊的观点在某个范围中压倒其他不同观点，享有特殊的话语霸权，并将本观点夸大为具有普遍的、永恒的适用性时，意识形态才会产生。学者们特别强调意识形态的特殊性，即它只是特定群体的特殊观点和价值。正如米米·怀特认为，意识形态是一种被“一种文化的文本……特别地体现与规定着的……特殊范围的价值、信仰和观念”，而这种东西会“使其使用者产生特殊知识和立场”。正是这种特殊的知识、立场和观点，当它被其制造者——某一特殊的社会群体有意无意地普泛化、扩大化直至超出特定范围、具有超常的适用性和正确性也即话语强权时，意识形态才得以产生。

2. 意识形态广告

当代广告早已不只是信息和观点的自由均衡流动，在传播过程中也呈现出某种倾斜性与垄断性。在包罗万象的表象下，广告在骨子里提供的是一个被修饰的世界，一个只传达特定价值与观点的单色的世界：以消费为中心的世界。当代广告正上演着这样一场意识形态化的戏剧：始则产生出观点、知识、信仰、立场，次则借助媒体帝国的霸权之手，对不设防的受众进行了天长日久的渗透和包围，最终将某种隶属于特殊群体的世界观和价值选择普泛化。

在广告传播极其发达的美国，传播学者证明："广告业……作为销售商、品味制作人、教育家、流行文化创造者以及历史学家，多方面、多层次地影响和塑造着美国人的日常生活。"广告如此庞大的能量表明，它早已成为影响当代文化、制约人们的精神世界和现实生活的具有强大意识形态性的事物。

广告是一个意志坚强的媒介，通过它，一个特殊群体——商品生产者的逻辑和价值观逐步地侵蚀了受众的全部生活，展开了对现代消费者天长日久、滴水穿石般的塑形。作为饱受现代传媒狂轰滥炸的受众，生活在商业文化高度发展的今天，即使是本能地对这一切保持清醒，仍不免被烙上印迹。因为，处身于这样的当代生活"语境"，每个人的个性表达和价值选择都不可避免地要受这种独特的社会表达形式影响。①

因此，我们在意识形态广告里处处可见消费文明先行者的气息，看到对消费的极致张扬。"一年买两件好衣服是道德的"、"你如果不让我买东西我就会翻脸，如果我买到的东西比较贵我也会翻脸，如果东西买的不够多，我照样翻脸，如果你对我买的东西有意见我绝对翻脸"、"禁欲是虚妄的说法"、"三日不购衣便觉面目可憎、三日不购物便觉灵魂可憎"、"经济不景气不会令我不安，银行倒闭不会令我不安，缺乏购物欲才会令我不安"、"衣服是这个时代最后的美好环境"、"继续购物才能提升国家竞争力"（以上是台湾中兴百货的广告文案）……广告文化在功能上是一种促进销售的消费文化，"我们的目的是销售，否则便不做广告"，因此广告天然地就要求刺激消费的发展，而意识形态更是将广告的这一功能泛化，通过影响消费者的价值取向和精神态度，影响消费者的意识形态来影响消费者的消费行为。

由此可以看出，意识形态广告是指以直接诉求产品功效，通过影响意识形态来间接达到销售目标的广告。意识形态广告没有产品的物理功能的表达，没有完整性的故事情节，脱离商品本身的价值，强调影像就是商品。此类广告要给消费者的是一种象征性领域的价值、审美价值、一种文化标记、一种视觉感觉，引起

---

① 杨婧岚著．当代广告传播中的意识形态［J］．现代传播，2002 年第 1 期。

受众的话题和关切。[①]

3. 意识形态广告的文学特征

“我们对美学手段所能扮演的角色有高度自觉。广告的美学手段不是无关痛痒的风花雪月，而是品牌塑造的一部分，因为感官的感受——不论眼睛看的、耳朵听的，都会累积成品牌的一部分。”（许舜英语）

意识形态广告作品尤其是其中的文字在受众的解读过程中起着关键性的作用，它是受众构建文本意义的工具，也是我们评判的依据。意识形态的广告形成了自己独特的风格，并纷纷高举文学、美学旗帜。作家纷纷上电视节目打广告，广告人纷纷在广告上偷渡文学欲图变成作家。当文学广告化，广告只好文学化，这是一种反馈，也是一种互补。意识形态广告作品每一篇都是一首美丽的散文诗，像是让文字穿高跟鞋，亭亭玉立，到处展示魅力。正如台湾文案天后李欣频所言：“既然市场上没有文学的容身之处，此处不留人，自有留人处，文学被传统阅读形式驱逐出境后，隐姓埋名搭上广告传单的便车，逃亡到广告招牌中藏身，躲进电视报纸的夹缝中生存，从此挂广告的头卖文学的肉。商业迫害文学、文学卧薪尝胆，以牙还牙将商业文学化，一点一滴慢慢收复文学失土。”

德国著名哲学家、美学家阿多诺曾说过：在商业社会广告成了唯一的艺术品，虽然到目前为止，对“广告艺术”还存有很多争议，但是，现代广告逐渐确立的“二次度消费品”的文化形象和美学身份，让我们把广告从经济、市场、信息等领域中独立和分化出来加以文化和审美的审视是可行的。当广告在品牌的周围不断附加上越来越多的事件、故事与观念时，其文化上的艺术与审美便成为可能，并且由此产生出广告本身的独特价值。

意识形态广告的精致与华丽，使所有阅读者都为之折服，它对每一个语词的精心支配与驾驭都恰到好处。经过精心的修饰，意识形态广告文案形成一种独特的味道，犹如飘溢出的茗香，静静地以自己的品味去感召每一个受众。

中兴百货98年春装系列

衣服是这个时代最后的美好环境

---

① 钱正．解读意识形态广告的视觉美学［J］．商业时代，2007年第15期。

他觉得这个城市比想象中还粗暴

她觉得摔飞机的概率远大于买到一双令人后悔的高跟鞋

他觉得人生脆弱得不及一枚流行感冒病毒

她甚至觉得爱人比不上一张床来的忠实

不安的人们居住在各自的衣服里寻求仅存的保护和慰藉

毕竟在世纪末恶劣的废墟里

衣服会是这个时代最后的美好环境（如图 14-2）

图 14-2

为何你对这些切入观点和分析能力感到聪明狡黠而拍案叫绝？因为这样的见解令你深有同感，引起了共鸣，让消费者切身地融入广告所带来的意境当中，而这些文字的拼合与汉语的修辞休戚相关。所谓“修辞”，就是一种力求使达意传情尽可能适切、圆满的语言调配活动。而意识形态广告文案则将修辞手法发挥到了极致。

中兴百货《奉茶篇》

我爱流行，所以我存在。她说 Indivi 的日本式拼接剪裁让她寻找到精神的美学启发；他在 Paul Smith 的作品里同时看见莎士比亚戏剧感和英国传统幽默；他认为自己成功的部分原因是 Giorgio Armani 给了他一种自信与能量；他则是个穿着散发雄性魅力的 D Squared 的爱心动物医生；服装和化妆品的价值很可能不只是外貌肤浅的美好。真正爱流行的人自然找得到他存在的理由。

这是中兴百货众多以服装和化妆品品牌来包装文案中的一则，还有在中兴百货中无数次出现的三宅一生、川久保玲、路易·威登、范思哲、Dolce & Gabbana 等无不是世界级的顶尖品牌。作为受众我们不需要分辨这每一个品牌中的差别，只需知这些品牌组合的意义：中兴百货与这些品牌一样具备优雅、精致、顶级、时尚、高端的特性，是有着国际视野的百货公司。

在意识形态文案的拼盘里随处可见暗示着时尚前卫的词汇，莎士比亚、圣婴现象、北爱和平协议、基因复制、Marc Nwewson；却没有公娼的消费、劳动者的身体、路边摊的美食、台北五分埔的成衣业、佐丹奴的学生品牌。有的只是夸张的、异化的、浓妆艳抹的外衣与万种风情。

是不是我们学会用这些品牌名称进行堆砌就够了呢？答案当然是否定的，当你仅仅把每个品牌的特征彰显出来时，你的文案也只能是各个品牌的说明书而已。而意识形态之所以是这方面的高手，是因为它擅长于用语言塑造出最适合消费者心境的氛围，用各种文字的拼贴、组合接造成蒙太奇效果。

文字蒙太奇——蒙太奇（montage）在法语是剪接的意思，到了俄国它被发展成一种电影中镜头组合的理论。即是针对电影剪辑的一系列影像实验，从此让电影脱离固定的线性叙事，纯粹通过镜头的组合形式，将每个单一、无意义的镜头组合在一起并形成新意义。

而“文字蒙太奇”指的就是文本组合不再是单一的情节和话题，也不再是单一的话语和叙述结构，而是多种文本的交叉、多文化的杂糅，用于描述一个主题，并将一连串相关或不相关的镜头放在一起，以产生暗喻的作用。

下面看中兴百货的一则文案：

在海边，她捡到 3 只海鸟，n 枚贝壳，一场细雨。遇见一个男人。男人吃光厨房的草莓蛋糕，海鸟养在阳台上，贝壳用手链串起来，细雨下在浴室里……这是她的泳衣在凉椅上，急着向我叙述的一则夏日传奇……

住在每个女人体内的叛逆少女，在春天打翻了一条小溪。夏天，她转动一下灵魂的位置，买了 5 件新衣打扮自己，然后，向某个男子微笑宣告：好久不见，我们和好吧……Sunrise 中兴百货少女装夏特卖，献给你体内永远的少女。

语词的拼贴。海鸟、贝壳、细雨、男人、草莓蛋糕、阳台、手链、浴室……这些词语本身没有特别的意义，但组合在一起就变成了一组连续的、充满诗意的镜头，而读者会以其以往所接触的生活情节和联想对这些零散的叙述进行补充，例如，在一个飘着细雨的海边，一身白衣飘飘的女子正捡拾着贝壳，她的长发飘垂在耳际，这时她邂逅了一名英俊的男子，一见钟情，并相依相爱，至此，一则夏日传奇就在这样简短的词语拼贴中产生了。这样一种跳跃、剪接式的句法，造成一种“文字蒙太奇”似的阅读快感，比之完整的、连续的叙述更添了一种变幻莫测的神秘感。蒙太奇下的文字，是融合了哲学、文化、诗歌、哲学、艺术、电影的神奇文字，是超越了时间、空间个人心灵的宏大篇章，是声色欲味的盛宴，是无形却又强势的刺激，是对于生命、文化、社会、环境、个体的新一轮享受和思考。

戏仿——“戏仿”（Parody）一词源自后现代主义流派中的解构主义，是仿造、仿拟的意思，从修辞意义上说，戏仿就是戏谑的仿造，当代法国思想界的先锋人物、著名文学理论家和评论家罗兰·巴特将其另解为“引用和参考”。创作者可以用调侃、嘲讽、游戏甚至致敬的心态模仿原作，用明显的夸张手法告诉别人他们在“照葫芦画瓢”。而戏仿方式的意义就在于把严肃的、神圣的意义拨开，直奔主题，欲望、情感可以直接表达，让人看到最本质的东西。

然而，戏仿也是一种需要与原作“互文”的艺术，如果观众对原作没有了解、对新作没有放松的心态，则无法真正体验原作的精髓。

例如中兴百货《欲海篇》文案写着：“*善男子、善女子，欲海无边如恒河沙数。唯中兴百货周年庆是岸折扣是岸*”。它以绝妙的戏剧化手法，借用了佛家文化的元素“善男子”、“善女子”、“苦海无边回头是岸”，并对之做了新的演绎，把宗教里的修辞变成另一个说法，诠释消费者蠢动的购买欲，并展示了中兴百货的品牌态度和价值观念。而它更精彩的地方就在于：它解放了我们心理的罪恶。佛学里面讲究受苦，要求我们抛却七情六欲，这样才能得救赎。但是此作品告诉我们：不要不安，不要觉得有罪恶感，它传递给我们的信息是“生命之所以精彩就是因为七情六欲”，所以购物吧，去中兴百货购物吧。

“没有印度焚香就没有东方禅，没有负离子空气消静机就没有气氛管理；没有 johanneshov 椅子就没有环境设计的观念；没有好鞋就不会懂足踝的性魅力”。（许舜英语）在意识形态那里没有所谓的权威，如果真有权威的话，意识形态就是。

荒诞的变形——如上文字蒙太奇中所提及的案例，在钢筋水泥建构的都市里，在四季常青的植物丛林中，在空调调节的气温中，我们怎么能通过我们的感知来发现季节的变换呢，衣服就是这个时代的寒暑表。在这种华丽强势的文字造成的荒诞的变形中，在一种陌生感、扭曲的叛逆的美感中，受众获得思考和发现智慧的快感。在这里广告已不单单是广告，它是文学作品，是一种心灵体味的领悟与升华。

文学式解剖——所谓意识形态的文学式解剖，指的是通过各种语言、视觉符号的运用、叠加，将品牌进行新的定位，将浅显的、简单的主题深刻化、复杂化，在纵深方向进行挖掘，在横向方面给予扩展，赋予主题新的符号与意义。

下面我们来看李欣频为诚品书店写的名为《关于搬家》的文案：

卡缪搬家了。马奎斯搬家了。卡尔维诺搬家了。莫内搬家了。林布阑搬家了。毕卡索搬家了。瑞典 Kosta Boda 彩色玻璃搬家了。英国 Wedgwood 骨瓷搬家了。法国 Hediard 咖啡搬家了。金耳扣大大小小的娃娃也要跟着人一起搬家了。一九九五年十月一日诚品敦南店搬家。

英国社会学与传播学专家迈克·费瑟斯通曾说过：商品具有自由地承担广泛的文化联系与幻觉的功能。这则独具匠心的广告就区别于硬性销售广告，采用了各种人名、品牌名的堆砌与拼贴手法、并多角度切入对搬家主题进行了文学式解剖，将商品特质、精神、爱情、艺术、文化、意念等观念加以解构，再重组成看似高深精辟的意象，以漂亮的面目呈现，最后授予受众。进而突出了“知性、文化、品位”的诚品书店的形象。

意识形态的文学式的解剖并不是简单的分解，广告创意的解剖包含了对事物本质或者特征的独特的见解和理解。它懂得生活，懂得提炼，懂得如何与消费者进行有效的沟通。

4. 意识形态广告的美学特征

视觉元素的放大——近一个世纪以来图像符码与图像信息在我们文化生活中大密集度地涌现，甚至被一些人描述为图像爆炸。我们现在的文化运作方式与文化生活形态主要是由图像的呈示与观看来构成。大体可以将这些图像现象分为两个大的部分：一为视像部分，即包括摄影、摄像、电影、电视以及由真实影像所拍摄而成的各种广告等；二为图画部分，即由人绘制的各种图像，主要包括漫画、动漫、卡通制品、电子游戏等。它们包围着我们，并构成了当今的图像文化统治。英国学者约翰·伯杰在《视觉艺术鉴赏》一书中写道：“历史上也没有任何一种形态的社会，曾经出现过这么集中的影像、这么密集的视觉信息。”这些围绕着我们的影像和视觉信息，构成了我们今天的视觉化生存，也构成了后现代的所谓“眼球经济”和图像文化模式。

广告对受众注意力资源的整合开发，在符号表现层面与广告的图像化转向相联系。20 世纪的广告，有两项重要的发展，互成对比：一是广告的诉求，从价值的直接陈述，转换到隐喻的价值与生活形态；再就是文字的说明减少，而相应地“富裕的视觉影像有增无减”。这指的就是广告的图像化转向。

意识形态之所以在广告界引起轩然大波，很重要的一个原因在于：在广告画面中所具有的行为艺术的冲击力和震撼以及它所造成的非现实梦境式的迷离美感。它符合了读图时代人们以视觉形象为中心的感受方式和思维方式，使受众在感受文字冲击力的同时享受视觉盛宴，使人拥有极大的想象空间。

2004 年中兴百货一则电视广告片以一个陶瓷娃娃全程动画演出及抢眼的震撼枪击效果，冲击消费者的视觉神经与消费意念。一个中国瓷娃娃摇着屁股照镜，不满意镜中之我，于是举枪自爆头颅，没有了头仍自得的继续摆弄臀姿，并配以旁白“时尚说自毁才能得永生”。这则广告诉求时尚必须借由自毁才能重生，消费也是自毁又重生的象征，尤其片中喊出最具台湾本土特色的时尚民粹消费口号“我很不在意照镜的感觉，我要去买衣服”，让内在沉睡的消费意识重新出发，进而引发购买行为。

瓷娃娃扭腰摆臀举枪自杀的画面全部用电脑合成，为了画面的细致与动作的逼真，动画的部分在新西兰用了一个多月的时间完成，意识形态追求画面的美感可见一斑。对这一不知所云的广告每个人都有自己的理解，甚至于有人认为它走向了一个极端，但是无论如何，看过这个广告的人无不留下深刻印象，这则广告至少突破了媒介的干扰，将“另类、前卫”的信息传递了出去，也是对于广告图像化的有意识塑造与巩固。

视觉元素的拼贴——人们总是倾向把拼贴与戏仿的现象混淆或等同起来，虽然拼贴和戏仿都涉及对其在手法和文体上标新立异的模拟，但进一步说，拼贴少了一些讽刺、戏谑的味道。拼贴即把各种不同来源的成分杂糅组合在一起，“旧元素、新组合”形成作品。拼贴消解了过去与未来、想象与现实、高雅与通俗、美好与丑陋、正义与邪恶的界限，将这些原本相互矛盾的视觉元素组合在一起并产生了新的意义。

意识形态的广告大量使用民族文化的元素，给以现代化的阐释，在旧元素重新组合的基础上产生新的信息。如书法艺术、折花与剪纸、年画、老照片、穗结、年糕印模、招贴画、笔与砚等，这些独特的画面，配合古旧的黄色或者简洁的黑白色彩，勾引出来自华人内心的民族情结，无异于享受了民族文化的视觉盛宴。当然在采用的民族元素中也融进大量的西方美学的元素，齿轮、卷发、壁画等，在其中感受到中西文化的对抗与和谐。

我们可以看意识形态为中国时报作的一则广告：

标题：知识使你更有魅力

正文：没有一种优雅比你看报的姿势更优雅

你对世界的了如指掌跟你的爱情态度有关

你能一眼看出 Madonna 的 MTV 摆设 Marc Nwewson 设计的家具

同样在衣服上使用金属，你就是觉得 Dirk Bikkemberg 比 Pacorabanne 更具节奏性

世上的牙膏对你而言是一套文化观察的分类典范

跟酷斯拉比起来，你笃定细菌才是未来世界的终结者

阅读让你的眼睛为之勾魂，让人恨不得化作文字与你相遇

你最最性感莫过于你思考，而学习才是你永远青春的秘密

我爱你

聪明人用知性保持致命的吸引力

资讯，聪明，优势中国时报

原来拥有知识的人可以像花房里美丽的花一样供人欣赏，看书的姿态本身就是优雅的美的性感的，更何况吸收的知识让你拥有智慧，一切的一切都让人充满的魅力，具有魅惑一切的致命吸引力。

这些怪异的画面与场景在受众的解码过程中所传递的信息是不完整的，要对之进行正确的解码无疑需要文案来使之完满。文案与图像在广告作品中是一对手足兄弟，它们吸引读者的注意力，最后把他们引到广告中，并从读者中挑出主要

消费群。图像和文字主要有三种关系：图文重复，即标题写的跟图像的内容是一样的概念；图文相佐，标题跟图像是比喻的关系；图文呼应，标题跟图像是衔接的关系，部分的讯息以图像呈现，部分以文字。意识形态广告由于文案标题的多义性，因此多呈现的是图文呼应的关系，即看到图像只能接受到部分的讯息，必须通过印证才能将文案所要传达的主旨突显出来。

由于大众传媒的传播积淀，逐渐地在人与感性世界事实之间形成了一个由信号、图像和模拟构成的“拷贝世界”，后现代广告的这种图像风格或许正是人的仿真与超现实的精神困境的投影。

以上可以看出意识形态广告的风格尽管非常独特，但也比较单一，这种风格也许是意识形态走向枯竭和重复的致命伤。它不停地重复使用拆解、重构，不断地打破现有的关系而建构事物的新格局，它利用了人们对常态关系的麻木，它靠新异性刺激受众的神经，一旦人们对这种风格厌倦之后，意识形态广告公司的所谓风格也就走到了尽头。但同时也不可否认，从意识形态广告公司把广告做得有欣赏性、有文学和美学的价值来看，无疑是对广告的一次革命。①

5. 意识形态广告的意义

法国学者高龙在专著《中国传播的崛起——服务于社会主义市场经济的广告和电视》中对中国广告的意识形态加以梳理，建立了一个价值目录：“这包括激发建立心理生理学秩序的价值框架（食品、休息、保健、性、安全、舒适），评论角度（评价，友谊，对家庭的爱），意识形态（政治的，人道主义的例证），自我意识（独立，完成，承认，自我评估，支配，侵犯），感情态度（恐惧，害怕，快乐），游戏心态（刺激，漂亮，幽默，创造性），认知结果（知识，开放）和心理感受（幸福，实现，精神性）等等。”

那么，意识形态广告如何对现代人的日常生活、整个社会的文化建构产生了如此广泛的影响？下面就对这种特殊的意识形态的特征与深层影响加以考察。

首先，广告的意识形态是由表层意识形态与深层意识形态构成的二元复合结构。表层意识形态是具体的广告所提出的抽象观点和价值，比如飘柔的“自

① 钱正．解读意识形态广告的视觉美学［J］．商业时代，2007年第15期。

信”，奇强洗衣粉借用的“做人要干干净净”，百事可乐提倡的“新”事物的价值等等。它是明言的观点，总会在具体的广告个体中出现，直接影响着人们的现实判断，为人们当下的生活抉择提供标准和方向。

深层意识形态却不明确表现在个体的广告中，而通过广告的整体起作用，作为一种不明言的、更高层次上的言说和表达，规范着人们的个体建构和现实行为。同时，它更是以一种整体的世界观和生活态度，长期、稳定而深层的思维方式，从意识深处影响受众。

其次，意识形态广告具有以下特点：

意识形态的本质是时代精神的折射。

应该说，表层意识形态是时代精神格局、社会意识和心理状态的投影。广告为向大众消费者推销产品，往往借大众能接受的观念来展开说服工作，这种观念不会是脱离现实的无源之水的想象，而是现实的图画。美国学者朱丽安·西沃卡用这样的话来评价广告中的意识形态：“如果说他们还提出了什么的话，也只是传统化了我们的传统，因袭了已经陈陈相因的习俗。”另一学者沙特·加利也指出，广告“作为现实表现的‘反映’，不过是从现实反映中抽取出来的一部分……广告形象事实上就是社会现实的一部分”。于是，广告中的意识形态往往能够反映一个时代的主旋律，折射出人们的精神面貌和生存状态；不同的社会语境，有不同的广告意识形态。

回顾广告史的不同时期，我们发现不同时代意识形态的类型是不一样的。80年代末、90年代初，广告的意识形态气魄宏大，受政治意识形态影响，强调社会责任与奉献，纠缠于难解的英雄情结。长虹广告广为人知的口号“以产业报国，以弘扬民族精神为已任”正是这种意识形态的优秀代表。90年代末，随着社会的进一步转型和市场经济的推进，英雄情结受到平民意识挑战，社会意识关注的重点也从整体过渡到个人，从崇尚牺牲、奉献过渡到注重自我实现和现实的快乐。与这种时代的精神状态相对应，广告的意识形态也呈现出相对狭小化、个体化的趋势。而对个体价值和自我梦想的张扬，对享受和愉悦感的重视，艺术表现多以生活哲学而非道德教条的面貌出现，是新世纪新时代广告意识形态的一大特征。

手段：简化——把世界“问题”化。深层意识形态发生作用的基本手段是把世界“问题”化。其操作惯例是：首先，将人们面临的境况定义：这是一个“问题”。其次，这个“问题”将被我们解决。

广告作为整体要传达的信息正如理查德·奥曼所说：“商品能够解决所有的人类问题；商业在满足我们的最迫切的需求；美国人的生活方式基本上是良好的；尽管总是存在着问题，但是这些问题会将通过商业与消费者的相互合作得以解决，一一解决问题就是进步。”

于是我们看到广告说：有头皮屑？多么可怕，它令你看上去真不怎么样，工作起来也不顺心，朋友也会离你远远的。可是只要用一个某某洗发水，瞧，一切烦恼全都不见了！还有更多的广告在说：你缺钙，你的皮肤粗糙又没有光泽，你的孩子比不上别人聪明。仿佛在一夜之间，我们的生活就冒出如此多的问题，可是在一瞬之间，我们也能找到解决办法：只要看广告，万事不求人。

广告的这种手法培植着一种深层意识形态，在这种意识形态里，世界虽然充满了问题，但是却都像广告中那样容易解决。广告发挥了它应有的作用：教育公众，并提出一个信仰——这里的改革无论怎样进行，都会让你的生活更美好。

价值内核：消费主义价值观。广告的终极目的始终是推销商品，也就是鼓励人们消费。因此广告是一种消费文化，广告的深层意识形态从根本上说，其价值内核就是消费主义。广告表层意识形态的所有观点、说法、立场是以此为中心建构起来的种种“言语”，而消费主义则是隐藏在所有纷繁甚至对立的表层表达之下，生成表层话语的最根本的深层结构。伴随着以广告为代表的消费意识形态的耳濡目染，以消费主义为中心的意识形态对当代人进行改造，使之建立起在消费中寻找价值和意义的生活方式。

套一个近来广告人喜用的句式，消费主义价值观的核心价值是：我消费，(所以）我存在。人们在消费中发现自我，确证社会身份、取得社会认同，人们还在消费中找寻人生的方向，更习惯了用物质的占有来衡量生命价值。在广告所建立的物质神话里，现代人找到了安身立命、立心之所：喝下某种液体代表你是崭新的一代，选择某款手机能显示你的“生命充满激情”，消费某种洗发水因为自己“就是那么自信”，而拥有名车、高级别墅意味着功成名就，成为社会精英。广告让人们把物质的占有以及消费当做一种符号，直接地建构人生的意义世界。而这种对物的符号的片面依赖走到极端，导致人把生命的价值和体验都归结为具象的物质，生命之花过分粘着于物，少了一份理念的光彩，显得功利、短见。就这样，通过“言外之意”的方式，广告的深层意识形态对当代人进行潜移默化地渗透，人性对物的需要被片面地放大，使人们面临成为“单向度的人”的危险。①

三、案例欣赏

案例1：广告中的哈佛案例——台湾中兴百货

中国台湾中兴百货成立于1985年，初期占地只有3500平方米，是一家中国台湾本土中小型百货公司。意识形态广告公司是台湾一家独树一帜的本土广告公司，崛起于20世纪80年代末。公司的灵魂人物是创意总监许舜英和董事长郑松茂。该公司以一种超越产品具体诉求点局限的、更符合现代消费者主张的、能在意识形态或价值观层面与消费者进行沟通的广告模式为其经营的理念。用郑松茂的话说就是“不独特，毋宁死”。事实上，他们确实做到了这一点：他们为中兴百货所做的广告，文字都有鲜明的后现代主义文艺风格，影像也借鉴了法国新浪潮电影的表现手法，画面呈现出很强的形式感和装饰感。这种创作思想指导下的广告大都语言奇特、风格怪异，但确实很好地体现出都市人的心态，引起消费者广泛的心理共鸣。②

意识形态广告公司自从1988年代理中兴百货公司的广告以来，中兴百货的销售额已经翻了22倍，在业界这是非常了不起的成绩。这一成绩的取得无疑和两家公司的共同努力有关。而最大的功臣莫过于一系列富有后现代主义色彩的广告文案。

现代社会是以消费为核心的社会。消费主义强调娱乐性、商业性和消遣性，广告就是消费主义高举的一面大旗。广告的骨子里是希望人们浪费的，但传统广

① 杨婧岚著．当代广告传播中的意识形态［J］．现代传播，2002年第1期。
② 钟静编著．经典广告案例新编［M］．经济管理出版社2007年3月第一版，第237页。

告表现出来的往往是半遮半掩，并不敢大肆直白地鼓舞人们膨胀自身的物欲，往往通过“你买了 xx，会替你省更多的钱”、“xx，物美又价廉”的语言来表明消费是意味着节省，不敢在背离节约是一种美德的传统观念的道路上走得更远。富有后现代主义色彩的广告则勇于撕破这层欲盖弥彰的面纱，力挺欲望的大旗。

中兴百货的广告文案创作充分体现了这一点，对于传统的消费观充满强烈的怀疑精神。许舜英向来主张鼓励消费者张扬物欲。如 1995 年春装上市文案“三日不购衣，便觉面目可憎，三日不购物，便觉灵魂可憎！”和 1999 年春装上市文案“经济不景气不会令我不安，银行倒闭不会令我不定，缺乏购物欲才会令我不安。”两则文案都以张扬的赤裸裸的消费欲望来诱惑消费者去发生消费行为，鼓励人们从消费中寻找快感来填补现代社会中人内心的空虚与思想的疲乏，甚至上升到“节约就是反美”的层次。通过文案的叙述把消费本身定性为一种合理的需求，拜物并不是可耻的，从而把对物的崇尚合法化，让人们在消费的时候更加的理直气壮。

传统广告习惯于把性别关系模式化，性别歧视的现象的比比皆是。女性在广告中总是充当花瓶、家庭主妇的角色。男性与女性之间是一种支配与被支配的关系。广告中的这种定型化创作来源于现实社会以男性中心、女性为附属的状况。女权主义作为后现代主义的一个重要组成部分，对男女关系势必会重新进行一番界定。后现代女权主义主张解构由男性统治、主导的意义系统，构建一个突现女性主体性视角的语言秩序。因此，后现代主义广告也往往喜欢从女权主义的角度切入，打破人们头脑中的关于男女性别的刻板印象。以女性为主要目标消费群的中兴百货，其文案创作也必然会从女权主义中寻找灵感。如 1996 年店庆的一则广告《小红帽篇》彻底了颠覆了传统的男女关系。

标题：正因为有大灰狼，小红帽必须要有更妖、娇的小红帽

正文：欲望森林

盛装的女人

令狼群失去威胁性

当她擦香水

当她敞开衣襟

当她主动放电

她才不需要讨好谁
而男人自投罗网
对魅力的自觉
让她感到愉快
两性不再注定
弱肉强食
它根本就是
女、人、的、地、盘
她微笑说：对我而言
花五个钟头
穿着打扮
或
是爱一个人都不过分

文案中的女性有了充分的自主意识，颠覆了童话中被大灰狼欺负的软弱单纯的小红帽形象，号召女性在两性关系上表现得更为主动，甚至主动出击，而不是被动地接受。广告影响很大，受到了许多消费者特别是女性消费者的追捧，并荣获了20届台湾时报奖最佳平面广告金奖。

同时，后现代主义广告文案不再是一个有机的整体，消解了传统的中心意义，语句之间缺乏必然的逻辑的联系，语言跳跃性般的延伸，呈现出非线性特征，文本间充斥着模糊性、不确定性、多义性、开放性的因子。纵情表达，语言被片断化，被割裂，形成狂欢状态，改变了他们习惯的语言感知方式给受众的阅读带来强烈的冲击力和眩晕感，造成审美的陌生化。

可见，以中兴百货为代表的后现代主义广告文案无论观念层面还是到语言层面都表现出强烈的反传统色彩，商品退居边缘地位，极力鼓励消费者张扬个性和感觉。

在这个文案表现力日益苍白无力的年代，无疑为文案的创作注入了一支强心剂，拓宽了文案可能的表现空间。中兴百货系列广告也受到了大陆广告人的热烈追捧，许多人也尝试着在广告中进行这样的创作。但即便是这种与传统文案创作相隔甚远的文案，依然遵循了广告策略，在策略的指导下进行创作。

中兴百货的商品大多以国际品牌与岛内流行服饰为主，目标消费者为25岁到40岁的上班族、雅痞、贵妇或台北社交圈的名流，教育程度比较高，其中以女性居多。她们追求独立、个性、新鲜事物，崇尚消费的品位与多元化，对于服装的要求不仅仅停留在物质层面，更多是精神层面，消费行为感性化。针对于此，中兴百货力图塑造“时尚”、“感性化”的形象。正是对目标消费者的生活方式和精神状态的正确把握，文案一出，便虏获了许多消费者的芳心。很难试想，这样的文案创作给上了年纪的大妈看，会有什么样的反应。所以文案的创作一定要奉行一个首要的原则“先求对，再求好”，即要保证正确的策略，然后再追求作品本身的品质。①

下面是中国台湾意识形态广告公司为中兴百货历年创作的广告文案。

1993年中兴百货春装上市

把衣柜当魔术箱是道德的，把衣柜当仓库是不道德的/戴一枚人工合成钻戒是道德的，穿戴一身象牙扣又高谈环保是不道德的/与男友分手时说谢谢是道德的，各奔前程后还到处宣泄是不道德的/自恋而自怜是不道德的，自恋而自觉是道德的/一年买两件好衣服是道德的，光买衣服而没有衣尽其用是不道德的/中兴百货春季折扣正在进行

1993年中兴百货夏季折扣

节省卡路里/节省性欲/节省布料/节省氧气节省1/2价格/节省尼古丁/节省空间/节省影印纸/节省理性/中兴百货93夏季折扣/气象报告说，最近的气候是凉凉的温度，秋装适合出现

1994年中兴百货春季折扣

在专职家庭主妇没落的时代，有许多事比做贤内助、好妈妈更重要/感恩和回馈超载的母亲节来临时，想想她们因为妈妈的身份失去了些什么/在情报过剩的城市里，人们再也懒于去理会关于婚姻的过剩、歌星过剩、法律的过剩、庸俗品位的过剩……而Focus在真正值得注意的资讯，例如中兴百货春季折扣。

---

① 谢诗敏著. 从中兴百货系列广告看后现代主义广告文案的创作［J］. 商场现代化，2006年8月总第476期。

1995年身材弱势团体改革路线

改革路线以下十条，自认身材“标准”或“不标准”者，一律适用：

改革路线第一条：把身体看成身体，不要看成猪肉。

改革路线第二条：不用每次花600元做“臀部高挺”，也不介意身材被定义成“西洋梨形”。

改革路线第三条：即使没有“窈窕曲线”，也大可享受身体欢愉的滋味。

改革路线第四条：对于渔猎社会上半身肌肉发达的身体，被视为欲望对象的波霸身体，营养良好脂肪多的身体，被时光刻痕皱纹的身体、又细又长适合装天线的身体……我们统统都要欣赏。

改革路线第五条：把身体当风景看，不要当皮尺量。

改革路线第六条：对美体工业的宣传不必太认真，把它当成娱兴节目。

改革路线第七条：相信上帝并没有规定35/24/36才是完美的数字组合。

改革路线第八条：由那些被叫成老的、胖的、可以让人一手掌握的……组织一个让设计师认清现实的大游行。

改革路线第九条：坚持非暴力路线，和平转移多元身体美学概念。

改革路线第十条：“标准三围”是个坏名词。

1996年春装

时尚与折扣的神秘共鸣/探索自我身体地图/形塑个人的穿着意识/拒做流行的文盲或沦为时尚的奴隶/坚持质感的偏执与价格的快感/中兴百货，自觉的时尚消费

1996年中兴百货秋装上市

哭是没有用的，不如唱歌吧/恋爱不如一件军用大衣/苏联钻不如咖啡色的优雅/纯洁不如假睫毛的虚构/大采购不如对流行有态度/恨流行不如染栗色的头发/男人不如纤身衫里的二头肌/抗拒不如主动挑逗/啊，秋天已经来了呢，你可以买得流行，不一定买得到态度/Sunrise中兴百货，秋装上市

1997年

到服装店培养气质，到书店展示服装/但不论如何你都该想想，有了胸部之后，你还需要什么？脑袋/有了爱情之后，你还需什么？脑袋/有了钱之后，你还需要什么？脑袋/有了Armani之后，你还需什么？脑袋/有了知识之后，你还需要什么？知识。

1997 年中兴百货夏装上市

春天想念夏天/许仙想念白蛇/青蛇想念身为人的感动/屈原想念诗/河流想念龙舟/孩子想念香包、粽子、绿豆糕/即使室温效应提前了，暑夏来临，依然整整等上一年才重逢/端午时分根本是另一个想念的日子

1998 年中兴百货春装上市

服装是一种高明的政治，政治就是一种高明的服装/当 Armani 套装最后一粒扣子扣上时，最专业而令人敬畏的强势形象是完成/白衬衫、灰色百褶裙、及膝长裤、豆沙色娃娃鞋，今天想变身为女孩/看见镜子进而身上的华丽刺绣晚装，于是对晚宴要掠夺男人目光并令其他女子产生妒意的游戏成竹在胸。仅一件最弱不禁风的丝质细肩带头衬衫，就会是他怀里最具攻击力的绵羊

衣服是性别。衣服是空间。衣服是阶层。衣服是权力。衣服是表演。衣服是手段。衣服是展现。衣服是揭露。衣服是阅读与被阅读。衣服是说服。衣服是要脱掉。服装就是一种高明的政治，政治就是一种高明的服装。（如图 14－3）

图 14－3

1998 年中兴百货秋装上市

菊花开了/柚子熟了/秋柿饱满了/蟹黄肥了/酥饼甜蜜了/桂花飘香了/石榴红了/月光醒了/人也重逢/中兴百货丰满中秋

1998 年中兴百货圣诞折扣

耶稣说：很乖的人有福了！

1998 年的地球很乖，天使预定 12 月下旬翩翩降临；

1998年的岛屿很乖，候鸟说它将准时从西伯利亚来拜访；

1998年的邮差很乖，大家流行用E-mail说Merry'x；

1998年影迷很乖，有一只叫Babe的可爱小猪要为我们演电影；

1998年的辣味很乖，服装设计师发个很多毛茸茸的温暖围巾；

1998年大小朋友通通很乖，圣诞老公公的礼物会放在中兴百货里。

1999年全新物件观点

床单不再属于室内装潢的脉络而进入梦的超心理学层次/巴洛克雕花水晶盘不再是交际界面而是一种场景文学修饰/苏格南马球女孩裙不再是教养的表征而是居住环境的身体意识/物件的价值来自超越物件的使用译释全新物件观点

2000中兴百货春装上市

三日不购物便觉灵魂可憎、三日不购衣便觉面目可憎，骨瓷皂盘教你饭前洗手，少了苎麻浴袍必定忘记睡前祈祷，不烧柑橙芳香烛如何证明上帝的存在，只要懂得买，连港式素蚝油也会分泌亚洲美学精神。

2001中兴百货春装上市

你应该穿上最漂亮的衣服去散步遛狗，让街道上迫害视觉神经的建筑物丢脸。

你应该用最奢华的骨瓷餐盘吃荷包蛋，让使用保丽龙餐具的餐厅有经济危机。

你应该以鹦鹉螺音响听小奏鸣曲，让制造装潢噪音的坏邻居觉得魔音穿脑。

你应该学会做普罗旺斯香草料理，让背叛的情人只能以泡面当夜宵。

你应该在晚饭之后现代诗帮助消化，让八点档Call In节目收视率大幅滑落。

你应该隔周换戴不同设计师的墨镜，让对立的意识形态显得盲目。

你应该花三个钟头泡东方药草浴，让城市中的二氧化碳指数下降。

你应该阅读楚辞九歌中的巫仪，让以为看哈利波特就不会变成麻瓜的人变成麻瓜。

你应该到五星级饭店叫江浙外烩，让不懂餐桌礼仪的服务生没有小费可拿。

你应该用法文录电话答录机，让假日找你加班的主管当场哑口无言。

你应该把写满报复拥核人士和前男友的日记本资源回收，让亚马逊雨林继续茂盛繁郁。

尽管用美学将生活经营成全面性的温柔报复工具，打击那些曾经逼迫你内在的外在丑恶。

2002 中兴百货秋装上市

时装是女人的政治/母亲是精神的，奶娘是物质的/情人是精神的，妻子是物质的/恋爱是精神的，结婚是物质的/唇膏是精神的，嘴巴是物质的/时装是精神的，衣服是物质的/时装是女人的追求/时装是女人的政治/台湾政治渴望新鲜面孔/台湾女人渴望新鲜政治/中秋时装，新鲜面市

2002 中兴百货秋装上市

再有诗意衣服，也无法适应没有诗意的社会/再有诗意的衣服，也无法掩饰没有诗意的社会。

案例 2：TOUGH 革命有罪

文案：

Nothing will be tough forever. But the revolutionaries

世界不会永远 Tough，但永远会有革命者。

当沉睡者先知先觉，当贪婪者杀害纯真，当“多数人”成为精神判决的至高刑台。昂首说“不”，需要的不仅仅是勇气。来自 Tough 的革命呐喊，只为惊醒少数人。

他竟然敢和路边的乞丐称兄道弟

她胆敢告诉五十三个人金钱不是万能的

五年来，他们竟然只和对方一个人做过爱

他胆敢不和一个得艾滋病的朋友绝交

他居然每天都要回家陪父母吃饭

她胆敢只说一种话——真话

每天早上，他们都要发誓忠爱对方一辈子（如图 14-4）

Tough 是 1993 年创始于香港的牛仔服饰品牌。它所经营的物品一般为耐穿、时髦的休闲装，以绝对流行、个性时尚前卫，加以中性的军款风格大大满足了时下年轻人追求简单、时尚的生活口味，并且迅速占领世界各地卖场，创造出一个又一个卖场神化。虽然创牌只短短十几年，但它大气的风格毫不逊色于那些百年

老牌；年轻的新新代设计师设计出来的经典款式与 Lee、Levi's 那些老牌相比有过之，而无不及。

图 14－4

初识 Tough，让人很难把它当做一个香港品牌看待，独特的商标让人以为是个瑞士的牌子，加上其大气的广告宣传，丝毫没有半点本土品牌的羞涩。在经营上，Tough 更是本土品牌的先驱，在日韩香港多个国家和地区抢滩，让人对其时尚感和优秀品质放心到家。[①]

Tough 在字典里翻译为：强硬的、牢固的、坚强的、坚韧的、强壮的、吃苦耐劳的、凶恶的、粗暴的，而 Tough 的内涵就是人文革命，也许没有流血，没有暴动，但 Tough 的革命已然站在了“先知先觉”的角度，进行着思想上的革新，成为社会潮流中的一个精神探索者。

而 Tough 的一系列宣传广告更是进一步验证了这一点，血腥的色调、禁锢的表情、另类的话语表现了现今中国青年一代的颓废、自私、浮躁、没有安全感的生存法则。画面视觉冲击力强，文字对于现实建构的思索与质问更是将意识形态广告文案的改良运动推向了高潮。

归根结底，没有价值观的时代是空虚的，当精神上的流离失所已意味着精神危机的存在，革命便需要产生。而 Tough 所代表的革命精神就是如此去诠释的：当先知的语言已成为过去式，当放纵、冷漠和拜金成为现行法律，当所有的纯洁和良知都淹没在借口中，革命的火苗就该点亮在你的身体表面，Tough，请世人行动，因为这个世界上，Tough 永远属于站在前沿的那一群人。

① 关于 Tough 的革命精神 . http：//blog. sina. com. cn/s/blog_ 4a0a5417010007a6. html。

案例3：人文思想的现代珍藏——左岸咖啡

19世纪，法国巴黎的塞纳河，蜿蜒西流传过巴黎市中心，河以北被称为右岸，以南称为左岸。到处充满了一种新兴的气息，一种抛弃了过去宫廷浮华，开始讲究属于思想，那发自于内的清新气质。

河岸，一向是最容易沾染当代气氛的地方，于是，也开始变得新颖。河的右岸是新兴商业的繁华气质，河的左岸则是艺术丰沛的人文思潮。当时河的左岸林立许多的咖啡馆。咖啡馆里有温文典雅的店主，灰白的发丝渗透着拥有一家咖啡馆的骄傲。他亲切地站在吧台后方向进来的熟客们问好；有忙碌的侍者，修长的手指托着镂花的银盘，两杯Espresso，干练且优雅地穿梭在座位间，白色的围裙上有咖啡淡淡的印迹。当然，更会有来来去去的过客；他是萨特，和一名叫做西蒙波娃的女子在咖啡馆里酝酿存在主义也酝酿爱情；他是达·芬奇，面对蒙娜丽莎的微笑，嘴里跟眼里都尝了一杯加了糖的咖啡；他是雪莱，追逐着爱情，累了，正坐在咖啡馆里歇脚；他是海明威，坐在窗边透光的那一张桌子，写妾似朝阳又照君，也写心情；他是伏尔泰，正在品尝他今天的第三十九杯咖啡，同时，也列出法国王室不合理的第二十个理由。塞纳河左岸的咖啡馆里，就是如此这般的忙碌，无数的他和她，思潮交错的时空里，丰富了整个河岸，连带那些咖啡馆也因为这些文人而变得个性了起来。不管是通往自由之路的花神，历史斑斑的波寇柏，还是海明威曾经驻足的园顶；它们超越了建筑本身，进化成形而上的文化意识。

这样子的左岸，在法国，经历了200年，咖啡馆也承传了好几代，左岸的咖啡馆便代表一种深沉自内心的人文气质，在咖啡馆里，你面对自己，享受孤独带来的清明，也阅读艺术和生活。巴黎人喝咖啡，品尝物质以外的愉悦，也变成一种时尚的流行。这样的流行让喝咖啡成了时髦事，也暗示着人们想从咖啡里寻找心里的缺口，一块会满足精神与自我的缺口。咖啡是实质的形体，但是咖啡隐含的精神，无形，却铿锵有力。一杯朴实单纯的咖啡，不用昂贵，不用过分讲究，但是一定要有人文气质的氛围，要有文学艺术的印记。它可以是一杯左岸咖啡馆，形式简单却内涵深远。一杯可以让你在下午三点的办公室享受的人文咖啡，解放不只感官，更深及大脑皮层思考。

上市以来，从品牌到产品都惊艳整个市场与流行。左岸，经营咖啡馆地执著，并不仅止于一杯咖啡。咖啡馆里该有的，也逐步实现。从拿铁咖啡、昂列咖啡、昂列奶茶、卡贝拉索到甜点系列、个性商品，左岸咖啡馆在消费者脑海里模糊的影像开始变得真实起来。

对于一杯咖啡，左岸咖啡馆所倾注的不只是250公克的黑色液体，而是一份数百年来对人文思想的尊敬。这样的尊敬，被存在现代的我们所珍藏着。左岸咖啡馆想带给每一位消费者的是一个文学大梦，咖啡杯里隐藏的是一份浓烈的艺术气质；于是，左岸开始成为一种形容词，在坊间流传，而我们都深深地迷恋上了左岸咖啡馆…①

下面是几则台湾奥美广告公司为左岸咖啡所做的广告：

【统一左岸咖啡默剧篇】

下午5点钟，是咖啡馆生意最好的时候，也是最吵的时候/窗外一位默剧表演者，正在表演上楼梯和下楼梯/整个环境里，只有他和我不必开口说话/——他不说话是为了讨生活，我不说话是享受不必和人沟通的兴奋/我在左岸咖啡馆/假装自己是个哑巴

【左岸咖啡馆角落篇·CF片】

我在这里，找到一个角落/一个上午，一杯 Cofe Olly，一如记忆里的模糊地带/这是春天的最后一天/我在左岸咖啡馆

【左岸咖啡馆雨天篇·CF片】

我喜欢雨天，雨天没有人，整个巴黎都是我的/这是五月的下雨天/我在左岸咖啡馆

【上帝、彩票、盲乐师】

常在广场演奏手风琴的盲乐师/轻易穿过交错的街道，来到咖啡馆/他对咖啡的熟悉，超出我的想象/邻桌一位好奇的客人，向侍者打探盲乐师的来历/27岁那年，随马戏团游走各地的他，同往常一样，在表演走钢索前，没有忘了向上帝祝祷告，在众人的注目下，才跨出一步，他便从钢索上落下……/侍者转头看着盲乐师，压低声音［就这样失明了！］/侍者突然拿起一份晨报，快步朝盲乐师

① 左岸咖啡馆. http：//www. bigsc. com/zuoan/。

走去/盲乐师从呢绒帽中，取出几张彩票给侍者，侍者翻开晨报，熟练的为他兑起奖来/经过一阵小声交谈，盲乐师慎重地收起彩票，露出笑容。侍者为他披/上大衣，点了根烟给他/没多久后他拿起手风琴，奏起快板的布雷舞曲，喜滋滋地步出咖啡馆。和进来时一样，没有碰撞到任何桌椅/侍者来到好奇的客人桌前/继续未完的话题/那次意外后，他开始买彩票，而且一买就是三十年。三十年来他未曾中过一张彩票，今天也不例外。但/他始终乐观，因为他总说/［上帝欠我一次］

【水杯与咖啡杯，距离五英寸】

那位在咖啡馆门口，就可以将帽子稳稳的掷在衣帽架上的中年人/选定座位前，两度逡巡各个角落，最后还是停在靠窗的位置/不过，并没有立刻坐下/先是调整桌椅，然后将糖罐移到桌角，才缓缓入座/和我上一回见到的相同：他把水杯与咖啡杯挪过来、移过去，试了几次才满意地看着自己的安排/普通人喝两杯咖啡的时间，他只喝了一口，每喝一口，又复重同样的动作，调整水杯与咖啡杯的距离/他的举动勾起服务生的好奇，于是问：［你在…做什么?］/他好像不知道该如何回答，不停地移动水杯与咖啡杯/［我……］起了话头又陷入沉思，一阵长长的静默后/“我在…”他指着自己，认真地说着：［我在喝一杯咖啡!］

【他从波兰来】

旅行的人/总带着脆弱的灵魂。

他在找一架钢琴/我看见他走进咖啡馆/想送给E大调，练习曲/他只点了一杯卡贝拉索/但爱情是交响曲/这个时刻/人来人往正以练习曲的步调在我们之间进行/E大调练习曲/便成为离别曲/这是1849年之前的事/他是萧邦/我们都是旅人/相遇在左岸咖啡馆

她又要离开巴黎了/人们说/女子不宜独身旅行/她带着一本未完成的书/独坐在咖啡馆中/那是一种阴性气质的书写/她喝着拿铁……咖啡与奶/1比1/甜美地证明着第二性不存在/那香味不断地从她流向我/绝不只有咖啡香/这是1908年中的一天/女性成为一个主要性别/她是西蒙波娃/我们都是旅人/相遇见在左岸咖啡馆

他带着微笑离开/在巴黎，微笑可以用法语发音/他说微笑的名字叫做/蒙娜丽莎/即使在安静的咖啡馆中/那笑，是无声的/一杯昂列/让周边有了热络的氛围

/足以上歌手们、乐师门、丑角们/都为这一刻活了/我看着他/与他相视一笑/这是1516年/他带着蒙娜丽莎的微笑来到法国/他是达文西/我们都是旅人/相遇见在左岸咖啡馆

【下雨喝一下午咖啡】

聊赖的午后，我独自走在蒙巴那斯道上，突然下起雨来/随手招了一辆计程车/满头白发的司机问了三次［要去哪?］/我才回过神，［到……］/没有预期要去哪的我，一时也说不出目的地/司机从后照镜中看着我说，［躲雨?］/我笑着没回答/雨越下越大，司机将车停在咖啡馆前要我下车，笑着说/［去喝杯咖啡吧!］/他挥手示意我不必掏钱了/来不及说谢谢，计程车已回到车队中/走进冷清的咖啡馆，四名侍者围坐一桌闲聊着/看到我后立刻起身，异口同声地说［躲雨］?/我笑着不知该如何回答/午后一场意外的雨/让我一下午见识了/五个会［读心术］的人/喝了一下午的咖啡（如图14-5）

【喝完这杯咖啡我就要变成别人了】

他突然转头跟我说话。/胡渣上还沾着鲜牛奶的泡沫。/可能因为我是东方人，和他扯不上任何相干，才会主动向我吐出秘密吧!/“我将加入佣兵部队”他继续说。/“听说一旦加入佣兵部队，就可以洗掉所有的前科，重新再活一次。”/有关佣兵的话题，我还是第一次和人谈论。/“这是法国政府特许的”，他掏出车票扬了一下/我注意到时间是4。/“就在巴黎南方不远的小镇上，有个常设的佣兵招募站。一下车就找得到，方便得很。”/“可是…”实在很难相信，这么轻松就能再来一次/“可是真的能变成别人吗?”/挂钟已经指到3和4的中间，而我又找不出更有礼貌的字眼/“当然你得先死过去。/我的意思是：经历比死亡更甚的痛苦。做满十年，如果仍然活着，就能退伍。”新名字新身份只是小事，政府会替你办好。“那里也有你们日本人噢!”/他起身的时候这样说。/我不是日本人，但我不想解释。(如图14-6)

【我在左岸咖啡馆，也在去左岸咖啡馆的路上】

飞往巴黎的长荣左岸专机/空服员优雅地为每个人端上热咖啡/四周的景致与空气中的咖啡香/让人宛如登身左岸咖啡馆……（如图14-7）

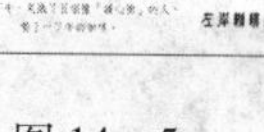

图 14-5

图 14-6

【嗜甜的越狱人】

意大利口音的两个男人点了两杯咖啡后/便把视线对准咖啡馆的大门/看着每一位进出的客人/自从那位专盗 Egon Shciele 的意大利盗贼第四次越狱成功后/人们特别留意出现在身边的意大利人/而我也不例外/一刻过去了/那两人已经饮了不少黑咖啡/视线仍停在大门/而众人也始终盯着他们/又过了一刻/才进门的男人夺走了所有人的目光/倒不是他浓浓的意大利口音/而是他点了一桌子的甜品/"你被捕了"/喝黑咖啡的男人和同伴忽然卡在那个男人身后/"但，不急，请慢慢享用"/等他把满桌的甜品吃完并代他结账后，两个人才押着他走出咖啡馆的大门/经过一阵的静默/大家议论纷纷/"为什么专偷 Egon Shciele 的画"/"为什么画贼总是在同一家咖啡馆被逮进牢里"（如图 14-8）。

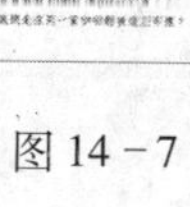

图 14-7

图 14-8

案例4：其他意识形态广告欣赏

1. 这是PSP的一组平面广告，PSP是由索尼公司开发的掌上游戏机，具有上网冲浪、播放MP3、播放电视电影、游戏等多种功能。这组广告的主题为“魔兽伪装的人们”，意在推出PSP的新游戏——魔兽世界。突兀的视觉亮点、传神的人物姿态共同传达了一个主题：人们是伪装着的魔兽、魔兽是精神层面的人们。加入我们的魔兽行列！加入索尼PSP的游戏世界！（如图14－9）

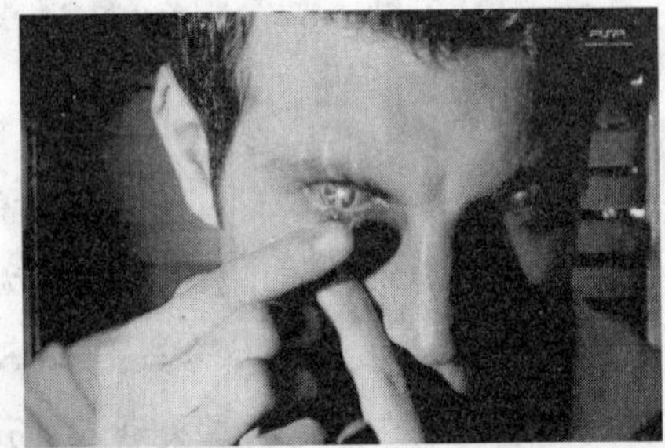
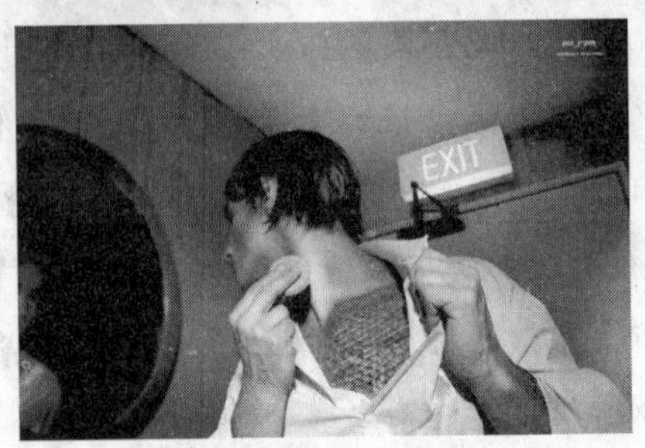

图14－9

2. 这是一则历史档案馆的广告，画面采用了著名历史人物毛泽东与列宁的形象作为重心，从而描摹出最简明扼要的历史，最博大精深的文化留存底蕴。画面简洁干练却又意味深长。（如图14－10）

3. 意大利著名奢侈品牌Prada一改往日大牌明星摄影棚拍摄的风格，放弃了对于摄影技术的钻研，在2007、2008秋冬装新款上市之际发布了以下一组广告。采用意识流的画面表现手法，突出了“丛林与城市、真实与虚幻”的主题。其回归想象本身，指挥自由思绪，改变feeling本身。（如图14－11）

图 14－10

图 14－11

4. 一款专为准备成立家庭的人推出的金融项目。画面中出现的那些赫赫有名的单身汉想必大家都不陌生吧，詹姆斯·邦德、梵高、切·格瓦拉。电影海报、街头涂鸦和油画成了广告表现的蓝本，好像达利给蒙娜莉莎添上两撇小胡子，我们的孤单英雄们，也拖家带口了。风趣的画面却传达出兼具感性与理性的思想核心：At last someone thinks of the family.（如图 14－12）

图 14－12

5. 印度奥美作品。收养儿童，他将为你做的，会比你曾经为他们做的要多得多。（如图 14－13）

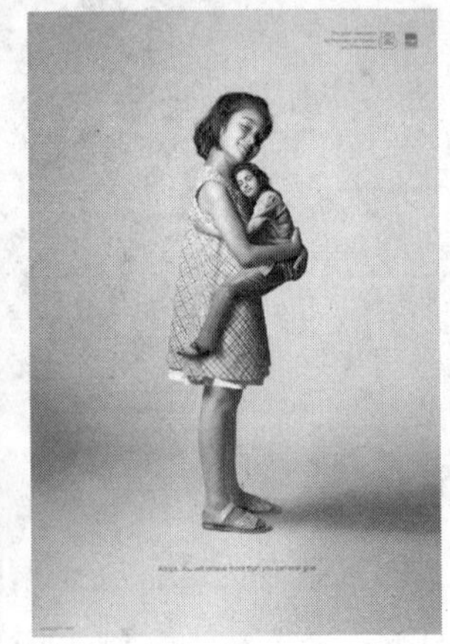

图 14－13

6. 西班牙著名珠宝品牌 Bagues 推出的系列广告（项链篇、戒指篇、耳环篇），以唯美的画面、悠远的意境，传神地描摹出：“你，就是珠宝”的概念。

让人眼前一亮。(如图 14－14)

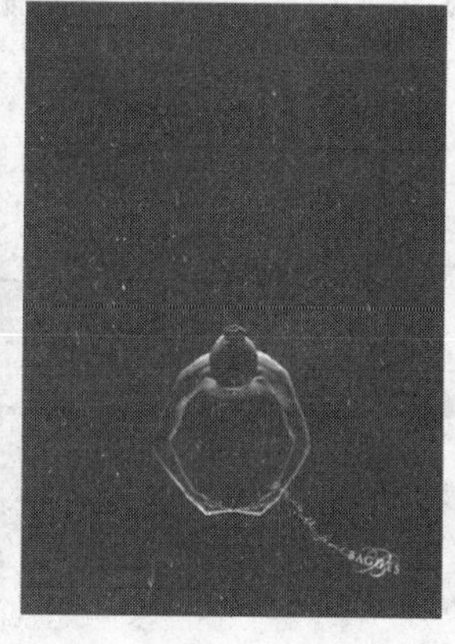
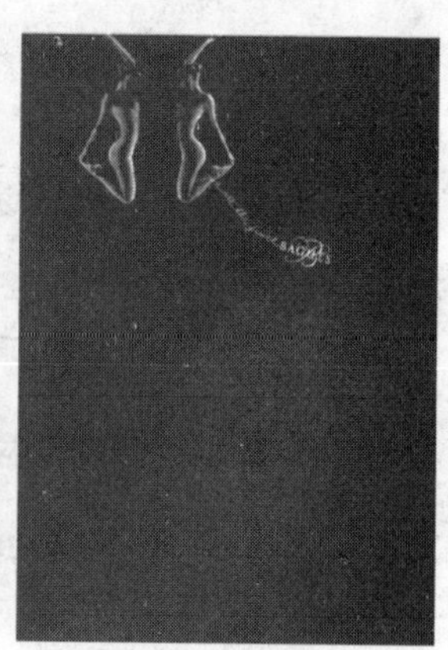

图 14－14

广告是我们操作符号的一种言说，可以说这种言说也塑造了我们自己。

广告中包裹的价值观和生活态度影响着消费者的现实行为和长远的、隐性的意识形成，还代表一种特殊的看世界的观点，培植着一种价值观和生活哲学，建构着我们的文化，这就是广告作为一种意识形态的威力，它已经影响到了这个时代每一个人的精神世界，成为我们生活的文化环境。①

① 颜益峰，丁建华．广告也要讲政治［J］．当代传播，2002 年第 1 期。

第15章 让网络成为一种习惯

网络营销传播现在已经咄咄逼人地闯进了我们的视野。最新数据表明，到2008年2月底，中国互联网用户数量达到了2.20亿，超过美国，跃居世界第一。①

互联网的触角正不断的深入普通百姓的生活，潜移默化地改变着中国消费者的消费观念和行为习惯。观念的改变和社会的进步促进了中国网络营销市场的繁荣并带给广告主更多选择。不可否认，网络营销传播正在成为品牌最为重要的传播武器之一，它的价值是不可替代的，一个品牌传播的互联网时代已经到来。

一、焦点链接：蜕变

如果有一个短片，看了能让你增加自信，你会看吗？

如果有一个短片，看了觉得妙趣横生，你会给他人传阅吗？

多数人不仅回答“会”，而且立刻要求观看。

这，也正是多芬带给我们的一个美丽奇迹。

多芬，下属英荷联合利华公司。联合利华公司下设诸多品牌，主要有力士、

① 艾瑞咨询．2007年中国网络广告市场规模突破百亿．http：//www. cnad. com/html/Article/2008/0305/20080305142819421. shtml，2008-04-26。

夏士莲、清扬、旁氏、奥妙、多芬、立顿、中华、凡士林、和路雪等。

多芬的品牌宗旨是：简单而真实的美。40多年来，多芬一直用真人来做广告。就像多芬的英文名字Dove一样，这是一个象征着希望、快乐、和平以及所有积极事物的名字。无论多芬说什么都必定围绕真实。它的声音清澈而清晰，纯净而美丽。[①] 多芬于去年推出的一段75秒的广告片《蜕变》在博客、Youtube等在线媒体广为传播，获得了超过500万的点击量，在短时间内征服了5亿网民。这则广告片描述了这样一个故事：一个姿色平平的女性经过发型师、化妆师和灯光师的包装，变得光彩照人，她的照片通过电脑处理之后，出现在了宣传画上。最后，这张照片简直可以和任何明星、超模的照片相媲美，照片登上街头的广告

图15－1　《蜕变》中女孩的前后对比及广告的最后标语

牌上后，没人会相信照片上的美女就是貌不惊人的"邻家女孩"斯蒂芬妮。广告片最后的标语写道："怪不得我们美丽的感觉被扭曲了。"（见图15－1）

"这段录像让我对自己的感觉好了100倍!"一位女网民写道。众网友的青睐，令这个短片不断地在网上传播开来。在2007戛纳国际广告节上，《蜕变》一举夺得三项Grand Prix大奖，其广告策划奥美公司，获得整合营销类别的最高荣誉。

我们生活在一个美丽至上的年代，媒体、影视和商业广告推崇的是拥有魔鬼身材、天使面容的模特。这种过度崇尚标准化美丽的社会氛围在很大程度上是由以广告、公关等大规模快餐式的现代营销活动造成的。

然而总有会人思考：在当今大众传媒排山倒海的凌厉宣传背后，美人是否真

① 联合利华·中国.www.unilever.com.cn。

的那么完美？一个超级模特在聚光灯下付出巨大的代价而换来的片刻完美，是否掩饰了某种浮躁和虚伪的矫情？我们对美的理解是否已被扭曲？而多芬，不仅思考了，更是开始了这样一场轰轰烈烈的寻美活动。它抛弃了长期以来时尚界和美容界一直在遵守的销售美丽梦想的营销原则，以刻意瓦解对美丽的标准化解释的立场，发起一场重新阐释女性之美的全球性大探讨，这则《蜕变》广告更是在全球范围内引发了消费者——尤其是女性消费者的强烈互动，她们疯狂的自发传播该短片，和朋友们讨论什么是真的美。多芬品牌也因此得到了有效推广，而且根本就没有花费任何媒体投放费用。

经过四天四夜605次拍摄、不借助任何电脑技术制作完成的网络短片创意非凡，没有顶级美女，没有特技，也没有大投入大制作，却依靠平凡和真实，在互联网上取得5亿人观看的效果，打动了无数目标客户，在售卖产品的同时，帮助了无数平凡的女子用一种积极的心态改变自己的生活状态。多芬将一如既往所传达的“真美理念”进一步发扬光大，即“每个平凡的人都会拥有最美丽的时刻，不用因为看到他人的光鲜形象而感到妄自菲薄”。

在这则由加拿大多伦多奥美公司创意制作的“蜕变”广告中，我们发现，有两点值得我们注意：

1.《蜕变》尽管获得的是影视广告类大奖，但主要投放媒体却并非电视媒体，而是经由世界最大免费视频网站YouTube发布的，在一年多一点的时间里获得了超过500万次的点击量，在后期才投放于电视；

2.《蜕变》广告片的内容诉求站在了“反广告”的立场，抛弃了长期以来时尚界和美容界一直在遵守的销售美丽梦想的营销原则，掀起一场全球范围内的“真美运动”，用典型的草根话语赢得最大范围的受众认同，还由此引发了观众的主动传播行为。

由此看来，多芬显然是营销推广方面的高手，它并没有一味地宣传自己的产品，而是通过一种未加任何影视效果、最真实的方式告诉女孩子们自然美的重要，并教会她们怎样发现自己的真正之美。在今天这个资讯过剩、产品过剩、品牌过剩的年代，这种拥有绝佳创意的“病毒”，才是能真正感染目标对象的“病毒”，才能留住用户躁动的心，才能令他们去谈论、去分享、去传递。它促使天生具有爱美之心的女孩子们去思考、去发现真正的美。当她们从中领悟时，自然就会主动地去传递“真美运动”，当然，以及多芬。

多芬的真美运动，为《蜕变》的这次病毒式营销找到了易感人群，而《蜕变》的网络广范围传播开来，又反过来促进了“真美运动”的再一次升级。当营销活动被赋予了一种超越世俗产品的含义时，它的威力就会被无限地扩大。与其说“多芬”卖的是一种产品，倒不如说它营销的是一种理想，一种信仰。

“你能让你的品牌领导一种运动吗？多芬做到了。”奥美全球首席执行官 Shelly Lazarus 如是说。多芬的病毒式营销帮它很好地领导了这样“真美革命”。

二、理论探究

1. 这是个网络时代

互联网时代，“营销”悄然发生着改变：广告主对营销信息系统的掌控力渐失；我们过去习惯的媒介体系正被无情的“碎片化”；互联网成为广告、营销领域解构、重构的新生力量。正如全球整合营销之父唐·舒尔茨说：“我们都在汹涌澎湃的数字海洋中飘荡”，在这片全新的数字国度里，在当今这个全新的营销环境下，企业如何才能找到营销的诺亚方舟？

（1）互联网飞速发展催生营销变革

2007 年圣诞节，英国女王首次通过互联网发表她对臣民们的祝词，这一举动被视为“网络生活”席卷英国所有阶层的一个标志。而此时，远在大洋彼岸的中国早已经进入不折不扣的互联网时代。在这个媒体和信息爆炸的时代，企业品牌建设和广告策略，也必将顺应潮流，来一场营销革命。

2008 年 3 月，美国市场调研公司 BDA 发布的数据表明：目前中国已经拥有了 2.2 亿互联网用户，首次超过美国网民数 2.17 亿，成为全球第一“互联网”大国。仅仅 2007 年一年，我国网民人数就增加了 7300 万。

如果说，前两年，互联网的“暗潮涌动”还只是让企业营销人员小试身手的话，那么今年，你将不得不直面这个澎湃的数字海洋，寻找更有效的营销战法。据 DCCI 互联网数据中心发布的数据显示，中国网络广告市场 2007 年总体规模首次突破100亿元这一历史大关，并且在未来两年将继续保持30%以上的年增长率（见图15-2）。

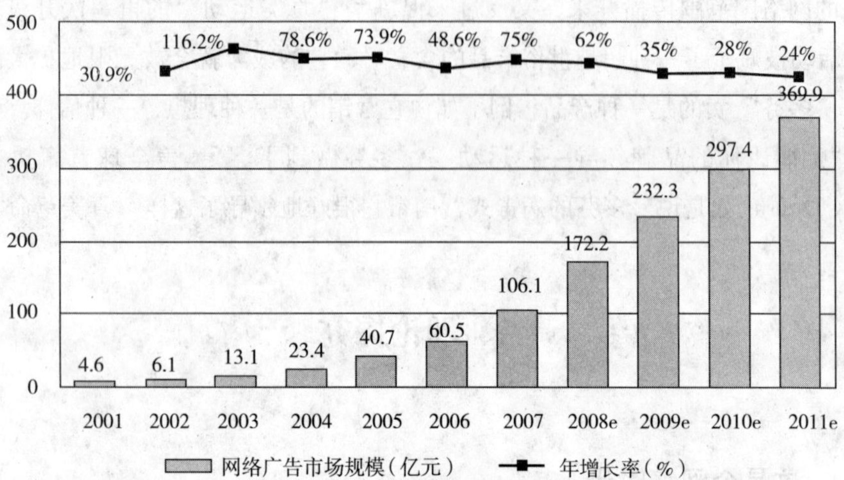

注:网络广告市场规模包括品牌图形广告、搜索引擎广告、固定文字链、分类广告、言媒体广告和电子邮件等网络广告运营商收入,不包括渠道代理商收入

图15-2 2001—2011年中国网络广告市场规模及年增长率概况

（2）主动营销时代来临

通过以上数据，我们有理由相信，现在已经进入了主动营销时代。在这样一个新时代中，谁先掌握了游戏规则和游戏技巧，谁就能冲到最前沿。

茫茫人海中，寻找到对自己产品有需求的客户并不是一件容易的事，在信息爆炸的今天，将沟通的信息传递到目标客户面前的成本越来越高。与销售人员四处奔跑相比，通过网络挖掘出对自己产品感兴趣的客户，这种营销方式显得更为主动。

“四处寻找客户虽然也行之有效，但没有在挖掘客户需求基础上，让客户主动找上门来更为主动。”中科院研究生院管理学院吕本富教授认为，主动营销的特征在于：客户比较明确、营销手法比较明确、可作跨地域跨时空的营销。

调查表明，企业在获得同等收益的情况下，网上促销的成本是直邮促销的1/3，传统广告的1/8，而效果却增加了一倍以上，对网络营销工具的投入是传统营销工具投入的1/10，而信息到达速度却是传统营销工具的5~8倍。传统企业是否能利用互联网创造商业机会，降低成本，提高竞争力，已经成为其未来能否在全球经济一体化的状况下制胜的关键因素。

网络营销和传统营销的根本区别在于，让客户了解产品信息的渠道不同。传统营销中单向式的信息沟通方式，被网络营销中“一对一”的、具有双向交互式的沟通方式取而代之，这种交互式的沟通方式是以消费者为主导的、非强迫性的。

因此，这个个性化的时代对我们是很大的挑战，网络最终要起到改进信息的功能，让我们的营销诉求更为明确，更为主动。

2. 博客营销：网络时代新宠

自从 2002 年“博客”（blog）概念在国内出现以来，博客已经成为互联网上最热门的词汇之一，博客在网络营销中的应用也成为令人关注的研究领域，可以说，博客营销在影响着网络营销，但更值得关注的是，博客营销也在推进着网络营销。

博客本身是一个新型的个人互联网出版工具，它为每一个人提供了一个文字、链接、图片、影音的发布、知识交流的传播平台与个性化的网络世界。而博客营销则是指通过这种应用方式与工具展开网络营销。

作为一种营销工具，国外对博客的使用是相对较早的，而到 2005 年时国内才开始不断有企业参与应用，如 PC、图书等行业已经出现了中小型尝试者，比如说出版社对图书的博客营销就是比较典型的例子，像大块文化出版的畅销绘本作家几米的新作《失乐园》推出了其专属博客；而九歌出版社与 roodo 乐多市场合作推出朱少麟的新书《地底三万呎》，其专属博客浏览数一度达到日访问量 2000 多人次；商周出版社在无名小站开设网络作家藤井树《十年的你》博客也曾引起热烈的网络讨论。[①]

通过国内国外或多或少的案例，我们可以略加总结出博客作为一种网络营销工具具有以下四大特点[②]：

（1）博客是一个信息发布和传递的工具。在信息发布方面，博客与门户网

---

① CuteSEO 网络营销管理顾问 . http：//www. cuteseo. cn/article/show1430. htm. 2008-03-18。

② 冯英健 . 博客作为网络营销工具的特点 . www. marketingman. net. 2006-05-10。

站的广告和新闻、行业及专业网站供求信息平台、网络社区论坛、二手市场、公司或个人网站等发布媒介有一定相似的地方，即起到的同样是传递网络营销信息的作用，这是认识博客营销的基础。而除此之外，博客还具有知识性、自主性、共享性等基本特征，正是博客这种性质决定了博客营销是一种基于个人知识资源的网络信息传递形式。

（2）博客与企业网站相比，博客文章的内容题材和发布方式更为灵活。企业网站是开展网络营销的综合工具，也是最完整的网络营销信息源，不过作为一个公司的官方网站，企业网站的内容和表现形式往往是比较严肃的产品资料等，而博客文章内容题材和形式多样，因而更容易受到用户的欢迎。此外，专业的博客网站用户数量大，有价值的文章通常更容易迅速获得大量用户的关注，从而在推广效率方面要高过一般的企业网站。

（3）与门户网站发布广告和新闻相比，博客传播具有更大的自主性，并且无需直接费用。在门户网站和其他专业网站上通过网络广告或者新闻的形式进行推广，也是常用的网络营销方法，但是作为营销人员，自己无法主动掌握这些资源，只能将文章或者广告交给网站或者其代理机构来操作，这就对信息传播内容和方式等有较大的限制，而且往往需要支付高昂的费用。在这方面，博客的信息传递无需直接费用，是最低成本的推广方式。

（4）与论坛营销的信息发布方式相比，博客文章显得更正式，可信度更高。在网络社区（如论坛等）发布信息，也是早期网络营销常用的方式之一，但这种形式现在已经很难发挥作用，因而逐渐被排除在主流网络营销方法之外，博客文章比一般的论坛信息发布所具有的最大优势在于，每一篇博客文章都是一个独立的网页，而且博客文章很容易被搜索引擎收录和检索，这样使得博客文章具有长期被用户发现和阅读的机会。

当下泛滥如潮的企业广告，已使消费者失去了信任感。无论如何宣传，客户都会知道这是广告，而人们目前对广告的态度是持保留态度的。但这种情况，如今，在博客圈子则发生了变化，这也正是当下博客营销这个词悄然兴起的原因。

如同消费者容易受到朋友意见影响消费决策一样，圈子内部的博客之间的相互影响力很大，可信程度相对较高，朋友之间互动传播性也非常强，浏览者也容易相信“圈子”里的人在博客上记录的文字。这就是博客营销作为口碑营销的表征点。虽然单个博客的流量绝对值不一定很大，但是受众群明确，针对性非常强，单位受众的广告价值自然就比较高，而且他的主动传播性就是一个串联的过程，把具有相同兴趣的博客串联成一个宣传和传播的平台。

长期的成功营销经验证明，众口相传的口碑传播方式是最有效的营销方式之一。而在传统营销观念中，一个客户身后有 250 名潜在客户的规律，在网络时代已发生几何量级的变化，基于互联网的口碑传播方式在传播速度和传播范围上已发生了质的飞跃，因而广告效果也是不可同日而语的，而且以博客为载体的口碑传播更具备了受众精准和高信任度传播的特点，因此在提升企业品牌的同时，也更易于激发销售行为。

既然博客营销是口碑营销，那么企业在使用这一营销工具的时候，就应该发动广大 blogger 的力量，让他们在自己的博客中记录自己的产品体验，并以此来吸引更多的人参与到产品体验中来，再记录到自己的博客中去，从而实现"滚雪球"的口碑营销效应。而组织规模化的博客人群进行口碑传播，依靠企业自身来实现是不太可能的，因为在目标人群的寻找和组织手段、经验上都完全缺乏基础，只有通过专业的中间机构来实现。目前国内已出现在多家博客传播服务提供商，如 Bolaa. com 博客互动平台等，他们通过长期对博客精品信息资源的聚合积累，建立了一个跨平台的庞大的分类博客作者数据库，使规模化的博客体验和口碑传播活动成为现实。近期，五粮液国邑、长虹佳华数码等就尝试了利用博客载体进行新产品口碑传播的营销尝试，都取得非常好的推广效果。

"DELL 笔记本"、"芮成钢评论星巴克"等多起博客门事件的陆续发生，也证实了博客所形成的评论意见影响面和影响力度越来越大，高端博客渐渐成为了网民们的"意见领袖"，引导着网民舆论潮流，他们发表的评价和意见会在极短时间内在互联网上迅速传播开来，对企业品牌造成巨大影响，可以预见博客分众广告和口碑传播的市场潜力和前景还很大，究竟能取得多大成果，值得我们期待。

总之，无论是利用网络营销的哪一个渠道，哪一种方式，都不可能是十全十美的；对于在国内尚处于发展阶段的博客营销来说，认为利用它就会帮企业在业绩上有很大的增长是不现实的，无论是企业还是博客经营者，都需要有一个正确的发展观来看待博客营销。

3. 病毒式营销：网络时代的营销利器

病毒式营销有多种称谓，如“蜂鸣式营销（buzz）”、“口碑营销（WOM）”等，所谓病毒式营销，就是借由用户的口耳相传来达到宣传产品和品牌的目的，是现在常用的一种网络营销方法。如果说，网络为病毒式营销插上了飞翔的翅膀，那么病毒式营销就如给网络安装上了强大的引擎，二者相得益彰，相映生辉。

病毒式营销之所以受到如此青睐，是因为它拥有很多无可比拟的优点，首先就是惠而不费，有时几乎是零成本；其次它的传播速度极快，一两天数以万计的衍生速度；最具魅力的是它的可信度高，由于是口口相传，受众抗拒心理低，看100 次电视广告和网上横幅广告也不及一个好朋友的诚意推荐。而且它超越了单一网站的限制，常规网络广告必须登录某网站才可看到广告。而病毒式传播可通过电子邮件等手段把信息传至从不上某一网站的网群。因此，如果说以电视等传统媒体为主的营销就是一种“以打搅为基础”的营销方式的话，那么病毒式营销是建立在“以允许为基础”上的特殊的营销方式。

其实，病毒营销并不是什么新概念，它与人们通常说的“口口相传”、“关系营销”没有多大差异，区别只在于病毒营销较多运用在网络营销中。事实上，在美国，现在已有许多传统企业意识到病毒营销的影响力，并将之与传统营销模式结合起来，有的企业甚至将其作为产品推广和品牌建设的核心策略。随着互联网的飞速成长，病毒式营销的方式越来越多，比如搞笑动画、文字、免费打折券、免费邮箱等等，像“中国娃娃”、“流氓兔”“小破孩”这些动画都让商家赚得盆满钵满。

病毒式营销的好处引发了企业极大的激情。但是，在这里需要提醒的是，要获得病毒式营销带来的好处，是要付出相当大的努力的。它最核心的就是“病毒”的制造。不管“病毒”最终以何种形式来表现，它都必须具备基本的感染基因。“病毒”必须是独特的、方便快捷的，而且必须“酷”，能让受众自愿接受且感觉获益匪浅。

要做到这些，首先必须找准明确的对象。

不是所有网络上的病毒式营销，传播都会一帆风顺，除了制造好的病毒以外，找准易感人群，也至关重要。必须找到一部分极易感染的“低免疫力”人群，由他们将“病原体”散播到各处。腾讯在做QQ推广时，就非常注重对“低免疫力”人群的找寻和锁定。他们确定的用户平均年龄约20.6岁，这是一部分时尚、对新潮流感应敏锐的人群，也是绝对的“低免疫力”人群，他们对QQ“病毒”没有任何的抵御能力，能很快接受并积极传播。

再以多芬为例，多芬的《蜕变》之所以有如此神奇的宣传效果，与此前它的“真美运动”的推广是有极大关系的，正是因为此前多芬已经找准了自己的品牌推广对象，并精心培育这个市场才结出了丰硕的果实。“真美运动”一开始就选中了8至12岁的女孩作为品牌传播的对象。这就是它精心瞄准的易感人群。这些女孩在当今这个主要以视觉感受作为魅力评定标准的时代成长起来，美丽对于她们来说却是一个无法企及的理想形象。她们普遍惊恐于自己的单眼皮、脂肪过厚等各种大大小小的形体缺陷，对美充满了困惑。因此，多芬发起的这样一场寻找真美发现真美的革命，自然就会引起她们的共鸣与认同。

找准明确的对象后，便到了呈现精彩创意的时候。

网络上泛滥的信息，随时可能淹没掉你的“病毒”。因此，只有当你的“病毒”拥有绝佳的创意时，才能吸引足够的眼球，引发用户心甘情愿地去主动传播。那么好的创意应该满足什么条件呢？这三个原则是必不可少的：娱乐性、可信性、启发性。

首先，娱乐性用以吸引用户的注意。不管你的作品多么具有内涵，多么具有深度，在这个资讯爆炸的年代，第一眼的惊艳才是王道。只要能比同类广告更迅速地抓住受众的注意力，你就在先机上拔得了头筹，可以说，在这点上，速度决定生长力。

其次，可信性用以赢取用户的信赖。一个好的创意，必须具备一定的可信度，不能如同空中楼阁般，禁不起这个时代的推敲。失去用户的信赖，就犹如无本之木无水之源，在这里，信任决定生命力。

最后，启发性则用以引导用户的购买行为。一个好的广告创意再怎么艺术也要回归到其商业的本质上，它必须将所针对的消费群体明确地引向自己所要宣传的产品，这才是其根本使命，也就是说，诱导决定生存力。

“蜕变”这个经过四天四夜605次拍摄、不借助任何电脑技术制作完成的网络短片创意非凡，它完美地集娱乐性、可信性和启发性于一体。这样的广告，无怪乎能在两周内便在全球范围内传播开来了。

由以上两点看来，真正成功地实现病毒式营销并非易事。美国著名的电子商务顾问 Ralph F. Wilson 博士将一个有效的病毒性营销战略归纳为六项基本要素：提供有价值的产品或服务；提供无须努力地向他人传递信息的方式；信息传递范围很容易从小向很大规模扩散；利用公共的积极性和行为；利用现有的通信网路；利用别人的资源。①

当然，一个病毒性营销战略不一定要包含所有要素，但是，包含的要素越多，营销效果可能越好，现下常见的有情感、利益、娱乐和生活态度等等。病毒式营销更多地强调给营销注入温情，通过心灵的沟通感染消费者。更确切地说，如果商家想开展病毒式营销，让人们快速传播其产品或服务，必须首先让他人获利。人们获利越大，传播产品或服务的速度也越快，这是典型的双赢。这就是说，利益隐藏于病毒式营销的背后，驱使生意信息惊人地传播。“免费”一直就是最有效的词语，大多数病毒性营销计划提供有价值的免费产品或服务来引起注意，“免费”吸引眼球，然后，眼球会注意到你出售的其他东西，于是你才可以赚钱。②

三、案例赏析

案例 1：“百度，更懂中文”

2005 年底，“百度，更懂中文”之《唐伯虎篇》上场，故事在周星驰式的风格中展开：风流才子唐伯虎通过“知道”、“不知道”的几度分词断句，抢走了洋人的众多女粉丝和亲密女友，直至洋人气得吐血。（见图 15－3）

仅一个月，连续出现的三个唐伯虎系列短片——《唐伯虎篇》、《孟姜女篇》

---

① 刘佳．病毒性营销理论与实践．http：//promote. yidaba. com/bdyx/800814-1. shtml. 2007-10-14。

② 孙春艳．颠覆传统，今日营销也“病毒”［J］．经营者，2007 年第 17 期。

图 15 - 3　《百度，更懂中文——唐伯虎篇》画面

和《刀客篇》传播人群超过 2000 万人次，这确是一次病毒营销的奇迹。网络巨人百度也借此夺得了国际实效营销类的专业大奖——2006 年艾菲金奖。这样理想的宣传效果，可谓实至名归。此外，第 12 届中国广告节也第一次将代表中国广告创意最高荣誉的全场大奖颁给了网络小电影——百度《唐伯虎篇》。在这些广告里，尽管并没有直接出现对手的名字，但看看它的广告语："百度更懂中文!" 相信人们都会知道此片是百度打击 Googel 之作。

"我们没在渠道上做任何投入和收取，一切不受控制，任其发展。" 3G 门户 CEO 邓裕强说，"效果出人意料，传统门户和视频分享网站纷纷要求合作。"

难怪，有业内人士评价说："百度：更懂中文，因而更懂营销"。

1. 在网络市场中独辟蹊径

现今，最难沟通的目标消费群是哪些人？想必 100 位广告人 90 位给出的答案都会是：网民。因为他们使用互联网时只会选择对自己有用的资讯，很容易就会把广告的信息过滤掉。在这种情况下，传统形式的广告对于他们来说都是不起作用的。

这，就为急于走网络营销道路的百度出了难题了。当时为迎接百度登陆纳斯达克股市，百度准备拍摄系列的视频短片，在上市前后进行大规模的立帜式品牌形象运动，巩固百度的"第一中文搜索引擎" 的王者地位。再者，在中国，百度并不甘于被烙上"中国的 Google" 这样一个烙印。因为事实是，百度在中国市场份额上早已超过了 Google。那么，想要在品牌上摆脱竞争对手的干扰，想要把"百度，更懂中文" 这个品牌形象灌输给目标人群，就必须另辟蹊径。

作为"百度，更懂中文" 品牌活动的一部分，这三个短篇采用了中国武侠电影和周星驰风格的诸多元素构建，不仅诙谐十足且极具意趣，充分符合了病毒传播的第一定律“传播对用户有价值的东西”。仅仅通过员工给朋友发邮件，以及在一些小视频网站挂出下载链接等方式扩散开来，一个月，百度的3个系列短片传播人群超过2000万人次，确实是一次病毒营销的奇迹。

《孟姜女篇》加上《唐伯虎篇》再加上《刀客篇》，分别对应“第一”、“中文”、“搜索”三个关键概念，从而将百度是中文第一搜擎的概念完整表现出来，为百度的品牌价值建设提供了丰富的沟通体验。

2. 迎合网民口味

病毒营销是指那些鼓励目标受众将市场信息像病毒一样传递给他人，使之在曝光率和影响上产生几何级增长速度的一种营销推广策略。正如在前面我们聊到多芬时所说的，病毒式营销其最绝妙之处就在于“让每一个受众都成为传播者，引爆用户力量”，通过受众主动自发地传播企业品牌信息。病毒式视频营销获得成功需要三个要素：第一个是种子，也就是好的、有价值的内容；第二个是易感人群；第三个是媒介通路。关键就是要找到最核心的易感人群，这群人会把种子呈几何级数地传播开来。百度公司通过联合中国人搜索行为研究中心对网民搜索习惯的研究发现，2005年就是视频娱乐形式爆炸式发展的时期，易感人群所在位置也被确定。①

《唐伯虎篇》中，将主题“百度，更懂中文”阐释得淋漓尽致。（见图15－4）

其实这部片子有很多令人印象深刻甚至无法接受的地方：如一直在翻来覆去地说“我知道你不知道”N次，以致你会不由自主地中毒；有一个思春的尼姑和一个男扮女装的“如花”；唐伯虎也极其风流放浪；老外吐血后还倒在地上喘息等等。

这种恶搞的表达形式，很是迎合一代80后新新网民的口味，一下子击中他们“玩世不恭”的内心。

此外，这则广告的策略非常明确，即为百度树立与Google的品牌差异化定位：百度更懂中文，只是所采取的表达方式够狠，有人称百度这是“一次冒险的，杀父式的品牌独立行动。”，中国营销传播网甚至称其为“中国第一条通过

① 任文．百度的病毒式营销［J］．企业文化，2007年第3期。

图 15－4　《百度，更懂中文——唐伯虎篇》画面

赤裸裸打击对手并为自己叫好的广告片”。而此片的主要创意人之一陈格雷则明确表示了本片要达到的目标：建立百度用户的使用自豪感，直接打入对手用户的心理体验。

没发一篇新闻稿，没花一分广告投放费，这次营销大放异彩的原因何在？“从一开始策划、创意到拍摄，我们并没有把它当成广告片来做，而是真正按照病毒传播的原则去做，因为广告最根本的是沟通。”陈格雷如是说，“正因为如此，这条片在很多方面都完全颠覆了过往的广告表达方式。《唐伯虎篇》，所有观看者是在没有其他的广告片干扰下专门观看的，如果看不明白，随时可以重看。这意味着，观看者主动将此片拿去给别人分享，这才是最重要的。”

但是，这条片在广告界引起了很大的争议，很多广告人、包括比较资深的广告创意人，都对此片的创意手法和内容提出了质疑，其中最大的焦点在于：内容不够纯粹，很多镜头显得多余。对于这点，陈格雷一笑，“这是我们故意干的。”陈格雷表示，“很多广告同行们都不太能接受片子里放了很多的、他们认为是多余的元素，但事实证明网民们很喜欢这些东西，正因为有很多边角笑料，网民才会主动传播，我们原本预计的病毒传播才行之有效，不然不会有这样的效果。”①

3. 对比之下

百度的“更懂中文”（见图15－5）让老对手雅虎很是恼火，阿里巴巴集团CTO吴炯放言：“百度的技术领先已经是过去时，我们将证明雅虎比百度更懂中文。”而与百度请广告人制作不同的是，雅虎斥资3000万请的却是知名大导演——张艺谋、陈凯歌、冯小刚。但遗憾的是，从雅虎广告大片的制作来看，他们似乎不懂网民心理。每一个片子的完整版都有七八分钟。很多网友反映，如果没有很好的耐心，还真不一定能把他们都完整地看完。

并且广告中雅虎的品牌差异化策略也没有显现。雅虎最后那句广告语是“生活，因找到而快乐！”作为雅虎的广告，当然是用雅虎搜索找到才好，那用别的搜索引擎找呢？陈凯歌的《阿虎篇》是三个广告中唯一没有出现雅虎网页的。这个广告中，使用那只叫阿虎的狗狗来指代雅虎的角色。用“阿虎”来称呼雅虎当然是很亲昵，不过陈凯歌可能很少上网，他可能不知道，以前有很多人也喜欢用“狗狗”来称呼Google。所以很多人在看《阿虎篇》的时候，一度陷入了迷茫：这到底是给雅虎拍的广告还是给Google拍的广告？

图15－5 《百度，更懂中文》

这三则中国网络业最昂贵的广告，却让人大跌眼镜。“高传播度+低美誉度=坏事传千里”。这令准备反击对手的雅虎元气大伤，玩病毒式营销，却搬起石头砸了自己的脚。

“看了雅虎搜星的广告片吗？很多人又想念起百度唐伯虎了。”一些网友说。作为中国广告走向数字娱乐小电影的奠基之作，百度的唐伯虎系列的成功之道，的确值得营销人仔细把玩。

4. 白领转向百度——聚合庞大用户群

百度唐伯虎系列的成功并非意外，早在3年前，该片的导演谢晓萌就已经拍

① 孙春艳．百度“虎伯虎”：中国病毒营销奠基作［J］．经营者，2007年第17期。

出了中国第一部广告式电影《城市画报之欲望 70》，但当时由于网上的视频娱乐还极为匮乏，因此广告化电影的传播仍遭遇瓶颈。但现在不一样了，从百度的小电影广告，一部 5 兆以内短片可以非常轻易地通过互联网传播到各个角落，甚至我们发现，人们已经可以直接通过手机观看到这部片子。通过百度唐伯虎系列小电影广告的推广，使百度既能推动华语文化的发展，又能聚合起一个数目极为庞大的忠诚用户群。

最突出的效果就是：市场份额一路攀升。从 2005 年 1 月到 2006 年 6 月，在实施“百度，更懂中文”品牌运动以来，百度的市场份额一路攀升，从 2006 年初开始突破 50%，占领了中国搜索市场的半壁江山；在最近一次的 CNNIC 调查中，百度的市场份额已经超过了 62%，并且对 Google 保持了越来越大的优势。

消费者的认知度也大幅提升。来自艾瑞的市场研究结果表明，对于各品牌宣传的信任度，百度的“百度，更懂中文”得到了更多的信赖，有超过七成的消费者认同这一品牌形象。

尤其值得一提的是：由于对视频关注较高的是白领人群，这次活动使大量白领搜索引擎用户转向百度。根据 2006 年下半年 CNNIC 最新的调查报告中显示：在首选市场份额上，百度 62.1%，比去年同期增加了 14.2%；Google 为 25.3%，比去年的 33.3% 减少了 8 个百分点。一增一减，主要是因为至少有 8% 的白领转向了，其中，北京、上海等大城市的白领转向最明显。显然，百度的这部广告小电影打破了广告的某种常态，也给日益套路化公式化的中国营销创意带来一次新的惊喜和震撼。

案例 2：淘宝网——没有淘不到的宝贝

淘宝网（见图 15－6），顾名思义，就是没有淘不到的宝贝，也没有卖不出的宝贝。自 2003 年 5 月 10 日成立以来，从零做起，短短的半年时间内就迅速占领了国内个人交易市场的领先位置，创造了互联网企业的一个发展奇迹，真正成为有志于网上交易的个人的最佳网络创业平台。

淘宝网 Taobao.com
阿里巴巴旗下网站

图 15－6　淘宝网网站标志

淘宝发展时间很短，“里程碑”却难计其数。这家由全球最佳 B2B 公司阿里巴巴先后投资 4.5 亿元创办的 C2C 网站，是怎样从无到有成为行业翘楚的？下面，让我们回顾淘宝历程。

2003 年 5 月 10 日，淘宝网上线。20 天后，淘宝网迎来第 1 万名注册用户。

2003 年 7 月 7 日，阿里巴巴正式在北京宣布投资 1 亿元人民币开办淘宝网。打破国内 C2C 的市场格局。

2003 年 8 月 17 日，淘宝网诞生百日，已拥有会员 50147 人，上网展示商品达 9 万余件，日浏览量 155 万，每日新增产品 7000 余件，每日新增会员达 2500 人。并宣布：从 8 月 18 日起，前 10 万名经过身份认证，并在淘宝上有过一次买卖经历的会员，将享受 3 年之内不收取交易服务费的优惠。并同时推出同城交易服务，为同一城市的会员在网上建立虚拟的城市交易社区。

图 15－7 《天下无贼》中出现的“淘宝网”

2004 年 4 月 2 日，淘宝网和《天下无贼》合作，在影视副产品网络合作开发和网络增值方面建立伙伴关系。明星道具拍卖成为个人电子商务的时尚亮点。（见图 15－7）

2004 年 4 月 5 日，淘宝网与中国最新锐的互联网娱乐综合门户网站 21CN 结盟签约，宣布双方将强势联手，联手推出强力购物拍卖网站。双方的合作标志着，淘宝网布下实现其抢占国内个人交易市场的领先位置目标的一个极为重要的棋子。双方此次在频道、邮箱、短信、市场活动等四个方面全力合作。

2004 年 5 月 8 日，在艾瑞咨询 3 月电子商务类网站月均网民覆盖数调查中，淘宝网首次超越国内外同行，跃居第一。淘宝网创造性地推出了“支付宝”产品（见图 15－8），将网络交易的危险性降低到最小化，同时淘宝网积极完善中国个人网上交易的支付平台，与工商银行、招商银行等进行全方位的合作。

图 15－8 支付宝

2004 年 5 月 16 日，北京国际广播电视周，淘宝网合作举行影视经典道具拍卖暨明星见面会。独家拍卖包括《手机》里的摩托罗拉手机（见图 15－9）、《天地英雄》中姜文的宝刀、《铁齿铜牙纪晓岚》中纪晓岚的烟袋锅、《刘罗锅》中的轿子、《少年天子》中的龙袍、《空镜子》中的梳妆台等道具。

图 15－9　《手机》中的摩托罗拉手机进行拍卖

2004 年 7 月 7 日，淘宝网宣布自己成为国内 C2C 市场的领军企业，有效在线商品数量达到近 200 万件，交易成功率的增长速度是年初的 3.57 倍。另据 Alexa 的排名显示，淘宝网在全球已经排至 18 名，并且宣布将免费继续进行下去，并呼吁同行在中国实行全面免费的措施。调查显示，目前淘宝网每天的用户增长数为 19025 名，超过了其在中国的竞争对手。2004 年 9 月 22 日，淘宝网宣布在其 220 万用户和 5000 万浏览量基础上，淘宝网 8 月份的总交易额为 1.2 亿人民币，9 月份单日交易额更是突破了 700 万人民币，这是淘宝网自 2003 年 7 月成立以来首次首度正式对外公布其具体交易数据。

2004 年 11 月，淘宝网热卖《天下无贼》道具。刘德华的数码摄像机、开机仪式上的藏式马靴和礼帽到李冰冰的数码相机，还有 3000 张电影海报，30 件明星签名的组服，这些商品都是一元起价。淘宝网 350 万的用户，相当大一部分集中在青年时尚一族，该人群追星和追时尚的特点，极大地帮助《天下无贼》在全国范围内的传播和推广。

2005 年 1 月，为援助印度洋海啸受灾国，上百名知名企业家和文艺界人士捐献物品在淘宝网上拍卖，所有物品一元起拍，此次拍卖共募资 290 万余元。

2005 年 1 月 20 日，淘宝网正式进军香港电子商务市场开通“香港街”，香港卖家将由此直接同内地 400 多万电子商务消费者进行网上交易。内地网民可以直接在香港网上店铺买一手的东西。

2005 年 2 月 2 日，网络交易支付工具“支付宝”升级。“支付宝”推出“全额赔付”制度。主动全额赔付以保障用户利益，创下国内电子商务网站首例。

2005 年 3 月 2 日，阿里巴巴公司与中国工商银行达成战略合作伙伴协议，根据该协议，中国工商银行和阿里巴巴公司将在原有合作基础之上，进一步加强和拓展双方在电子商务支付领域的合作力度和范围。淘宝首度披露支付宝产品经营数据，2005 年 2 月在淘宝网，每天仅通过“支付宝”达成交易的成交金额，平均在 350 万人民币的数量，截止到 2 月 28 日，在淘宝网，目前已经有超过 400 万件商品可以选择使用支付宝进行交易。

2005 年 4 月 12 日，淘宝网和搜狐宣布成为战略联盟。双方将共享各自活跃庞大的用户群体，线上线下共同合作，推动中国网上购物和网上拍卖的进步。(见图 15－10)

图 15－10 淘宝网与搜狐战略结盟

2005 年 4 月 25 日，淘宝网公布 2005 年第一季度经营业绩，第一季度商品交易金额超过 10 亿人民币，稳居国内个人电子商务网站的第一位。这也是中国个人交易电子商务网站第一次单个季度成交量突破 10 亿量级。注册会员数近 600 万，网站单天访问量达到 6000 万，是国内同类网站的 3 倍，淘宝网在线商品数更是一举突破 700 万件，占据了国内个人交易网上市场商品的大半壁江山。

2005 年 4 月 29 日，摩托车世界锦标赛中国站在上海举行，淘宝网冠名。这是中国企业第一次成为 MotoGP 的冠名赞助商，也是 MotoGP 历史上第一个互联网企业出任赞助商。2004 年年 4 月，互联网实验室发布的个人交易网站增长幅度，淘宝网以 768% 的高增长率，遥遥领先国内其他网站。

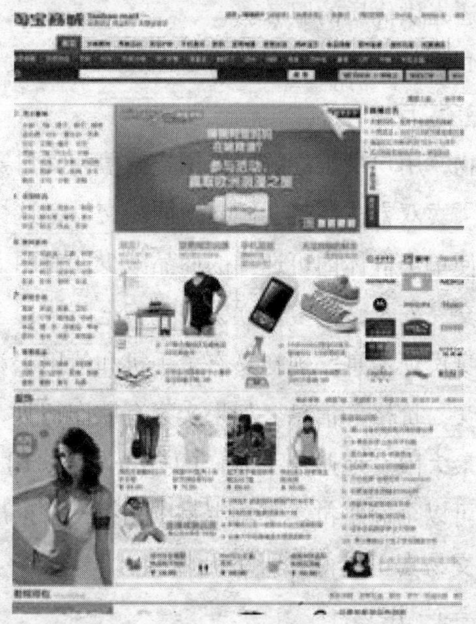

图 15－11　淘宝网首页部分截图

2007 年，淘宝网交易总额（GMV）突破 433.1 亿元，同比增长 156.3%。淘宝这一数字高于华润万家（379 亿元）、大商集团（361 亿元）、家乐福（248 亿元）、物美（231 亿元），仅次于百联集团（771 亿元），跃升为中国第二大综合卖场。用户数 2007 年达到 5300 万人，与 2006 年的 3000 万相比，增幅高达 76.7%，比 CNNIC 最新公布的 2007 年中国网民数量增幅 53.3% 相比，高出近 24 个百分点。

2008 年 4 月 10 日淘宝网发布了 2008 年第一季度网购报告。报告显示：淘宝网 188 亿人民币的单季度成交额，几乎相当于 2007 年沃尔玛在中国市场的全年成交额。

2008 年第一季度，淘宝网交易额突破 188 亿人民币，与去年同期 69.6 亿的交易额相比，增长了 170%；远高于 2007 年第一季度 123% 的增速，也高于 2007 年全年 156% 的增速。

2008 年 4 月 10 日，淘宝网宣布 B2C 平台正式上线测试（见图 15－11），这意味这家国内 C2C 市场老大已正式挤入 B2C 市场。淘宝网副总裁黄若表示，淘宝网的目标是通过 B2C 业务打造一个“24 小时永不打烊的沃尔玛”，希望不仅提供品类齐全的商品，还提供优质的服务。

在“淘宝奇迹”的背后，它独特的“生意经功”不可没。

1. 支付宝，让诚信说话

事实上，网上购物，用户最担心的就是用户诚信和支付安全问题。如果这两个问题得不到解决，买卖双方往往就会倾向于同城交易，这样就影响着整个网上购物平台的整体性，使单个群体内可选择的商品减少，对网上交易的发展将是毁灭性的打击。为保障交易安全，淘宝设立了多重安全防线：全国首推卖家开店要先通过公安部门验证身份证信息，现在又有了手机和信用卡认证。每个卖家有信用评价体系，记录了交易价格等信息，如果卖家有欺诈行为，信用就会很低。另外，支付宝的诞生，最大限度地避免了欺诈的行为发生。用户在使用“支付宝”的过程中遭遇欺诈，可以全额赔付。支付宝是中国第一个推出的确保网络交易安全的产品，它让网络交易真正变得“天下无贼”。

2. 淘宝旺旺，走亲民路线

有效的沟通是淘宝的另一大法宝。淘宝网通过特有的沟通方式——“淘宝旺旺”，一种类似 QQ 的聊天工具，解决了买家卖家不能及时地就商品买卖进行答复、给网购者带来不便这一问题。“淘宝旺旺”集成了即时的文字、语音、视频沟通以及交易提醒、快捷通道、最新商讯等功能，因其沟通的即时性而备受卖家买家欢迎。

3. 特色营销，开拓市场

如果说“支付宝”“淘宝旺旺”让淘宝网离成功之门更近一步的话，那么淘宝网的营销策略和手段则决定了它注定会走向成功。由淘宝的成功历程可看出，淘宝网的营销触角已延伸至影视、体育、慈善等各个领域，这些成功的营销，牢牢地抓住了用户的眼球，大大增加了人们对淘宝网的关注度，这对于一个网站——尤其是一个网络交易平台来说，就是制胜的法宝。

案例3：立顿——“茶歇一刻”的分享与减压

摆脱办公室压力，让心情绿洲来得更猛烈一些吧！

我们在顶着无限沉重的压力，寻求那一瞬间的释放！

伏案工作的时候，也会昏昏欲睡……

漫天纷飞的卷宗，就像是嘶吼的声音在空气里无声嚣闹。

办公室 OSS 来袭，赶快进入立顿茶歇一刻，
感受办公室心情绿洲吧！

这里有让你捧腹的百强经典八卦汇集

有各种打发时间的小游戏，文化人有趣的 BLOG，可以让办公室摆
脱烦闷的健身操，搞笑可乐的视频、图片，YY 十足的强力 TOP 贴，
也欢迎你来推荐！更有以上诸多谐趣等你分享！

摆脱办公室 OSS 症候群，释放你的压力！就在立顿茶歇一刻！

图 15-12　立顿“茶歇一刻”漫画广告

有人说，2006 年是各个知名品牌的触网年。选择合适的网络媒体，充分利用网络论坛和新闻讨论组，立顿这一世界最大品牌就伴随门户网站新浪网，以及网络社区天涯飘到了白领电脑旁，掀起了一场关于 OSS（offices stress syndrome 办公室压力症）的讨论。

“最理想的办公室是随时有音乐飘扬的”，“最难以忍受的办公室老板在你身边走来走去”，“最忙中偷闲的惬意是借泡茶的时候喘口气”……2006 年的“茶歇一刻”是立顿第一次触网，第一次就让它在新浪网获得了 4.5 亿次的曝光数，覆盖用户数达到 1500 万，其中通过点击硬广告只有 45 万人次，而进入“茶歇一刻”专题的就达到了 150 万人次，“茶歇一刻”论坛从 2006 年 11 月 16 活动开始共有注册会员 40319 人，日均注册达到 1000 多人。

1. 事件回顾

图 15－13　立顿标志

立顿（见图 15－13）于 1871 年由英国人托马斯·立顿爵士在美国创办，现在已经是全球最大茶叶品牌。和立顿品牌联系在一起的关键词汇有：茶叶饮品最高品质、国际、时尚和都市化生活。全球消费者选用最多的第三大非酒精饮品。立顿于 1992 年进入中国并提出了“不断为中国消费者提供新鲜、美味、健康的茶饮料”的目标。

为了进一步扩大市场份额，占领“办公室人群”，立顿在 2006 年 11 月发起了名为“茶歇一刻”的网络公关活动。这次活动以 22～35 岁办公室白领为目标消费群，希望通过人群的互动传递立顿办公室“茶歇文化”和让办公室更美好的愿景。

在活动之前的市场调查中，立顿发现有“53% 的茶包消费发生在办公室”，“60% 的职员反映在办公室的生活压力较大”，立顿还了解到，在中国的 4 个主要城市北京、上海、广州和深圳有将近 150 万的办公室工作者。于是，以“分享和减压”为关键词的“茶歇一刻”活动应运而生。

2. 三大网站联手出击①

请来“立顿的心情绿洲”，通过与媒体策划公司和品牌网站制作公司的深入讨论，立顿明确了网络宣传的三大动向：“新浪综合门户网站+天涯社区垂直网站+立顿品牌自有网站。”首先，通过新浪门户建立活动知晓度，带动品牌网站流量；其次，通过天涯等垂直网站吸引网络参与度高的人群积极参加品牌互动；最后，在立顿自己的品牌网站建立三大互动平台，包括减压专辑、BBS 互动和办公室情节剧专栏（见图 15－14）。

具体实施过程中，根据立顿的媒体目标，新浪还为立顿选择了目标受众最为集中的 5 个频道——“新闻中心”、“女性频道”、“娱乐频道”、“体育频道”和“博客频道”；目标受众与产品的高度契合，为立顿的第一次“触网”带来的良好的效果。在活动宣传期间，50% 的新浪用户看到了立顿的宣传内容。

为了更好地了解立顿的活动投放效果，新浪在活动结束后还策划了一次网络

① 张佰明，崔积琨．立顿随新浪流到白领电脑旁［J］．现代广告，2006 年第 12 期。

图 15－14　立顿“心情绿洲”

效果调查，结果显示，活动曝光针对目标受众的注意率达到 77. 2%. 正对立顿品牌知名度的调研中，79. 3% 的受众知道立顿是一种茶饮料品牌。

3. 极具特色的 minisite

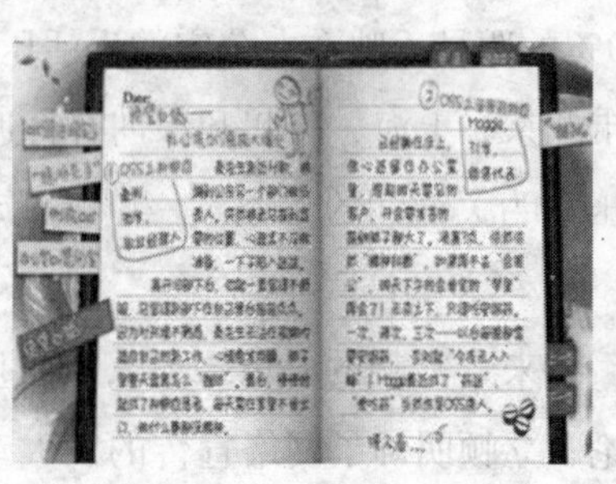

图 15－15　“OSS”症候群
——Q 版记事本

在这次成功的网络策划中，立顿自身品牌网站中极具特色的“心情绿洲”功不可没。在这个 minisite 里，立顿加入了更多互动元素——“OSS 症候群”，以 Q 版记事本形式（见图 15－15）展示上班一族在高压工作下的心情写照，当中以诙谐幽默的语言表达出办公室的各种人际关系、冷嘲热讽等高压下的氛围环境。同时提供有趣的“office 生存现状测试”、办公室情景戏剧、“决战 office 压力”论坛等，为这群生存于高压环境下的白领提供了一个“心情绿洲”。在 minisite 上他们能够得到情感上的共鸣，同时还能够在忙里偷闲中得到娱乐，与此同时立顿茶更成为了办公室一族必备的 office 饮品。成功呼应了“立顿歇茶一刻”的广告语。在“心情绿洲”的论坛上，诸多的极具趣味的留言和回帖，更让我们不难发现，立顿已经成功带动了这群目标受众的参与积极性，成功地让他们在这个“心情绿洲”得到放飞心情。

4. 多种多样的网上宣传

拓展办公室消费渠道，引导办公室生活方式，促进品牌曝光率，增加消费引用频率，是立顿本次活动的主要战略。而在实际的操作中，除了比较规范的广告形式通栏、文字链接外，立顿还战略性选择了媒体和栏目赞助，网站投放过程中也有意识地采用了几个版本轮流替换，避免了审美疲劳；配合进行网上调研为以后的网上活动奠定了基础；引入办公室白领人群兴趣的话题，从而有效地强化了立顿与办公室生活的联想性。

通过此次活动，立顿很好地实现了沟通的目的，即向消费者传达：每当我在工作之余想要休息一会，我就会喝立顿茶，立顿能帮助我放松身心，减少 OSS 症状，提高工作效率。

网站内容与活动主题紧密关联，网站风格与品牌形象相称，线上活动与线下活动步调一致，营销效果明显。立顿心情绿洲网站获得 2007 年度网络营销协会互联网广告大赛“最佳饮料类网络营销类活动”也是当之无愧了。

附　录

20 世纪是世界现代广告飞速发展的黄金时期（The Advertising Century），创意人享有崇高的社会地位，优秀的作品也如夏夜繁星一般璀璨。在 1999 年，美国著名《广告时代》杂志举行了一项回顾性的评选。该评选对 1900 以来到 1999 年期间的美国现代广告进行了梳理。这些广告是如此深刻地影响了经济、文化发展以及我们的日常生活。最终，活动集结成册，构建了广告界的一个时间轴（timeline），全书共有 136 页，包含了 20 世纪前 100 位的广告运动，前 100 位的广告人士，前 10 位的广告大师等。本书摘录部分，其中的很多个案常常在各种场合被提及、在众多书籍中被表述。

附录 1 ：TOP 100 advertising campaigns

20 世纪美国经典广告 100 战役中，只有 7 个出现了名人的身影，8 个采用了性诉求，4 个以引发恐惧不安去吸引消费者的关注。但是其中处于“美国广告史新纪元”、美国广告“创意革命时代”的 20 世纪 60 年代的佳作却有 16 个，创意革命三大旗手之一、威廉·伯恩巴克创办的 DDB 的作品有 6 个入选。这些都突出反映了：广告评选对于创意的推崇和行业道德的坚持。

1. Volkswagen, "Think Small", Doyle Dane Bernbach, 1959

德国大众：“想想还是小的好。”

2. Coca-Cola, "The pause that refreshes", D'Arcy Co., 1929

可口可乐：“享受清新一刻。”

3. Marlboro, "The Marlboro Man", Leo Burnett Co., 1955

万宝路香烟："万宝路男人（牛仔）。"

4. Nike, "Just do it", Wieden & Kennedy, 1988

耐克："说做就做。"

5. McDonald's, "You deserve a break today", Needham, Harper & Steers, 1971

麦当劳："你理应休息一天。"

6. DeBeers, "A diamond is forever", N. W. Ayer & Son, 1948

迪比尔斯："钻石恒久远，一颗永留传。"

7. Absolut Vodka, "The Absolut Bottle ", TBWA, 1981

绝对伏特加："绝对伏特加酒瓶。"

8. Miller Lite beer, "Tastes great, less filling", McCann-Erickson Worldwide, 1974

米勒淡啤："美妙口味不可言传。"

9. Clairol, "Does she... or doesn't she?", Foote, Cone & Belding, 1957

克莱罗染发水："她用了？她没用?"

10. Avis, "We try harder", Doyle Dane Bernbach, 1963

艾维斯出租汽车公司："我们正在（更）努力。"

11. Federal Express, "Fast talker", Ally & Gargano, 1982

美国联邦快递公司："快腿勤务员。"

12. Apple Computer, "1984", Chiat/Day, 1984

苹果电脑："1984 年。"

13. Alka-Seltzer, "Various ads", Jack Tinker & Partners; Doyle Dane Bernbach; Wells Rich, Greene, 1960s, 1970s

阿尔卡-舒尔茨公司："多种广告"。

14. Pepsi-Cola, "Pepsi-Cola hits the spot", Newell-Emmett Co., 1940s

百事可乐："百事，正对口味。"

15. Maxwell House, "Good to the last drop", Ogilvy, Benson & Mather, 1959

麦氏咖啡："滴滴香浓，意犹未尽。"

16. Ivory Soap, "99 and 44/100% Pure", Proctor & Gamble Co., 1882

宝洁象牙香皂："99.44%的纯粹（纯净）。"

17. American Express, "Do you know me?", Ogilvy & Mather, 1975

美国捷运（运通）公司："你知道我吗?"

18. U. S. Army, "Be all that you can be", N. W. Ayer & Son, 1981

美国陆军："成为一个全才（尽你所能）。"

19. Anacin, "Fast, fast, fast relief", Ted Bates & Co. , 1952

安纳辛 Anacin 去痛片："快、快、快速见效。"

20. Rolling Stone, "Perception. Reality. ", Fallon McElligott Rice, 1985

滚石乐队："感觉是真实的。"

21. Pepsi-Cola, " The Pepsi generation ", Batton, Barton, Durstine & Osborn, 1964

百事可乐："新一代的选择。"

22. Hathaway Shirts, "The man in the Hathaway shirt", Hewitt, Ogilvy, Benson & Mather, 1951

哈斯维衬衫："穿哈斯维的男人。"

23. Burma-Shave, "Roadside signs in verse", Allen Odell, 1925

博马剃须刀："公路道边的招牌阵。"

24. Burger King, "Have it your way", BBDO, 1973

美国汉堡王："我选我味。"

25. Campbell Soup, "Mmm mm good", BBDO, 1930s

坎贝尔浓汤："呣……好!"

26. U. S. Forest Service, Smokey the Bear/"Only you can prevent forest fires", Advertising Council/Foote, Cone & Belding

美国林业总署：头戴"冒烟"字样窄沿帽的小棕熊，"你可以防止森林火灾"。

27. Budweiser, "This Bud's for you", D'Arcy Masius Benton & Bowles, 1970s

百威啤酒："这百威是给你的。"

28. Maidenform, "I dreamed I went shopping in my Maidenform bra", Norman, Craig & Kunnel, 1949

媚登峰内衣："我梦想穿着自己 MAIDERFORM 胸罩去逛街。"

29. Victor Talking Machine Co. , "His master's voice", Francis Barraud, 1901

维克多语言机器公司:“大师级的声音。”

30. Jordan Motor Car Co., "Somewhere west of Laramie", Edward S. (Ned) Jordan, 1923

Jordan 汽车,“拉勒米(Laramie)之西。”

31. Woodbury Soap, "The skin you love to touch", J. Walter Thompson Co., 1911

Woodbury 香皂,“光洁肌肤,爱不释手。”

32. Benson & Hedges 100s, "The disadvantages", Wells, Rich, Greene, 1960s

本森.贺杰斯 100 周年(香烟):“我们的缺点。”

33. National Biscuit Co., "Uneeda Biscuits' Boy in Boots", N. W. Ayer & Son, 1899

国民饼干,“穿靴子的 Uneeda 饼干男孩。”

34. Energizer, "The Energizer Bunny", Chiat/Day, 1989

劲量电池:“劲量兔子。”

35. Morton Salt, "When it rains it pours", N. W. Ayer & Son, 1912

莫顿食盐(Morton Salt),“不雨则已,一雨倾盆。”

36. Chanel, "Share the fantasy", Doyle Dane Bernbach, 1979

香奈尔香水,“分享这份梦幻。”

37. Saturn, "A different kind of company, A different kind of car.", Hal Riney & Partners, 1989

福特汽车“土星”系列:“不一样的公司,不一样的汽车。”

38. Crest toothpaste, "Look, Ma! No cavities!", Benton & Bowles, 1958

佳洁士牙膏:“看,妈妈,没有蛀牙。”

39. M&Ms, "Melts in your mouth, not in your hands", Ted Bates & Co., 1954

玛氏巧克力:“只溶在口,不溶在手。”

40. Timex, "Takes a licking and keeps on ticking", W. B. Doner & Co & predecessor agencies, 1950s

TIMEX:“一口难忘。”

41. Chevrolet, "See the USA in your Chevrolet", Campbell-Ewald, 1950s

雪佛兰汽车："开着你的雪佛兰看美国。"

42. Calvin Klein, "Know what comes between me and my Calvins? Nothing!"

CK 服装："我和 Calvin 亲密无间（我和我的 Calvin' s 之间，一无所有）!"

43. Reagan for President, "It's morning again in America" Tuesday Team, 1984

里根争取连任美国总统："这是美国的又一个春天。"

44. Winston cigarettes, "Winston tastes good——like a cigarette should" 1954

云丝顿烟草："云丝顿，好烟的好品味。"

45. U. S. School of Music, "They laughed when I sat down at the piano, but when I started to play!" Ruthrauff & Ryan, 1925

美国音乐学校："当我坐到琴凳上时，他们都在笑我，直到我开始弹起来。"

46. Camel cigarettes, "I'd walk a mile for a Camel", N. W. Ayer & Son, 1921

骆驼香烟："为了买这包骆驼香烟，我走了一英里。"

47. Wendy's, "Where's the beef?", Dancer-Fitzgerald-Sample, 1984

温迪汉堡包："牛肉在哪儿?"

48. Listerine, "Always a bridesmaid, but never a bride", Lambert & Feasley, 1923

李斯特林漱口水（Listerine)："永远的伴娘，永不会代替新娘。"

49. Cadillac, "The penalty of leadership", MacManus, John & Adams, 1915

卡迪拉克："出人头地的代价。"

50. Keep America Beautiful, "Crying Indian", Advertising Council/Marstellar Inc., 1971

"美丽的美国"运动："哭泣的印第安人。"

51. Charmin, "Please don't squeeze the Charmin", Benton & Bowles, 1964

宝洁 Charmin 卫生纸："别挤着 Charmin!"

52. Wheaties, "Breakfast of champions", Blackett-Sample-Hummert, 1930s

小麦一族："冠军的早餐。"

53. Coca-Cola, "It's the real thing", McCann-Erickson, 1970

可口可乐："真实材料。"

54. Greyhound, "It's such a comfort to take the bus and leave the driving to us",

Grey Advertising, 1957

灰狗长途汽车公司："只有坐车之趣，没有驾车之累。"

55. Kellogg's Rice Krispies, "Snap! Crackle! and Pop!", Leo Burnett Co., 1940s

家乐氏西式爆米花（Kellogg's Rice Krispies）："咬一口，咔嚓脆。"

56. Polaroid, "It's so simple", Doyle Dane Bernbach, 1977

宝丽来拍立得："就是这么简单。"

57. Gillette, "Look sharp, feel sharp", BBDO, 1940s

吉列剃须刀："锋利无比。"

58. Levy's Rye Bread, "You don't have to be Jewish to love Levy's Rye Bread", Doyle Dane Bernbach, 1949

莱唯斯雷面包："不用是犹太人一样喜欢莱唯斯雷面包。"

59. Pepsodent, "You'll wonder where the yellow went", Foote, Cone & Belding, 1956

派伯索丹牙膏："你也许会奇怪，黄斑哪里去了。"

60. Lucky Strike cigarettes, "Reach for a Lucky instead of a sweet", Lord & Thomas, 1920s

好运香烟："只为好运，不要甜蜜。"

61. 7 UP, "The Uncola", J. Walter Thompson, 1970s

七喜："非可乐"。

62. Wisk detergent, "Ring around the collar", BBDO, 1968

伟斯科清洁剂："请涂在领子上。"

63. Sunsweet Prunes, "Today the pits, tomorrow the wrinkles", Freberg Ltd., 1970s

Sunsweet 西梅精华："今时之斑点，明日成皱纹。"

64. Life cereal, "Hey, Mikey", Doyle Dane Bernbach, 1972

生活谷物："你好，麦基。"

65. Hertz, "Let Hertz put you in the driver's seat", Norman, Craig & Kummel, 1961

美国赫兹租车公司："让赫特兹带你上路。"

66. Foster Grant, "Who's that behind those Foster Grants?", Geer, Dubois, 1965

Foster Grant 太阳镜:“Foster Grants 太阳镜后面的是谁?”

67. Perdue chicken, "It takes a tough man to make tender chicken" Scali, McCabe, Sloves, 1971

柏杜鸡 (Perdue chicken):“硬汉也能做出鲜嫩鸡肉。”

68. Hallmark, "When you care enough to send the very best", Foote, Cone & Belding, 1930s

豪马克 (英国伦敦金业工会):“至诚关怀,真情表达。”

69. Springmaid sheets, "A buck well spent", In-house, 1948

Springmaid 床单:“物有所值”。

70. Queensboro Corp., "Jackson Heights Apartment Homes", WEAF, NYC, 1920s

Queensboro 集团:“杰克逊高地公寓之家”

71. Steinway & Sons, "The instrument of the immortals", N. W. Ayer & Sons, 1919

施坦威钢琴 (Steinway &Sons):“不朽的乐器!”

72. Levi' s jeans, "501 Blues", Foote, Cone & Belding, 1984

利维斯牛仔裤:“501 蓝色牛仔。”

73. Blackglama-Great Lakes Mink, "What becomes a legend most?", Jane Trahey Associates, 1960s

宝嘉美-五大湖皮草:“是什么活在传奇里?”

74. Blue Nun wine, "Stiller & Meara campaign", Della Famina, Travisano & Partners, 1970s

蓝修女葡萄酒:“斯蒂尔·米拉。”

75. Hamm's beer, "From the Land of Sky Blue Waters", Campbell-Mithun, 1950s

哈姆啤酒 (Hamm's beer):“来自天蓝色的水乡。”

76. Quaker Puffed Wheat, "Shot from guns", Lord & Thomas, 1920s

贵格燕麦片:“shot from guns。”

77. ESPN Sports, "This is Sports Center", Wieden & Kennedy, 1995

ESPN 体育频道："这里是体育中心。"

78. Molson Beer, "Laughing Couple", Moving & Talking Picture Co., 1980s

莫森啤酒："欢笑的夫妻。"

79. California Milk Processor Board, "Got Milk?", 1993

加州乳品加工协会："喝牛奶了吗?"

80. AT&T, "Reach out and touch someone", N. W. Ayer, 1979

美国电报电话公司："尽情联络。"

81. Brylcreem, "A little dab'll do ya", Kenyon & Eckhardt, 1950s

布莱尔克里姆护发乳："每次只用一点点。"

82. Carling Black Label beer, "Hey Mabel, Black Label!", Lang, Fisher & Stashower, 1940s

卡灵黑标啤酒："嘿，来瓶黑标。"

83. Isuzu, "Lying Joe Isuzu", Della Famina, Travisano & Partners, 1980s

铃木汽车："说谎的乔。"

84. BMW, "The ultimate driving machine", Ammirati & Puris, 1975

宝马汽车："终极座驾。"

85. Texaco, "You can trust your car to the men who wear the star", Benton & Bowles, 1940s

德士古石油公司："把你的车托给这个颗星，你尽可放心。"

86. Coca-Cola, "Always", Creative Artists Agency, 1993

可口可乐："永远的可口可乐。"

87. Xerox, "It's a miracle", Needham, Harper & Steers, 1975

施乐复印机："这是一个奇迹。"

88. Bartles & Jaymes, "Frank and Ed", Hal Riney & Partners, 1985

巴托斯与乔伊斯果酒公司："弗兰克和艾迪。"

89. Dannon Yogurt, "Old People in Russia", Marstellar Inc., 1970s

达能酸奶："俄罗斯的老人。"

90. Volvo, "Average life of a car in Sweden", Scali, McCabe, Sloves, 1960s

沃尔沃："一辆车在瑞典的平凡生活广告。"

91. Motel 6, "We'll leave a light on for you", Richards Group, 1988

6 号汽车旅馆：“我们会为你始终亮着一盏灯。”

92. Jell-O, "Bill Cosby with kids", Young & Rubicam, 1975

Jell-O 果冻：“比尔考斯比和孩子们。”

93. IBM, "Chaplin's Little Tramp character", Lord, Geller, Federico, Einstein, 1982

IBM：“卓别林的小流浪形象。”

94. American Tourister, "The Gorilla", Doyle, Dane Bernbach, late 1960s

美国旅行者箱包：“大猩猩格利拉。”

95. Right Guard, "Medicine Cabinet", BBDO, 1960s

权力卫士牌除汗剂：“药箱。”

96. Maypo, "I want my Maypo", Fletcher, Calkins & Holden, 1960s

梅宝：“我要我的梅宝。”

97. Bufferin, "Pounding heartbeat", Young & Rubicam, 1960

巴福林药品：“狂跳的心。”

98. Arrow Shirts, "My friend, Joe Holmes, is now a horse", Young & Rubicam, 1938

箭牌衬衫：“我的朋友乔·霍尔姆斯，变成了一匹马 。”

99. Young & Rubicam, "Impact", Young & Rubicam, 1930

扬·罗必凯自身广告：“撞击。”

100. Lyndon Johnson for President, "Daisy", Doyle Dane Bernbach, 1964

林登.约翰逊竞选美国总统：“第一流的。”

附录 2：TOP 10advertising icons of the century

Some of the best-loved ad images of the 20th century have names like Tony, Betty and Ronald. Others, like the Marlboro Man, may not be as beloved, but grew to have tremendous worldwide impact as an instant identifier of Philip Morris Co.'s Marlboro cigarettes.

From frozen vegetables to packaged cake mix, from fast food to automobile tires, these carefully drawn characters are the personifications of businesses that began small but grew to become dominant brands in their fields—thanks in large part to their famous icons.

The Pillsbury Doughboy, the Michelin Man, Ronald McDonald and Tony the Tiger.

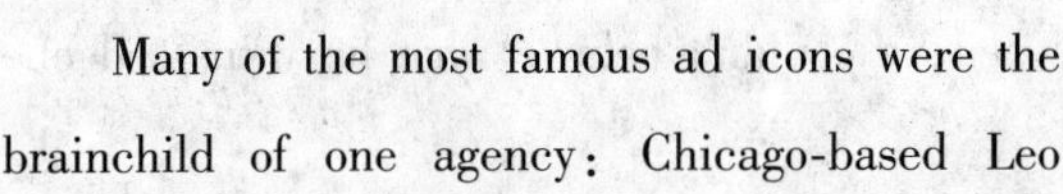

Many of the most famous ad icons were the brainchild of one agency: Chicago-based Leo Burnett Co., which specialized in building brands through the use of enormously popular characters, including the most effective icon of all time, the Marlboro Man.

Advertising Age's list of the Top 10 ad icons of the 20th century recognizes those images that have had the most powerful resonance in the marketplace. The criteria include effectiveness, longevity, reconcilability and cultural impact.

1. The Marlboro Man - Marlboro cigarettes

PRODUCT: Marlboro cigarettes

DATE INTRODUCED: 1955

CREATOR: Leo Burnett Co.

The most powerful—and in some quarters, most hated—brand image of the century, the Marlboro Man stands worldwide as the ultimate American cowboy and masculine trademark, helping establish Marlboro as the best-selling cigarette in the world.

Today, even a mention of the Marlboro Man as an effective ad icon brings protests from healthcare workers who see first-hand the devastation wrought by decades of cigarette smoking. More than any other issue, the ethics of tobacco advertising—both morally and legally—have divided the advertising industry. But even those ad professionals who abhor the tobacco industry will, when pressed, agree that the

Marlboro Man has had unprecedented success as a global marketing tool for selling Philip Morris Cos. ' brand.

2. Ronald McDonald-McDonald's restaurants

PRODUCT: McDonald's restaurants

DATE INTRODUCED: 1963

CREATOR: McDonald's franchisee Oscar Goldstein and his local ad agency

McDonald's Corp. Advertising executive Roy Bergold can testify to the reach and recognition of Ronald McDonald. But even he couldn't believe what he witnessed one day inMilwaukee.

"Ronald was visiting sick children and he came upon a youngster in a coma," recalls Mr. Bergold, "I watched as the child's eyes began to flicker as Ronald stood by his side. The boy actually regained consciousness during his visit. There's no way to explain how it happened or why, but it was nothing short of amazing."

The clown's astounding powers have certainly worked their magic for McDonald's since he was introduced in 1963. The spokesfigure helped make McDonald's the most dominant fast-food chain on the planet. He also exemplifies one of the most important qualities of an effective commercial character: He doesn't sell for McDonald's, he is McDonald's.

Ronald was first introduced by McDonald'sWashington franchisee Oscar Goldstein and a local ad agency in 1963 . Since then his name has been attached to a major charitable organization, the Ronald McDonald Foundation; he's starred in films; and he's even danced with the New York City Rockettes.

After a brief flirtation with acting adult in ads for McDonald's failed Arch Deluxe sandwich in the mid-1990s, Ronald returned to his roots and continues to be used mostly as a fast-food ambassador for kids. His face is recognized by nearly 96% of American children, and sells for the fast-food chain in more than 25 languages.

3. The Green Giant - Green Giant vegetables

PRODUCT: Green Giant vegetables

DATE INTRODUCED: 1928

CREATOR: Minnesota Valley Canning Co.

The Green Giant's national ad debut in 1928 was disappointing.

Minnesota Valley Canning Co. developed the Giant as a product trademark, but in his earliest days he was stooped and scowling, wore a scruffy bearskin and looked more like the Incredible Hulk than the grand old gardener he is today. Enter ad agency Erwin, Wasey & Co. The assignment for the Giant's transformation was tackled by none other than young Leo Burnett, who improved the Giant's hunched posture, turned his scary scowl into a sunny smile and clothed him in a light, leafy outfit. He also gave the tender tall guy a new backdrop—a valley of crops that highlight the Giant's height. When Mr. Burnett opened his own agency in 1935, Minnesota Valley was one of its first clients. The Burnett agency soon added the word "Jolly" to the giant's name, and by 1950, Minnesota Valley changed its name to Green Giant Co. The Giant's early TV appearances, in 1958, however, were not as stellar. Bob Noel, a writer at Burnett, once made these comments about the Giant's early TV appearances: "They tried men painted green", a puppet figure and animation. The problem is "when you try to move the Giant around and really show what he looks like, he comes off a monster. The baby cries and the dog goes under the bed".

Mr. Noel devised an ingenious solution: ads that showed just enough of the Giant to establish his presence but not too much to send customers running for cover. The problems that arose ultimately brought the creative staff to a new understanding about the big guy. The Giant was most effective either in silhouette or partial view. To lighten up the Giant's image, Mr. Noel dreamed up his signature "Ho, ho, ho" and lilting "Good things from the garden" song.

4. Betty Crocker-Betty Crocker food products

PRODUCT: Food products including cake mixes, frostings, microwave popcorn and biscuit mixes

DATE INTRODUCED: 1921

CREATOR: Washburn Crosby Co., a forerunner of General Mills

Long before Martha Stewart, there was Betty Crocker.

Betty was created in 1921 after a promotion for Gold Medal flour flooded Washburn Crosby Co. with questions about baking. To answer customers in a more personal manner, the company created a fictitious kitchen expert, pulling the name "Crocker" from a recently retired director of the company and adding the first name "Betty" because it sounded friendly.

Washburn Crosby's female employees were asked to submit handwriting samples for Betty's signature and the one selected as "most distinctive" is still Betty's signature today.

From these humble home-ec beginnings, Betty went on to become one of the first multimedia superstars. Beginning in 1924, she hosted the country's first radio cooking show, "Betty Crocker School of the Air", first on a local Minneapolis station and later on the NBC radio network.

During the 1930s she helped advise a cash-strapped nation on how to cook tasty budget meals. She was voted the second-most- famous woman inAmerica after Eleanor Roosevelt, according to Fortune in 1945. It was only a matter of time before she wooed consumers on television.

After numerous guest appearances on CBS and NBC, where she taught stars such as George Burns and Gracie Allen to cook, Betty got her own show, "The Betty Crocker Search for the All-American Homemaker of Tomorrow." The series, featuring a variety of actresses playing Betty, ran from 1954 to 1976.

Meantime, behind-the-scenes Bettys were authoring cookbooks. Since the 1950s, more than 200 Betty Crocker cookbooks have been published. Betty also developed her own line of food products, starting with the famous Betty Crocker cake mixes.

Along the way, Betty's image was refined to reflect the changing image of women. Over the years she has had eight different "looks," from the first stern gray-haired, older woman in 1936 to today's olive-skinned, dark-haired Betty, a product of computer morphing.

5. The Energizer Bunny-Eveready Energizer batteries

PRODUCT: Eveready Energizer batteries

DATE INTRODUCED: October 1989

CREATOR: Chiat/Day

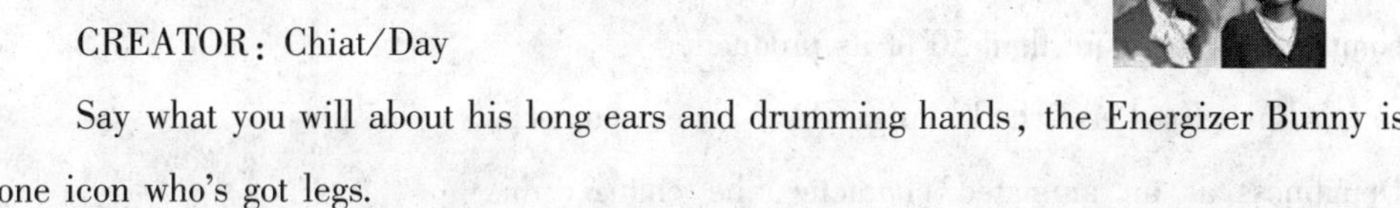

Say what you will about his long ears and drumming hands, the Energizer Bunny is one icon who's got legs.

Marketing experts call it the "ultimate product demo" because it does such an effective job of showcasing the product's unique selling proposition—long-lived batteries—in an inventive, fresh way.

"The Bunny has become the ultimate symbol of longevity, perseverance and determination," says Mark Larsen, communications category manager for Energizer. During the past decade, everyone from politicians to sport stars used the Energizer Bunny to describe their staying power.

The Bunny's incarnation by Chiat/Day was actually a continuation of an idea developed by DDB Needham Worldwide for Energizer, with a spot that featured drumming pink bunnies in a jab at archrival Duracell's battery-powered toys. Chiat/Day, after gaining the account, took the bunny to the next level when it launched a series of commercials that parodied spots for other products and were interrupted by the powerful pink Bunny—going and going and going. The Bunny has appeared in over 115 spots in English and Spanish with new commercials debuting twice a year on average.

6. The Pillsbury Doughboy-Assorted Pillsbury foods

PRODUCT: Assorted Pillsbury foods, including refrigerated dough, bakery mixes and rolls

DATE INTRODUCED: 1965

CREATOR: Leo Burnett Co

Burnett creative director Rudy Perz was sitting at his kitchen table in the mid-1960s when he dreamed up the idea of a plump, dough figure that would pop out of a tube of refrigerated rolls. Since then, Pillsbury has used Poppin' Fresh in more than 600 commercials for more than 50 of its products.

Although Perz had originally conceived His Doughness as an animated character, he changed his mind after seeing a stop-action tilting technique used in the opening credits for "The Dinah Shore Show." The decision was made to create a 3-D Doughboy doll of clay at a cost that seemed like a small fortune 34 years ago—$16, 000.

Finding the right performer to be the voice of the Doughboy was the finishing touch. After auditioning more than 50 top actors, the role was awarded to Paul Frees (the voice of "The Adventures of Bullwinkle and Rocky's" Boris Badenov). After Frees' death in 1986, Jeff Bergman, who also did the voiceover for Charlie the Tuna, took over. Today, the high-pitched giggles are handled by JoBe Cerny, the mustachioed on-camera star of Burnett's Cheer detergent campaign.

The Doughboy was an instant success with consumers. His round body and signature belly poke quickly endeared him to adults and children. When Pillsbury issued a Doughboy doll, the toy became so popular, Playthings Magazine named it "Toy of the Year" in 1972.

7. Aunt Jemima-Aunt Jemima pancake mixes and syrup

PRODUCT: Aunt Jemima pancake mixes and syrup

DATE INTRODUCED: 1893

CREATOR: Chris Rutt/Davis Milling Co.

Few commercial icons deserve to be called "cultural touchstones" of significant political and social change. But the Aunt Jemima trademark is one of them.

The image of the smiling black woman first appeared on thousands of boxes of pancake mix in the early 1890s, but throughout the 20th century, Aunt Jemima's trademark mirroredAmerica's changing perceptions of African-American women.

The idea of Aunt Jemima was first conceived by newspaperman and entrepreneur Chris Rutt, according to the Afro-American Almanac. Mr. Rutt and his partner, Charles Underwood, had developed and packaged a ready-mixed, self-rising pancake flour but they had not settled on a name or brand positioning.

One evening Mr. Rutt attended a vaudeville show and heard a tune called "Aunt Jemima" sung by a black-faced performer clad in an apron and bandana headband. The melody was such a hit, Rutt decided to use the song's title as the name for his pancake mix.

When Rutt and Underwood later sold the business to Davis Milling, the company hired Nancy Green, a 59-year-old former slave, to serve as the living trademark for the mix. The image of Aunt Jemina, however, is an artist's rendering and has appeared on Aunt Jemima products—now marketed by successor Quaker Oats Co. —ever since.

Beginning in the 1950s, the Aunt Jemima logo started coming under criticism that its image of a black "Mammy" in a kerchief was an outdated and negative portrayal of African-American women. During the 1950s and '60s the trademark was gradually modernized, with the most recent changes being made in 1989.

Today, Aunt Jemima's face beams from beneath a full head of dark hair—sans kerchief—but her sparkling eyes and warm smile remain the same.

8. The Michelin Man-Michelin tires

PRODUCT: Michelin tires

DATE INTRODUCED: 1898

CREATOR: Idea conceived by Edouard Michelin; artist's rendition created by O'Galop; DDB Needham Worldwide handled later executions

Andre Michelin commissioned the creation of this jolly, rotund figure after his brother, Edouard, observed that a display of stacked tires resembled a human form. The artist's sketches of a bloated man made of tires was exactly what the brothers had in mind.

One in particular, picturing the character lifting a beer glass and shouting, "Nunc est bibendum! (Now is the time to drink!)" seemed to embody Michelin's slogan at the time, "Michelin tires swallow up all obstacles."

The artist reworked the hulking figure, replacing the beer bottle with a goblet of nails and glass that the character rose in a toast to all road hazards.

Today, the Michelin Man is one of the world's oldest and most recognized trademarks and it represents Michelin in over 150 countries.

9. Tony the Tiger-Kellogg's Sugar Frosted Flakes

PRODUCT: Kellogg's Sugar Frosted Flakes (later Frosted Flakes)

DATE INTRODUCED: 1951

CREATOR: Leo Burnett Co

Only one famous feline (sorry, Morris) can rightfully claim he's the cat's meow of commercials: Tony the Tiger.

Adland's premier promotional pussycat was born in 1951, when Burnett was hired to create a campaign for Kellogg's new cereal, Sugar Frosted Flakes. Tony was originally one of four animated critters created to sell the cereal, but he quickly edged out Katy the Kangaroo, Newt the Gnu and Elmo the Elephant to become the sole star of the cereal maker's ad efforts.

Tony's original designer, children's book illustrator Martin Provinsen, first created an orange cat with black stripes and a blue nose who walked on all fours. But like most celebrities, Tony has undergone extensive cosmetic changes over the decades.

The most dramatic alteration occurred early in his career, when Tony's football-shaped head was replaced with a rounder, softer form. That was followed by a series of other minor face-lifts such as an eye color change from green to gold and the addition of "whisker bones" and contours.

WhenAmerica started heading for the health clubs, Tony also got a slimmer, more muscular physique. He's also risen in stature from a scrawny, cereal-box size pussycat who ambled on all fours to a 6-foot figure with a towering, upright stance.

One thing that remained constant for much of Tony's life was his voice. Thurl Ravenscroft provided the sole voiceover for Tony and his trademark growl: "They're Grrrreat!" In 1952, Tony's son, Tony Jr., was introduced into the campaign. And in the early 1970's, Mama Tony, Tony's wife; and Antoinette, Tony's daughter (born in 1974, the Chinese year of the tiger), also came on board. The expansion of the Tony family broadened his audience appeal.

10. Elsie-Borden dairy products

PRODUCT: Borden dairy products

DATE INTRODUCED: 1939 (first general magazine ad)

CREATOR: Stuart Peabody, Borden's director of advertising

Elsie started out as one of four cows (Mrs. Blossom, Bessie and Clara were her sidekicks) that appeared in a 1936 cartoon series featured in medical journals—just four friendly bovines chatting together in a pasture. The ads were a big hit and doctors ordered reprints for their offices.

One day a radio commercial writer penned a letter supposedly written by Elsie and directed it to commentator Rush Hughes, who read it on the air. The gimmick proved popular and additional letters were read in subsequent broadcasts.

By 1939, Elsie was being featured in her own

magazine ads and her campaign was voted the best of the year by the Jury of the 1939 Annual Advertising Awards. With the World's Fair approaching, Borden decided to feature a live Elsie in its exhibit, so company executives looked at 150 cows before settling on a 7-year-oldJersey named "You'll Do Lobelia."

TheBrookfield, Mass., native was not only a beauty, she had a flair for drama. By the end of that year, more than 7 million people had caught one of Elsie's personal appearances.

After her smashing success at the 1939 World's Fair, Elsie went on to book even tonier events. She headlined a Bovine Ball at the Seventh Regiment Armory, hosted a private dinner at the Roosevelt Hotel for members of the press, and even appeared in a four-poster bed at the exhibit at the World's Fair in 1940. Her next stop wasHollywood, where she went on to star as Buttercup in the film "Little Men."

After a brief stretch out to pasture in the late 1960s, Elsie was resurrected as the Borden symbol. Today the picture of the dew-eyed cow with the sweet face and the daisy necklace continues to "moo-ve" consumers acrossAmerica.

附录3：广告与广告创意网站链接

1. http：//www. cnad. com 中国广告网
2. http：//www. mad26. com 疯狂广告网
3. http：//www. a. com. cn 中华广告网
4. http：//www. timesawards. com 时报广告俱乐部
5. http：//www. chinaadren. com 中国广告人网站
6. http：//www. addown. com 中国广告下载网
7. http：//www. adtopic. net 广告专题网
8. http：//www. chinavisual. com 视觉中国
9. http：//www. visionunion. com 视觉同盟
10. http：//www. okvi. com 视觉联盟

11. http：//blog. longmei. com. cn 龙之媒读书网

12. http：//www. iader. com 国际广告人

13. http：//www. cnadp. com 广告大观

14. http：//www. topys. cn 顶尖文案

15. http：//www. newad. org 新广告

16. http：//www. adkungfu. com 创意功夫网

17. http：//www. 4aad. com　国际4A 广告网

附录4：世界广告奖与广告节

1. One Show（金铅笔）

The One Show——金铅笔，是美国 One Club 赋予全球顶级广告创意人员的最高奖项。内容包括一年一度的 One Show 奖和 One Show 互动奖，青年创意竞赛和学生作品展，以及一系列长达 7 天的国际顶级广告人互动活动。由 One Club 颁发的，针对互动或新媒体领域最具才华的奖项，奖项分为金、银、铜铅笔。

1920 年，组约艺术指导俱乐部与文案俱乐部在美国纽约成立。每个组织都各自主办了有所偏重的广告奖项。到 1974 年，两个俱乐部把各自的广告奖结合，联合设立 One Show 奖。One Show，源于柯南道尔领导的创意革命中提出的艺术指导与文案一体化的概念。3 年后 One Club 正式成立，独立主办 One Show 大奖。

One Show 奖项设立前，广告奖项一般把重点放在视觉与文案上，但 One Club 向广告界宣称，将把创意作为一个作品是否有机会赢取 One Show “金铅笔” 的主要标准。这种新颖的主张使 One Show 迅速从纽约最佳广告奖一跃成为全美乃至全球最佳广告奖项。

1994 年 One Show 创立了其教育部门并设立年度最佳学生作品展，体现了 One Show 着眼于未来的做法，也使 One Show 成为世界权威级广告大奖中唯一注重学院风格的奖项。

2001年5月4日至9日，The One Club在纽约林肯艺术中心举办了The One Show广告节，在原有One Show奖和One Show互动广告奖的基础上，又新增了One Show设计奖项。这些活动吸引了大批广告创作精英，包括许多广告创意人员和寻求机会跻身广告业的学生。

The One Show广告奖作为世界性的广告奖项，除了在美国举办每年一度的广告节外，更注重与世界其他国家和地区的交流。在南美的巴西、阿根廷，非洲的南非，亚洲的新加坡、香港和欧洲的许多国家，One Show获奖作品展每年都如期举行。不仅如此，The One Club还邀请广告界顶级讲师跟随广告展到各国举办免费讲座，为促进各国广告业交流，推动世界广告业发展作出了巨大的贡献。

2. 莫比广告奖

它的名字和形状源于德国数学家暨天文学家莫比发现的莫比现象。一长条的纸扭半转，圈成个圆圈，再把两端相粘，就成了莫比圈。这个奖座也象征着沟通无限，创意无限。

每年10月1日，参赛作品汇集芝加哥，12月中旬评选工作结束，转年2月举行全球瞩目的盛大颁奖仪式。随后，获奖作品在世界各地巡展。

莫比广告奖采用多元化独立评奖方式，评委以美国、加拿大等的著名创意人员为主。大赛的评判在美国、加拿大等不同地点进行。评委独立评判，避免了人为影响。评委代表来自不同文化背景及不同规模的公司，领导潮流的主题和国际化的创意表现常常更受青睐。莫比奖同时也重视参赛作品在文化潮流方面的代表性。这些入围决赛的作品将是反映国际经济和社会状况的晴雨表。每个年度的获奖作品都会被芝加哥文化博物馆展出，并悉数收藏。

3. 纽约广告大奖

纽约广告大奖（The New York Festivals）始创于1957年，主要是为非广播电视媒介的广告佳作而设。

20世纪70年代，新资源加入又使其增添了电视电影广告、电视节目和促销等诸多项目。国际广播广告、节目和促销竞赛项目开始于1982年；印刷广告、设计、摄影图片、图像项目开始于1984年；为了适应技术和科技的发展，全球互联网络奖项亦于1992年正式设立；对于健康关怀的全球奖项也于1994年加入大赛；1995年又添设了广告市场效果奖，以嘉勉那些创意精良且市场销售突出的广告活动。

近年，来每次大赛均有60个以上的国家携15000件以上的作品参加角逐。中国内地作品亦曾进入决赛。每年的6月广告节开幕并举行颁奖盛会，全球的广告精英们在此梅煮酒论英雄。赛事的每大项目均设有国际传媒大奖的金奖座，分门别类地决出金、银、铜奖，入围者颁给获奖证书。初审于4月举行，5月寄出决赛通知书，各分类奖项奖于5月选出，最大奖项将在6月的第一周最终揭晓。

获奖者的作品将刊载在《广告时代》等权威杂志上，并在互联网上和全球的创意爱好者分享这些佳作（https：//www. newyorkfestivals. com/）。所有决赛作品将被制为当年广告年鉴出版发行（故参赛作品均要附上35毫米菲林片）。

4. 联合国特别奖项

1990年纽约广告节专门为联合国公共信息部门设立了联合国大奖，授予那些把联合国的宗旨及种种设想，诠释得最为出色的公益广告作品。在纽约广告节广告大赛中获得决赛资格的公益作品将息然成为这个荣誉的获得者。

联合国关注的全球焦点和利益包括：和平和安全、妇女优先权、社会进步、健康问题（包括HIV和艾滋病）、人权、犯罪与暴力、民主、持续发展和摆脱贫困。

公益项目的印刷，广播和电视广告作品的决赛将由联合国的“蓝带”评审团来亲自评选，从中选出金、银、铜奖获得者。

5. 戛纳广告奖

戛纳广告奖源于戛纳电影节。1954年，由电影广告媒体代理商发起组织了戛纳国际电影广告节，希望电影广告能同电影一样受到世人的认同和瞩目。此后，戛纳同威尼斯开始轮流举办此项大赛，1977年戛纳正式成为永久举办地。1992年组委会又增加了报刊、招贴与平面的竞赛项目，这使得戛纳广告奖成为真正意义上的综合国际大奖。广告节于每年6月下旬举行，广告节期间各国广告代表来访，其他各界来宾亦云集于此。客户、制作公司、策略部门、创意团队在此开设一系列的交流会，研讨专业、商洽业务。每年大约有7000多位代表1万多件作品参赛。

戛纳广告大奖评奖方式：评委会被分为独立的两组，一组负责评定影视广告，另一组负责平面广告。广告节期间才开始决赛阶段评审，同时允许参赛者目睹现场公布的每一阶段入围名单，来增加其现场气氛。各评委对本国作品须采取回避投票的原则，评委的评审时间由自已掌握，以便其能仔细阅读文案，周全研究创意。在影视方面第一轮决出400件作品，第二轮筛至200件，并再从此中讨论决定各项目的金、银、铜狮奖。1993年还设立了年度最佳表现广告公司奖，颁给同时参加平面与影视广告并获得总积分最高分者。

参赛作品的限定：（1）参赛对象可以包括全球有关广告和媒介的任何机构。（2）作品参赛必须事先征得广告主的同意。（3）直邮广告作品和促销活动材料不得参赛。（4）作品必须依照客户的付款合同而创意制作（除公益类），不得自行设计构想。（5）所有作品必须在上一年度3月至截稿日期间被公开发布过。（6）曾参加过该广告节的作品不得再次参赛。（7）凡有侵犯民族宗教信仰和公众品位的广告不得参赛。

6. 克里奥大奖

克里奥大奖创立于1959年，迄今已有40多年的历史。来自全国各地的30位执行评委在一周内对所有作品作出评判。第一轮的幸存者被列为“入围”，第二轮的评选决出铜奖，第三轮决出银奖，第四轮决出金奖，直至第五轮决出克里奥大奖。报名作品的公司名称将对评委保密，为确保评选的公正、民主和无政治偏见，故规定评委不能评审本国的作品，对广告文化背景不了解，评委也不得投票，参赛作品的成绩由参与该作品的评审的评委投票决定。金、银、铜奖的作品投票票数必须达到规定比例。因此，很有可能出现有多个金、银、铜奖，或者某些类别获奖的空缺。包装设计和技术类别将由那些在该项领域中享有盛誉的专家来评选。金、银、铜获奖通知书在颁奖典礼前2～3周寄出，所有金奖、银奖的获得者都将应邀出席在纽约举行的克里奥颁奖典礼。

克里奥的竞技项目一共分为8大项目：

（1）经典荣誉杯奖：参赛的作品首先必须是影视广告，其次是已经发布了五年以上，最后还要求已取得过一次国际性金奖。（此项参赛作品不再分细奖，并免报名费。）

（2）单项影视文选奖：片长不得超出180秒，Betucam. U-matic、录像带，均可报名。

（3）单项平面广告奖：其中包含报纸、印刷、招贴与户外等项，参赛时作品需经过装裱，并提供35mm菲林片及媒介发布使用的证明资料。

（4）单项广播广告：录音带总长不超过180秒。

（5）系列广告奖：为同一品牌广告、同一诉求点所做的系列作品，在影视、平面、广播任一媒介上发布3幅以上。

（6）整合媒介运动奖：在两种以上的媒介发布了3～6种的系列作品。

（7）包装设计。

（8）全球互联网网址设计：基于高新科技媒体而设立。基于其概念、吸引力、冲击力等要素来评判其创意与执力。

7. 伦敦国际广告奖

伦敦国际广告奖每年的11月在英国伦敦开幕并颁奖。这项国际大奖，自1985年正式创立以来，每年有近百个国家和地区参加，近年来报名作品均在万件以上，所有的获奖者将得到一座铜像。铜像为一个展翅欲飞、企图飞跃自我的超现实主义的人类外形。1998年度中国内地作品首度闯入决赛。

它是最漫长的评奖，虽然颁奖安排在每年的11月，但所有参赛作品在6月即被要求送达组委会，再由组委会送往每一个评委手中独立评审。评委亦来自世界各地，不同的文化，不同的背景（包括创意大师、电视/电视导演、录音编导及制作专家等），但创意作为共同且唯一的评奖标准。该比赛同时也为每一媒介的作品设立了一项大奖。从获奖者中推选出的评奖主席将一票认定最终大奖的归宿。

伦敦国际广告奖有最周全的项目分类，它不仅在三大媒介（平面、影视、广播）项目上分类细致，而且在设计包装、技术制作上也划分详尽，充分体现该项评奖在创意概念、设计手法、技术制作等几方面齐头并重的特色。

8. 时报亚太广告奖

这是亚太地区具有广泛影响力的广告奖项。由台湾《中国时报》举办，1978年，台湾《中国时报》为庆祝出刊第10000号，创设“时报广告设计奖”，评选报纸广告和杂志广告两类作品。历届评委均由台湾广告界权威的人士担任，获奖作品大多成为台湾广告史上的经典作品，大多获奖者也都成为台湾广告业界的风云人物。

自第三届（1980 年）起，该奖项更名为“时报广告金像奖”，更加注重作品全方位的表现。第十一届（1988 年）起，增加电视广告作品的评奖。1990 年，创立“时报亚太广告奖”，邀请亚太地区优秀广告作品和评委参加。

此奖项在评选标准上强调广告要尽量做到：绝对客观，创意与沟通并重，重视与读者沟通，强调社会教化，原创性与实验性，以及从消费者角度出发。

9. 龙玺奖

这是一个完全由华裔创意人做当家的国际性奖项，一个跨越中国大陆、香港、台湾、新加坡、马来西亚和北美各地华文广告市场的创意奖。

1999 年 2 月，四位来自中国香港、中国台湾、美国、新加坡的著名华人创意人在香港创办。他们是林俊明——龙吟榜创办人；孙大伟——原台湾奥美广告执行创意总监；莫康孙——纽约广告节常任理事，麦肯光明广告公司总经理；苏秋平——新加坡三人行广告创办人。

首届龙玺奖就收集到来自各华文广告市场的 1168 件作品，分类评出大奖 1 件，金奖 15 件，银奖 31 件，铜奖 76 件，优异奖 117 件。发起人之一林俊明说：“把十三位各负盛名的创意人共冶一炉，评审作品，绝对不是一份优差。三天的评审会是在慎重、坦诚和互动下进行的。一件作品，不但要经得起数轮筛选，最后更必须获得三分之二评委的认可，才能得到金奖，所以，在龙玺获奖的作品，绝非偶然。”

10. 台湾广告金像奖

追求永无止境的创新，1978 年第 1 届台湾广告金像奖设立，最初命名为“广告设计奖”。3 年后，更名“广告金像奖”，后由平面媒介向立体媒介延伸。不仅有报纸项、杂志项，也开始设立了电视项。除了“广告金像奖”系列奖外，并先后增设了“亚太广告奖”、“世界华文广告奖”、“金犊奖”、“金格奖”等。

历届的台湾金像奖和亚太广告（金像奖）的参展和获奖的广告人与广告作品中，高手如林，佳作如云，表现着广告人汇融本土和外来文化，汲取世界艺术宝库中的精华，脚踏实地、勤奋耕耘，在广告创意上，永无止境的创新和追求。

附录5：大中华区知名4A广告公司

2008年，国际4A广告网（资料来源www.4aad.com截至2008年）邀请专业调查组和专家评委按照地区影响力、第三方数据分析、企业自我评价、发展潜力几项指标公布了大中华区知名4A广告公司的名单，他们分别是：

1. 盛世长城广告公司（Saatchi & Saatchi）
2. 奥美广告公司（O&M）
3. 广东省广告公司
4. 智威汤逊广告公司（JWT）
5. 天联广告公司（BBDO）
6. 中视金桥广告公司
7. 梅高广告公司（Meikao）
8. 电通广告公司（Dentsu）
9. 李奥贝纳广告公司（Leo Burnett）
10. 阳狮广告公司（Pulicis）
11. 北京未来广告公司
12. 灵智精实（Euro RSCG）
13. 麦肯·光明广告（McCann）
14. 博达大桥广告公司（FCB）
15. 精信广告公司（Grey）
16. 广而告之有限公司
17. 恒美广告公司（DDB）
18. 腾迈广告公司（TBWA）
19. 凯络媒体（Carat）
20. 互通国际广告公司
21. 达彼思广告公司（BATES）
22. 观唐广告公司

23. 百帝广告公司（Batey）
24. 中航文化股份有限公司
25. 灵狮广告公司（lowe）
26. 世邦广告公司
27. 实力传播
28. 博报堂广告公司（HAKUHODO）
29. 浩腾媒体（OMD）
30. 旭通广告公司（ADK）
31. 扬·罗必凯广告公司（Y&R）
32. 广东英扬传奇广告有限公司
33. 电通国华股份有限公司（台湾）
34. 传立媒体（MindShare）
35. 分众传媒（中国）控股有限公司
36. 北京广告公司
37. TOM 户外传媒集团
38. 竞立媒介
39. 尚扬媒介
40. 玺桥国际传播机构
41. TEQUILA（香港）
42. 广东平成广告有限公司
43. 盟诺公司（Magna）
44. 五洲佳世传媒
45. 北京视新广告有限公司
46. 澳门天比高广告有限公司
47. 宣亚国际传播集团
48. 合众传播
49. 香港 Three Sixty
50. 上海同盟广告

附录6：身边的广告语

1. 中国移动——“沟通从心开始”、“移动通信专家，引领通信未来”、“神州行，我看行”、“我的地盘我做主”、“全球通，品味，探索，卓越，掌控。”

2. 中国网通——“以宽带连接世界，宽广未来”、“中国网，宽天下!”

3. 中国联通——“情系中国结，联通四海心”、“一切自由联通。”

4. 中国电信——“世界触手可及”、“商务领航，远见成就价值”、“我的e家，爱没有距离家就在身边”、“114号码百事通，知百事通天下”、“互联星空，精彩永不落幕。”

5. 通用电器——“GE带来美好生活。”

6. 摩托罗拉——“飞越无限。”

7. 诺基亚——“科技以人为本。”

8. 微软——"we see"、"your potential our passion."

9. 英特尔——“给电脑一颗奔腾的芯。”

10. 惠普——“掌控个性世界”

11. 戴尔——“美国货，本土价。”

12. IBM——“没有不做的小生意，没有解决不了的大问题”、“四海一家的解决之道。”

13. 联想——“人类失去联想，世界将会怎样”、“只要你想”、“让世界一起联想。”

14. 网易——“网聚人的力量。”

15. 搜狐——“足及生活每一天。”

16. 百度——“更懂中文。”

17. 卓越——“超越平凡生活。”

18. 淘宝——“淘你所爱”、“淘我所爱。”

19. ebay易趣——“爱上ebay易趣，生活多倍乐趣。”

20. 阿里巴巴——“网上贸易，创造奇迹。”

21. CCTV——“实力创造价值。”

22. UPS 快递——“珍惜所托，一如亲递”、“为您传递更多。”

23. 联邦快递——“使命必达。”

24. DHL——“一路成就所托。”

25. swatch——“腕上风景线。”

26. 天梭手表——“瑞士天梭，世界穿梭。”

27. 劳力士——“一旦拥有，别无所求。”

28. 欧米伽——“卓越的标志。”

29. Hermes——“爱在每时每分每秒。”

30. 豪雅手表——“压力之下，毫无畏惧。”

31. 罗西尼——“时间因我存在。”

32. 飞利浦——“让我们做得更好。”

33. 方太——“让家的感觉更好。”

34. 格力空调——“好空调，格力造.’

35. 李维斯牛仔——“不同的酷，相同的裤。”

36. 迪塞尔——" for successful life. "

37. 金利来——“男人的世界。”

38. 中国工商银行——“您身边的银行，可信赖的银行。”

39. 农业银行——“大行德广，伴您成长。”

40. 建设银行——“善建者行，善者建行。”

41. 交通银行——“交流融通，诚信永恒。”

42. 招商银行——“因您而变。”

43. 民生银行——“服务大众，情系民生。”

44. 香港汇丰银行——“今日汇丰，祝你成功”

45. 花旗银行——“一种新视角。”

46. 纽约城市银行——“城市永远不会沉睡（The city never sleeps）。”

47. 美国运通金卡——“一诺千金。”

48. 大众汽车——“中国心，大众路。”

49. 宝马——“驾驶的乐趣”、“生活艺术，唯你独尊。”

50. 奔驰——“领导时代，驾驭未来。”
51. 奥迪——“突破科技，启迪未来。”
52. 凯迪拉克——“敢为天下先。”
53. VOLVO——“关爱生命，享受生活”
54. Jeep——“独一无二。”
55. 别克——“心静、思远、志在千里。”
56. 奇瑞 QQ——“秀我本色。”
57. 吉利——“造老百姓买得起的好车。”
58. 柯达——“就是这一刻。”
59. 德芙巧克力——“牛奶香浓，丝般感受。”
60. 妙脆角——“妙到想不到。”
61. 哈根达斯——“爱她，就带她去吃哈根达斯!”
62. DQ 冰淇淋——“冰淇淋中的劳斯莱斯。”
63. 伊利——“我要我的味道。”
64. 蒙牛——“每一天，为明天。”
65. 光明牛奶——“健康光明，喝彩中国。”
66. 王老吉——“不上火!”
67. 黄山——“一品黄山，天高云淡。”
68. 白沙——“鹤舞白沙，我心飞翔!”
69. 大红鹰——“胜利之鹰。”
70. 芙蓉王——“王者风范。”
71. 三菱——“上上下下的享受!”
72. 雕牌洗衣粉——“不选贵的，只选对的。”
73. 海尔——“真诚到永远”、“海尔，中国造!”
74. 美的——“原来生活可以更美的。”
75. 拉芳——“爱生活，爱拉芳。”
76. 农夫山泉——“有点甜。”
77. 娇子——“境由心生，自在娇子。”
78. 张裕——“传奇品质，百年张裕。”

79. 李宁——“把精彩留给自己。”

80. 361度——“勇敢做自己。”

81. 七匹狼——“男人的一面与另一面。”

82. 利郎——“简约，而不简单。”

83. 福满多——“福气多多，满意多多。”

84. 屈臣氏——“更加关心您!”

85. 吉之岛——“缤纷生活常伴您。”

86. channel——“分享这份梦幻!”

87. 孔府家酒——“孔府家酒，叫人想家。”

88. 金六福酒——“我有喜事。”

89. 口子酒——“生活中离不开这口子。”

90. 嘉士伯——“可能是世界上最好的啤酒。”

91. 贝克——“喝贝克，听自己的!”

92. 雪碧——“晶晶亮，透心凉。”

93. 百事——“新一代的选择”、“渴望无限”、“突破渴望。”

94. 维维豆奶——“维维豆奶，欢乐开怀。”

95. 丽珠得乐——“其实，男人更需要关怀。”

96. 飘柔——“就是这么自信。”

97. 娃哈哈——“我的眼里只有你。”

98. 六神——“清凉舒爽，全家共享。”

99. CCTV——“实力创造价值。”

100. 《解放日报》——“了解上海的第一选择。”

101. 《羊城晚报》——“真知影响人生。”

102. 《新快报》——“非一般的快。”

103. 《北京青年报》——“有新闻的地方就有我们。”

104. 《北京晚报》——“晚报，不晚报。”

105. 《三联生活周刊》——“一本杂志和他倡导的生活。”

106. 《新周刊》——“中国最新锐的时事生活周报。”

107. 《21世纪经济报道》——“新闻创造价值。”

108. 《经济观察报》——“理性、建设性。”

109. 《华商报》——“每天第一眼。”

110. 《广州日报》——“追求最出色的新闻。”

111. 《社会观察》——“一本杂志和它独特的。”

112. 《环球时报》——“和您一起看世界。”

主要参考文献

1. 张金海．世界经典广告案例评析［M］．武汉大学出版社，2000

2. 胡晓云．世界广告经典案例—经典广告作品评析［M］．高等教育出版社，2004

3. 钟静．经典案例新编［M］．经济管理出版社，2007

4. 卫英军．欧美精选广告赏析［M］．四川大学出版社，2004

5. 卫英军．亚太广告精选［M］．四川大学出版社，2004

6. 余明阳主编．世界顶级品牌［M］．安徽人民出版社，2004

7. 余明阳主编．广告经典案例［M］．安徽人民出版社，2003

8. 何佳讯．现代广告案例——理论与评析［M］．复旦大学出版社，2005

9. 张家平．奢侈孕育品牌［M］．学林出版社，2007

10. 李欣频．十四堂人生创意课［M］．电子工业出版社，2008

11. 张家平．世界十大广告经典评析［M］．学林出版社，2006

12. 张家平．平面广告经典评析［M］．学林出版社，2004

13. 张家平，袁长青．影视广告经典评析［M］．学林出版社，2005

14. 白光主编．百年老品牌故事［M］．中国经济出版社，2006

15. 李巍．广告经典故事：超级品牌的广告战略［M］．重庆大学出版社，2003

16. 冯斌，黄岳杰．新世纪广告创意经典［M］．辽宁科技出版社，2001

17. 白光主编．中外理性广告语经典与点评［M］．中国经济出版社，2004

18. 白光主编．中外悟性广告语经典与点评［M］．中国经济出版社，2004

19. 白光主编．中外感性性广告语经典与点评［M］．中国经济出版社，2004

20. 冯斌．大腕创意：全球著名企业和品牌平面广告创意经典［M］．安徽科学技术出版社，2002

21. 曾玉萍．中兴百货广告全集［M］．湖南美术出版社，2001

22. 王晓，付平著．欲望花窗：当代中国广告透视［M］．中央编译出版社，2004

23. 叶永胜，张公善．电影：理论与鉴赏［M］．合肥工业大学出版社，2006

广告也经典

责任编辑 朱移山
郭娟娟
霍俊橦
装帧设计 黄 彦

ISBN 978-7-5650-0415-5
定价：35.00 元